古典文獻研究輯刊

三六編

潘美月・杜潔祥 主編

第 32 冊

《曝書亭集詩注》校證
（第五冊）

陳 開 林 著

國家圖書館出版品預行編目資料

《曝書亭集詩注》校證（第五冊）／陳開林 著 -- 初版 -- 新北市：花木蘭文化事業有限公司，2023〔民 112〕

目 4+256 面；19×26 公分

（古典文獻研究輯刊 三六編；第 32 冊）

ISBN 978-626-344-290-0（精裝）

1.CST：中國詩 2.CST：詩評

011.08   111022060

ISBN-978-626-344-290-0

9 786263 442900

古典文獻研究輯刊
三六編　第三二冊　　　　　　　ISBN：978-626-344-290-0

《曝書亭集詩注》校證（第五冊）

作　　者　陳開林
主　　編　潘美月、杜潔祥
總 編 輯　杜潔祥
副總編輯　楊嘉樂
編輯主任　許郁翎
編　　輯　張雅淋、潘玟靜　美術編輯　陳逸婷
出　　版　花木蘭文化事業有限公司
發 行 人　高小娟
聯絡地址　235 新北市中和區中安街七二號十三樓
　　　　　電話：02-2923-1455／傳真：02-2923-1452
網　　址　http://www.huamulan.tw 信箱 service@huamulans.com
印　　刷　普羅文化出版廣告事業
初　　版　2023 年 3 月
定　　價　三六編 52 冊（精裝）新台幣 140,000 元

《曝書亭集詩注》校證
（第五冊）

陳開林　著

曝書亭集詩注卷二十一

嘉興　楊　　謙　纂

嘉興　沈士模　參

強圉大淵獻丁亥

宿陸上舍積聽雨樓明瑟園二十景有聽雨樓。

　　客鬢已星星，《宋書・謝靈運傳》：「何長瑜韻語云〔註1〕：『陸展染鬢髮，欲以媚側室。青青不解久，星星行復出。』」小樓聽夜雨。昨日海棠花，飄落知幾許。早有私蝦蟇，《晉書》：「惠帝在華林園，聞蝦蟇鳴，問曰：『為官乎？為私乎？』或對曰：『在官地為官，在私地為私。』」〔註2〕聒聒草根語。

天平山謁范文正公祠見卷二十《過普賢僧房》。

　　范公祠屋此山中，石筍抽萌萬笏同。《姑蘇志》：「其西有筆架峰。其後群石林立，名萬笏林。」**遺像依然窮塞主**，《東軒筆錄》：「范希文守邊日，作《漁家傲》數首，皆以『塞下秋來風景異』為起句，歐陽公嘗呼為窮塞主之詞。」〔註3〕**義田不改舊家風**。樓鑰記略：「吳門范氏自柱國麗水府君居靈芝坊，今在雍熙佛寺後。五世孫文正公少長此地。皇祐中守杭，再至姑蘇，訪求宗族，買田千頃〔註4〕，作義莊以贍之。宅有二松，名堂以歲寒，閣曰松風。因廣其居，以為義宅，聚族其

〔註1〕《宋書》卷六十七《謝靈運傳》：「嘗於江陵寄書與宗人何勖，以韻語序義慶州府僚佐云。」

〔註2〕卷四《惠帝紀》。

〔註3〕卷十一。

〔註4〕「頃」，《攻媿集》作「畝」。

—893—

中。義莊之收亦在焉。」〔註5〕錢公輔《義田記》：「范文正公方貴顯時，置負郭常稔之田千畝，號曰義田，以養濟群族之人。」**歸來散絹三千匹**，《中吳紀聞》：「文正公自政府出，歸鄉。既至，搜外庫，惟有絹三千匹，令掌吏錄親戚及閭里故舊，自大及小，散之皆盡。」〔註6〕**沒後題碑四五通。近覩天書銀牓在，年年秋色照丹楓。**康熙四十四年，御書「濟時良相」扁，懸諸南簷。祠有老楓三十本。〔註7〕

由上沙登靈巖山寺有感書壁 《吳縣志》：「靈巖山在縣西三十里，高三百六十丈。」

溪橋煙柳曉參覃，瑩拂才過三月三。人自雨中來雨外，路從山北轉山南。**遺民老結蓮花社**，見卷五《華陽精舍》。**開士高居燕子龕。茶板粥魚消歇後，空餘井谷上方甘。**

胥口

胥口如繩直，見卷十五《雨舟》。**吳船比屋高。往來陵雨雪，歌笑涉波濤。淺碧搖新柳，夭紅露小桃。**〔註8〕《老學庵筆記》：「歐陽公、梅宛陵、王文恭集皆有《小桃》詩。歐詩云：『雪裏花開人未知，摘來相顧共驚疑。便須索酒花前醉，初見今年第一枝。』初但謂桃花有一種早開者耳。及遊成都，始識所謂小桃者，上元前後即著花，狀如垂絲海棠。曾子固雜識云：『正月二十開天章閣，賞小桃』，正謂此也。」〔註9〕**近年浮宅慣**，見卷十六《漕船》。**未覺此身勞。**

讌集張上舍士俊水周林同諸君分韻得人字

岸上牽船思曼，見卷九《春浮閣》。**水中築室靈均。**《楚辭》：「築室兮水中，葺之以荷蓋。」〔註10〕**客來何者是客**，見卷十九《馮孝廉》。**客去此中有人。**

〔註5〕樓鑰《攻媿集》卷六十《范氏復義宅記》。

〔註6〕卷三《范文正公還鄉》。

〔註7〕此係自注。

〔註8〕國圖藏本眉批：「小桃」空用，注引陸氏說似泥。且此詩作於春暮，其非正月間著花之種可知。

〔註9〕卷四。

〔註10〕《九歌・湘夫人》。

石湖

　　吳下長為客，舟行不計程。過橋湖水闊，隔岸野雲生。寒食誰溫酒，
〔註11〕見卷三《寄查容》。《輟耕錄》：「家鉉翁將求一妾，忽有以奚奴至者，姿色固美。
問其藝，則曰能溫酒。公漫留試之。及執事，初甚熱，次略寒，三次微溫，公方飲。
既而每日並如初之第三次。公喜，遂納焉。終公之身，未嘗有過不及時。」〔註12〕**深
村亦賣餳**。見卷九《省耕》。**農人占甲子，最喜上方晴**。馬戴詩：「下方雲雨上
方晴。」〔註13〕

高麗薨**歌賦謝納蘭院長揆敘**字愷功，奉天人。議政大臣、左都御史兼翰林院掌
院學士。

　　若稽古，帝伊耆，《通志》：「炎帝神農氏亦曰伊耆氏。」〔註14〕穿九井，《荊
州記》：「隨郡重山有一穴，父老相傳云：『神農所生地，有井。神農既育，九井自穿。』
又云：『汲一井則眾井水皆動。』即以此為神農社，年常祀之。」〔註15〕御六螭。
《淮南子》：「爰止羲和，爰息六螭。」〔註16〕注：「六螭，六龍也。」《易》：「時乘六
龍以御天。」〔註17〕百穀既播雨露滋，蒸民乃粒無阻饑。《書》：「蒸民乃粒。」
〔註18〕又：「黎民阻饑。」〔註19〕維帝念人壽之不永，稽首再拜就泰壹小子
而問之。〔註20〕《本草經》：「昔神農受事於泰壹小子。」小子前致辭，養生固
有道，曷不施赭鞭鞭百草。嘗其平毒，審其寒燠。烏皓切。〔註21〕《搜神
記》：「神農以赭鞭鞭百草，盡知其平毒寒溫之性、臭味所主，以播百穀，故天下號神
農也。」〔註22〕別君臣，異濕燥。或冬而萌，或夏而槁。豐者苯，蔓者抱。

〔註11〕國圖藏本眉批：「溫酒」引家鉉翁納妾事無謂。此句但言冷節景象耳。有意博
　　　徵，反失本旨。
〔註12〕卷七《奚奴溫酒》。
〔註13〕《題廬山寺》。
〔註14〕卷一《三皇紀第一》。
〔註15〕卷五十三之一。
〔註16〕《太平御覽》卷三《天部三‧日上》。
〔註17〕《乾‧象》。
〔註18〕《益稷》。
〔註19〕《舜典》。
〔註20〕國圖藏本眉批：馬總《意林》：「神農稽首再拜，問於泰一小子曰：『上古之時，
　　　人壽過百，無殂落之咎，獨何氣之使邪？』」
〔註21〕此係自注。
〔註22〕卷一。

鼎用餁，臼用搗。哎咀三百六十五味，著為本草經，《神農本草經‧名例》：「上藥一百二十種，為君；中藥一百二十種，為臣；下藥一百二十五種，為佐。使三品合三百六十五種。」《名醫別錄》：「凡湯酒膏藥雲哎咀者，謂秤畢搗之，如大豆，又吹去細末。藥有易碎、難碎、多末、少末，令皆細切，如哎咀也〔註23〕。」注：「哎咀，古制也，古無鐵刃，以口咬細，令如麻豆煎之。今人以刀剉細爾。」授諸醫師俾讎討。《周禮注》：「醫師，眾醫之長。」劉向《別錄》：「一人讀書，校其上下，得謬誤，為校。一人持本，一人讀書，若怨家相對，為讎。」山娟娟兮樹濛濛，爰有紫衣童子歌宵中。瑤光之宿帝車尾，《春秋運斗樞》：「瑤光星散而為人薓。」《史記‧天官書》：「斗為帝車。」〔註24〕《晉書‧天文志》：「七為瑤光。」散為仙卉三椏五葉各一叢，《本草注》：「高麗人作贊曰：『三椏五葉，背陽向陰。』」人銜鬼蓋海腴名不同。《本草》：「人薓其成有階級，故曰人銜。其草背陽向陰，故曰鬼蓋。得地之精靈，故有土地精之名。」是為土地精，肩股各具體。蘇軾《人參》詩：「上黨天下脊，遼東真井底。玄〔註25〕泉傾海腴，白露灑天醴。靈苗此孕毓，肩股或具體。」有時黃口兒，土中啼不已。《異苑》：「人參一名土精，生上黨者佳。人形皆具，能作兒啼。昔有人掘之，始下鑱，便聞土中呻吟聲，尋音而取，果得人參。」高高羊頭岡，《漢書‧地理志》：「上黨郡羊頭山世靡谷，沁水所出。」〔註26〕深深虎穴底。立苗團紫雲，《唐本草》：「潞州太行紫團山所出人薓，謂之紫團薓。」蘇軾《以紫團參寄王定國》詩：「豈惟團紫雲，實自凌〔註27〕倒景。」結子墮紅米。《本草圖經》：「人參初生，小者一椏兩葉。年深者生四椏，各五葉，中心一莖有花，細小如粟，蘂如絲，紫白色，秋後結子如大豆，生青，熟紅自落。」蘇軾《人參》詩：「青椏綴紫蕚，圓實墮紅米。」晉上黨，《本草》：「人參生上黨及遼東。」《注》：「上黨，今潞州也。民以人參為地方害，不復採取。今所用者，皆是遼參，其高麗、百濟、新羅三國，今皆屬於朝鮮矣。」趙邯鄲，《本草》：「或生邯鄲。」遠而新羅百濟根結蟠，《通典》〔註28〕：「新羅國，其先本辰韓種也。辰韓始有六國，稍分為十二，新羅則其一也。其國在百濟東南五百餘里。」又：「百濟，即後漢末夫餘王尉仇臺之後。初以百家濟海，因號百濟。」我昔於高

〔註23〕「也」，石印本無。

〔註24〕卷二十七。

〔註25〕「玄」，底本、石印本作「元」，據《小圃五詠》其一《人參》改。

〔註26〕卷二十八上。

〔註27〕「凌」，《紫團參寄王定國》作「俯」。

〔註28〕卷一百八十五《邊防》。

麗圖經曾覽觀。徐兢《高麗圖經序》:「謹因耳目所及,博採眾說,簡汰其同於中國者,而取其異焉,凡三百餘條,釐為四十卷,物圖其形,事為之說,名曰《宣和奉使高麗圖經》。」**胥餘啟宇後朝鮮,世世稱外藩**。《高麗圖經》:「高麗之先,蓋周武王封箕子、胥餘於朝鮮,實子姓也。歷周、秦,至漢高祖十二年,燕人衛滿亡命,聚黨椎結,服役蠻夷,浸有朝鮮之地。而王之自子姓,有國八百餘年,而為衛氏。衛氏有國八十餘年。先是夫餘王得河神之女,為日所炤,感孕而卵生。既長,善射,俗稱善射為朱蒙,因以名之。夫餘人以其生異,謂之不祥,請除之。朱蒙懼,逃焉。遇大水,無梁,勢不能渡。因持弓擊水而咒之,魚鱉並浮,因乘以濟。至紇升骨城而居,自號曰高句驪,因以高為氏,而以高麗為國。凡有五部:曰消奴部,曰絕奴部,曰順奴部,曰灌奴部,曰桂婁部。漢武帝滅朝鮮,以高麗為縣,屬玄菟郡。其君長賜之鼓吹、伎人,常從郡受朝服衣幘,縣令主其名籍。後稍驕,不復詣郡,於東界築小城,歲時受之,因名幘溝、漊溝。漊者,高麗名城也。於是始稱主焉。王莽發其兵以誅匈奴,不至,降王為侯,而麗人益寇邊。光武中興,麗遣邊吏。建武八年,遣使來朝,因復王號,列為外藩。安帝以後,部眾滋熾,雖少斂暴,旋即賓服。初,消奴為王。既衰,而桂婁代之。至王宮生而開目能視,國人惡之。及長,壯勇。和帝時,頻掠遼東。傳至王伯固。伯固死,有二子,長曰拔奇者,不肖;次曰伊夷模,國人立焉。漢末,公孫康擊破伊夷模於其國九都山下,國人共立其子位宮。位宮亦有勇力,好鞍馬。以其祖宮生而能視,今王亦然。句驪謂相似為位,故名曰位宮。魏將毌邱儉屠之,追至蕭佶〔註29〕,刻石紀功而還。位宮五世孫劉晉,永嘉中與遼西鮮卑慕容廆鄰,廆不能制。康帝建元初,廆子皝帥師伐之,大敗,後為百濟所滅。其後慕容寶以其王高安為平州牧。安孫璉,義熙中遣長史孫翼獻赭白馬,以為營州牧、高麗王、樂浪郡公。璉七世孫元,隋文帝時率靺鞨寇遼東。唐太宗時,其東部大人蓋蘇文賊虐不道,帝親征之,威震遼海。高宗又命李勣討平之,俘其王高藏,裂地而為郡縣,建安東都護府於平壤城,以兵鎮守。後武后遣將擊殺其主乞昆羽,而立其主乞仲象,亦病死。仲象子祚榮立,因有其眾四十萬,據於桂婁,臣於唐。中宗時,乃置忽汗州,以祚榮為都督、渤海郡王,其後遂號渤海。初,藏之俘也,其酋長有劍牟岑者,立藏外孫舜為王,又命高侃討平之。都護府既屢遷,舊城破〔註30〕,入新羅,遺民散奔突厥、靺鞨。高氏既絕,久而稍復,至唐末遂王其國。後唐同光元年,遣使來朝。國王姓氏,史失不載。長興二年,王建權知國事,

〔註29〕「佶」,《宣和奉使高麗圖經》作「慎」。
〔註30〕「破」,《宣和奉使高麗圖經》作「頹」。

遣使入貢，遂受爵，以有國云。」〔註31〕**森羅三千七百島**，《高麗圖經》：「州縣
之建，實不副之。□聚□〔註32〕之繁處，自國之西北，與契丹、大金接境，粗有壘塹。
其東南濱海，亦有建於島嶼者。惟西京最盛，城市略如王城。又有三京四府八牧，又
為防禦郡一百一十八，為縣鎮三百九十，為洲島三千七百，皆設守令監官。」**四至八
到提封寬**。《中邊圖制考》：「朝鮮分其國為偽八道：中曰京畿；東曰江原，本獩貊之
地；西曰黃海，古朝鮮馬韓舊地；南曰全羅，本卞韓之地；東南曰慶尚，乃辰韓之地；
西南曰忠清，皆古馬韓之域；東北曰咸鏡，本高句麗之地；西北曰平安，本朝鮮故地。
東西南瀕海，北鄰女真，西北抵鴨綠江。東西二千里，南北四千里。」《漢書·刑法志》：
「一同百里，提封萬井。」〔註33〕**域中生葠類羊角**，《本草》：「紫團參紫色〔註34〕，
稍扁。百濟參白堅且圓，名〔註35〕白條參，俗名羊角參。」**其上椴**音賈。**樹清陰
攢**。《高麗人參贊》：「欲來求我，椴樹相尋。」注：「椴木葉似桐，甚大，陰廣。參多
生其陰。」**春州產尤嘉**，《高麗圖經》：「人參之幹特生，在在有之，春州者最良。亦
有生熟二等。生者色白而虛，入藥則味全。然而涉夏則損蠹，不若經湯釜而熟者可久
留。」〔註36〕**堅白少垢瘢**。柳貫詩：「直啟真源湔垢瘢。」〔註37〕**聞諸遼陽土
木，掘地先以熱湯野爐煮，何異都蔗去汁方登盤。此邦之人日炙風戾乾**，
見卷十五《積雨》。**元氣不損形神完。珍藥豈易得，恒愁致者難**。《居易錄》：
「今人葠產遼東東北者最貴重，有私販入山海關者，罪至大辟。高麗次之。每陪臣至，
得於館中貿易。至上黨紫團參，竟無過而問焉者。古今地氣之不同耶？抑物性有變易
耶？」〔註38〕**納蘭學士相於久，憶別重逢歲在酉。三面山臨一面江**，學士
遊輶光句也。〔註39〕**誦君清詩不去口。今春鳳艦復時巡，扈從依然八十一
車後**。見卷十《送宋僉事》。**朝來帳殿喜合併，憫我形枯貌羸醜。分我神草
凡百莖**，《東醫寶鑒》：「人葠一名神草，如人形者有神。」**投之几案鏗有聲**。杜
甫詩：「憐我老病贈兩莖，出入爪甲鏗有聲。」〔註40〕**五加一把安足道**，《楊升庵

〔註31〕（宋）徐兢《宣和奉使高麗圖經》卷一《建國》。

〔註32〕「之。□聚□」，《宣和奉使高麗圖經》卷三《郡邑》作「名。特聚落」。

〔註33〕卷二十三。

〔註34〕「色」，底本、石印本誤作「人」，據《本草綱目》卷十二上《草之一》改。

〔註35〕石印本此下有「曰」。

〔註36〕卷二十三《土產》。

〔註37〕《題瀛州仙會圖》。

〔註38〕卷四。

〔註39〕此係自注。

〔註40〕《桃竹杖引贈章留後》。

外集》：「王屋山人王常曰：『寧得一把五加，不用金玉滿車。』」〔註41〕**愛玩不異懷中瓊**。《左傳》：「濟之水贈我以瓊瑰，歸乎歸乎？瓊瑰盈我懷乎？」〔註42〕**服之洗憂恚，定心氣，益神智，還精髓**。蘇軾《人參》詩：「開心定魂魄，憂恚何足洗。」〔註43〕《本草經》：「人蓡補五臟，安精神，定魂魄，止驚悸，除邪氣，明目，開心，益智，久服輕身延年。」**失笑頗類西域之駱駝，口不能嚼左右**。戴良《失父零丁》：「食不能嚼左右薑，似西域駱駝〔註44〕。」**老眼秤星渾不辨**，《宋史·藝文志》：「唐昧《秤星經》三卷。」〔註45〕**刀圭約略付銼鑼**。魯戈切。《博雅》：「鍑銷謂之銼鑼。」《廣韻》：「銼鑼，小釜。」**作詩報學士，奇觚急就**，史游《急就章》：「急就奇觚與眾異。」**有媿盧仝馬異劉叉何**。《唐書·韓愈傳》：「盧仝居東都，愈為河南令，愛其詩，厚禮之。仝自號玉川子。嘗為《月蝕詩》以譏切元和逆黨，愈稱其工。劉叉者，聞愈接天下士，步歸之，作《冰車》、《雪柱》〔註46〕二詩，出盧仝、孟郊右。」按：馬異，河南人。盧仝有《與馬異結交》詩，異有答仝詩。

過龔御史翔麟田居留飲即席賦

蘭臺有柱史，《漢官解詁》：「建武以來，省御史大夫官屬入蘭臺，特置中丞以總之，其權次尚書。」**敢諫名不虛**。見卷六《壽何侍御》。**奮舌彈將相，收身還里閭。性不愛肥膩，築室田中居。田中何所有，活水清不淤。竹依上番種，瓜擇辰日鉏**。《四民月令》：「種瓜宜用戊辰日。」**十枝五枝花**，李山甫詩：「有時三點兩點雨，到處十枝五枝花。」〔註47〕**一寸二寸魚**。庾信《小園賦》：「一寸二寸之魚，三竿兩竿之竹。」**籬下舴艋舟**，張志和詩：「兩兩三三舴艋舟。」〔註48〕**門前轂觫車。雖然在城市，俗務已漸疏。交謫無孺人**，《詩》：「室人交遍謫我。」〔註49〕《禮》：「大夫妻曰孺人。」〔註50〕**著錄付小胥**。杜甫詩：

〔註41〕《升菴集》卷八十《五加皮》、《丹鉛總錄》卷四《五加皮》。
〔註42〕成公十七年。
〔註43〕《小圃五詠》其一《人參》。
〔註44〕按：此句常作「□似西域□駱駝」，闕二字。一作「頗似西域脊駱駝」。此沿江浩然《曝書亭詩錄》之說。
〔註45〕卷二百六。
〔註46〕「《冰車》《雪柱》」，《新唐書》卷一百七十六《韓愈傳》作「《冰柱》《雪車》」。
〔註47〕《寒食二首》其一。
〔註48〕《漁父歌》其一。
〔註49〕《邶風·北門》。
〔註50〕《禮記·曲禮下》。

「鈔詩聽小胥。」〔註51〕曉督芸鼓芸,宵從漁父漁。我來適孟夏,乍見蓮葉舒。蘆藩打槳入,陸游《大風》詩:「兒言卷茆屋,奴報徹蘆藩。」直前上階除。是日新雨後,決決鳴溝渠。一孫扶藜杖,桂孫。〔註52〕二客停筍輿。查編修嗣璉、家上舍思贊。〔註53〕主人略禮法,小摘園中蔬。山庖遠羶腥,俊味頗有餘。日長語雜亂,要勿及除書。白居易詩:「封事頻聞奏,除書數見名。」〔註54〕學稼既有懷,老農豈不如。清詩唐宋間,流傳相歡譽。應璩詩:「往往見歡譽。」〔註55〕幽棲洵可樂,奇服遂厥初。《楚辭》〔註56〕:「余幼好此奇服兮。」又:「退將復修吾初服。」試觀襁褓子,見卷九《刺梅園》。有若窮相驢。盧仝詩:「頗奈窮相驢。」〔註57〕團圞日旋磨,進退皆牽挐。李祈詩:「舉足遭牽挐。」〔註58〕對此淡蕩人,物外心相於。躬耕許我耦,願言期溺沮。

初夏湖上同佟學士法海賈編修國維查編修慎行嗣璉泛舟學士紀之以詩遂和其韻□□□〔註59〕:「法海,字淵若。遼陽人。康熙甲戌進士,官至兵部侍郎。著有《悔翁集》。」〔註60〕《揚州府志》:「賈國維,字千仞,高郵人。早年擅文名,中丙子順天舉人。聖祖南巡,獻詩賦,稱旨,取入內廷纂修。丙戌,試禮闈不遇,特旨與中式貢生一體殿試,登一甲第三人,授編修。」

新晴最可娛,天朗片雲孤。蕈膩魚王墰,鶯嬌柳浪湖。水亭施步障,《晉書·石崇傳》:「王愷作紫絲布步障四十里,崇作錦步障五十里以敵之。」〔註61〕風幔結流蘇。李賀詩:「紅羅復帳金流蘇。」〔註62〕今夜弄明月,千金此一壺。〔註63〕見卷十九《水帶子歌》。

〔註51〕《贈李八秘書別三十韻》。
〔註52〕此係自注。
〔註53〕此係自注。
〔註54〕《潯陽歲晚寄元八郎中庾三十二員外》。
〔註55〕《百一詩》其一。
〔註56〕《楚辭》。
〔註57〕《哭玉碑子》。
〔註58〕不詳。
〔註59〕「□□□」,石印本作「別裁集」。
〔註60〕《清詩別裁集》卷十八。
〔註61〕卷三十三。按:《世說新語·汰侈第三十》:「君夫作紫絲布步障碧綾里四十里,石崇作錦步障五十里以敵之。」
〔註62〕《夜來樂》。
〔註63〕國圖藏本眉批:此「千金一壺」疑非中流失船之謂,當指壺籩言之。

瑪瑙寺陳閣老行館《臨安志》：「瑪瑙講寺。開運三年，錢氏建。治平二年，改賜今額。寺舊在孤山。紹興二十二年，以其地為延祥觀，而徙寺於葛嶺之東。」《查浦詩鈔》：「澤州相國與京江相國同憩瑪瑙寺。」《感舊集》：「陳廷敬，字子端，號說岩。本名敬，後奉旨加廷字。山西澤州人。順治戊戌進士，官大學士。有《午亭文編》、《尊聞堂集》。」

寶勝湖邊刹，峰連葛嶺青。《臨安志》：「葛仙翁嘗煉丹於此。」過橋行殿近，《西湖志》：「聖因寺在錦帶橋西、孤山之南，面明聖湖，群山環拱，萬井東連，攬全湖之勝。國朝康熙四十六年，聖祖仁皇帝南巡幸浙，臣民欣忭愛戴，遂於斯地恭建行宮焉。」散直小車停。見卷十一《送益都》。野飯移廚速，山泉入筧聽。只愁宣喚至，容易別岩扃。

武林逢鄭高州梁

高涼太守鬢成絲，見卷十五《送鄭公培》。青眼看人似舊時。桐樹半生無改色，見卷五《吹臺》。蠨螬一手尚堅持。後來領袖歸才子，公子性有才名。〔註64〕按：性字南谿。有《西遊》、《北遊草》。老去雲煙勝畫師。太守右體不仁，左手猶能作畫。〔註65〕別久重逢轉傾倒，七言三復曉行詩。其《曉行》詩云：「野水無橋牽馬渡，曉星如月照人行。」賦景最工。〔註66〕

飲查編修慎行寓樓二首按：是日立夏，先生偕鄭息廬、馬衍齋素村、查德尹於吳山寓樓為櫻筍之會。

顛毛初白與僧同，編修取蘇學士「僧臥一庵初白頭」之句，自號初白庵主人。〔註67〕逐隊仍趨朵殿東。恰喜行廚櫻筍熟，繫鞶且對一漁翁。《歸田錄》：「往時，學士循唐故事，見宰相，不具靴笏，繫鞋坐玉堂上，遣院吏計會堂頭直省官，學士將至，宰相出迎。」〔註68〕

高館江湖左右開，三餅橘酒倒官醅。十年舊事簑燈話，此夜方舟泊釣臺。戊寅四月，同編修入閩。〔註69〕

〔註64〕此係自注。《曝書亭集》原在「賦景最工」後。

〔註65〕此係自注。《曝書亭集》原在「其《曉行》詩云」前。

〔註66〕此係自注。

〔註67〕此係自注。

〔註68〕歐陽修《歸田錄》卷下。按：《曝書亭集》原有自注：「唐學士繫鞶坐玉堂。」

〔註69〕此係自注。

杉青牐**別佟學士法海**

趴蒲瓦切。跒口瓦切。**題紈扇**，《玉篇》：「趴跒，不肯前。」李建勳詩：「趴跒為詩趴跒書。」〔註70〕**灣泂住綵舲**。蘇轍詩：「南國家家漾綵舲。」〔註71〕**合併曾幾日，相送落帆亭**。見卷六《香奩體》。

曝書亭**得孫學士致彌都下劄**

杖藜還藉短童扶，暇覓筠牀雀糞涔。典籍曝餘翻散亂，田園歸後轉荒蕪。陶潛《歸去來辭》：「田園將蕪，胡不歸？」**病蔬幾見連筒灌，薄酒生憎入市沽。差喜故人遙記憶，八行書肯報潛夫**。馬融《與竇伯向書》，書兩紙八行，行七字。《後漢書‧王符傳》：「著書號《潛夫論》。」〔註72〕

苦旱茗飲乏水戴秀才**鍈以所蓄天泉見惠率爾賦詩**鍈字淑章，梅里人。

浮玉山，見卷六《風懷》。**矅兩目**。《元和志》：「天目有兩峰，峰頂各一池，左右相對如目。左屬臨安，右屬於潛，東西二瀑布潰流數里，下注成池，曰蛟龍池。即苕溪、桐溪之上源也。」《嘉興縣志》：「嘉禾之水自天目〔註73〕來。」**荊溪橋**，《江南通志》：「荊溪在宜興縣南，以在荊南山之北，故名。」**斷百瀆**。《江南通志》：「百瀆在宜興縣西，南七十五里為上瀆，北六十里為下瀆。舊以荊溪居數郡，下流遂於太湖濱疏百派，以分其勢。又開橫塘以貫之，瀕湖畎澮皆通焉。」**吾家長水口，夏至不沒狗**。〔註74〕《齊民要術‧種麻》：「夏至後十日為下時。諺曰：『夏至後，不沒狗。』匪惟短淺，皮亦輕薄。」〔註75〕**村農鳴鉦踏水車，有如赴壑之修蛇**。蘇軾詩：「有似赴壑蛇。」〔註76〕又，《無錫道中賦水車》詩：「犖犖確確蛻骨蛇。」**青天無雲赤日午，相與結隊撈魚鰕。忽焉長水涸，水車無聲泥上閣。東皋種禾禾漸焦**，江淹詩：「種禾〔註77〕在東皋。」**南山種豆枯豆苗**。見《風懷》。**紫茄黃瓜半灰朽，安

〔註70〕《送八分書與友人繼以詩》。
〔註71〕《和李公擇赴歷下道中雜詠十二首》其一《梁山泊見荷花憶吳興五絕》。
〔註72〕卷七十九。
〔註73〕石印本此下有「山」字。
〔註74〕國圖藏本眉批：「不沒狗」言麻不豐茂也。詩作水涸解，借用。
〔註75〕卷二。
〔註76〕《歲晚相與饋問為饋歲酒食相邀呼為別歲至除夜達旦不眠為守歲蜀之風俗如是余官於岐下歲暮思歸而不可得故為此三詩以寄子由》其三《守》。
〔註77〕「禾」，江淹《雜體詩三十首》其二十二《陶徵君潛田居》作「苗」。此沿江浩然《曝書亭詩錄》之說。

得舊井寒泉澆。朝來約童子，越阡度陌汲湖水，昨行五里今十里。斯時老夫出亦愁，入亦愁，《樂府》：「秋風蕭蕭愁殺人，出亦愁，入亦愁。」〔註78〕躁類楚沐猴，《史記·項羽紀》：「人言楚人沐猴而冠，果然。」〔註79〕喘似吳耕牛。見卷十九《初二夜月》。既不能喝三江五湖倏倒流，又不能使龍跳蛟舞拔老湫，杜甫詩：「龍怒拔老湫。」〔註80〕升斗之水何從求。《莊子》：「周顧視車轍，中有鮒魚焉。周問之曰：『鮒魚來！子何為者耶？』對曰：『我，東海之波臣也。君豈有斗升之水而活我哉？』」〔註81〕戴生前一言，家有泉兩甕。須臾擔僕來，范成大詩：「擔僕輿夫盡勞瘁。」〔註82〕打門遽相送。樂莫樂，且先嘗，何減三危之露九醞漿。《呂氏春秋》：「水之美者，有三危之露。」〔註83〕張衡《南都賦》：「酒則九醞、甘醴。」竹火爐，冰瓷盌。鷹觜長，雀舌短。陳蔗菴《見聞錄》：「蜀州茶名有雀舌、鷹觜、賣顆、片甲等名。」飲罷北窗眠，月輪又新滿。仰面問金波，見卷六《中秋月》。那不麗天畢，雨滂沱。《詩》：「月離于畢，俾滂沱矣。」〔註84〕何辜今之人，《詩》。〔註85〕忍令禿髮女妭市也來婆娑。生自柘湖還，言半妭見乍浦。〔註86〕《山海經》：「蚩尤作兵伐黃帝，黃帝令應龍攻之冀州之野。應龍蓄水，蚩尤請風伯雨師，縱大風雨。黃帝乃下天女曰妭，雨止，遂殺蚩尤。妭不能復上，所居不雨。」〔註87〕《文字指歸》：「女妭，禿無髮，所居處天不雨。」《詩》：「市也婆娑。」〔註88〕

寄鄭秀才元慶《湖州府志》：「鄭元慶，字子餘，號芷畦。府學廩生。早歲刻《廿一史約編》行世，自以體例未善，深悔之。適郡伯侯官陳公委修府志，乃紬繹舊聞，漁獵掌故。先箋釋顏魯公《石柱記》，刻之。以舊志勞、王、張、栗四家率略譌舛，取《廿一史》與諸志再三按勘，又挾筆硯遍遊七州縣，訪其故家文獻，駁難辨正。自丁丑迄

〔註78〕《古歌》。

〔註79〕卷七。

〔註80〕《送韋十六評事充同谷郡防禦判官》。

〔註81〕《外物》。

〔註82〕《孫黃渡》。

〔註83〕《孝行覽·本味》。

〔註84〕《小雅·漸漸之石》。

〔註85〕《大雅·雲漢》。

〔註86〕此係自注。

〔註87〕按：郝懿行《山海經箋疏》：「《玉篇》引《文字指歸》曰：『女妭，禿無髮，所居之處天不雨也，同魃。』」《後漢書·張衡傳》：「夫女魃北而應龍翔，洪鼎聲而軍容息。」李賢《注》：「女魃，旱神也。」

〔註88〕《陳風·東門之枌》。

甲申，八年而初稿始定，為一百二十卷，就正毛西河、朱竹垞、潘稼堂三太史，亟加歡賞。會陳公罷官去，後南城章公作郡，欲付梓，旋以內艱去。後數年，黃平曹公來，已開局刻二卷，又以忤上官去。元慶歎曰：『數十年心力，稿凡七易，經賢守三人，垂刻而未果，豈湖郡文獻終歸湮沒乎？』於是改稱《湖錄》。晚年研窮經學，《易》、《禮》二經，尤所殫心。其著書處，名魚計亭。慕鄭子珍為人，自號小谷口。亭前蒔花疊石，插架圖書。亭後方池一泓，大旱不涸。友朋過從，徵文考獻，永日忘疲。」

鄭生五亭住，四面白蘋香。見卷十一《送馮邁祖》。竹樹旱無恙，《嘉興府志》：「康熙四十六年夏六月，大旱。」湖田低不妨。圖書宜後定，《〈魏志・劉表傳〉注》：「開立學官，博求儒士，使綦毋闓、宋忠等撰《五經章句》，謂之後定。」〔註89〕天氣欲新涼。近得苕溪集，南渡劉一止詩文。〔註90〕期君讀草堂。

更舞蛟石為蛇蟠石紀之以詩並序

府治東徐少卿祠，《嘉興府志》：「府治東，明崇禎〔註91〕十一年徐世淳守隨州，流賊張獻忠破城，殉難，贈太僕少卿，賜特祠。」有苕石奇古，土人目曰舞蛟，嶽和聲《舞蛟石歌・序》：「石在范長康清宛堂南，高三十丈，廣六尺。蒼礴洞裂，若離而合者三。怒目深爪，若饑蛟鬖舞。傳有牝牡二峰，此故其牡，蓋李唐間物。籀而字之者，趙松雪也。」傳是花石綱所遺。見卷六《瓊華島》。然《至元嘉禾志》、《嘉禾志》三十有二卷，至元中，經歷單慶延郡博士徐碩纂輯成書。序之者，郡人郭晦、唐天麟也。明柳琰、鄒衡、趙瀛三志均不載，《弘〔註92〕治志》三十二卷，郡守柳琰修，平湖教諭林紳熙輯，李東陽、莊㫤序。《柳志補》，郡守於鳳喈修，鄒衡輯。《圖記》二十卷，郡守趙瀛修，甬江趙文華輯。未析所從來。按：元慈谿黃玠《弁山小隱吟錄》《嘉興府志》：「黃玠，字伯成。徙魏塘，復家弁山。著《弁山小隱吟錄》。」有《為濮樂閒司令作蛇蟠石歌樂閒家濮院》，《檇李詩繫》：「濮院鎮，元濮鑑為寧遠將軍，有八宅，此其一也。」意明初產，入官後，好事者移置此地爾，妄擬李白更九子山例，李白《改九子山為九華山・序》：「青陽縣南有九子山，山高數千丈，上有九峰如蓮華。按圖徵名，無所依據。予乃削其舊號，加以九華之目。」書之《禾錄》。

石以舞蛟名，未若蛇蟠古。試誦弁山吟，圖經猶可補。

〔註89〕《三國志》卷六。裴《注》引《英雄記》。
〔註90〕此係自注。
〔註91〕「禎」，底本、石印本作「正」。
〔註92〕「弘」，底本、石印本作「宏」。

吳甥振武用指頭作畫花竹翎毛草蟲山水畢肖異而賦長歌字威中，號陶塵，秀水人。官寶坻令。

軒皇曾列素女圖，《樂府》：「衣解金粉御，列圖陳枕張。素女為我師，儀態盈萬方。眾夫所希見，天姆教軒皇。」〔註93〕虞帝欲觀古人像。《虞書》：「予欲觀古人之象，日、月、星、辰、山、龍、華、蟲，作會、宗彝、藻、火、粉米、黼、黻、絺繡，以五彩彰施於五色作服。」〔註94〕禹鑄神奸貢牧金，見卷二《謁禹陵》。康模酬酒豐侯相。見卷四《大牆上蒿行》。周官設色之工五，畫繪由來有專尚。《考工記》：「設色之工五：畫、繢、鐘、筐、㡛。」彼時蒙恬筆未製，《史記》：「始皇令蒙恬與太子扶蘇築長城，恬取中山兔毛造筆。」〔註95〕安得中山管城樣。韓愈《毛穎傳》：「秦皇帝使恬賜之湯沐，而封諸管城，號曰管城子。」不知渲染用何物，藻火山龍授師匠。指頭作畫舊譜希，巧者未述知者㪬。見卷十六《仙遊茅筆》。吾家賢甥罷官久，玉桂國中少倚仗。見卷十二《表弟查二》。林泉高致頗軼倫，按：《林泉高致》，郭思〔註96〕撰。往往得錢埽屏幛。入春放溜始歸來，啜粟承歡北堂養。田園松菊縱荒蕪，且免折腰走俗狀。孔稚圭《北山移文》：「抗塵容而走俗狀。」蕭晨訪我梅會里，小艇恰乘新水漲。開顏並對竹垞竹，一技尤精難比伉。先施淡墨後濃墨，食指兼需巨擘將。見《仙遊茅筆》。有時爪痕抽藥苗〔註97〕，《宣和畫譜》：「李靄之、黃居寀皆有《藥苗圖》。」有時指節成花當。雪禽不數唐希雅，見卷八《題畫竹》。風蝶何殊秦友諒。《圖繪寶鑑》：「秦友諒，毗陵人。善草蟲，其花卉未可言工。特於蟬蝶之類，傅色輕妙，人頗稱之。」〔註98〕少焉滌硯寫山水，茅屋苔磯雅清曠。斯須湧出八九峰，瀑布飛流樹穿浪。釘頭鼠尾信手剗，見卷十二《程侍郎》。程奕屠希見惆悵。《東坡集》：「近作《中山松醪賦》，取李氏澄心堂紙、杭州程奕鼠鬚筆、易水供堂墨，錄本以授吳傳正。」〔註99〕「屠希」，見《仙遊茅筆》。漆園以指喻非指，天地一指巧相況。《莊子》：「以指喻指之非指，不若以非指喻指之非指也；以馬喻馬之非馬，不若以非馬喻馬之非馬也。天地一指也，萬物一馬也。」〔註100〕靚

〔註93〕張衡《同聲歌》。
〔註94〕《益稷》。
〔註95〕《北堂書鈔》卷一百四。
〔註96〕按：「郭思」當作「郭熙」。
〔註97〕「苗」，四庫本《曝書亭集》誤作「苖」。
〔註98〕卷四。
〔註99〕《書松醪賦後》。
〔註100〕《齊物論》。

爾新圖捫指成，使我衰年一神王。《世說》：「庾文康云：『見子嵩在其中，當自神王。』」〔註101〕移家思避消夏灣，見卷十五《題沈上舍》。歲旱湖田定無恙。用里梨容客至嘗，〔註102〕《吳縣志》：「用里即用頭，在洞庭西山。」毛公壇許人扶上。見卷十四《題周編修》。橙黃橘綠及是時，蘇軾詩：「一年好景君須記，正是橙黃橘綠時。」〔註103〕十幅蒲帆趨所向。甥能從我賦近遊，共醉山家隔年釀。

南垞晚步同王生泫字上陶，梅里人。

荷風剛罷浴，蘭畹已新涼。高樹下歸鳥，小窗明夕陽。蛇牀秋草徧，《爾雅》：「盯疕牀。」《注》：「蛇牀也，一名馬牀。」魚尾暮霞長。老圃論生計，纔收一稜薑。

過李上舍村居按：李名懷林，梅會里人。

偕行十畝桑外，並坐千年樹根。猗玗子無惡客，《唐書·元結傳》：「天下兵興，逃難入猗玗洞，始稱猗玗子。」元結詩：「有時逢惡客，還家亦少酣。」〔註104〕注：「非酒徒即為惡客。」武夷君有曾孫。上舍六十已得曾孫。〔註105〕

五毒篇效曹通政寅用其首句

南蠱毒頭北蟲尾，以類名蚅音裩。總為蟲。音虺。五者潛行疾如鬼，誰與點筆繪作圖。——獰劣殊形模，五月五日張戶樞。《言鯖》：「今俗以端午日作五毒，與小兒佩之，以闢諸毒。按：古者青、齊風俗，於穀雨日畫五毒符，圖蠍子、蜈蚣、蛇虺、蜂、蜮之狀，各畫一針刺，刊布家戶帖之，以禳蟲毒。」嗚呼！之蟲螫人遇所觸，謀及乃心禍斯酷，世間無如倮蟲毒。《家語》：「倮蟲三百有六十，而人為之長。」〔註106〕

〔註101〕《賞譽》。按：《莊子·養生主》：「澤雉十步一啄，百步一飲，不蘄畜乎樊中，神雖王不善也。」成玄英《疏》：「心神長王，志氣盈豫。」
〔註102〕國圖藏本眉批：《吳郡志》：「用頭即漢用里，在洞庭山村，漢用里先生所居。」○《具區志》：「梨出洞庭山用頭。」
〔註103〕《贈劉景文》。
〔註104〕《漫歌八曲》其八《將船何處去》。
〔註105〕此係自注。按：此前自注另有「元結自號猗玗子，以不飲酒者為惡客」。另，國圖藏本眉批：原注不應刪。
〔註106〕《執轡第二十五》。

送筵占楊叟還廬江

桐帽梭鞲冰雪容，山茨歸臥棗香濃。瓊茅欲就靈氛卜，《楚辭》：「索瓊茅以筳篿兮，命靈氛為予占之。」〔註107〕知近浮槎第幾峰。歐陽修《浮槎寺八紀詩跋》：「浮槎山在今廬州慎縣。」

雨集平山送查編修嗣瑮蔡舍人瑴方上舍世舉唐明府紹祖入都二十韻

金颷斂行潦，絳葉鳴凜秋。曉雨原上來，枯桑落荒溝。笋車北岡路，徑盡知所投。平山表遺跡，經始歐九修。見卷七《酬彭師度》。手移新堂柳，綆汲洌井流。至今闌檻曲，詩版存王劉。〔註108〕《宋史·劉敞傳》：「〔註109〕敞字原父，臨江新喻人。知揚州。」〔註110〕劉敞〔註111〕《平山堂》〔註112〕詩云：「蕪城此地遠人寰，盡借江南萬里〔註113〕山。水氣橫浮飛鳥外，嵐光平墮酒杯間。」吾來堂未建，再至乃登樓。先生《真賞樓記》：「回憶曩時客揚州，登堂之故址，草深數尺，求頹垣斷砌所在，不能辨識，憮然長謠，謂茲堂之勝殆不可復。曾幾何時，而晴闌畫檻忽湧三城之表，且有飛樓峙其後。」〔註114〕未知百年內，紺塔能復不。一蕭喝。〔註115〕二卞子，恒久、澍。〔註116〕載酒羅庶羞。征鴻適來賓，鳴鹿迭相求。翩翩群雅才，簦笠偕燕遊。江光湧平楚，草色連遙洲。淮南十一郡，千里極望收。同人齊所願，於野獲良謀。《易》：

〔註107〕 《離騷》。

〔註108〕 國圖藏本眉批：歐陽修詞：「手種堂前楊柳，別來幾度春風。」

王令《平山堂》詩：「谽谺廬堂巧構成，地平相與遠山平。橫岩積翠簷邊出，度隴浮蒼瓦上生。春入壺觴分蜀井，風回談笑落蕪城。謝公已去人懷想，向此還留召伯名。」

《揚州府志》：「大明寺即古棲靈寺。寺有塔九級。隋仁壽之年，治海內清淨處立塔三十所，此其一也。後塔燬。宋景德中復建塔七級，名曰多寶。既而塔與寺俱圮。」

《揚州府志》：「堂為棲靈寺僧踧作前殿。國朝知揚州府事金鎮與鄉主事汪懋麟時建堂寺右，以復舊觀，並構真賞樓於寺後。」

〔註109〕 石印本此處有「劉」。

〔註110〕 卷三百一十九。

〔註111〕 「劉敞」，石印本作「有題」。

〔註112〕 按：詩題原作《遊平山堂寄歐陽永叔內翰》。

〔註113〕 「里」，原詩作「疊」。

〔註114〕 《曝書亭集》卷六十六。

〔註115〕 此係自注。

〔註116〕 此係自注。

「同人于野。」〔註117〕《左傳》:「謀於野則獲。」〔註118〕**查蔡金閩彥,見卷**三《萬歲通天帖》。方唐才士尤。將從畿南驛,直抵山後州。豈曰無裳衣,客子在道周。感彼蟋蟀唱,役車何時休。《詩》:「蟋蟀在堂,役車其休。」〔註119〕**燕南趙北際,**《〈魏〔註120〕·公孫瓚傳〉注》:「《英雄記》曰:『先是有童謠云:燕南垂,趙北際,中央不合大如礪,惟有此中可避世。』」〔註121〕**慎勿久滯留。且復飲沉頓,率意成狂謳。**

紀夢作

北山叟卜南山宅,言歸北山人不識。山家黑犬兩耳黃,《述異記》:「陸機少好獵,在吳日,有快犬,曰黃耳。」獨木橋邊吠行客。柴門之下水淙淙,枳籬以外花茸茸。偶然鞭犬失青竹,化作羊鬚一白龍。

送程秀才元愈還宣城梅孝廉庚女婿也。〔註122〕

花飛春水都官句,《石林詩話》:「歐陽文忠公記梅聖俞河豚詩『春洲生荻芽,春岸飛楊花』,破題兩句已道盡河豚好處。」山抹微雲女婿詩。〔註123〕《藝苑雌黃》:「程公闢守會稽,少遊客焉,館之蓬萊閣。一日,席上有所悅,自爾眷眷,不能忘情,因賦長短句,所謂『多少蓬萊舊事,空回首,煙靄紛紛』也。其詞極為東坡所稱道,取其首句,呼之為『山抹微雲』。」《詞苑叢談》:「少游有婿,為人所侮,乃大呼曰:『吾是山抹微雲女婿也。』」〔註124〕**送子羊頭車一兩,滿林柿葉正紅時。**《蓉堂詩話》:「自鎮江以東,有獨輪小車。一人挽於前,一人推於後,謂之羊頭車。」〔註125〕

歲暮送張生星還吳字敏求,長洲人。

四野同雲澹澹寒,只應小住共春盤。懷歸潘岳真多事,遺掛重思面

〔註117〕《同人》卦辭。
〔註118〕襄公三十一年。
〔註119〕《唐風·蟋蟀》。
〔註120〕石印本此下有「志」字。
〔註121〕《魏志》卷八。
〔註122〕此係自注。
〔註123〕國圖藏本眉批:次句似誤以「山抹微雲」為秦培之詩,與本事似戾。
　　　　開林按:培當作「觀」。
〔註124〕卷三。
〔註125〕《宋詩紀事》卷二十六。

壁看。潘岳《悼亡詩》：「流芳未及歇，遺掛猶在壁。」〔註126〕

著雍困敦戊子

五言賦鴨餛飩

　　禾俗養鴨兒，見卷八《棹歌》。樂府歌阿子。見卷一《語溪道中》。一雄
挾五雌，《農桑通訣》：「大率鵝三雌一雄，鴨五雌一雄。」累百嗈長水。方春
鷇將出，生意不可止。要術啄菢宜，見卷十六《滄浪亭》。《集韻》：「菢，
鳥伏卵也。」匝月雛定起。淺夫計欲速，王十朋詩：「公非淺夫相。」〔註127〕
火攻迭運徙。半體形已呈，忽焉混沌死。見卷十七《水碓》。他邦盡棄擲，
吾黨獨見喜。鄉人目曰喜彈。〔註128〕見《棹歌》。釦童屑椒桂，見卷十八《十
月二十》。灶妾洗毛髓。郭憲《東方朔傳》：「吾生來已三洗髓，五伐毛矣。」色
淆黃白斑，候斂漿汁滓。鴨簽哂東京，《東京夢華錄》：「飲食有羊頭簽、鵝
鴨簽、雞簽。」鴨劃音嘯。〔註129〕屏南史。《南史·茹法珍傳》：「宮中訛云：
『趙鬼食鴨劃，諸鬼盡著調。』當時莫解。梁武平建鄴，東昏死，群小一時誅滅。故
稱為諸鬼也。俗間以細剉肉糝以薑桂曰劃，意者以凶黨皆當細剉而烹之也。」〔註130〕
既免治刀砧，袁宗道詩：「血色蝕刀砧。」〔註131〕兼弗齺牙齒。《天祿識余》：
「齺楚，去聲，齒怯也。今京師語謂怯皆曰齺。曾茶山〔註132〕《和曾宏父餉柑》詩，
云：『莫向君家樊素口，瓠犀維齺遠山颦。』」以之號餛飩，莫審所自始。得非
飲食人，桐江方萬里。《癸辛雜識》：「方回，字萬里，號虛谷，徽人也。其父
南遊，殂於廣中。回，廣婢所生，故其命名及字如此。」〔註133〕按：方回有《桐江
集》。記取秀州門，竹杖扶入市。〔註134〕見《棹歌》。至今七十坊，《至元

〔註126〕石印本無此注。
〔註127〕《六月二十五日會同官於貢院用前一絕分韻得相字》。
〔註128〕此係自注。
〔註129〕石印本無此注。
〔註130〕卷七十七《恩倖列傳》。
〔註131〕《東坡作戒殺詩遺陳季常余和其韻》其三。
〔註132〕石印本此下有「有」字。
〔註133〕別集卷上《方回》。
〔註134〕《曝書亭集》原有自注：「萬里《竹杖詩》：『跳上岸來須記取，秀州門外鴨餛
　　　　飩。』」
　　　　另，國圖藏本眉批：「竹杖」句下有原注。

嘉禾志》載坊巷七十。〔註135〕饌法傳伍氏。物微愛憎殊，留賓姑舍是。二子下箸貪，桐城方世舉，嘉興李宗渭。〔註136〕方字扶南。先生門人。時自京師訪先生於梅會里。謂足勝羊豕。作詩賞逸味，虛谷同一揆。不知天地間，何者真好美。試問廚煙生，曾否動食指。見卷九《河豚歌》。

送李上舍之濟南謁新城王尚書

海右惟濟南，見卷六《飲歷下亭》。具饒山水趣。側坎趵突泉，見卷十二《送張幪》。單椒華不注。見卷十一《送張先生》。匯為蓮子湖，見《飲歷下亭》。七橋從坦步。見卷七《賦得官柳》。尚書宅新城，道重東山傅。見卷二《偕謝晉》。絲竹匪所耽，騷雅乃先務。林端有嘯臺，見卷十四。池北但書庫。先生《池北書庫記》：「池北書庫者，今少詹事新城王先生聚書之室也。」〔註137〕著錄幾千人，見卷十九《題梅生詩》。片言等墳素。《魏志・管寧傳》：「敷陳墳素，坐而論道。」〔註138〕李生辭菰蘆，高山動遐慕。《詩》：「高山仰止。」〔註139〕譬諸驥騄姿，孫陽宜一顧。《楚辭》：「驥躊躇於弊輂兮，要〔註140〕孫陽而得代。」王逸曰：「孫陽，伯樂姓名也。」莫因簽程迂，直趨九河渡。《爾雅》：「九河：一曰徒駭，二曰太史，三曰馬頰，四曰覆鬴，五曰胡蘇，六曰簡，七曰潔，八曰鉤盤，九曰鬲津。」送行吟短章，心飛蠶尾樹。蠶尾山房，尚書著書室也。〔註141〕漁洋《蠶尾集自序》：「兗鄆之境多湖陂，而小洞庭最著。湖之左有蠶尾山，唐天寶十二載，太守蘇源明讌五太守於此。」

九日籬菊未放桂有餘花里中諸子過出金華酒小飲分韻得小字

叢桂落餘花，雙缾出清醴。我客不速來，毋論戶大小。冷笑登高人，牽拂風林杪。

潘檢討耒以方竹杖見贈賦謝

天台方竹杖，《天台山志》：「方竹以莖方故名，出天台玉霄峰，可為杖。」

〔註135〕此係自注。
〔註136〕此係自注。
〔註137〕《曝書亭集》卷六十六。
〔註138〕《三國志》卷十一。
〔註139〕《小雅・車轄》。
〔註140〕「要」，東方朔《七諫》其三《怨世》作「遇」。
〔註141〕此係自注。

絕勝萬年藤。九節仙人䇽，見卷九《清流關》。兼程衲子能。免尋籃舁坐，
且喜石橋登。準擬池南岸，晨朝相菊膡。按：菊膡，先生城南雜詠二十景之一。

德藏寺詠古蹟五首《嘉興府圖記》：「平湖縣治東一百步德藏講寺，唐會昌初創，
尋廢。後唐清泰中復，名寶興。前建雙塔。宋祥符末，改德藏寺，有浦花堂、松風臺、
山月池。」

雙塔

寺門雙塔並，夕照掛林西。影落東湖曲，見卷十八《東湖曲》。參差終
不齊。

梓徑

入寺一徑分，文梓昔無數。想見獨吟人，赤腳踏紅雨。趙王孫孟堅有
詩。〔註142〕

浦花堂

百里魯公浦，《嘉興府圖記》：「宋有魯公浦，在海鹽縣南三里，闊一丈七尺，
長一十八里，魯宗道濬，即舊藍田浦。」風荷岸岸香。金沙誰布地，見卷八《櫂
歌》。傳是道宣房。《高僧傳》：「道宣持律精苦，三衣皆苧，一食唯菽。嘗築一
壇，僧尼受戒。」

松風臺《弘〔註143〕治志》：「松風臺在德藏寺後，釋竹菴築。遺址尚存。山月池在其
下。」

松樹已無榦，松風舊有臺。華亭初不遠，定有鶴飛來。見卷一《渡黃
浦》。

山月池

海山一片月，終古照池水。當年人定鐘，《海錄碎事》：「柳公綽每日
與子弟論文，或講求蒞官治家之要，至人定鐘鳴，始就寢。」〔註144〕聲聞十八里。
〔註145〕見卷八《棹歌》。

〔註142〕此係自注。
〔註143〕「弘」，底本、石印本作「宏」。
〔註144〕《欽定古今圖書集成·經濟彙編·樂律典卷九十七》。按：《海錄碎事》卷七上
「人定鐘」：「柳公綽每日與子弟論文，或講求蒞官治家之要，至人定鐘，始
歸寢。」
〔註145〕《曝書亭集》原有自注：「事見魯應龍《閒窗括異志》。」

天遊觀歌寄贈崇安王明府梓字琴伯，號適菴，郃陽人。有《槐蔭堂集》，先生作序〔註 146〕。

昔我登武夷，勝絕天遊觀。並見卷十七。諸峰羅舄下，一亭表天半。水紋斷續流，石骨陰陽判。《博物志》：「地以名山為輔佐，石為之骨，川為之脈，草木為之毛，土為之肉。」藥爐茗盌不外求，谷鳥林猨迭相喚。老夫高尋豁兩眸，坐久嬾下崎嶇丘。夕陽滿樹嵐翠浮，白雲忽起山之幽。須臾逢逢漲岩壑，仰視昴車井鉞參旗收。《史記·天官書》〔註 147〕：「昴曰旗〔註 148〕頭，胡星也，為白衣會。畢曰罕車，為邊兵，主弋獵。」又：「東井為水事。其西曲星曰鉞。」又：「參為白虎。其西有句曲九星，三處羅：一曰天旗。」怳如置我不繫之虛舟，《莊子》：「泛若不繫之舟，虛而遨遊者也。」〔註 149〕蓬萊方丈海外州。《史記·秦始皇紀》：「徐市言海中有三神山，名曰蓬萊、方丈、瀛洲。」〔註 150〕天雞乍唱旭日旦，見卷四《山陰雨霽》。《詩》：「旭日始旦。」〔註 151〕依舊列岫仍環周。回思此地神物怪疑詎可測，願為道士見卷十七《天遊觀》。驂駕白鹿騎青牛。年今八十行歎復坐愁，鮑照《行路難》：「人生亦有命，安能行歎復坐愁。」安得九節竹杖扶我重上仙掌之峰頭。見卷十七。間吹鐵篴弄明月，朱子《鐵笛亭詩序》：「侍郎胡明仲嘗與武夷山隱者劉兼道遊。劉善吹鐵笛，故胡公詩有『更煩橫鐵笛，吹與眾仙聽』之句。」乾魚粗飯長勾留。見卷十七《沖祐宮》。郃陽王子今為宰，詩思潘江文陸海。鍾嶸《詩品》：「陸文如海，潘藻如江。」仙才自合治仙山，《詩話總龜》：「宋景文評唐人詩云：『太白仙才，長吉鬼才。』」一鶴一琴恒並載。《宋史·趙抃傳》：「抃知成都，以寬為治。神宗立，召知諫院。帝曰：『聞卿匹馬入蜀，以一琴一鶴自隨。』」〔註 152〕櫂歌九曲和元音，《朱子大全》：「淳熙甲辰中春，精舍間居，戲作《武夷櫂歌》十首。」逸韻清鏘音欸乃。見卷十五《嶺外歸舟》。書院琳宮次第新，陳丹暗粉更番改。晝簾暇日考圖經，祠祿題名舊章在。騷人初度先春期，見卷七《和程邃》。玉梅早發珊瑚枝。見卷二十《題朱顯祖》。邑人躋堂齊介眉，

〔註 146〕《曝書亭集》卷三十九《王崇安詩序》：「今年冬，知崇安縣事合陽王侯琴伯以《槐蔭堂集》惠寄，發函伸紙誦之。」
〔註 147〕卷二十七。
〔註 148〕「旗」，《史記》作「髦」。
〔註 149〕《列禦寇》。
〔註 150〕卷六。
〔註 151〕《邶風·匏有苦葉》。
〔註 152〕《御定子史精華》卷八十八。按：原出《宋史》卷三百十六。

《詩》：「躋彼公堂。」又：「以介眉壽。」〔註153〕頌侯戩谷無不宜。《詩》：「俾爾戩穀。罄無不宜。」〔註154〕三漿十酒斝滿巵，亦有鼓板兼歌師。當筵漫奏賓雲曲，並見《武夷沖祐宮》。明府自有白雪陽春辭。

查二編修弟嗣璉煎錫為洗頭盆注水扶寸江行恒自隨乃以脫贈賦五言詩紀事

查仲華山頂，曾窺玉女窗。洗頭無俗具，見卷十九《雜詩》。注水愛深缸。巧匠工煎錫，騷人利涉江。塵容許三沐，贈我載歸艭。

題盛叟生壙按：叟名遠，字鶴江，號宜山。善詩工畫。築瓣香閣，舉高士無後者，自林逋及師沈騅並祀之。造壽域於南湖之濱，自題詩，有「不知一盞花前酒，誰向劉伶墓上澆」句。及卒，先外祖沈建勳公時述耆儒金鼎、聞人奎耀、狄士斌、王家棟、沈琰、宗琪、施烈、陳谷、周琅、宗瑞麟、闕韋、張五辰及遠遺行，請學使者旌而祀焉。

宜山居士抱詩癖，老傍南湖度幽宅。莫嫌丙舍少兒孫，見卷七《輓龔尚書》。且免他時賣松柏。

題張平山水墨明妃出塞圖《無聲詩史》：「張路，字天馳，號平山，大梁人。以庠生遊太學。畫法吳小山。」

畫師徧寫春風面，殺粉研朱總未嫻。似此澹描翻絕世，按圖誰復詆平山。

　　　　　　　　　　　　　　男　蟠　挍

〔註153〕《豳風・七月》。
〔註154〕《小雅・天保》。

曝書亭集詩注卷二十二

嘉興　楊謙　纂
弟　　星垣　參

屠維赤奮若己丑

寄查山張上舍二首

昔訪查山麓，梅花香滿頭。筍車三日坐，日日醉層樓。八載負前諾，按：先生於辛巳二月查山探梅，至是八載矣。今年春可遊。老夫無那嬾，風雨返孤舟。

傳說幽棲好，經營與舊殊。立碑先墓側，注水小山嵎。路近通香海，《西陂類稿》：「余於吾家山題香雪海三字。」〔註1〕驪輕截太湖。不知熨斗柄，《六硯齋筆記》：「黃茂小景，唐子畏書。太湖濱幽奇處，名曰熨斗柄。」更插幾千株。《蘇州府志》：「西磧山北麓有熨斗柄，長百餘丈，皆梅花最深。」

送施生重遊武夷三首

止止菴深舊下帷，〔註2〕《武夷山沖祐萬年宮實錄》：「有海南白玉蟾築庵於一曲之濱，扁曰止止，亦修煉得道。」焙茶搗紙遠如期。春山一路無啼鳥，澗水聲中到武夷。

度嶺虹橋架鑿舟，無妨仙侶暇重遊。修琴載酒途非遠，誰道山中不可留。

〔註1〕卷十七《滄浪亭詩·雨中元墓探梅》題注。

〔註2〕國圖藏本眉批：止止菴在武夷第二曲。北宋時，李陶真、李鐵笛、李磨鏡相繼卜築於此，名其庵曰止止。嘉定間，詹琰夫那遺址重構，以居白玉蟾。詳見玉蟾記中。

隱屏峰後石蒼黔，見卷十七《坐竹簰》。百丈傳聞掛水簾。《方輿勝覽》：「水簾在九曲溪之上流。」〔註3〕《名勝志》：「水簾洞在山背，石壁高聳，綿亙數千丈。水自岩頂瀉下，隨風飄灑，疏密不定，長如垂簾，琅然作金石聲。一名唐曜洞天〔註4〕。」好事畊漁曾不到，圖經藉爾後遊添。吳人徐達左，洪武中游武夷，繪九曲之勝，不及水簾洞。耕漁子，達左自號也。〔註5〕

雨〔註6〕

曉雨仍鳴瓦，春陰未浴蠶。乍看抽菜甲，翻覺斂花荅。窮鳥窺簷入，枯魚得米泔。吡離愁雁戶，泥滑市西南。

即事二首並序〔註7〕

入春菽麥未熟，饑民載塗。告於太守，太守臧公憲祖，正紅旗人。諗諸比鄰，各率私錢，為粥以食餓者，日萬餘人。按：康熙戊子己丑間，水旱相仍，饑民載道。先生率里中同志暨謙先祖璀文公勸募，各出私錢，作粥以食餓者，設廠於市西古南寺中，全活者無算。先生大書牓於寺門，曰：「同是肚皮，飽者不知饑者苦；一般面目，得時休笑失時人。」至今里人猶稱道之。俄而謗書滿紙，無由自白。乃有落瓜里民，就食經月，以農務告歸，持瓣香踵門稱謝。紀之以詩。

惻隱人心共，何期物論殊。螳螂齊挾斧，見卷六《風懷》。薏苡乃成珠。見卷十九《酬洪昇》。捷捷謀宵雅，《禮》：「宵雅肄三。」〔註8〕《詩·小雅》：「捷捷翩翩。」〔註9〕申申詈左徒。《楚辭》：「女嬃之嬋媛兮，申申其詈予。」〔註10〕角張逢五六，見卷一《閒情》。作事哂今吾。

世事翻成覆，人言偽亂真。不圖落瓜里，乃有翳桑人。見卷四《傷歌行》。布穀迎新雨，《後漢·崔楷傳》：「疏曰：『吾聞布穀鳴於孟夏，蟋蟀鳴於始秋。』」〔註11〕收蠶及暮春。要知升斗水，見卷二十一《苦旱》。也足潤頳鱗。

〔註3〕卷十一。
〔註4〕石印本此下有「云」字。
〔註5〕此係自注。
〔註6〕四庫本《曝書亭集》未錄。
〔註7〕四庫本《曝書亭集》未錄。
〔註8〕《禮記·學記》。
〔註9〕按：《小雅·巷伯》：「緝緝翩翩，謀欲譖人。……捷捷幡幡，謀欲譖言。」
〔註10〕《離騷》。
〔註11〕卷六十下。

□□□□□泊舟繡鴨灘再過草堂話舊以二詩見投賦答〔註12〕

龍眠山下白鷗沙，見卷十四《賜金園》。謝傅園林跡已賒。興發詩題千丈壁，《晉書·宋纖傳》：「纖有遠操，太守馬岌造焉，距而不見，岌銘詩於石壁，曰：『丹崖千〔註13〕丈，青壁萬尋。室邇人遠，實勞我心。』」人傳畫殺滿川花。《雲煙過眼錄》：「黃魯直云：李伯時貌天廄滿川花，放筆而馬殂。蓋神魂精魂皆為伯時筆端取去，實古今異事。」〔註14〕白鹽赤米前朝寺，見卷八《懷鄉口號》。司空曙詩：「黃葉前朝寺。」〔註15〕僧帽儒衣是處家。顧瑛詩：「儒衣僧帽道人鞋。」〔註16〕才子趨庭齊著作，清門偕隱最堪誇。

羅雀門開地百弓，抽帆且樣鴨闌東。當塗書重嵇中散，《三國志》：「許昌氣見於當塗高。當塗高者，魏也。」〔註17〕《晉書·趙至傳》：「年十四，詣洛陽，遊太學，遇嵇康於學寫石經。」〔註18〕左海經傳鄭小同。《後漢·鄭玄傳》：「玄惟有一子益恩。孔融在北海，舉為孝廉。及融為黃巾所圍，益恩赴難隕身。有遺腹子，玄以其手文似己，名之曰小同。」〔註19〕雨過旗槍茶柵外，月明歌板幔亭中。見卷一《送屠爌〔註20〕》。客遊到處休都騎，宋無《答馬懷秀兄弟見訪》詩：「鄰驚都騎盛，僕出草堂看。」難道清詩不禦窮。

野老

學易村夫子，勞勞六寸心。卜錢求漢鑄，新得火珠林。《周易啟蒙翼傳》：「以京易考之，世所傳火珠林者，即其法也，以三錢擲之。」〔註21〕《宋史·藝文志》：「《火珠林》一卷。」〔註22〕

〔註12〕底本、石印本詩題均闕五字。石印本題下注：「題原缺五字。」《曝書亭集》未錄。

〔註13〕「千」，《晉書》卷九十四《隱逸列傳》作「百」。

〔註14〕卷一。

〔註15〕《過慶寶寺》。

〔註16〕《自題小像》。

〔註17〕卷二《文帝紀》裴《注》。

〔註18〕卷九十二《文苑傳》。

〔註19〕卷六十五。

〔註20〕「爌」，石印本誤作「壙」。

〔註21〕胡一桂《周易啟蒙翼傳·外篇·筮法變卦說》，稱「平菴項氏曰」。

〔註22〕卷二百六。

柬友人〔註23〕

吾圖吾書，筦鑰則無。《禮》:「慎管籥。」〔註24〕《注》:「管籥，鎖匙也。」與子忘形，點勘墨朱。蘇軾詩:「空齋愁坐紛墨朱。」〔註25〕期我故人，無失其故。《禮》:「故者，毋失其為故也。」〔註26〕乾餱以愆，《詩》。〔註27〕將子無怒。《詩》。〔註28〕勿躬勿親，《詩》。〔註29〕聆我詆諆。《漢書·枚乘傳》:「故其賦有詆諆東方朔。」師古曰:「詆，毀也。娸，醜也。」〔註30〕人或廷〔註31〕汝，《詩》。〔註32〕胡詛我為。子無〔註33〕居居，子無〔註34〕究究。《爾雅注》、《毛傳》:「居居，懷惡不相比之貌。」孫炎曰:「究究，窮極人之惡。」〔註35〕雖有新知，人惟求舊。《書》。〔註36〕

四月八日效長慶體〔註37〕

今年孟夏行冬令，《禮》:「孟夏行秋令，則苦雨數來;行冬令，則草木蚤枯。」〔註38〕夜尚南風曉北風。露頂劇憐黃面佛，見卷十二。披裘仍作鹿皮翁。見卷六《中秋待月》。榆錢柳絮愁飄損，且喜余花婪尾紅。

題曹通政寅思仲軒詩卷

蕪城鮑明遠，見卷五《送孫處士》。古調李騫期。見卷十九《雜詩》。眷念同懷子，因題思仲詩。春塘宜入夢，見卷二《送舍弟》。柔木易生枝。《詩》:「荏染柔木。」〔註39〕更放過牆竹，濃陰使院垂。公弟居此，植杜仲

〔註23〕四庫本《曝書亭集》未錄。
〔註24〕《禮記·月令》。
〔註25〕《送段屯田分得於字》。
〔註26〕《禮記·檀弓下》。
〔註27〕《小雅·伐木》。
〔註28〕《衛風·氓》。
〔註29〕《小雅·節南山》:「弗躬弗親。」
〔註30〕卷五十一。
〔註31〕「廷」，石印本同，康熙《曝書亭集》作「迋」。
〔註32〕《王風·揚之水》:「無信人之言，人實誑女。」
〔註33〕「無」，石印本同，康熙《曝書亭集》作「毋」。
〔註34〕「無」，石印本同，康熙《曝書亭集》作「毋」。
〔註35〕此係自注。
〔註36〕《盤庚上》。
〔註37〕四庫本《曝書亭集》未錄。
〔註38〕《禮記·月令》。
〔註39〕《小雅·巧言》。

一本於庭，故以名軒。〔註40〕

為殷秀才譽慶題梅孝廉庚春雨幽居圖〔註41〕《分甘餘話》：「近科以來，海內

名士登第無遺，唯武林吳寶崖陳琰、廣陵殷彥來譽慶尚困場屋，時論惜之。」〔註42〕

飛梁苔滑滑，平楚風修修。如何仙源水，不有桃花流。

題程上舍鳴寒梅霽雪圖〔註43〕字友聲，號松門，歙人。儀真庠生。《分甘餘話》：

「門人程友聲鳴畫既超詣，詩復雋逸拔俗〔註44〕。近為予寫夫于亭二圖題句，皆佳。

竹垞曾集成語贈之，云：『吐詞合風騷，愛畫入骨髓。』又每稱其詩為畫所掩，良然。」

自寫苔枝竹外，蘇軾《和秦太虛梅花》：「竹外一枝斜更好。」雪晴半樹梅

花。林逋《梅花》：「雪後園林纔半樹。」此地不攜小酌，明朝風起如何。李易

安詞：「要求〔註45〕小酌便來休，未必明朝風不起。」

真州客舍對雨

夏日北風起，殷雷聞再三。黑雲奔萬馬，見卷二十《明瑟園》。俄頃徧

天南。驟雨散銀竹，李白詩：「白雨映寒山，森森似銀竹。」〔註46〕乖龍回碧

潭。《北夢瑣言》：「世言乖龍苦於行雨，而多竄匿，為雷神捕之。或在古木簷楹之內。」

何來雙白鳥，猶自舞氉氉。

魏諭德學誠調鶴圖字無偽，號一齋，山西蔚州人。司寇敏果公象樞之子。康熙壬

戌進士。官宮諭。

蔚州才子嗣清塵，藻鑒持衡識曲真。杜甫詩：「持衡臨〔註47〕藻鑒。」《古

詩》：「識曲聽其真。」〔註48〕畫裹歸裝無長物，一雙舞鶴比長人。杜甫《畫

鶴》：「低昂各有意，磊落如長人。」〔註49〕

〔註40〕此係自注。
〔註41〕四庫本《曝書亭集》未錄。
〔註42〕卷三。
〔註43〕四庫本《曝書亭集》未錄。
〔註44〕「復雋逸拔俗」，《分甘餘話》卷四作「亦清令可喜」。
〔註45〕「求」，石印本同，李清照《玉樓春》作「來」。
〔註46〕《宿蝦湖》。
〔註47〕「臨」，杜甫《上韋左相二十韻》作「留」。
〔註48〕《古詩十九首》其四（今日良宴會）。
〔註49〕原題作《通泉縣署屋壁後薛少保畫鶴》。

項叟小像

花開一百五日，〔註50〕見卷十九《山茶院》。月明二十四橋。《一統志》：「揚州二十四橋在府城，隋置，並以城門坊市為名。」杜牧詩：「二十四橋明月夜，玉人何處教吹簫。」〔註51〕君家大好山水，偏愛蒲團寂寥。

五月晦曹通政寅招同李大理煦李都運斯佺納涼天池水榭即席送大理還蘇州煦，滿洲人。官兩淮巡鹽御史。斯佺，字松客，山東長山人。官兩淮都轉運使，管鹽法道事。

天池南有樓，天池北有樓。納言北樓下，招我池上游。軒窗拓四面，地潔無瘢疣。解衣掛短桁，舍坐臨清流。綠楊萬千絲，花鴨六七頭。徐聞水車響，見卷十五《江行》。少待魚罾收。須臾二李至，各各情綢繆。小胥搖大扇，李白詩：「平頭奴子搖大扇，五月不熱疑清秋。」〔註52〕四座風修修。蘭肴屏肥膩，苦露獲所求。按：苦露，揚州酒名。古來避暑飲，見卷一《送袁駿》。豈必量觥籌。東園久不雨，老樹焦煙浮。青蟲高下墮，吐絲若綴旒。《詩》：「為下國綴旒。」〔註53〕斯時墨雲升，或躍在淵虯。因之鳴埅鶴，且免喘吳牛。見卷十九《初二夜月》。有渰雖不作，《詩》：「有渰淒淒。」〔註54〕氣已如涼秋。大理起避席，《唐書·百官志》：「刑部郎中員外郎掌律法，按覆大理及天下奏讞，為尚書侍郎之貳。」〔註55〕疊權還武丘。見卷十九《玉蘭》。主人不忍別，小舫尾中洲。峭帆十八幅，見卷一《語溪道中》。破浪同飛鰍。榜人有常程，歧路難久留。分手文山祠，〔註56〕日暝回孤舟。

守風瓜步示沈秀才翼二首

連檣水沉鐵鹿，見卷一《那呵灘》。四面風吹石尤。見卷二十《太湖眾船》。東澤曾留綺語，請看月上瓜洲。張輯《東澤綺語》有月上瓜洲詞。

〔註50〕國圖藏本眉批：《牡丹譜》：「一百五者，兩葉，白花。洛陽以穀雨為開候。而此花常至一百五日，開最先，故名百五名。」
〔註51〕《寄揚州韓綽判官》。
〔註52〕《梁園吟》。
〔註53〕《商頌·長發》。
〔註54〕《小雅·大田》。
〔註55〕《新唐書》卷四十六。
〔註56〕國圖藏本眉批：《揚州府志》：「文丞相祠，明正德間醋使劉澄甫倡立專祠於南城。」

朝霞欲雨不雨，王彝詩：「斜陽欲雨未雨，別嶺歸人幾人。」〔註57〕歸路愁水愁風。李白詩：「那作商人婦，愁水又愁風。」〔註58〕長江廣輪尋尺，《周禮》：「大司徒之職，以天下土地之圖，周知九州之地域廣輪之數。」《疏》：「東西為廣，南北為輪。」此事何關釣翁。

丹陽道中《唐書·地理志》：潤州丹陽郡有丹陽縣，本曲阿，天寶元年更名。

丹陽三里城，兩槳一舟行。雞犬家家靜，菰蒲岸岸生。過橋斜照斂，出郭小車鳴。不比瓜洲渡，波潮信宿驚。

按：李宣《石燕草·憶丁亥秋杪，同朱竹垞太史、龔紅藕侍御停舟丹陽城外，飲酒賦詩。時竹垞有「出郭小車鳴」之句。壬寅冬，重泊此地。風景依然，老成並謝，不覺越十有五年矣》，則是詩編在己丑，誤矣。

蚊《爾雅》：「蛅毛蟲。」《注》：「即蚊。」《疏》：「《說文》云：『蚊，毛蟲。』今俗呼為毛蚊，有毒，螫人。《楚辭》云『蚊緣兮我裳』是也。」

化益作將軍，百蟲各率職。見卷十三《遊爛柯山》。周官去蟈黽，《周禮》：「蟈氏掌去蛙黽，焚牡鞠，以灰灑之則死。」庶蠱攻必力。《周禮》：「翦氏掌除蠱物，以攻禜攻之，以莽草薰之。凡庶蠱之事。」苟或害田功，惡其傷稼穡。食苗心曰螟，食苗葉曰蟘。食苗根曰蟊，食苗節曰賊。《詩》：「去其螟螣，及其蟊賊。」〔註59〕《傳》：「食心曰螟，食葉曰螣，食根曰蟊，食節曰賊。」《疏》：「螣亦作蟘。」秉畀炎火焚，田祖首罰殛。《詩》：「田祖有神，秉畀炎火。」〔註60〕嗟蚊本末微，壞戶易潛匿。《禮》：「蟄蟲壞戶。」〔註61〕花兒匠太慵，見卷十三《二月》。埽除失記憶。主人五畝園，曝書亭在北。樹之桃李梅，三面少柴棘。履道坦且幽，《易》：「履道坦坦，幽人貞吉。」〔註62〕穿徑曲而仄。薰風來自南，唐太宗詩：「薰風自南來，殿閣生微涼。」〔註63〕綠陰净如拭。杜甫詩：「荷葉荷花靜如拭。」〔註64〕睍睆黃鳥音，《詩》：「睍睆黃鳥，載

〔註57〕不詳。
〔註58〕《長干行》。一作李益詩。
〔註59〕《小雅·大田》。
〔註60〕《小雅·大田》。
〔註61〕《禮記·月令》。
〔註62〕《履》九二。
〔註63〕按：出柳公權《夏日聯句》。
〔註64〕《漢陂行》。

好其音。」〔註65〕繽翻翠禽翼。韓愈《鬥雞聯句》：「繽翻落羽雛。」藻景愛靜觀，悠然意獨得。不意蟄者蘇，闖生累千陌。〔註66〕縹碧黃朱斑，文采假緣飾。依倚族類繁，黨附蚍蜉蟓。《爾雅》：「蟓，蚍蜉。」《注》：「蝱屬也。」誦詩三百人，其名或未識。上樹少卻行，緣裳無懼色。一毛散空際，中者立受厄。小兒女至頑，敢怒不敢即。傳聞官蝦蟇，《晉中州記》：「令曰：若官蝦蟇，可給廩。」噓氣出胸臆。之蟲在林梢，蠢動自顛踣。又聞小花鷹，飛掠來海國。慣伺之蟲嘗，見卷八《棹歌》。不避弋人弋。見卷十九《雜詩》。二者均莫致，俾爾橫暴極。桑柘以飼蠶，見卷八《棹歌》。村姑有定則。賦芧自狙公，朝暮稟部勒。《莊子》：「狙公賦芧，曰：『朝三而暮四。』眾狙皆怒。曰：『然則朝四而暮三。』眾狙皆悅。」〔註67〕豈若是物貪，葉葉乃盡蝕。有若人禿鬝，見卷六《朱碧山》。又如鳥希革。《書》：「鳥獸希革。」〔註68〕歧枝結棼絲，遺矢類深墨。《史記·廉頗列傳》：「頃之三遺矢矣。」〔註69〕大哉造化工，戴復古《大熱》句。〔註70〕生物固不測。巨或肆饕餮，見卷六《食半翅》。小亦具凶德。《左傳》：「好行凶德。」〔註71〕荀卿原性惡，《論衡》：「孫子作《性惡》之篇，以為人性惡。其善者，偽也。性惡者，以為人生皆得惡性也。偽者，長大之後勉使為善也。」〔註72〕《申鑒》：「孟子稱性善，荀卿稱性惡，公孫子曰性無善惡，揚雄曰性善惡渾。」〔註73〕斯言信剛直。歲序迭環周，時運互通塞。商飇一以涼，流毒自然息。

贈吳下張生星

一道蓮涇直到門，粥魚茶版共晨昏。郎官石柱書無敵，《集古錄·唐郎官石記》：「右唐右司員外郎陳九言撰，張旭書。旭以草書知名。此字真楷可愛。」〔註74〕

〔註65〕《邶風·凱風》。
〔註66〕國圖藏本眉批：按：《廣韻》、《集韻》，陌音逼。《說文》：「二百也。」此云「累千陌」，未詳所本，疑是百字之誤。但言所生之多，不應拘定二百也。○是篇用職韻，而厄、草二韻通陌，則「百」字亦通用無疑。
〔註67〕《齊物論》。
〔註68〕《堯典》。
〔註69〕卷八十一。
〔註70〕《大熱五首》其二。
〔註71〕文公十八年。
〔註72〕《本性篇》。
〔註73〕《雜言下第五》。
〔註74〕卷六。

《中吳紀聞》：「唐郎官題名碑，承平時在學舍中堂之後。兵火後，不復存。長史蘇人，故立碑於此。」**甘白先生里尚存**。《靜志居詩話》：「子宜免都水郎，歸即朱長文樂圃故地居之。詩所云『坊存前哲號，居貯古人書』也。一時名流，都為題詠，見《鐵網珊瑚》。詩有《樂圃》、《江館》、《南湖》、《江行》、《滇池》等集，燬於火。其孫祝〔註75〕得十之二三於煨燼之餘，〔註76〕及士林傳誦之作，合為《甘白先生集》。今雕本已罕傳，予從其後人星借觀錄之。」**五載匡廬曾結社**，見卷二《舟中望廬山》。**全家曇壤近成邨**。《法書要錄》：「山陰有曇壤村，即王右軍籠鵝處。」**看君用筆形交讓，足比西京繆篆痕**。見卷十二《贈許容》。

按：張敏求工楷書，先生曾邀之寓白蓮涇慧慶寺中數年。《明詩綜》、《曝書亭集》淨本皆出其手。

橋李先生《橋李賦·序》：「嘉興，古之橋李也。橋，遵為切。許慎《說文解字》：『從木。有所擣。』賈思勰嫁李法：臘月中，以杖微打岐間，正月復打之，足子。殆擣之義與？府治西南二十里，舊有橋李城，今蕪沒。李，惟嘉興縣東十里淨相寺有之。」〔註77〕按：梅里之北六七里東瑤菴亦產橋李，每顆有爪痕，相傳西施指掐是已。

佳果先秋熟，來禽也不如。《廣志》：「林檎似赤奈子，一名黑禽，亦名來禽，言味甘，熟則來禽也。」**瑤光珠斗散**，《春秋運斗樞》：「玉衡星散為桃李。」**青簡素王書**。《春秋》：「定公十四年，於越敗吳於橋李。」**瘦地翻宜嫁**，杜甫《秦州雜詩》：「瘦地翻宜粟。」〔註78〕**柔條亦易舒。最防黃霧塞，務使綠陰疏。暑暍漿偏潤**，《莊子·則陽》：「暍者，反冬乎冷風。」**風吹粉未除。豐肌須小摘，纖核乃中虛**。見卷八《棹歌》。**銷夏吾鄉好，分甘佛寺初。曾留西子掐**，見《棹歌》。**當食轉憐渠**。

查編修弟嗣璟家上舍思贄書來許以七夕見過愆期不至漫賦

星期逾七夕，露坐判三更。河漢夜無影，梧桐秋有聲。愁嫌樺燭短，《演繁露》：「古燭未知用蠟，或剡樺皮爇之，亦已精矣。」**涼覺苧衣輕。可是烏巾酒，連船載不成**。

〔註75〕「祝」，《明詩綜》卷十三「張適」作「柷」。
〔註76〕石印本此處有「以」字。
〔註77〕《曝書亭集》卷一。
〔註78〕《秦州雜詩二十首》其十三。

蟋蟀二首《爾雅》:「蟋蟀,蛬。」《注》:「今促織也。」陸璣《疏》:「蟋蟀,一名蛬,一名青𧍪。楚人謂之王孫,幽州人謂之趨織。俚語曰:『趨織鳴,嬾婦驚。』」

暑退陰蟲健,《古今注》:「蟋蟀一名吟蛩。秋初生,得寒則鳴。」無端處處吟。起看河射角,《四民月令》:「河射角,堪夜作。」坐久院橫參。易入羈人耳,潛驚嬾婦心。物微甘在野,何用苦追尋。

已被村童拾,寧容古礎藏。呈能矜小勇,作氣恃方剛。寸草心挑戰,《嘉興縣志》:「蟋蟀草用以引鬥。又,促織七月乃鳴,性健喜鬥。人好事者以角勝負,名曰秋興。」千錢注看場。《負暄雜錄》:「鬥蛬之戲始於天寶間。長安富人鏤象牙為籠而蓄之,以萬金之資付之一喙。」冷盆宮樣巧,製器自宣皇。吳偉業有《宣宗御用餙金蟋蟀盆詞》。《妮古錄》:「宣廟時,蟋蟀澄泥盆最為精絕。」

送徐甥煒之豫章三首字楚光,號拙庵,嘉興梅里人。

涪翁詩派授諸甥,西江詩派,山谷甥居其四。〔註79〕按:洪芻、徐俯、洪朋、洪炎,皆山谷之甥。中有師川調更清。《宋史新編》:「徐俯,字師川,號東湖。七歲能詩,為山谷所知。」我亦南州矜宅相,《晉書·魏舒傳》:「舒少孤,為外家甯氏所養。甯氏起宅,相宅者云:『當出貴甥。』舒曰:『當為外氏成此宅相。』」〔註80〕雁池賦雪早知名。《西京雜記》:「梁孝王築兔園,園有雁池,池間有鶴洲鳧渚。」

繡鴨灘頭水滿磯,豫章西去一帆飛。心傷慈母停針線,臨發誰縫九月衣。孟郊詩:「慈母手中線,遊子身上衣。臨行密密縫,意恐遲遲歸。」〔註81〕《詩》:「九月授衣。」〔註82〕

南浦停舟霧雨迷,登臨兩度倦留題。風流輸爾秋屏閣,《方輿勝覽》:「秋屏閣在大梵寺之側,一目可盡江山之勝。」〔註83〕簾幙看山盡卷西。周必大《遊西山記》:「十一月丙寅日,南至抵豫章,登拄頰亭,望西山。甲戌,登天寧之列岫亭,得西山之面。又登大梵寺之秋屏閣,曾子固云『見西山正且盡者,惟此閣耳』。」

〔註79〕此係自注。《曝書亭集》原在詩末。
〔註80〕卷四十一。
〔註81〕《遊子吟》。
〔註82〕《豳風·七月》。
〔註83〕卷十九。

社日送燕和查編修嗣瑮

好去炎州燕，高秋別翠櫋。劉子翬詩：「森森翠櫋間。」〔註84〕舊巢非不戀，社鼓最愁聽。寄訊誰書札，翻飛幾驛亭。自今諸怯薛，見卷十七《御茶園歌》。恣放海東青。見卷十一《社日》。

村夜

山昏月未明，木落霜初降。何處夜歸人，一犬吠深巷。劉長卿：「柴門聞犬吠，風雪夜歸人。」〔註85〕

顧孝廉嗣立過訪村居即席懷汪泰來郭元釪二徵士二首《畫徵錄》：「汪泰來，字陛交，新安人，占籍錢塘。聖祖南巡，試詩賦第一，著聲於吳。康熙辛卯舉人。壬辰，欽賜進士，授中書，入內庭纂修。」《江都縣志》：「郭元釪於宮，江都人。士璟子。博學工詩。聖祖南巡，元釪以諸生兩次賦詩，皆蒙獎取，入纂修館，預修《佩文韻府》，授中書舍人。有《一鶴庵》、《牛鳴》、《雙村》等集。」

鑒曲歸狂客，高陽命酒徒。見卷一《夏日閒居》。披縣黃雀臘，見卷八《棹歌》。入手紫螯臝。道遠資雙屐，孝廉將逾庾嶺。〔註86〕宵長判百觚。新詩喜同調，端可傲江湖。原集作「河」，誤。

歙郡汪文學，江都郭秀才。圭璋宜特達，見卷十《五月丙子》。時命乃遭回。喪子憐東野，韓愈有《孟東野失子》詩。留賓少上臺。合併愁未得，與子且啣杯。

曝書亭集詩注卷二十二終　　　　　　　　　　　　　男　蟠　拉

〔註84〕《同吳居安入開善四首》其三《過報德庵》。
〔註85〕《逢雪宿芙蓉山主人》。
〔註86〕此係自注。

附錄一：朱彝尊傳記資料

目次

皇清欽授徵仕郎日講官起居注翰林院檢討顯祖考竹垞府君行述〔註 1〕

嗚呼痛哉！我王父竟棄不孝桂孫等而長逝耶！

自己卯冬，痛遭我父之變，壬午春，後遭我母之變，鮮民之生不如死之久矣。所以延息至今者，幸賴我王父提攜鞠育，相依為命，未嘗離膝下也。不孝等念王父雖年高，素善頤善，少疾病。今已踰大耋之年，耳目未衰，著書不輟。竊謂天假之年，百齡可冀，奉侍之日尤長。孰意病痁七日，遂致不起也耶？天乎！痛哉！不孝等尚何以為生哉！既又念我王父一生，文章經術為海內儒宗，出處遭逢為詞林盛事，不孝等若泯然以死，不丐當代大君子大手筆譔次事行，勒諸貞珉，用垂千百世，則不孝等負罪滋大。謹追憶所聞，略陳萬一，冀採擇焉。

王父諱彝尊，字錫鬯，號竹垞。先世系出唐茶院公諱瓌之後，世居吳中，至明十世祖西灣公諱煜自吳江盛澤之三家村，贅於秀水商河陳氏，遂家焉。

〔註 1〕（清）朱彝尊著；葉元章，鍾夏選注《朱彝尊選集》，上海古籍出版社 2018 年版，第 487～497 頁。

西灣公生耕樂公（諱福緣），耕樂公生月梅公（諱恭）。月梅公生二子，長慕椿公（諱敬），次慕萱公（諱彩）。慕萱公生東山公（諱儒，字宗魯），以醫顯，仕至奉政大夫，太醫院院使，以五世祖貴，贈光祿大夫、柱國、少保、太子太保、戶部尚書、武英殿大學士，妣唐氏、生妣王氏俱贈一品夫人，而月梅公、慕萱公兩世，皆贈官如東山公，妣皆一品夫人。東山公生四子，長鳳川公（諱國楨），以子廣原公（諱大啟）貴，累贈通議大夫、刑部左侍郎；次瑞寰公（諱國祥），以嗣子君揚公（諱大烈）貴，贈工部營繕司主事；次即五世祖養淳公（諱國祚，字兆隆），以太醫院籍，補順天府學生，中萬曆壬午鄉試，癸未賜進士第一人，除翰林院修撰，知起居注，歷司經局洗馬，遷諭德，進右庶子，戊戌以禮部左侍郎兼翰林院侍讀學士攝本部尚書事。是年命入東閣，加太子太保、進文淵閣，尋以戶部尚書兼武英殿大學士加少傅回籍，卒贈太傅，諡文恪，事詳國史，配何氏封一品夫人；次養浩公（諱國禮），官太醫院吏目。文恪公子六人，高祖考忱予公居長（諱大競，字君籲），由官生除都察院照磨，歷都事，署經歷司，天啟初授階修職郎，轉後軍都督府經歷司都事，晉階文林郎，尋升太僕寺丞，遷工部營繕清吏司主事。先是河南道御史梁夢環羅織朝士之不附己者，公以文恪公喪奔回籍，尚未起復，夢環誣奏，下法司提問。會思陵即位，公入都上疏自訟，獲免，出知雲南楚雄府事，官舍如僧舍，民愛如慈母。甫八月，聞母何太夫人訃，解印綬歸，卒。配徐安人，華亭文貞公（諱階）之曾孫女。忱予公子五人，長即曾祖考晦在府君（諱茂暉，字子若），萬曆中，補秀水縣學生，天啟五年九月，承祖蔭授中書科中書舍人。好博覽經史之外，諸子百家靡不兼綜，性樂取友，復社第有集，同盟奉為倫魁。所輯《禹貢補注》，徐闇公孝廉謂：當與程泰之、傅同叔並傳。卒，有《晦在先生集》，以王父通籍，康熙二十年十二月二十四日，覃恩贈徵仕郎、日講官、起居注、翰林院檢討。曾祖妣鄭，贈孺人，海鹽端簡公（諱曉）之曾孫女。次本生曾祖考子蘅府君（諱茂曙），天啟初，補秀水學生，甲申后棄去。及卒，鄉人私諡安度先生，撰《兩京求舊錄》，有《春草堂遺稿》。配華亭唐孺人，禮部右侍郎、掌翰林院事文恪公（諱文獻）之孫女，知石屏州事（諱允恭）之女。事詳《戶部長洲汪公墓誌銘》。安度先生子三人，我王父其長也，晦在先生無子，以序立王父為後。

　　王父幼鞠於生高祖妣蔡孺人。生數歲，屢覯神物怪異之狀，從旁者輒無所見。及就塾，書過眼即能覆誦，不遺一字，有神童之目。塾師胡先生偶舉「王

瓜」俾作對，王父應聲曰：「后稷」。師怒，欲加夏楚。曾叔祖茟園先生見而奇之，後遂同譚舟石左羽、陸孝山、義山諸表伯叔祖請業焉。王父日記萬言，讀時藝至二十餘篇，每發一題，下筆千餘言立就，同學罕有儷者，於詩藝尤工。曾祖姑父五經博士元孩譚公視王公猶子，以國士許之。

崇禎十三年辛巳，浙東西大旱，飛蝗蔽天，饑，人相食。自先太傅文恪公以宰輔歸里，家無儲粟。先高祖繼之，益以廉節自礪，知楚雄府事還，力不能具舟楫，假貸於上官而後就道。至是，先高祖已卒，本生曾祖考安度先生家計愈窘，嘗至絕食。高叔祖君平公通判成都，以蜀江米四斛貽安度先生，米色殷而糯，食之鮮可以飽，王父讀書自若也。當時，文尚浮華駢儷，茟園先生獨賞嘉定黃陶庵文，以稿授王父。既而語曰：「河北盜賊，中朝朋黨，亂將成矣！何以時文為？不如捨之學古。」乃授《周官禮》、《春秋左氏傳》、《楚辭》、《文選》、丹元子《步天歌》，人皆笑，以為迂，俄而亂不可遏矣。

甲申，年十六。安度先生去先太傅碧漪坊舊第，避兵夏墓蕩。本生曾祖姒唐太孺人病終丙舍，王父朝夕蹕踴，每上食，號慟不能起。於時安度先生家貧多難，為王父擇配，贅於教諭馮公宅，自攜兩叔祖播遷塘橋之北。生高祖姒蔡孺人又歿，益窮苦。

王父既婚，留馮村。有華亭王鹿柴先生過馮公，見王父問曰：「曾學詩否？」對曰：「未也。」先生乃言曰：「詩有一學而能者，有終身學之而不能者，洵有別才焉。」酒至，舉古人名俾王父屬對，如顧野王對沈田子，鄭虎臣對沈麟士，蔡興宗對崔慰祖之類，難以悉數。先生見王父應對不窮，語馮公曰：「此將來必以詩名世，其取材博矣。」

無何，偕先王母馮孺人至塘橋，侍養安度先生，所居隘，不能容，遂賃梅會里道南茅亭之居，迎先生至里，繼又移居接連之橋。結里中人周青士、繆天自、沈山子及家孝廉近修諸先生，以詩歌唱和，遠近稱詩者咸過梅會里，就王父論風雅，流派靡不心慴。同里倦圃曹公見王父詩文，尤擊賞之。

乙未，始遊山陰，過梅市，訪祁氏甥弟，留數月。明年，海鹽楊公官嶺南，以幣聘王父課其子，即晚研先生兄弟也。留二年，交屈處士翁山、陳處士元孝。時曹公領藩粵中，交相唱和。又明年歸里，復偕曹公及愚山施公、王處士於一、陸處士麗京於湖上，為文酒之會。壬寅，訪馮公於歸安儒學。癸卯，客永嘉，其冬，安度先生病革，王父忽心動，辭歸。歸未旬日，而安度先生棄世，王父哭泣盡哀，喪事靡不中禮。

明年，偕高念祖先生客京師，尋至雲中，訪副使曹公，轉客太原。王父方欲注歐陽《五代史》，以五代之主，其三皆起於晉陽，最後劉旻三世固守其地，恒策馬縱遊覽，其廢墟冢墓之文，祠堂佛剎之記，靡不搜剔，以資考證。

又明年，留左布政司廣平王公官廨，公所藏白玉椀，直累千金，用以讓王父，王父愛之，俾留書屋，命廚人月致桑落酒二甕，其致敬如此。丁未秋，自代州復至雲中，訪曹公。公雅好王公填詞，酒闌燈炧，更迭唱和，甫脫稿即為銀箏檀板所歌。已而訪孫少宰退谷先生於北平，先生謝客著書，不妄延接，一見王父，即訂忘年之好。王父客遊南北，必橐載《十三經》、《二十一史》諸書自隨。先生過旅寓見插架，謂人曰：「吾見客長安者，務攀援馳逐，車塵蓬勃間，不廢著述者，惟秀水朱十一人而已。」明年，客濟南中丞劉公幕，贊公疏，請封周公後裔為五經博士，既而事不果。

己酉春，謁孔林，過鄒縣謁孟子廟。是秋，歸葬安度先生、唐太孺人於長水之東。先是，王母馮孺人徙居西河村舍，尋還梅會里，自甲申后避兵，田舍凡十餘徙。王父性愛竹，所居必有竹之地，至是買宅於鄰宅，西有竹，因以「竹垞」自號焉。是年，為先父完婚，尋復客濟南，挈先父以行。

明年冬，復入都。偕同里李先生秋錦、吳江潘先生稼堂、上海蔡先生竹濤遊西山，有詩一帙，傳鈔者不絕。又明年，客江都，與魏處士冰叔定交。處士以古文自命，獨稱王父所作，謂考據古今人物得失為最工。崑山顧寧人先生亦謂王父古文辭出侯朝宗、王於一之上。新城王公阮亭又謂王父之文紆餘澄澹，蛻出風露，於辯證尤精。其為名流所推服如此。爰取所著詩古文辭編為《竹垞文類》二十六卷刊行。癸丑，留潞河龔僉事幕中，與公子蘅圃先生唱和，結契殊厚。乙卯七月，曾祖考晦在府君卒，九月，自潞河奔喪回里。

越二年，戊午，天子法古制科取士，特詔在廷諸臣暨督撫大吏各舉博學之彥，毋論已仕未仕，徵詣闕，月給太倉祿米。王父被薦入都。明年三月朔，召試太和殿，廷發賦、序、詩各一首，學士院散官紙，光祿布席賜讓體仁閣下。中使傳旨：向來殿試進士定例，立而對策，今以爾等博聞，特賜坐賜食。僉謝恩畢，既納卷。次日，天子行大蒐禮，次郊垧，束卷授三大學士暨掌院學士，定其高下。益都馮公讀王公卷，歎為奇絕。天子親拔置一等，得除翰林院檢討、充《明史》纂修官，騎驢入史局，卯入申出。監修、總裁交引相助，而館閣應奉文字，院長不輕假人，恒屬王父起草。

越二年，辛卯，上命增置日講官，知起居注八員，王父與焉。是秋，典江南試，拜命之日，屏客不見。既渡江，誓於神，入闈，矢言益厲，關節不到。榜放，人皆悅服。明年春，入都，蔚州尚書衣朝衣過王父再拜，曰：「吾非拜君也，慶朝使之得人也。」時王母馮孺人由水路北上，無家具，僅載書兩大簏，盜劫所居，止餐錢二千、白金不及一鎰也。

壬戌除日，侍宴保和殿。癸亥元日，賜宴太和門。十三日復賜宴乾清宮。是夜賜內絹表二里一。十五日侍食保和殿，是日再入保和殿侍宴。二十日召入南書房供奉，恩賜禁中騎馬。三十日，上自南苑回，賜所射兔。二月二日賜居禁垣景山之北黃瓦門東南。駕幸五臺山回，賜金蓮花、銀盤菇，尋復賜絹、賜御衣帽、賜醍醐飯，賜鱘魚，又賜法酒、官羊、鹿尾、梭魚等物，皆大官珍品。甲子元旦，王父方侍宴，天子念講官家人，復以肴菜二席特賜王母，馮孺人九拜受之，洵異數也。王父念聖恩深重，矢以文章報國，凡詩篇經進，上輒稱善。

居一年，名掛彈事，吏議當落職，天子憐王父才，止左謫焉。三月，自禁垣徙居宣武門外。時先王母病，病癒，八月浮舟潞河而還。王父寓古藤書屋，日與坐客賦詩，復取通籍以後所作，名曰《騰笑集》刊之。既罷官，貧不能歸，留京師。以遼、金、元、明歷代建都於是，乃採摭群書，自六經以至百家、二氏、國史、家集、方輿、海外之記載，遺賢故老之傳聞，靡不蒐錄，凡千六百餘種，集之為《日下舊聞》，踰年而書成。又以經學宜本漢唐諸儒箋疏，以窮其源，乃集古今說經之書，掇其大義，稽其存佚，為《經義考》。己巳三月，自古藤書屋移寓槐市斜街。越二年，補原官。明年正月復罷官，三月解維張灣，是秋旋里。

尋遊嶺南，時先父客家中丞徽蔭公幕府，王父至，即隨侍歸里。明年二月，王母馮孺人卒。丙子夏，結曝書亭於池南，為遊憩之所。歲在戊寅，王父年七十矣，思攜所著經籍詩文刊之建陽麻沙村首。夏偕查表叔夏重先生入閩，不孝桂孫隨侍，抵崇安，遊武夷幔亭九曲之勝。抵福州，訪方伯汪公學使汪君，汪君試竣，率諸生來謁，先期為王父介雅。七月發福州，至建寧登舟送客，失足墮水，已而病瘧，八月初抵家猶未痊。先父憂甚亦病，王父尋愈。其冬，四叔祖彥琛公卒，經紀其喪，悲悼不止。己卯春，天子省方江浙，王父至無錫迎駕。是年十月，先父竟以疾終，王父慟甚，曰：「吾儲書八萬卷，與吾子讀之，今已夭死，誰讀我書者！」

　　壬午春，先母沈孺人復以病終，王父心愈憂戚，不能家居，旋攜從叔襲遠寓吳門張孝廉匠門書屋、顧孝廉秀野草堂暨徐上舍白華書屋，中丞宋公數招遊議。尋輯《明詩綜》，開雕於白蓮涇之慧慶僧舍。明年癸未，翠華南幸，王父復至無錫迎駕。甲申二月，徐上舍七來，請遊洞庭，王父偕諸君，坐赤馬船渡太湖，抵西山，宿消夏灣，縱遊石公林屋諸勝，返於慧度。於時詣招提問業者，接於道途，無不饜所欲而去，弟子著錄日益眾。

　　明年乙酉，上南巡，三月無錫迎駕，三日朝前行殿，尋幸浙江，駐蹕菜花涇。皇太子遣近侍二員入城至先少保東山公舊第，問王父近狀，以村居離城三十里，乃去。時王父已至杭州候駕臨幸。四月七日，皇太子又著近侍問王公飲食藥餌之類，及有子幾人、孫幾人，曾出仕否？王父悉以對。是日，偕德清徐公朝見皇太子於行殿，令旨賜坐賜食，命賦《白杜鵑花》詩，皇太子稱善勿置，特書「風追夾漈」四字匾額以賜，又賜七言對聯云：「白雪新詞傳樂府，青雲舊路列仙班。」既，又賜表裏八，謝恩出，命小內監扶掖而行。初九日朝皇上於行殿，進《經義考》一套，又進皇太子《經義考》一套。上諭查供奉聲山：「朱彝尊此書甚好，留在南書房，可速刻完進呈。」查公傳命。王父是日同諸公留駕，特賜「研經博物」四字匾額，跪領謝恩而出。同時拜御書者二十人，王父獨賜匾額，出宸衷殊渥也。十二日，駕回蘇州。十五日，皇太子命織造敖公召王父進見，免行禮，賜坐。問：「年老喜食粥否？」王父回奏：「正每日食粥。」即命進粥。皇太子問：「你弟子在內廷者幾人？」回奏：「查昇、汪士鋐、錢名世都是臣的弟子。」皇太子即傳錢君至行殿，云：「這是你的先生，故着你陪他。」旋以睿製詩集賜觀，並問作詩之法。王父從容敷對移時，睿顏深悅。又問：「藏書幾何？」回奏：「臣家素貧，不能多購。」命以書目進呈。皇太子問：「這書目是誰寫的？」回奏：「是臣孫寫的。蒙皇太子稱好。」又問：「平日著述幾何？」王父開目進呈。皇太子顧謂近侍曰：「這老翰林是海內第一讀書人，看看亦是好的。」王父感泣謝恩出，仍命近侍扶掖至宮門外。尋同諸公送駕至無錫皋橋而返。

　　是年秋，客三城與通政曹公酬唱者浹月，稻孫隨杖履焉。歸，葬歸安教諭馮公暨配胡孺人、繼董孺人於馮氏祖塋之旁。又為舅祖原潔公立後。明年正月，葬生高祖妣蔡孺人、曾祖考晦在府君、曾祖妣鄭太孺人、曾叔祖子荃公、曾叔祖母陸孺人、叔祖千里公、叔祖母沈孺人三世七棺，於下徐蕩楚雄公兆之右。王父立雨雪中，親視井槨，葬畢而返。

明年丁亥，客吳。三月，天子復南巡，仍往無錫迎接，尋幸浙江，朝於西湖行殿。偕相國陳公、學士佟公，先後湖上賦詩。駕回，王父以足疾復發，送至五里亭。上遙見王父，顧問內侍曰：「這是朱彝尊麼？」內侍傳問，王父回奏：「臣是朱彝尊。」御舟行速，不及再奏。

明年，編《曝書亭詩文集》。時連年水旱，米穀騰貴，饑民塞路。七月中，王父倡始為粥以食餓者，遠近就食，日數千人。八月二十一日為王父八十初度，適有從叔祖有舟公之戚，罷稱觴焉。今年正月，菽麥未熟，饑民轉多，王父憂之，復偕里人為粥於古南禪院，請太守臧公委官董其事，每日就食者幾二萬人，自二月初至三月中乃止。聞詔青宮再建，王父賦詩有「復觀重光日，無煩四老人。堂懸銀牓舊，笥出紵衣新」之句。

四月，將交所輯《嶽志》於曹公，攜稻孫再至維揚，留真州，曹公數過旅話，許為刊集。時大理李公、都運李公適來會，都運尋以畫舫送行，渡江而歸。閒居謂稻孫曰：「凡學詩文，鬚根本經史，方能深入古人窾奧；未有空疏淺陋、剿襲陳言而可以稱作者。今汝年已長，《記》云：『時過然後學，則勤苦而難成；獨學而無友，則孤陋而寡聞。』斯言而三復也。」因招弟子王布衣法、沈秀才翼、家上舍琪諸君過醞舫，讀書賦詩者踰月。尋髹雕《曝書亭詩文全集》，每日刪補校勘，忘其勞焉。九月中，得澤州相國寄懷長律，誦其「入直居人後，投林在鳥先」等句，謂可稱詩史。十月七日值掃先少保東山公墓，王公感微疾，不能詣墓所，命桂孫等代往。明日，起坐娛老軒中，微有倦態，食粥一甌，午後不復進食，自此寒熱間作，然神氣如故。桂孫等以王父年高，非參、桂不能補，醫者亦云宜服，而請命王父而服之。是夜甚相安，謂桂孫曰：「吾集不知何日可刻完，年老之人不能久待，奈何！」又謂：「《建文實錄》曲學紕謬，附會成書，我病稍差，尚當考正，續為之，無使後世滋惑也。」晚刻進葭湯，是夕寒熱又作。從叔襄遠自吳門歸問疾。王父張目曰：「汝吳中來，知太守陳公近續否？」次日，錢姑父、姑母攜諸表弟自桐鄉來問安，王父執姑母手曰：「我望汝甚切，來何遲也。我無他病，惟寒熱拘縮耳。」至晚，桂孫等執燭進葭湯，王父猶起坐，手執椀飲畢，襪既著，復脫去就枕。桂孫等環泣問王父，王父並不及家務，惟數問局中剞劂事，俄而微睡，聲息漸沉，至漏下三鼓，遂長逝矣。

嗚呼，痛哉！我王父幼經亂離，隱居田野，不求聞達；繼而海內乂安，授徒不給，擔簦遠遊南北萬里，交天下巨儒遺老。所為詩古文辭，推重當世，又嘗集唐人詩為長短句，流播朝野，樂府歌之。性不好治生，所得修脯，以分故

舊，讌賓客不少靳惜。通籍後，惟守先太傅文恪公墓田七十畝，不增廣尺寸。歸里以來，惟以著述自娛，故人及門弟子饋贈，輒以購書。至為人作誌銘，必發其潛德懿行，不為溢美諛墓之文，雖有力不能得也。平生篤於倫紀，為兩叔祖畢婚娶、治喪具，視姪如子，撫姪女為女，不能婚者婚之，不能嫁者嫁之，外孫之幼孤者撫育成就之，遇故人子尤厚。喜嘉借後學，一藝之善，必為遊揚。至被人傾陷，或從而下石者，亦惟順以處之而已，未嘗介於懷也。

王父所輯，有《經義考》三百卷，《日下舊聞》四十二卷，《詞綜》三十卷，《明詩綜》一百卷。又撰《瀛洲道古錄》、《吉金貞石記》、《粉墨春秋》諸書多未就。又以同時被薦百九十餘人，皆著作之材，不可無傳，思輯為《鶴書集》，未暇採錄，因以屬錢姑父踵成焉。自著詩文總編為《曝書亭集》八十卷，其餘所撰《禾錄》、《黐志》等書尚多。孰意天不假年，遽奪吾王父之速也。痛哉！痛哉！

王父舉戊午博學弘詞科，己未三月召試一等，除翰林院檢討，纂修《明史》、《一統志》，三充廷試讀卷官，辛酉江南主考。雲南平，覃恩授徵仕郎，貤贈本生考安度先生，壬戌入直南書房。甲子被劾，奉旨降一級，庚午補原官，壬申回籍。

王父生於前己巳八月二十一日未時，卒於康熙四十八年十月十三日子時，享年八十有一。配王母馮孺人，歸安儒學教諭子晉公（諱鎮鼎）女，前王父十六年卒。子二人，長伯父（諱德萬）殤，次即先父（諱昆田），國子監生，娶先母沈孺人，宿州衡守備石文公（諱繁）女；女二人，長姑適吳江周姑父（諱能察），處士□□公（諱穎）子，次姑適桐鄉貢生錢姑父（名瑛），文學改齋公（名枋）子。孫二人，長不孝桂孫，國子監生，娶徐氏，諸暨訓導樊涇公（名煒然）女，次稻孫，嘉興府學附生，娶盛氏，辛酉舉人、安吉州學正丹山公（諱楓）女。曾孫男二人，振祖聘國學用平李君（名日知）女，桂孫出；賜書未聘，稻孫出。曾孫女二人，長桂孫出，次稻孫出，俱未字。

不孝等不幸，先父早世，讀劣無狀，不克顯揚祖德，死有餘罪。苫塊荒迷，語無倫次，伏冀大人先生哀矜而賜之一言，用光泉壤，則王父實藉以不朽！不孝等曷勝銜結之至。

承重孫朱桂孫泣血稽顙
期服孫稻孫稽首同謹述
賜進士出身、翰林院編修表弟查嗣瑮頓首填諱

附跋

右朱竹垞先生行述一卷，其孫桂孫、稻孫同撰。案：桂孫，國子監；稻孫字稼翁，歲貢生；皆能世其家學。稼翁猶有名，預修《子史菁華》。乾隆元年，太倉王弈清薦舉博學鴻詞，臨川李紱薦為《三禮》纂修，皆不果，著有《六峰閣集》等。竹垞先生經術文章，名在國史，著作等身，流佈宇內，無庸贅述。是卷於先生一生行事，敘述詳備，讀之令人益深景仰之情。其後同縣楊謙撰《年譜》一卷，多取資於此。而此為當時原刻本，平湖葛氏傳樸堂，茲從假鈔付印。歲在丙子仲夏，同縣後學王大隆跋。（《行述》及《跋》皆錄自趙詒琛、王大隆輯《丙子叢編》一九三六年版。）

鄭方坤《國朝名家詩鈔小傳》卷一〔註2〕

朱彝尊，字錫鬯，號竹垞，秀水人。少聰慧絕人，書過眼，覆誦不遺一字。為舉頁文，下筆千言立就。童丱之時，即便工詩。崇禎十年，浙東西大饑，人相食。朱氏固巨族，自其曾大父文恪公以宰輔歸里，無中人產，至是幾絕粒。顧守青氈舊物，諷誦弗輟。既而歎曰：河北盜賊，中朝朋黨，亂將作矣。何以時文為？不如捨之學古。乃肆力於《三禮》、《左氏內外傳》、《楚辭》、《文選》、《丹元子步天歌》。人皆笑，以為狂。未幾，亂果作。年十七，作贅婿於嘉興馮氏。馮公有客王鹿柴者，華亭名宿也。一見大奇之，曰：「此必以詩名世。」自後名益高。郡國諸侯聘幣，爭集其門，所至皆以賓師禮之。既以博學鴻儒徵，御試高等，以檢討充內廷供奉。辛酉，典江南試，稱得人。為言者所中，鐫一級，尋復原官。先生亦遂無用世志，退而著書。有《日下舊聞》四十二卷、《經義考》三百卷、《明詩綜》一百卷，皆鑽穴前聞，參證己說，卓然有傳於後無疑。古文詞剪截浮囂，峭潔名貴，於易堂、堯峯之間，高參一座。詩名尤籍甚人口。時阮亭尚書以風雅號召海宇，一時名流無敢相驂靳者，濟河海岱間每以山薑田氏並舉為言，而江南人士亦有漁洋、棉津二家詩之刻。此皆出於鄉曲之談，門下士阿私之論，附影隨聲，不可為典要。惟先生體大思精，牢籠萬有，而澄汰鍛鍊，不肯人云亦云，若以匹敵。正如玉谿生所云：「彼若陳葛天氏之舞，此乃引穆天子之歌。彼者言太華三峯，此必曰潯陽九派」者。迄今交遊零落，壇坫荒涼，而新城、長水屹然為南北二大宗師，比於唐之李、杜，宋之蘇、黃，更千百年而勿之有改也。嗚呼！盛矣！

〔註2〕清光緒十二年（1886）萬山草堂刻本。

《國朝先正事略》卷三十九《文苑》〔註3〕

朱竹垞先生事略

康熙己未，詔開博學鴻詞科。其時以布衣除檢討者，凡四人，富平李因篤天生、無錫嚴繩孫蓀友、吳江潘耒次耕，而其一則秀水朱彝尊竹垞也。未幾，李君告養歸。三布衣均預纂修《明史》。越二年，上命添設日講官，知起居注，則三布衣悉與焉，而竹垞先生為之魁。

先生為明太傅文恪公國祚曾孫。本生父茂曙，學者稱安度先生。先生生有奇稟。數歲時，嘗見諸神物異怪，狀不類人世，及他人視之，輒無有。書過眼不遺一字。年十七，棄舉子業，肆力於古學，凡天下有字之書，無弗披覽。以饑驅走四方，南逾嶺，北出雲朔，東泛滄海，登之罘，經甌越。所至叢祠、荒冢、金石斷缺之文，莫不搜剔考證，與史傳參互同異，其為文章益奇。

既入詞館，日與諸名宿掉鞅文壇。時王漁洋工詩而疏於文，汪苕文工文而疏於詩，閻百詩、毛西河工考證而詩文皆次乘，獨先生兼有諸公之勝。所為文，雅潔淵懿，根柢盤深，其題跋諸作，實跨劉敞、黃伯思、樓鑰之上；詩牢籠萬有，與漁洋並峙，為南北二大宗。論者謂「王才高而學足以副之，朱學博而才足以運之」，皆篤論也。在史局，屢奏記總裁官言體例，悉從其議。預修《一統志》，多所釐訂。典試江南，為文矢於神，杜請託。入直南書房，為忌者所中，鐫一級罷。尋復原官。引疾歸。聖祖南巡，御書「研經博物」四大字以賜。家居十有九年，藏書八萬卷，著述不倦。四十八年十月卒，年八十有一。

先生少貧，值歲凶，日午無炊煙，而書聲琅琅出戶外。比鄰王氏有老僕，訝之，叩門餉以豆粥，先生以奉父，而忍饑讀自若。嘗集里中高材生周篔、繆泳、王翊、沈進、李繩遠、良年、符等為詩課。家餘一布袍，每會則付質庫，其婦以紡績出之，後會復然。客遊南北，必橐載《十三經》、《廿一史》自隨。孫侍郎承澤過先生寓，見插架書，語人曰：「吾見客長安者，爭馳逐聲利，其不廢著述者，秀水朱十一人而已」。比召試，相國馮公溥得其文，歎曰：「奇才！奇才！」

先生嘗謂孔門弟子申黨薛邦，不當以疑似妄為廢斥；鄭康成功在箋疏，不當以程敏政一言罷從祀；王文成道德、功業、文章，具三不朽，不得指為異學；

〔註3〕李元度《國朝先正事略》，嶽麓書社 2008 年版，第 1163～1164 頁。

皆有功名教之言。所著《日下舊聞》四十二卷、《經義考》三百卷。乾隆中，詔儒臣增輯，高宗賜詩題卷端。又《曝書亭文集》八十卷、《明詩綜》百卷、《瀛洲道古錄》、《五代史注》、《禾錄》各若干卷。

子昆田，孫稻孫，皆有集。稻孫，字稼翁，舉乾隆丙辰鴻博，能世其家。

《清史稿》卷四百八十四《文苑列傳一》〔註4〕

朱彝尊，字錫鬯，秀水人，明大學士國祚曾孫。生有異秉，書經目不遺。家貧客遊，南逾嶺，北出雲朔，東泛滄海，登之罘，經甌越。所至叢祠荒冢、破爐殘碣之文，莫不搜剔考證，與史傳參校同異。歸里，約李良年、周篔、繆泳輩為詩課，文名益噪。康熙十八年，試鴻博，除檢討。時富平李因篤、吳江潘耒、無錫嚴繩孫及彝尊皆以布衣入選，同修《明史》。建議訪遺書，寬期限，毋效《元史》之迫時日。辨方孝孺之友宋仲珩、王孟縕、鄭叔度、林公輔諸人咸不及於難，則知《從亡》、《致身錄》謂誅九族，並戮其弟子朋友為一族不足據。所謂九族者，本宗一族也。又言東林不皆君子，異乎東林者亦不皆小人。作史者未可存門戶之見，以同異分邪正。二十年，充日講起居注官。典試江南，稱得士。入值南書房，賜紫禁城騎馬。數與內廷宴，被文綺、時果之賚，皆紀以詩。旋坐私挾小胥入內寫書被劾，降一級，後復原官。三十一年，假歸。聖祖南巡，迎駕無錫，御書「研經博物」額賜之。當時王士禎工詩，汪琬工文，毛奇齡工考據，獨彝尊兼有眾長。著《經義考》、《日下舊聞》、《曝書亭集》。又嘗選《明詩綜》，或因人錄詩，或因詩存人，銓次為最當。卒，年八十一。子昆田，亦工詩文，早卒。孫稻孫，舉乾隆丙辰鴻博，能世其家。

彝尊所與為詩課者，李良年，字武曹，同邑人。與兄繩遠、弟符並著詩名。試鴻博，罷歸。有《秋錦山房集》。譚吉璁，字舟石，嘉興人，彝尊姑之子也。少遇寇，以身蔽父，寇捨之去。後以諸生試國子監第一，授弘文院撰文中書舍人，出為延安同知。吳三桂叛，守榆城獨完，論功加一級。舉應鴻博，報罷。遷知登州府。卒。有《嘉樹堂集》。

《清史列傳》卷七十一《文苑傳二》〔註5〕

朱彝尊，字錫鬯，浙江秀水人。明大學士國祚曾孫。康熙十八年，詔舉博

〔註4〕《清史稿》（第44冊），中華書局1977年版，第13339～13340頁。
〔註5〕《清史列傳》（第18冊）中華書局2005年版，第5776～5777頁。

學鴻儒科，以布衣試入選者，富平李因篤、吳江潘耒、無錫嚴繩孫及彝尊四人，皆除翰林院檢討與所擢五十人同纂修《明史》。二十年，充日講起居注官。是年秋，充江南鄉試副考官。二十二年，入值南書房。命紫禁城騎馬，賜居禁垣東，數與內廷宴，被文綺、時果之賚。二十三年元日，南書房宴歸，聖祖仁皇帝以肴果賜其家人，彝尊皆紀以詩。是時彝尊方輯《瀛洲道古錄》，私以小胥錄四方經進書，為學士牛鈕被所劾，降一級。二十九年，補原官。尋乞假歸。仁皇帝南巡江浙，彝尊屢迎駕於無錫，召見行殿，進所著《經義考》，溫諭褒獎，賜御書「研經博物」匾額。

　　彝尊自少時以詩古文辭見知於江左之耆儒遺老，又博通書籍，顧炎武、閻若璩皆極稱之。年逾五十，以布衣入翰林，數被恩遇。主江南試時，作《告江神文》、《貢院誓神文》以自勵。所撰《經義考》共三百卷，仿鄱陽馬氏《經籍考》而推廣之，自周迄本朝，各疏其大略，分存、佚、闕、未見四門，於十四經外，附以《逸經》、《毖緯》、《擬經》、《家學》、《承師》、《宣講》、《立學》、《刊石》、《書壁》、《鏤版》、《著錄》，而以《通說》終焉。乾隆四十二年，高宗純皇帝御製篇題識卷首，命浙江巡撫三寶刊行，世以為榮。彝尊之在史館也，凡七上總裁書，論定凡例，訪遺書，請寬其期，毋如《元史》之迫於時日，多所乖謬。辨《從亡》、《致身錄》之不足信，謂方孝孺之友宋中珩、孟緼、鄭叔度、林公輔諸人咸不及於難，則文皇當日無並其弟子友朋為一族戮之之事。其所謂九族者，本宗一族也。謂東林多君子而不皆君子，異乎東林者亦不皆小人。作史者不可先存門戶之見，以同異分邪正、賢不肖。世皆以為有識。彝尊又嘗慨明詩自萬曆後作者散而無統，作《明詩綜》百卷，於公安、竟陵之前，銓次稍詳。若啟、禎死事諸臣、復社文章之士，亦力為表揚之。其自序云：「或因詩而存其人，或因人而存其詩，間綴以詩話，述其本事，期不失作者之旨。」彝尊詩不名一格，少時規橅王、孟，未盡所長；中年以後，學問愈博，風骨益壯，長篇險韻，出奇無窮。益都趙執信論國朝之詩，以彝尊及王士禎為大家，謂「王之才高而學足以副之，朱之學博而才足以運之」。彝尊又好為詞，其體近姜白石、張玉田，而加恢宏焉。所著《詞綜》三十四卷、《日下舊聞》四十二卷、《曝書亭集》八十卷。《歐陽子五代史注》、《瀛洲道古錄》，則其所草創未成者。四十八年卒，年八十一。

《清代樸學大師列傳·校勘目錄學家列傳第十九》〔註6〕

朱彝尊，字錫鬯，號竹垞，浙江秀水人。少聰慧絕人，書過眼即能復誦。十七，棄舉子業，肆力於古學，久之，博通群籍。顧寧人、閻百詩皆亟稱之。康熙己未開詞科，年逾五十，與富平李因篤等四人以布衣入選，並授翰林院檢討，纂修《明史》。

既入詞館，日偕諸名宿掉鞅文壇。時王漁洋工詩而疏於文，汪苕文工文而疏於詩，閻百詩、毛西河工考記而詩文復次乘，獨先生兼擅其長。

任修史，有上總裁七書，大意謂：宜定體例，寬期限，革除事多難信；道學傳不當以門戶分邪正，不必別立；崇禎朝雖無實錄，亦未可專據邸報。世服其有識。後史成，多從之。

尋充講官。辛酉，典試江南，稱得人。為言者所中，鐫級，旋復原官。因無意進取，假歸，遂不復出。乙酉，聖祖南巡，召見於行宮，進所著《經義考》，溫諭褒獎，賜御書「研經博物」四字。《經義考》於十四經外，附以《逸經》、《毖緯》、《擬經》、《家學》、《承師》、《宣講》、《立學》、《刊石》、《書壁》、《鏤版》、《著錄》、《通說》諸門，共三百卷。每一書，前列撰人姓氏、書名、卷數，次列存、佚、闕、未見字，次列序跋暨諸儒論說，有所考正。更自為案語附末。上下二千年間，元元本本，使傳經原委，一一可稽，稱眩博詳贍焉。

又嘗慨明詩自萬曆後，作者散而無統，輯《明詩綜》百卷。搜集北都地理，山川古蹟，與夫掌故文獻，加以辯證，成《日下舊聞》四十二卷。工倚聲，甄錄宋元人詞，為《詞綜》三十四卷。自著詩文詞，總曰《曝書亭集》，八十卷。子昆田，亦善詩。

〔註6〕支偉成《清代樸學大師列傳》，嶽麓書社1998年版，第284～285頁。

附錄二：《曝書亭集》評論選輯

潘景鄭《著硯樓讀書記》

張舜徽《清人文集別錄》

袁行雲《清人詩集敘錄》

金開誠 葛兆光《歷代詩文要籍詳解》

《中國學術名著提要》

《中國詩學大辭典》

柯愈春《清人詩文集總目提要》

《中國古代詩文名著提要》

沈津《美國哈佛大學哈佛燕京圖書館藏中文善本書志》

趙執信《談龍錄》

余門人桐城方扶南世舉,嘗問曰:「阮翁其大家乎?」曰:「然。孰匹之?」余曰:「其朱竹垞乎?王才美於朱,而學足以濟之;朱學博於王,而才足以舉之。是真敵國矣。他人高自位置,強顏耳。」曰:「然則兩先生殆無可議乎?」余曰:「朱貪多,王愛好。」

《欽定四庫全書總目》卷一百七十三〔註1〕

《曝書亭集》八十卷、《附錄》一卷

國朝朱彝尊撰。彝尊有《日下舊聞》,已著錄。此集凡賦一卷、詩二十二卷,皆編年為次。始於順治乙酉,迄於康熙己丑,凡六十五年之作。其紀年皆用《爾雅》歲陽、歲陰之名,從古例也。詞七卷,曰《江湖載酒集》,曰《茶煙閣體物集》,曰《蕃錦集》。雜文五十卷,分二十六體。附錄《葉兒樂府》一卷,則所作小令也。彝尊未入翰林時,嘗編其行稿為《竹垞文類》。王士禛為作序,極稱其《永嘉詩》中《南亭》、《西射堂》、《孤嶼》、《瞿溪》諸篇。然是時僅規模王、孟,未盡所長。至其中歲以還,則學問愈博,風骨愈壯,長篇險韻,出奇無窮。趙執信《談龍錄》論國朝之詩,以彝尊及王士禛為大家,謂「王之才高而學足以副之,朱之學博而才足以運之」。及論其失,則曰「朱貪多,王愛好」。亦公論也。惟暮年老筆縱橫,天真爛漫,惟意所造,頗乏翦裁。然晚景頹唐,杜陵不免,亦不能苛論彝尊矣。至所作古文,率皆淵雅。良由茹涵既富,故根柢盤深。其題跋諸作,訂訛辨異,本本元元,實跨黃伯思、樓鑰之

〔註1〕紀昀《欽定四庫全書總目》,中華書局 1997 年版,第 2344～2345 頁。

上。蓋以詩而論，與王士禛分途各驚，未定孰先；以文而論，則《漁洋文略》固不免瞠乎後耳。惟原本有《風懷二百韻詩》及《靜志居琴趣長短句》，皆流宕豔冶，不止陶潛之賦《閒情》。夫綺語難除，詞人常態。然韓偓《香奩集》別有篇帙，不入《內翰集》中。良以文章各有體裁，編錄亦各有義例。溷而一之，則自穢其書。今並刊除，庶不乖風雅之正焉。

吳樹虛《無不宜齋未定稿序》（節錄）〔註2〕

吾浙國初衍雲間派，尚傍王李門戶。秀水朱太史竹垞氏出，尚根柢考據，擅詞藻而聘轡銜，士夫咸宗之。儉腹諮嗟之吟，擯棄不取；風雲月露之句，薄而不為。浙詩為之大變。

周中孚《鄭堂讀書記》〔註3〕

曝書亭集八十卷附錄一卷曝書亭刊本

國朝朱彝尊撰。彝尊仕履見目錄類。《四庫全書》著錄，刪《風懷詩二百韻》及《靜志居琴趣》詞一卷，以其流宕豔冶，有乖大雅也。竹垞生平撰著曾兩付開雕，未仕以前曰《竹垞文類》，通籍後曰《騰笑集》。晚歸梅會里，乃合前後所作，手自刪定，凡賦一卷，古今詩二十二卷，詞則《江湖載酒集》三卷、《靜志居琴趣》一卷、《茶煙閣體物集》二卷、《蕃錦集》一卷，雜文則分體編次，凡五十卷，附《葉兒樂府》一卷，則所譜之曲也。查初白慎行序之，稱其淹通經術，熟精史乘，濟之以班、馬之才，運之以歐、曾之法，故其為文取材富而用物宏，議論醇而考證確。詩以少陵為宗，而汎濫於昌黎、樊川，句酌字斟，務歸典雅，不屑隨俗波靡，落宋人淡易蹊徑。下至樂府篇章，跌宕清新，一埽《花間》、《草堂》之習，填詞家至與玉田、白石並稱，先生亦自以無愧也。前又有潘稼堂未序，並載王士禛、魏禧《文類》二序，查慎行《騰笑集》序，曹爾堪、葉舒崇、柯維楨詞集三序，及陳廷敬所作墓誌銘。

竹垞文類二十六卷原刊本

國朝朱彝尊撰。《四庫全書》存目。是編刻於康熙壬戌，皆其未遇時之作，凡樂府詩一卷，古體詩三卷，今體詩九卷，聯句集句一卷，雜文十二卷。後匯為《曝書亭集》，頗多刪汰，且或有題目互異，或有字句不同，或有數首而刪

〔註2〕瞿灝《無不宜齋未定稿》卷首，清乾隆17年（1752）刻本。
〔註3〕周中孚《鄭堂讀書記》卷七十，上海書店出版社2009年版，第1152～1154頁。

去一二首者，皆當以全集為定本。其中碑記墓表傅志諸文，有必須用本朝紀年者，一概用干支代之，蓋竹垞初自命為布衣，見目錄首行自題。而廁於故老遺民之列，如梨洲、亭林云爾，迨晚年編集，亦俱仍之不改正焉。前有王漁洋、魏叔子二序。

騰笑集七卷原刊本

國朝朱舞尊撰。初，竹垞於康熙壬戌刻其未遇時詩文為《竹垞文類》，至丙寅春，復輯其己未以來詩文，凡賦及古體詩二卷，今體詩二卷，雜文三卷，後刊入《曝書亭集》，所有刪汰增改之處亦與《文類》相同，亦當以全集為定本。其曰《騰笑集》者，取諸孔德璋《北山移文》之語也。前有自序及海寧查初白慎行序。

曝書亭詩錄箋注十二卷惇裕堂刊本

國朝江浩然撰。浩然，字孟亭，嘉興人。孟亭酷嗜朱竹垞詩，迺以己意甄錄，一一箋疏而發明之，旁搜舊聞，博徵載籍，厥功可謂偉矣。然僅選三分之一，蓋欲以況《漁洋精華錄》也。其注已為楊未孩注本所取材，讀竹垞詩者，固當以楊注本暨孫竹尹注本為主，此本踳駿甚多，不過大輅之椎輪耳。孟亭殤後，其子聲先壎為之校刊，並述凡例六則，沈椒園廷芳、翁覃溪方綱俱為之序，又載王士禎、魏禧、查慎行原序三篇。

曝書亭集詩注二十二卷年譜一卷木山閣刊本

國朝楊謙撰。謙，字未孩，嘉興人。按朱竹垞詩先有江孟亭《曝書亭詩錄箋注》一書，僅選三分之一，如《漁洋精華錄》之例。未孩爰就全集所載之詩，隔句為注，凡採取江注者，因其書已刊布，不復別為標識。皆博考詳釋，條貫靡遺，間有踳駿，猶不盡概乎人心，然以視江注本，固為賅備之本矣。後來孫竹尹《箋注》，亦不遇因是注而踵事增華耳，究不可遽廢其書也。未孩又詳考其家乘行述，及《靜志居詩話》與文集中之有歲月可稽者，創為《年譜》一卷，則又較惠定宇、金林始二家所撰《漁洋年譜》體例尤為盡善，凡作年譜者所當取法也。卷首載王士禎，魏禧，高佑釲，顏鼎受《竹垞文類》四序，查慎行《騰笑集》序，潘耒及慎行《曝書亭集》二序，又有像贊及陳廷敬所撰墓誌銘，並未孩詩注凡例。

曝書亭集箋注二十三卷三有堂刊本

國朝孫銀槎撰。銀槎，字竹尹，嘉善人。乾隆丙戌進士。竹尹以江、楊二家所注

朱竹垞詩踳駮頗多，且均置賦不注，於是紬繹群帙，大為補訂，凡四易稿，別成《箋注》。其注賦一卷，既為二家所不及為，而其於詩注二十二卷增二家所未備，及刊冗正謬，不啻十之五六，詳而不溢一語，簡而不失一辭，使一字一句皆如作者意中之所欲出，又時得言外之微指，斯可以跨越前良，後來居上矣。余嘗欲合三家注為一書，如馮星實《蘇詩合注》之例，惜有志而未逮焉。卷首有嘉慶己未自述緣起及其孫宋生識語，又有錢唐王朝飀、臨海黃河清二序。據宋生識語，知其詞注亦經屬稿，當續梓行雲。

汪沆《書曝書亭集後》〔註4〕

老去無心典石渠，扁舟歸釣小長蘆。排簽目笑搬姜鼠，釋褐人憐上竹魚。曠世才華追屈宋，百年蹤跡半江湖。如何史筆高三館，負蘭臺七上書。

錢大昕《十駕齋養心錄》卷十四《曝書亭集》〔註5〕

〔註4〕楊子才編著《歷代詠史詩鈔》，中國人民解放軍出版社 2009 年版，第 384～385 頁。

〔註5〕陳文和主編《嘉定錢大昕全集》（增訂本）第 7 冊，鳳凰出版社 2016 年版，第 393 頁。

另，《十駕齋養心錄》卷十六有五則關涉《曝書亭詩》，錄如下：

上下洄

《水經注》：「蔡洲大岸西有洄湖，停水數十畝，長數里，廣減百步，水色常淥。楊儀居上洄，楊禺居下洄。」朱錫鬯詩：「屨滿西南戶，堂臨上下洄。」蓋用此事。近人注《曝書亭詩》者，引《爾雅》「通流而上曰泝洄，順流而下曰泝遊」實之，失其旨矣。

鼩鼱

《廣韻》：「鼩鼱，斑鼠也。」兩字皆在十九青部。《玉篇》：「鼩，公熒切，斑鼠也。鼱，力令切，期屬。」鼩亦作鼩。白香山《遊悟真寺》詩「鼩鼱上不得，豈我能攀援」是也。古人以鼠鬚製筆，故筆有鼩鼱之稱，或作「蛔蛉」。然字書本無「蛔」字也。朱錫鬯作《曹侍郎挽詩》云：

「硯憐鸜鴿潤，筆肯蚼蛉拋」，誤「蛔」為「蚼」。「蚼」即「蠻」字。《說文》：「知聲蟲也。」恐無與「鼩」通用之理。

三橋

朱錫鬯《風懷》詩：「路豈三橋阻，屏還六扇傭。」上句用李商隱《明日》詩「誰言整雙履，便是隔三橋」也。注家不能引。

踳與踳異

《說文》：「舛，或作踳。踳從春。」舂、舛聲相近，故有舛音。古書舛駁字多作踳。又《廣韻》三鍾部有踳字：「蹋也。書容切。」踳從舂，踳從春，音義迥殊。朱錫鬯《齋中讀書》詩：「漢士守一經，其義或駮踳。真儒起北海，卓

朱竹垞博極群書，題跋皆不苟下筆，百餘年來，人無間言。然涉獵既多，未免千慮一失。如《石刻鋪敘》，本廬陵曾宏父撰，與南豐曾惇字宏父者絕不相涉，而誤以為一人。曩歲李南澗刊此書，予始為考正。今《四庫全書目》即採予說也。其跋宋本《晞范子脈訣集解》云：「咸淳二年，臨川李駒子野撰，自號晞范子。其書引證周洽，當時板行，必多傳習者，而《宋藝文志》不載，何歟？」其跋《濟生拔萃方》，具列元時醫家，則李希范居其一。考咸淳二年丙寅，距德祐子宋亡僅十載耳，希范與晞范子明是一人，而朱別而為二，不加訂正，亦所謂明察秋毫不見目睫者矣。

朱庭珍《筱園詩話》卷二〔註6〕

朱竹垞詩，書卷淹博，規格渾成，才力雄富，工候湛深，造造實過阮亭，惟時有疏於法處。其精華多在未仕以前，通籍後近體每流入平易。歌行多長短句，意欲盡捐繩墨，自創一家。如《玉帶生歌》，興酣落筆，縱橫跌盪，雄奇蓋世，信為長篇絕調。其他往往貪多務博，散漫馳驟，無歸宿處，有類遊騎矣。五古得力《選》體，五律得力工部，七律在信陽、北地間，五排亦得力於杜。其使事精確處，分寸切合，具見用書本領，亦他人所罕及。與阮亭齊名，如老、韓同傳，非魯、衛也。

林昌彝《海天琴思錄》

卷二

朱竹垞《閩中海物雜詠》七首，詠《蟳》云：「綠蒲包海蟳，味勝蟹胥滑。一笑過江人，嘔心為蜞蚎。」案《事文類聚後集·介蟲》云：「呂亢守台州，命工作《蟹圖》，凡十二種：一曰蝤蛑，二曰撥掉，三曰擁劍，四曰彭蝟，五曰蠘樸，六曰沙狗，七曰望潮，八曰倚望，九曰石蜽，十曰蜂江，十一曰蘆虎，十二曰蟚蜞。」《容齋四筆》云：「呂亢作《蟹圖》，一曰蝤蛑，乃蟹之巨者。」

哉鄭司農。」似誤認為一字。

辨邵堯夫水火土石

沈作喆《寓簡》謂「五行者，經世之用，紀歲時，行氣運，不可闕一。邵堯夫《皇極經世》用揚雄之四數，加以本無之一，而去其本有之二」，為不合於古。朱錫鬯《齋中讀書》詩第四首云：「奈何洛下儒，侮聖不知懼。用三去其二，變一成百牾。」蓋用沈氏說，注家未有引此者。

〔註6〕郭紹虞編選《清詩話續編》第 4 冊，上海古籍出版社 1983 年版，第 2357～2358 頁。

案「蝤蛑」即蟳也，有大者，亦有小者，兩螯有毛者為蟚蜞，兩螯無毛者為蟳也。十二種統名曰蟹，故蟳亦曰蟹也。其實吾閩只呼為「蟳」，不曰「蟹」也，蓋蟹小而蟳大也。案十二種中，惟蟳之性最補太陰脾土，有毛之蟹則最寒脾胃，故與柿同食者，輕則下利，重則嘔利並作。《埤雅》云：「蝤蛑大者長尺餘，隨潮退殼，一退一長，兩螯能與虎鬥。有斑文如虎，曰『虎蟳』，亦名『關公蟹』。又有石蟳差小，而殼堅如石，春冬時有之。」案：虎蟳之性，雖不及螺，蟳之補脾，亦不若蟹之犯中，故蟹之有毛者，有毒也。若小蟹之性冷，吾閩均以薑鹽醃而食之。《閩小記》：「蟳一名蝤蛑。」即謂無毛之蟳也。《閩省志》：「蟳似蟹而大。」所云長尺餘者，據《埤雅》為說也。余初到粵東，鄧蔭泉中翰、潘鴻軒秀才各招飲，席間均有蟳，余曰：「此蟳也。」粵客某愕然曰：「此蟹也，何以呼曰蟳？」在座者又誤蟳為蟴，不獨誤物，並誤音矣。余謂昔人讀《爾雅》不熟，嘔心而死；粵客辨《埤雅》不真，至死亦不識蟳之味，可為捧腹。（40～41頁〔註7〕）

　　吾閩荔支最佳者，為泉州之「陳家紫」，大如茶鍾，無核，味美，於回竟日不退，勝於楓亭之品。楓亭之荔，又勝於福州。福州神光寺之荔，又勝於西禪寺。故西禪寺之荔，乃吾閩之最下者也。朱竹坨遊閩，只食西禪寺之荔，故詩文集中論荔，均重粵而薄閩。《曝書亭集》題名云：「品荔者，或謂閩為上，蜀次之，粵又次之；或謂粵次於閩，蜀最下。以余論之，粵中『掛綠』，斯為最矣。福州佳者，尚未敵嶺南『黑葉』。而蔡公乃云『廣南精好者，僅比閩之下等』，是亦鄉曲之論也。」竹坨《啖福州荔》七言古末四語云：「端明譜中三十有二品，大概綺衣雪作衽。粵人誇粵閩誇閩，次第胸中我能審。」竹坨詩文，於閩荔均有微詞，不知味者不可與言昧，粵荔「掛綠」已酸滴不堪食，況「黑葉」乎？大江南北品荔者，已有公論，非閩、粵人口舌所能爭也。（46～47頁）

　　廣州花縣，為本朝部陽王給事又旦建。按給事典廣東鄉試還，以花縣接峒入壞，土寇結連，出沒劫商旅，請建縣治，設官吏。廣州四縣，交賴以安。朱竹坨《嶺外歸舟雜詩》十六首之九云：「新開花縣壓層巒，群盜停探赤白丸。不是合陽王給事，又旦。滇陽行旅至今難。」（47頁）

　　《畫品》：明宣廟時，戴文進呈《秋江獨釣圖》，畫一紅衣人垂釣水次。畫家紅色最難著，文進獨得古法，待詔謝廷循妒之，奏曰：「此畫甚好，但大紅

〔註7〕（清）林昌彝著王鎮遠，林虞生標點《海天琴思錄 海天琴思續錄》，上海古籍出版社1988年版。下同。

是朝廷品官服色，卻穿去釣魚，甚失大體。」宣廟頷之，遂揮去，其餘幅不復觀。《曝書亭集·題畫》：「數株枯柳倚苔磯，話別沙頭客未歸。多事錢唐戴文進，釣師渲染著紅衣。」（49頁）

朱竹垞《水碓聯句》，用職韻，中忽雜以「急」字，入緝韻；既用「徑隘流轉急」，又用「藤竹需孔急」，且犯重複。考查夏重《敬業堂集》附此詩，改「轉急」為「砎」，又改「孔急」為「棘」，歸於職韻，慎於竹垞矣。（50頁）

黃山谷《水仙》詩「山礬是弟梅是兄」，朱竹垞《石丈》詩「山礬以為兄，海棠以為友」。案都卬《三餘贅筆》：「宋曾瑞伯以十花為十友，各為詞。荼蘼韻友，茉莉雅友，瑞香殊友，荷花淨友，巖桂仙友，海棠名友，菊花佳友，芍藥豔友，梅花清友，梔子禪友。所定之名，甚見雅切。」（51頁）

卷三

自秀水朱竹垞《風懷》詩二百韻出，李義山《錦瑟》詩不得專美於前矣，但詩中重複一韻，閱者不覺耳。（55頁）

朱錫鬯《風懷》詩：「消食飼檳榔。」案檳榔事見《南史》。《南史》：「劉穆之少貧，往妻兄江氏乞食，求檳榔。江兄弟戲之曰：『檳榔消食，君何須此？』後為丹陽尹，以銀盤貯檳榔一斛飼之。」夫欺貧凌賤，古今同軌，勢利之見，戚屬尤甚，此時動心忍性之功，為救命藥石。（58頁）

卷五

七言古詩，學太白神似者，古今惟高青丘一人。五言長律，學少陵神似者，古今惟顧亭林、朱竹垞二人。他人不足多也。（109頁）

卷六

朱竹垞《明顯皇帝大閱圖》五首長排中句云「孫通明禮樂」，案：當作「叔孫」，作「孫通」欠解。下句「方叔涖師幹」，又「元老謀猷壯」，「元老」即「方叔」，此為重複。（152頁）

樂有天籟、地籟、人籟，詩亦有天籟、地籟、人籟。近代國初諸老詩，吳野人，天籟也；屈翁山、顧亭林，地籟也；吳梅村、王阮亭、朱竹垞，人籟也。此中精微之境，難為不知者言也。（155頁）

卷七

《遯齋閒覽》：「中流失船，一壺千金，乃今所謂浮環者。凡渡江海，必預備浮環，以虞風濤覆溺之患。其形如環而空中，以帛為帶，掛之頸上，出兩手

以按之，則浮而不溺，可以待救。至今浙人呼為壺，又名水帶子。」朱竹垞《水帶子歌》云：「水帶子，環外虛其中。九州以內製器不及此，得非來自日本東？刮磨者一，匠髹者工，惟智創物變乃通。置之兩腋下，絡頸雙青縷，中流踏浪如御風。過涉不愁滅頂凶。勝壺千金樽五石，溺人一笑可以生我躬。喬生手攜是物訪我梅會里，自言來自射陂水。黃梅時雨水稽天，鼊社湖流人罷市。無朝無暮慮覆舟，且喜今朝得到此。掛之駝鉤壁上懸，與論往事增淒然。初聞淮南減水壩開設，天子謂是一壩一口決。俄而僉謀滋異同，爾考直前奏事真剴切。迄今黃流泛濫軫帝情，雁戶豈得安其生？桃花春水縱不發，河堤使者毋遽誇平成。吁嗟乎！河伯不仁亦無害，準備家家蓄水帶。」（175～176頁）

《曝書亭集》古文文詞，得六經之膏腴，《史》、《漢》之氣息。其《上史館七書》，博洽淹通，尤徵史識。惟多方為成祖諱其劣跡，有失史裁。其最為迂拙者，以《孔門弟子考》入於集中，為有識者所譏議。又以錢塘為曲江，此鄉曲之見。若汪中《述學》，譏其考校不精，此乃責備賢者之論，無關大要也。（179頁）

卷八

朱竹垞絕句，神韻不匱，而又出以婷雅，並世罕有其匹。其《給事中弟雲宅席上觀倒剌四首》云：「雪後風燈燄燄寒，雲韶舊部走伶官。一雙手技從容入，勝舞銀貂小契丹。」「洞庭橘酒注雙餅，老去繁絃不厭聽。為語參軍休打鶻，沖筵喚出李青青。」「杯槃暢舞踏紅綃，高下冰瓷燭一條。不是羊家張靜婉，如何貼地轉纖腰。」「琵琶鐵撥自西涼，十四箏弦三足床。街鼓鼕鼕催不去，更翻一曲《玉娥郎》。」手技，見《淥水亭雜記》：「遼曲：酒三行，手技入。」《玉娥郎》見《金鼇退食筆記》。（203～204頁）

林昌彝《海天琴思續錄》

卷一

汪小米中翰遠孫，家藏祁忠敏石硯，旁鐫七言絕六首，僧悔詩居前，祁李孫、釋孟詩次之，寓山樵詩又次之，渻一詩無殿。僧悔為陳老蓮洪綬別號。按：李孫，忠敏公子，《明詩綜》作理孫，當據以改正。此硯係李孫所贈陶生者，惟寓山樵不知何人，竹垞《寓山》詩「山頭白鶴遙相待，知有仙人射的居」，蓋寓山乃公之別墅也。小米有詩云：（不錄）。（215頁）

曲江在揚州東門外，朱竹垞謂即錢塘江，誤矣。（226頁）

卷三

　　秀水朱檢討彝尊《乾清宮賜宴》詩有「詔許宮門入，人隨陛戟移」之句。上書房在乾清宮之左，皇子六歲即出就外傅，上親擇翰林詹事各員中品學兼優授之讀，日與討論經義，旁及詩文，以故諸皇子無不學習精邃。雍正間怡親王，嘉慶間成哲王，文章經濟，其尤著者也。今恭親王為成皇帝六子，學問雅博，詩亦沉厚高華。昨有友人自京寄王《樂道堂全集》，讀之，佳章名句，美不勝收。茲摘其最工者錄之。（不錄）（286頁）

卷四

　　朱竹垞先生《朱碧山銀槎歌》有「劃中鄉衡入其腹，未解刀削何由彎。」案：《考工記》：「梓人為飲器，向衡而實不盡，梓師罪之。」鄭康成注：「衡，平也。平爵向口，酒不盡。」引鄭眾舊說云：「衡謂糵衡也。」案：鄭眾說是也。王志長《周禮注》云：「糵眉通，眉壽亦作糵壽。眉間曰衡，向衡而酒不盡，是飲器太深也。先鄭之說為長。」（338頁）

卷五

　　秀水朱竹垞老人《論畫和宋中丞十二首》之十云：「先子韶年寫雲壑，當時心折董尚書。後來舍弟亦能畫，可惜都無片紙儲。」或疑「舍弟」及「片紙」入詩不典，不知均有來歷。《能改齋漫錄》：「兄稱弟曰舍弟，亦有所本。魏文帝與鍾繇書曰：『是以令舍弟子建，因荀仲茂時從容喻鄙旨。』」此「舍弟」二字之有來歷也。蘇詩：「隻字片紙皆藏收。」此「片紙」二字之有來歷也。（359頁）

卷六

　　本朝吳野人之詩多辣，屈翁山多超，顧亭林多鬱，朱竹垞多雅。（389頁）
　　竹垞老人《玉帶生歌》結語云：「俾汝長留天地間，墨花恣灑鵝毛素。」極為渾成，而沈歸愚《別裁集》登此首，末句改為「忠魂墨氣常凝聚」，以為硯與信國雙收，則點金成鐵矣。（419～420頁）

卷八

　　朱竹垞先生於順治辛丑夏遊杭州西湖，同遊者曰曹潔躬，曰周元亮，曰施尚白。時杭人有持元人《西湖竹枝詞》請曹先生甲乙者，竹垞先生曰：「和者雖多，要不若老鐵。」次翼日，群公泛舟於湖，曹先生引杯曰：「鐵崖原倡之

外，誰為擅場，各舉一詩，不當者罰。」周先生舉陸仁良貴作云：「山下有湖
湖有灣，山上有山郎未還。記得解儂金絡索，繫郎腰下玉連環。」施先生舉張
簡仲簡作云：「鴛鴦蝴蝶盡雙飛，楊柳青青郎未歸。第六橋邊寒食雨，催郎白
苧作春衣。」南昌王猷定於一舉嚴恭景安作云：「湖中女兒不解愁，三五蕩槳
百花洲。貪看花間雙蛺蝶，不知飛上玉搔頭。」吳袁于令令昭舉強珇彥栗作云：
「湖上女兒學琵琶，滿頭都插鬧妝花。自從彈得陽關曲，只在湖船不在家。」
鄒祗謨　士舉申屠衡仲權作云：「白苧衫兒雙髻丫，望湖樓子是儂家。紅船撐
入柳陰去，買得雙頭茉莉花。」錢唐胡介彥遠舉徐夢吉德符作云：「雷峰巷口
晚涼天，相喚相呼出採蓮。莫為採蓮忘卻藕，月明風定好回船。」蕭山張杉南
士舉繆侃叔正作云：「初三月子似彎弓，照見花開月月紅。月裏蟾蜍花上蝶，
憐渠不到斷橋東。」山陰祁班孫奕喜舉釋文信道元作云：「湖西日腳欲沒山，
湖東月出牙梳彎。南北兩峰船上看，恰似阿儂雙髻鬟。」錢唐諸九鼎駿男舉馬
琬文璧作云：「湖頭女兒二十多，春山兩點明秋波。自從湖上送郎去，至今不
唱江南歌。」先生曰：「諸公所舉皆當，未若吳興沈性自成之作也，其詞曰：
『儂住西湖日日愁，郎船隻在東江頭。憑誰移得湖山去，湖水江波一處流。』
不獨寄託悠遠，且合《竹枝》縹緲之音。」曹先生曰：「然。」於是諸公皆飲，
先生亦浮一大白。（462～463 頁）

　　金元裕之、本朝王漁洋、袁簡齋、蔣苕生諸公，均有論詩，有盡當人意，
亦有不盡當人意者。余有論本朝人詩一百五首，自順治至咸豐，凡一百八人，
其人存者不與，目所未及者不與，一隅之見，亦有不能盡當後人之意也。謬為
諸君子所許可，因錄之以俟世之知音者。（略）大海回流入筆端，長蘆嫵雅冠
詞壇。羅胸十萬緗囊記，竹垞藏書十萬卷，皆能記誦。落落歸田七品官。秀水朱竹垞
彝尊。（463、465 頁）

　　「欲渡銀河隔上闌，時人浪說貫河灣。如何不覓天孫錦，只帶支機片石
還。」此《居易錄》所記朱玉華槎杯篆文之二十八字。朱為秀水人，杯為孫侍
郎北海承澤家所藏。《苑西集》：杯首有「岳壽無疆」四字，左「朱玉華造」，
右「至正己酉年」，杯底「槎杯」二字，杯尾即二十八字之詩也。圖書「碧山」
二字，皆小篆也。嘉善孫竹尹云：朱竹垞《銀槎歌》在孫少宰家與李秋錦同作，
此至正乙酉之銀槎也。施愚山詩有「猶存至正壬寅字」句，曹顧庵詩有「宋公
招我遊園林」句，至正壬寅之銀槎也。北海銀槎歸高江村，歷嘉善蔣氏、周氏、
查氏，查氏以餽孫竹尹，竹尹以餽其座主裘文達公，文達於乾隆丙戌五月進御。

淮安馬秋玉之子元一家存一銀槎，為運使漢軍朱孝純索去，疑即宋氏之銀槎也。案：乙酉為元順帝至正之五年，壬寅為至正之二十二年，近編《續錄》，採胡書農學士詩，並引其所考者，惟據楊謙《竹垞詩注》，未能詳悉，因補考一條，以俟博雅採擇焉。（494頁）

竹垞先生《題惠紅豆書莊圖》第五首「來尋北郭十詩人」，實十一人，均在明初，徐賁也，高啟也，王彝也，王行也，宋克也，張羽也，楊基也，陳則也，余堯臣也，呂敏也，釋道衍也。案：釋道衍即姚少師，嘉定錢辛楣少詹詠少師有「空登北郭詩人社，難上西山老佛墳」之句，極為高妙。（496頁）

蕭穆《跋曝書亭集外稿》〔註8〕

竹垞檢討晚年手定《曝書亭集》八十一卷，雖應博學鴻宏詞科以賦通籍，自云非稱意之作不存，其全集去取，可謂嚴矣。嘉慶丁丑，檢討五世孫墨林合同里馮登府雲伯之所蒐輯，匯纂得遺詩五卷，而以詞一卷、文二卷並編為八卷，題曰《曝書亭集外稿》。

甲戌春，余於上海書肆得其刊本讀之，詩文格律多未渾成，大抵皆檢討少年之作，亦有中、晚年手筆，皆屬應酬無聊興象不到之所為，宜其當日痛加刪削所不欲存者也。第八卷雜文，有《堯母廟碑文》一篇，辭氣頗不與諸文相類，及詳加參考，乃知實為湯文正公所撰，見《潛菴先生集》中。墨林於諸文目下注云：「見家藏手稿。」蓋檢討與文正公同舉康熙己未博學宏詞科，往還最密，或偶錄此文存之篋中，編集者不知而誤錄之，亦猶文正當日曾手錄前人語錄曰《困學錄》，又錄張仲誠《嵩談錄》，近時湯公後裔搜葺公之遺書，見公手鈔，誤以為公所著而刊行也。

往者讀陸清獻公《三魚堂集》有《開化寺碑》，此文實為檢討之作，《竹垞文類》及《曝書亭集》並載之。或陸公當日亦手錄一稿，其門人未察，誤刻入《三魚堂集》也。又檢討通籍為《璇璣玉衡賦》，原集不載，今編外集，亦復遺之。則檢討遺文尚不僅此，可知也。

大抵拾遺補闕，雖為後人職分之所當為，然亦須具有真知卓見，慎重出之，乃為盡善。否則或拾前人之糟粕，實足以彰其短；或又誤收他人之作，自相混淆；皆為昔人遺憾也。

〔註8〕（清）蕭穆《敬孚類稿》，黃山書社1992年版，第172～173頁。

莫友芝《邵亭知見傳本書目》〔註9〕

《曝書亭集》八十卷《附錄》一卷

國朝朱彝尊撰。《四庫》本刪去《風懷二百韻》及《靜志居琴趣》一卷。此集為□□□張星寫刊，字體絕似褚臨《樂毅論》，其初印本極為世重。汪浩然撰有《曝書亭詩鈔箋注》十二卷。楊謙又注詩二十二卷，孫銀槎注賦詩二十三卷。

林大椿《讀〈曝書亭集〉》〔註10〕

頭頭第一付題評，萬卷奇書鑄盛名。元氣淋漓唐吏部，訓辭深厚魯諸生。千秋雅擅經神望，四海爭傳學士聲。水有黃河山有嶽，配公才力是天成。

劉師培《書〈曝書亭集〉後》〔註11〕

秀水朱氏，博極群書，雖考古多疏，然不愧博物君子。夫朱氏以故相之裔，值板蕩之交。甲申以還，蟄居雒誦。高栗里之節，卜梅市之居，東發、深寧，差可比跡。觀於馬草之什，傷□政之苛殘；北邙之篇，弔皇陵而下泣。亡國之哀，形於言表。此一時也。及其浪遊嶺嶠，回車雲朔，亭林引為知音，翁山高其抗節。雖簪筆備書，爭食雞鶩，然哀明妃於青冢，弔李陵於虜臺，感慨身世，跡與心違。此一時也。至於獻賦承明，校書天祿，文避北山之移，經誇終南之捷。甚至軺車秉節，朵殿承恩。仕莽子雲，豈甘寂寞；陷周庚信，聊賦悲哀。此又一時也。後先異軌，出處殊途。冷落青門，憶否故侯之宅；蕭條白髮，難沽處士之稱。此則後凋松柏，莫傲歲寒；晚節黃花，頓改初度者矣。秋風戒寒，朗誦遺集，因論其行藏之概，以備信史之採焉！〔註12〕

稼孫《曝書亭詩詞注合編識語》〔註13〕

邑有圖書館，以儲邦之文獻，掌故者資焉。我嘉三百年來宗匠，首推竹垞太史。《曝書亭集》，翻雕者數十百通，薄海內外，其書滿家。乃邑館之藏闕焉，寧非憾事！丁巳春，潘子靜淵辛乾告予曰：「曝書亭原刻之毀久矣，翻雕者亥豕

〔註9〕（清）莫友芝撰；梁光華，歐陽大霖點校《邵亭知見傳本書目》貴州大學出版社 2017 年版，第 438 頁。

〔註10〕（清）林大椿著；趙挽瀾編注《林大椿集》，線裝書局 2013 年版，第 65 頁。

〔註11〕汪宇編《劉師培學術文化隨筆》，中國青年出版社 1999 年版，第 189 頁。

〔註12〕《國粹學報》二十二，1906 年 11 月 6 日。

〔註13〕《嘉興教育雜誌》1921 年第 2 編。

魯魚，詎足採？顧木山閣《詩注》原版至今存焉。木山閣者，我里楊子讓先生吟詠處也。先生與太史生同里，學同趣，瓣香衣缽，尤在《詩注》一書。太史述作等身，而詩實萃其菁華。注之者有江、孫諸家。而先生萃其菁華，得此而兼兩美。盍訪旃？」遂偕予往，訪諸梅會故里，得諸何氏老屋中。撥塵檢之，梓繡完密，古意盎然。百金購來，命工補其闕版三十，之館，居然大觀也。事甫竣，靜淵來告曰：「異哉，有美之必合也！我里李薌沚先生手注太史詞集，與楊氏《詩注》世稱雙璧。疇昔訛傳，謂原版已為燕賈人挾去，豈知在里人忻氏家，若待子之求而合者。」予曰：「信有是耶？幾何值？」曰：「銤金二百。」亟又購以來，則與向之《詩注》版式字體無釐毫差，合璧之譽洵非虛也。於是邑人士來館討掌故、溯文獻者，手一編而三大家備。靜淵，修雅士，好蒐殘討遺。梅里多人文，於茲益信。

鄧之誠《清詩紀事初編》〔註14〕

朱彝尊《南車草》一卷《竹垞文類》二十六卷《竹垞文類》二十五卷《騰笑集》八卷《曝書亭集》八十卷《曝書亭集外稿》八卷《曝書亭詞拾遺》三卷江浩然《曝書亭詩錄箋注》十二卷孫銀槎《曝書亭詩集箋注》二十三卷楊謙《曝書亭集詩注》二十二卷李富孫《曝書亭詞注》七卷

朱彝尊，字錫鬯，號竹垞，晚號小長蘆釣魚師，又號金風亭長，秀水人。國祚曾孫。至彝尊家已中落，變亂以後尤貧。與同里周篔、繆泳、王翃、沈進、李繩遠、良年符兄弟結詩課，為曹溶所知，漸有名里中。壯歲欲立名行，主山陰祁氏兄弟，結客共圖恢復。魏耕之獄，幾及於難，踉蹌走海上。會事解乃賦遠遊，以布衣自尊。十餘年間，遂負重名，姓字達於禁中。舉康熙十八年鴻博之試，授職檢討，入值南書房，賜第黃化門。二十三年，以攜帶僕人入內鈔經進書，降級逐出內廷。二十九年復官。後二年復以事被褫，乃歸田，專意著述。論者惜其輕於一出，終傷鎩羽。然觀所作《弔李陵文》，早已決心自獻矣。而後削文類布衣之稱，題詩集騰笑之名，毋乃忸怩乎！卒於四十八年，年八十一。事具《清史列傳·文苑傳》及其孫稻孫所作《行述》。彝尊為學，專務博綜。《詞綜》三十卷，成於康熙十七年，獨標正始，別擇甚嚴。轉移之功，遂成有清填詞之盛。採詞集一百七十家，傳記、小說、地志三百餘家，然猶嫌秘笈之未盡覯，金石之未備錄。明詞蕪累，託言嗣出，而孤陋寡聞者乃競起而續貂也。

〔註14〕鄧之誠《清詩紀事初編》，上海古籍出版社1965年版，第747～750頁。

《日下舊聞》四十二卷，成於二十六年。所見之書，乾隆中官修《日下舊聞考》時，已有不及知者，今則亡佚更多。舊籍日亡可驚，則彝尊博洽為可貴。《經義考》三百卷，成於三十八年。分存、佚、闕、未見四門，於十四經外，附以《逸經》、《毖緯》、《擬經》、《家學》、《師承》、《宣講》、《立學》、《刊石》、《書壁》、《鏤板》、《著錄》，終以《通說》。及身刻成者，易、書、詩、禮一百六十七卷。乾隆四十二年，官為刻竟。《明詩綜》一百卷，成於四十一年。著錄者三千餘人，採集部二千餘家，不薄七子、鍾、譚，頗與錢謙益《列朝詩集》持異同之論。盡以遺老舊人沒於清初者，歸之於明，最為卓見。惜謹畏過甚，明初文士罹禍甚，多以傾危目之。所錄順、康時人之作，稍觸忌諱，輒為改削。乃欲以其書擬史，何德謂之直筆。何焯菲薄彝尊，後生競名，不足為訓。然謂彝尊此書奉陳子龍以斥謙益餘唾，頗中其失，世遂以之定錢朱優劣矣。彝尊尤以詩文著稱，顧炎武稱其文章爾雅，宅心和厚，著《曝書亭集》八十卷，凡賦一卷、詩二十二卷、詞七卷、文五十卷。文多考據之作，題跋一類，有意與有學爭勝，或竟過之。碑板紀事之作，多足徵事。在史館七上總裁書，備論修史首在徵書，而期限不可迫促。致身從亡之污，瓜蔓十族之誕，謂東林不盡君子，非東林者不盡小人，當除門戶之見，尤為有識。詩篇極富，趙執信因有貪多之誚。或謂得一佳語，便可敷衍成篇。今觀《騰笑集》中詩，有改題目而存者，既無當於實事，且何足以見性情乎？然興酣落筆，遂可陵駕古人者，亦復多有。晚年才華不免稍謝，終無愧大家。先是順治十四年，彝尊入粵歸，刻其詩一百三十首、和曹溶詩三十二首，為《南車草》一卷。詩多不見本集，有蔗余道者為之序云。自變故以來，詩書之氣，無所附麗，天下之才人，往往化為詩人。其言沉痛，不知何人也。嘉慶二十三年，海寧蔣楷始焉之重刊。《竹垞文類》刻於康熙十六年，尚題布衣朱彝尊，為詩十四卷、文十二卷。《竹垞文類》二十五卷本，大約刻於二十三年，削去總目及布衣一行，並削去二十六卷一卷。中有《弔李陵文》，或以此為諱也。《騰笑集》詩八卷，以續《文類》。駢文二卷，未行。馮登府與彝尊五世孫墨林從《曝書亭類稿》、《石樓漫與》二集手錄本，更於斷紙零墨中共相收拾，參以《文類》、《騰笑》，得古今體詩約四百首，分為五卷，附詞一卷、文二卷，刻於嘉陵二十二年。採之似猶未盡，後一年南車始重刻，故不及見。翁之潤有《曝書亭詞拾遺》三卷，從彝尊手稿錄其為集中所無者，刻於光緒二十□年。之潤為同龢孫，紈綺而以好事取名，足徵文敝。為之作注者，江浩然《曝書亭詩錄箋注》十二卷，刻於乾隆二十七年。曰錄者，猶之撰本也。孫銀

槎《曝書亭詩集箋注》二十三卷，成於嘉慶五年。兩注皆略於注事。孫注並將屈五字樣剗去，以友人二字代翁山。其時文禁已疏，不知何故多此顧忌。楊謙《曝書亭集詩注》二十二卷，成書最後，較為詳瞻。然涉及屈五翁山者，並其詩刪之，更孫之不若也。李富孫《曝書亭詞注》七卷，成於嘉慶十九年。富孫，經生，為良年後人，經學詞章具有根柢，故徵引極博，人物考訂尤詳，且能是正彝尊之失，可謂佳籍。王鳴盛《吳詩集覽序》云：「予門人范洪鑄注竹垞詩成，亦稱淹雅，正相與商榷開雕。」又李注言「無名氏《騰笑集注》言卯生人忌食河魨，先生忘其所出」。然則彝尊詩注，尚有不傳者矣。〔註15〕

孝魯《讀曝書亭集綴題三絕》〔註16〕

鴛鴦湖水碧粼粼，浣濯詩腸錦繡新。卻笑噉名魯司寇，謂王貽上。高燒官燭接詞人。

酤韻詩輕兩廡豚，卅年老將霸名存。文章爾雅心和厚，月旦終推顧絳尊。

結客山陰又一時，晚刊騰笑負心期。舊人惟有翁山在，悽絕斜陽嫁與詩。

傅增湘《藏園群書經眼錄》〔註17〕

曝書亭集詩注二十二卷　　楊謙纂

清楊氏木山閣刊本　　有趙氏跋，錄後：

余家舊藏《曝書亭全集》，後得此本，注釋明備，更便下學誦習。上有董浦先生批筆，尤可寶貴。往來南北，遺失二卷，亟倩書手補寫而丹校之，後來人當奉若拱璧也。嘉慶己卯花朝，蓼生翁識於桂林節署之省魯室。」鈐有「趙慎畛印」、「慎畛讀過」、「省譽室」諸印。

按：批點無大意義，細審亦非大宗之跡，當是傳錄也。（余君嘉錫持來屬為審定者。戊辰）

錢鍾書《談藝錄》〔註18〕

覃谿手批《漁洋精華錄・敘州山谷先生舊遊都不及訪》詩評云：「山谷詩

〔註15〕鄧之誠《清詩紀事初編》卷七，上海古籍出版社1965年版，第747～780頁。

〔註16〕《同聲月刊》1942年第2卷第6期。

〔註17〕傅增湘《藏園群書經眼錄》卷十六集部五，中華書局1983年版，第1436頁。

〔註18〕三聯書店2019年版，第269～273頁。

境質實，漁洋則空中之味也。然同時朱竹垞學最博，全以博學入詩，宜其愛山谷。然竹垞最不嗜山谷，而漁洋乃最嗜之，此其故何也。」又云：「漁洋先生與山谷絕不同調，而能知山谷之妙。」皆可為余說佐證。然覈豁疑問，頗贅而無謂。僅就皮相論之，山谷詩擅使事，以古語道今情，正合漁洋所謂「典」；宜其賞音，何不可解之有。

　　……朱竹垞論詩，則沿七子之教，墨守唐音，宗旨與朝代不分；乃至輕心易念，以讀一代之作者。《曝書亭集》中，如《題王又旦過嶺詩集》七古、《夏病足留慧慶寺談藝》七律第二首、《齋中讀書》五古第十一首、《汪司城詩序》、《棟亭詩序》、《荇谿詩集序》、《丁武選詩序》、《王學士西征草序》、《葉李二使君合刻詩草序》、《張趾肇詩序》、《南湖居士詩序》、《鵲華山人詩序》、《胡永叔詩序》、《李上舍瓦缶集序》、《橡村詩序》、《書劍南集後》諸篇，皆力詆宋詩，推尊唐調，尤集矢於山谷、誠齋；雖以嚴滄浪之主盛唐，亦遭排斥。竹垞記誦綜賅，枕作經史，驅遣載籍，自是本色。以滄浪有「別才非書」之說，因譏其空疏不曉事，單可惠芥舟《題國朝六家詩鈔》所謂：「不分滄浪談藝語，知君無奈腹中書。」復誤認宋詩皆空疏不學者之所為，故曰：「開口效楊陸」，而不知放翁書卷甚足，至山谷之穿穴組織，鉤新摘異，更不必言。若祇就取材廣博而論，宋人之視唐人，每有過而無不及也。

　　【補訂】李武曾，竹垞好友也。早年論詩，主張初盛唐，參觀《秋錦山房集》卷二《贈王阮亭》。後來則稱賞宋詩。參觀卷四《題宋人詩後》、卷五《吳孟舉以宋詩選刻見貽奉柬》、《外集》卷二《復沈方鄴》。《秋錦山房外集》卷三《與呂山瀏》云：「宋詩傑出者，其於杜、韓諸家入而能出。後來學唐，只從門外望見，既不知唐，又安知宋。昨聞先生高論，不覺心折。宋人讀書多一語，更為確見。」與竹垞「空疏淺薄、捨學言詩」之譏，適相牴牾。宋牧仲《西陂類稿》卷二十八《跋朱竹垞和論畫絕絕句》謂竹垞：「平日論詩，頗不滿涪翁。今諸什大段學杜，而高老生硬之致，正得涪翁三昧。信大家無所不有。」邵子湘為牧仲客，《青門賸稿》卷三《病起撥悶》第九首：「宋派同時競長雄」，自註：「謂竹垞、孟舉諸君」；遂以昌言排宋詩者列入「宋派」，殆「路上行人口似碑」耶。郭傾伽《靈芬館雜著》三編卷九《書山谷詩鈔後》、《爨餘叢話》卷六皆記乃師姚姬傳論竹垞語，而《樗園銷夏錄》卷下一則最詳：「姬傳先生七律初屬

盛唐，晚年喜稱涪翁。嘗謂麐曰：『竹垞晚年七律頗學山谷，枯瘠無
味，意欲矯新城之習；乃其詩云：吾先無取黃涪翁，此何屬者耶。』」
徐度《卻掃編》卷下記張巨山以柳子厚文學《國語》而作《非國語》，
嘲屬「世俗所謂沒前程者」；信宋、邵、姚之言也，則竹垞之於山谷，
亦「沒前程」之類矣。「吾先無取黃涪翁」、竹垞《題王又旦過嶺詩
集》七古中語。吳程九清鵬《笏菴詩》卷十七《又論曝書亭詩》：「平
生有說皆心折，不喜涪翁未敢隨」；〔註19〕尚是過聽竹垞之「說」，
而未察其亦「頗學山谷」也。

　　清初詩文好為沉博絕麗者，莫如田山薑。山薑明言師山谷之餖飣，美放翁
之取料；【附說十二】識趣雖卑，而視竹垞之論，知見較為親切。且滄浪詩說，
正對西江派之掉書袋、好議論而發。竹垞乃以滄浪與山谷、誠齋等類，本無葛
藤之牽，而同遭瓜蔓之抄，亦悠謬之至矣。竹垞自作詩，早年與七子同聲；特
以腹笥彌富，故語少重複，意匠益細，故詞加妥貼。論詩亦如七子之祖唐祧宋，
然而貌同心異者，風格雖以唐為歸，而取材則不以唐為限，旁搜遠紹，取精用
宏，與二李之不讀唐後書、謝四溟之高談作詩「如煮無米粥」，區以別矣。其
菲薄滄浪，亦猶此志。蓋已近學人之詩，斯所以號「貪多」歟。竹垞《明詩綜》
論前後七子，較牧齋《列朝詩集》為恕。牧齋提倡宋元，而竹垞專尚漢唐，與
七子主張略似，故排擊二李，不似牧齋之峻。然竹垞於前後七子仍不無貶詞者，
則以門戶雖同，而蹊徑廣狹懸殊也。竹垞詩風調俊逸，近何大復，非空同雄傑
之才；而書卷繁富，類王元美，異于鱗墨守之習。故亦如牧齋之袒護何王二家。
竹垞詩學曲折處，較之李天生可見。天生與竹垞友好，作詩亦沿明人風會，專
學盛唐。……

　　清初詩家如天生、竹垞、翁山，手眼多承七子，即亭林、梅村亦無不然。……

錢鍾聯《夢苕庵詩話》〔註20〕

　　清代詩風，浙派為盛，浙派尤以秀水為宗，開其先朱竹垞。沈寐叟稱竹垞
詩能結唐宋分馳之軌。其門人王瑗仲為余言。蓋竹垞學術淹博，並時無匹，發而為

〔註19〕按：吳清鵬《笏菴詩》《笏菴詩》卷十七《又論曝書亭詩》（《續修四庫全書》
　　　　第1514冊，第372頁）：「文恪家聲長水支，竹垞詩法自論之。一從翰苑身歸
　　　　後，三變田園句就時。倘削二千言更好，〔風懷二百韻。〕曾披八萬卷原奇。
　　　　平生有說皆心折，不喜涪翁未敢隨。」
〔註20〕錢鍾聯《夢苕庵詩話》，齊魯書社1986年版，第83～84頁。

詩，響切光堅，華實並茂。七律雄厚處，上掩明七子。晚年忽師山谷，悉力以趨枯寂。自趙秋谷詆其貪多，耳食者乃從而吠聲。近人姚大榮始駁之曰：「趙秋谷《談龍錄》論詩，頗議竹垞貪多，四庫提要甌之。夷考其實，殊不盡然。將謂使事多則隱僻滋累耶？此自博洽者長技，不足以為竹垞病。竹垞文擅名雅潔，惟詩亦然。意以率辭，辭必副意，殊少浮豔塗飾之習。將謂篇什多則榛梏未剪耶？全集存詩一千七百餘首，內如《閒情》三十首僅存八首，《論畫》二十六首僅存十二首之類，具見剪裁。益以裔孫墨林暨馮登府所輯集外稿，約四百首，僅存二千一百有奇。稽其編年，自十七歲始，至八十一歲止。六十五年間，得詩僅此，不可謂多。陸放翁自云：「六十年間萬首詩。」迨後又添四千餘首。竹垞規之，僅得其四分之一。將謂長篇多則閱者易倦耶？綜覈全詩，無論古近體，五十韻以上尚不多得，百韻尤屬希見。全集具在，可覆檢也。然則秋谷所謂貪多者，殆專斥《風懷二百韻》言，舉一以概其全，秋谷所評，未為公允。」姚氏此論至當。頃見陳丈石遺《題竹垞圖五言五十八韻》，亦尊竹垞為一代詩人之冠，此詩為石老近年精心結撰之作，爰錄入詩話。「勝清數學人，終首朱錫鬯。經史既淹通，詩文復跌宕。阮亭與齊名，七言鏗高唱。放筆而雜文，餖飣出醯醬。亭林茂華實，似可頏行抗。詩歌少興趣，學杜得皮相。桐城暨陽湖，駢散合趨向。畢生專一技，兼營恐相妨。姬傳亦選詩，妥帖乏悲壯。此外考據家，多聞兼直諒。注疏邁漢唐，宋元薄通暢。詞章非所務，時或病冗長。伯淵與甓軒，容甫共微尚。治經文具體，駢儷特倜儻。最後巢經巢，樸學空依傍。詩篇追韓孟，章節促引吭。惜不出其鄉，傳作阻迭嶂。所以小長蘆，一代絕輩行。此圖寫曹霸，臨水竹千桁。潞河尚飄泊，歸思寄怏怏。曝書終著書，飲水老無恙。嗟予幼治詩，棹歌輒神迂。絕代金風亭，雅志不自量。馬卿慕相如，陶潛希元亮。十年畢六經，頗識無盡藏。十七為駢文，餽貧索供張。廿二治許書，形義辨諸狀。因知音韻學，千古受欺誑。卅五刊考工，算率核圖樣。周官並戴記，纖悉逮體驗。尚書今古文，平議敢孟浪。經余乃治史，本末紀最當。書局晚隨身，方志修實創。百卷志藝文，解題備相既。舊聞經義考，持較未敢讓。其他千百卷，甘蹈冷癡謗。孝標與敬通，身世更堪況。江湖老載酒，千首付浩蕩。井梧寒蠟炬，堆案几摒擋。功名似馬周，日者橋邊訪。何須差絳灌，淮陰屈將將。晚年亡共悼，亦復子同喪。蕭閒三百韻，約略風懷伉。曲郵比笛漁，垂老失祿養。故鄉有小園，樓閣幾手創。遍植碧琅玕，好山列屏障。試較南北垞，稍覺遜清曠。羯來聿來堂，小種亦張王。獨有已刊書，可載幾車兩。此事意差強，竊比當非

妄。早歲曾倚聲，湖海託惆悵。壯年棄之去，偷減法久忘。欲和百字令，出筆恐太放。狂言殿紙尾，雷塘遙相望。吾友王息存，藏此書畫舫。沈朱各題詞，此道謝宗匠。零落盡山丘，易主定恨恨。亡弓子既得，春雪好繡張。」

潘景鄭《著硯樓讀書記》〔註21〕

葉揆初丈新得群碧樓遺書數種，中有葉東卿舊藏陳伯恭、翁覃溪兩家批本《曝書亭集》，慨假迻錄，行篋未攜斯集，爰從坊肆覓得重刻本，竭旬日之力，手勘一過。陳校詮釋頗精，惜十三卷以下不著一語，當懸未竟之業。翁批殊寥，語亦空泛，東卿跋稱濃筆行書大圈者是也。茲並以墨筆臨兩家校語，而別注「翁批」二字以醒眉目。卷中間有朱筆圈點，不詳出於誰手，一併依臨，庶備省覽焉。庚辰端午前一日。

張舜徽《清人文集別錄》〔註22〕

曝書亭集〔八十卷〕　康熙五十三年原刻本

秀水朱彝尊撰。彝尊字錫鬯，號竹垞。家貧客遊，南踰嶺，北出雲朔，東泛滄海，登之罘，經甌越，所至必橐載《十三經》、《二十一史》以自隨。遇叢祠荒冢，斷碑殘碣之文，莫不搜剔考證，與史傳參校同異。行旅中不廢讀書，略與顧炎武同風。始以詩詞古文噪一時。中年以後，益肆力於經史之學，而造詣該博。康熙十八年，試鴻博，除檢討。時富平李因篤、吳江潘耒、無錫嚴繩孫及彝尊，皆以布衣入選。又預修《明史》，彝尊尤多所建議。是集卷三十二所載《史館上總裁七書》，皆是也。彝尊言修史體例，本乎時宜，不相沿襲，最為能見其大（詳《史館上總裁第一書》）。其論治經，則曰：「自漢迄唐，各以意說，散而無紀，其弊至於背畔，貴有以約之，此宋儒傳注所為作也。今則士守繩尺，無事博稽，至問以箋疏，茫然自失，則貴有以廣之。」（是集卷三十四《五經翼序》）斯又平實之言，足以矯一時之枉。論者或謂當時王士禎工詩，汪琬工文，毛奇齡工考據，獨彝尊兼有眾長。余則以為彝尊之所以大過人者，在其學問功力深厚，不僅非王、汪所能望，即毛氏抑猶遜其篤實。蓋奇齡才勝其學，而彝尊學副其才，斯又兩家之辨也。至於根柢龐固，文辭淵雅，有學而能宣，能文而有本，又遠出並世諸儒之上。是集卷一篇賦，卷二至二十三

〔註21〕潘景鄭《著硯樓讀書記》，遼寧教育出版社 2002 年版，第 532 頁。
〔註22〕張舜徽《清人文集別錄》卷二，華中師範大學出版社 2004 年版，第 51～52頁。

為詩，卷二十四至三十為詞，卷三十至八十為文，而以所作小令、葉兒樂府附焉。彝尊以康熙四十八年卒，年八十一。主持壇坫，垂五十年，填詞家至取與玉田、白石並稱，而論詩者謂足與漁洋媲美。於是續學之名，遂為詩詞所掩。今觀是集卷四十二至五十五題跋之作，辨訂群書，攷證碑版，雖得失互見，而大體多精。要非博涉多通，而識斷通核者，不能為。世徒推其文藻之美，固不足以盡之也。

袁行雲《清人詩集敘錄》〔註23〕

曝書亭詩集二十二卷　康熙五十三年刻本　曝書亭集外詩五卷　道光二年刻本

朱彝尊撰。彝尊字錫鬯，號竹垞，晚號小長蘆釣魚師，浙江秀水人。明大學士朱國祚曾孫。少逢喪亂，棄制舉，與里中王翃、周篔、繆泳、沈進、李繩遠、李良年、李符為詩課，又肆力於古學研究。時貧甚，贅於嘉興馮氏，而自以布衣為尊。順、康間，嘗走東甌粵中。後至京師，訪孫承澤，博識碑版群籍。康熙十八年，與李因篤、嚴繩孫、潘耒均以布衣薦博學鴻詞，李告歸，三布衣授檢討，與纂《明史》。復授日講起居注官。二十三年，以攜僕人內鈔錄四方經進書，被劾降級。二十九年復官。三十一年，又以事被褫南歸。四十八年卒，年八十一。輯著《經義考》三百卷、《日下舊聞》四十二卷、《明詩綜》二百卷、《詞綜》三十卷。詩文初刻曰《南車草》、《竹垞文類》，通籍後為《騰笑集》，晚合前後所作手自刪定，總八十卷，更名《曝書亭集》，潘耒、查慎行序，王士禛、魏禧舊序，曹寅助刻，未竣而朱、曹相繼下世，其孫稻孫續成之。《四庫總目》別集類著錄。詩凡二十二卷，編年順治四年前後所作，大抵不出鄉里，十三年，至廣州，與陳子升、張家珍、屈大均等人交往，猶及見萬泰。十五年還家。遊金陵淮陽，結交布衣老宿甚廣。康熙元年，走海上，之東甌。康熙三年北上，出居庸關，歷雁北晉中，觀覽山川祠廟。凡所經歷，各以所見為詠。康熙六年在京師，與達官酬接，以《朱碧山銀槎歌》作於孫承澤席上頗得名。十八年，舉鴻博，稱臣有頌德詩數卷。晚年題圖、論學之什，頗為質直。是集酬唱贈別之什最夥，康熙間朝野名流事蹟，多可取為印證。而以《贈鄭簠》、《羅浮屈五過訪》、《酬閻若璩》、《沈季友南還詩》、《送林佳機還莆田》、《送王掞視浙江學政》、《逢姜給事埰》，龔鼎孳、曹溶、納蘭性德挽詩，及晚年與洪昇、曹寅詩較為切要。《鴛鴦湖櫂歌一百首》、《論畫和宋中承十二首》、《齋中

〔註23〕袁行雲《清人詩集敘錄》卷九，人民文學出版社 2016 年版，第 292～294 頁。

讀書十二首》，尤見體制之大，覃研之精。《謁大禹陵》、《遠門山》、《越王臺懷古》、《顯皇帝大閱圖為吳金吾國輔賦》、《于忠肅公祠》、《金華道上夢遊天台歌》、《謁劉文成公祠》、《雁門關》、《大孤山》、《玉帶生歌》、《岳忠武王墓》、《御恭園歌》、《尋山石歌》、《謁泰伯廟》，亦可見體大思精。其詩唐宋兼採，無考據填實之弊，蓋於古無所不學，又能自用，故老愈傳也。論者以彝尊比王士禎，謂為南北二大宗。田雯、宋犖不能及也。唯是集刊行已經刪削，見於《竹坨文類》、《騰笑集》有感事諷刺之篇，往往不可見。嘉座間馮登府輯《曝書亭集外詩》五卷、詞一卷，足以附行。詩之注本，乾隆間有江浩然《曝書亭詩錄箋注》十二卷，嘉慶間有孫銀槎《曝書亭詩集箋注》二十三卷、楊謙《曝書亭集詩注》二十二卷。楊注晚出，較為詳贍。沈景修論詩絕句云：「早歲才名動國門，直探星宿溯崑崙。風懷苦受多情累，百韻詩拚兩廉豚。」《蒙廬詩存》。評論甚精。

金開誠　葛兆光《歷代詩文要籍詳解》〔註24〕

朱彝尊集

朱彝尊（1629～1709），字錫鬯，號竹坨，浙江秀水（今嘉興）人，康熙十八年（1679）舉博學鴻詞科，授檢討，預修《明史》，康熙三十一年（1692）歸里。《清史稿》卷四八四有傳。

朱彝尊是一個博學多才的學者兼文學家，經學、史學都有很高的造詣。在文學上，他與王士禎並稱「南朱北王」，《清史稿》本傳說：「當時王士禎工詩，汪琬工文，毛奇齡工考據，獨（朱）彝尊兼有眾長。」不過，朱彝尊的詩文在後世的影響似乎不如他的詞，他的詞學姜夔、張炎，講究聲律字句，崇尚清空高秀的風格。他所選的《詞綜》，突出周邦彥、姜夔、張炎，提倡「雅正」，重視技巧。在他的影響下，具有同一詞學觀點和風格的詞人形成在清朝影響很廣泛的浙西詞派，而朱彝尊則成了浙西詞派的當然領袖及開創人。

現存朱彝尊自編詩文集共四種，即《南車草》、《竹坨文類》、《騰笑集》和《曝書亭集》。《南車草》僅一卷，為順治十三年（1656）至十五年（1658）南遊廣東時的詩作，共一百三十一首，按所作先後編次，故稱《南車草》；詩的內容大體是吟詠山水，抒發志趣，以及應酬贈答。通過此集，可以看到朱彝尊

〔註24〕金開誠、葛兆光《歷代詩文要籍詳解》，北京出版社 1988 年版，第 698～706 頁。

早期詩的風格和他在明清之際的思想折光。這個本子有順治年間原刊本（未見）及嘉慶二十三年（1818）海寧蔣楷重刻本，蔣本末附有朱彝尊《薇堂和章》詩一卷。《竹垞文類》二十六卷，乃康熙十六年（1677）前後朱彝尊自編的一部分類詩文集，共計樂府一卷、古體詩三卷、今體詩九卷、聯句集句一卷、序三卷、記、題名二卷、書一卷·跋、贊、銘二卷、雜文一卷、碑、墓表一卷、墓誌銘一卷、論、傳、祭文、哀詞一卷，這個本子收集了他康熙十六年前所作的大部分詩歌、散文作品，由王士禎、魏禧作序，今有康熙年間初刻本。《騰笑集》八卷，主要是康熙十八年（1679）他五十一歲舉鴻博後到康熙二十五年（1686）的作品，除賦一篇外，全是詩作，全書分賦、古詩二卷、今體詩五卷、聯句、集句一卷。所謂「騰笑」，是借用孔稚珪《北山移文》中「南嶽獻嘲，北隴騰笑，列壑爭譏，攢峰竦誚」典故，表示對自己前期隱居、老反入仕的自嘲。這本詩集的刻印大約在康熙三十年（1691）前後，距其編成已有數年，因此集中又補入了一些康熙二十五年以後的作品。此外，還有少量《竹垞文類》所未收的入仕之前的作品。除了康熙原刻本現仍存北京圖書館、北京大學圖書館、浙江圖書館之外，還有一九七九年上海古籍出版杜所編《清人別集叢刊》中所收的影印原刻本。此外，朱彝尊自編的還有一些零星詞集，如《江湖載酒集》三卷、《蕃錦集》一卷等。

康熙四十八年（1709），即朱彝尊去世時刻成的《曝書亭集》，是朱彝尊自己刪定的全集，共八十卷，分為賦一卷、古今詩二十二卷（編年排列，起順治二年1645，止康熙四十八年1709）、詞七卷（《江湖載酒集》三卷、《靜志居琴趣》一卷、《茶煙閣體物集》二卷、《蕃錦集》一卷）、文五十卷（分書、序、跋、考、論、議、釋，說、策問、頌、贊、箴、銘、傳，記、題名、碑、墓表、墓誌銘、行狀、誄、哀闕、祭文等類），又附錄散曲一卷（《葉兒樂府》）。這是朱彝尊詩文集中最重要的一種，收錄較多，刻工精良，流傳甚廣。但是，必須注意的是：

第一，《曝書亭集》只是朱彝尊晚年手編定本，收錄雖多，但缺遺也甚多。以我們前面提到過的幾個本子來互勘，便可以發現這個問題的嚴重。如《南車草》乃其順治十三年至十五年間南遊廣州時所作詩，共百餘首，但《曝書亭集》卷三卷四編這幾年詩時只錄了七十多首，竟有五六十首缺載，如《組大席上留別丁子王子》（驪駒長路起秋塵）、《毗陵懷古》（黃山舊是蘭陵地）、《汨羅》（遺廟空江在）、《湖口》（翠壁千尋削）等。而《竹垞文類》中的詩文缺載則更多，

僅卷十六、十七序類，便有《燕飛吟序》、《李分虎未邊詞序》（此篇又見《風雨樓秘籍留真》本《朱竹垞手寫曝書亭文稿》）、《送曾處士還寧都序》三篇；再如《騰笑集》，也有一些重要作品為《曝書亭集》所無，如卷五《同郭三徵滿井訪昆公即事》之三、之四，卷一《贈田學使雯》、《題顏習勳克敏寫照》，卷六《和韻贈顧典籍貞觀》等。此外，零散的朱彝尊佚文與詩詞還有不少，如翁方綱《復初齋文集》卷三十二《跋朱竹垞文稿》記朱氏《文稿》手跡一冊，其中跋十二、記一，有一《感蝗賦跋》便不見集中；又《古學彙刊》本《竹垞老人晚年手牘》中載朱彝尊往來手札若干通，也不見於集中。因此《曝書亭集》並不是很全備的。嘉慶二十二年（1817），朱彝尊五世孫朱墨林彙集了《竹垞文類》、《騰笑集》、及今已不存的《家藏稿》、《曝書亭類稿手定本》、《石園集》、《漫興集》等集中為《曝書亭集》所缺載的詩詞文，並從各種書中廣為鉤輯，編為《曝書亭外集》八卷，其中詩五卷、詞一卷、文二卷，刻於朱氏潛采堂。這個本子雖然仍未收輯全備（如《南車草》中的某些佚詩、《竹垞老人晚年手札》中的某些佚札），但也算搜羅較廣，足具補充參考價值了。

第二，《曝書亭集》所收詩二十二卷是編年排列的，但是這個編年次序可能是朱彝尊晚年憑記憶而定的，所以並不完全正確。關於這一點，我們下面談楊謙注本時還要具體說明。

第三，《曝書亭集》雖係朱彝尊晚年自定，但其中文字篇目的訛誤仍然不少，例如卷十三《王翬畫三首》，查《騰笑集》卷四，乃《題王翬夏山圖》二首及《又題高學士江村圖》之二，三首乃兩題，各不相涉，而集中卻混而為一；又如卷十《送趙主事榷關揚州》，據《外集》卷三，原題作《送趙天羽榷關維揚並請刊東山處士遺書》，本二首，《曝書亭集》砍去一首，又砍去半截題目，意思便含混了；又如卷十《為徐徵士題畫》，據《外集》卷四，乃《為喬侍讀題畫》二首之一。這一類問題不少，讀者尤需注意。

《曝書亭集》除有康熙四十八年（1709）原刻本外，還有《四庫金書》本（此本刪去《風懷二百韻》及《靜志居琴趣》)、乾隆間張星寫刊本（未見）、《四部叢刊》影印原刻本、《四部備要》排印本、《國學基本叢書》本等。《曝書亭外集》除嘉慶二十二年（1817）潛采堂原刻本外，還有《攜李叢書》本。

朱彝尊的詩有三家注本，第一個是乾隆二十四年（1759）成書的江浩然《曝書亭詩錄箋注》；第二個是乾隆三十年（1765）之後成書的楊謙《曝書亭集詩注》；第三個是嘉慶四年（1799）成書的孫銀槎《曝書亭集箋注》。

　　江浩然《曝書亭詩錄箋注》十二卷，據沈廷芳序可知在乾隆二十四年已成書，但一直沒有刻印，不久江浩然去世，其子江曛便加以整理，在乾隆二十七年編成定本，乾隆三十年（1765）由惇裕堂精刻問世。這部注本後來未見重刻，現傳只有惇裕堂一種刻本。

　　江浩然《箋注》是下過不少工夫的，有不少注都很貼切，引證也很豐富，而且注得較密，以卷十《題畫送徐檢討釚還吳江二首》為例，第一首：「三高祠下水溟漾，紅蓼花香一笛風。驚起沙鷗定相笑，黑頭未稱作漁翁。」注引了《一統志》、《群芳譜》、杜牧詩、《晉書·諸葛恢傳》，解釋「蘭高祠」、「紅蓼」、「一笛風」、「黑頭」等，這樣全詩便很容易理解了；第二首：「不貪臺閣送行詩，索我尊前折柳詞。合喚菱舟付菱女，更吹漁笛教漁兒。」注引《後漢書·仲長統傳》及李賢注、左克明《古樂府》、《演繁露》、殷文矷詩、陳堯佐詩解釋「臺閣」、「折柳詞」、「菱女」、「漁笛」，都注得很貼切，引證出處也很準確，而且難點也找得很恰當。我們曾用楊謙注和江浩然注互相比較，發現楊注有不少是襲用江注的，有的地方甚至整首整首地照抄，可見江注是有些水平的。但江浩然這部《箋注》也有缺點，一是徵引來源主要是類書，所以往往沒有篇名，只有「某某詩」、「某某文」，而且斬頭去尾，錯誤不少；二是對朱彝尊詩中所涉及的歷史背景、史事人物的注釋較少，只是對字詞典故進行了一些箋注，這樣，讀者仍不能順利地瞭解詩歌的創作環境和詩歌的意旨。而更主要的是江浩然注只選了朱詩的約半數進行箋注，而不是全注，所以大大降低了它的使用價值。

　　楊謙《曝書亭集詩注》二十二卷，卷首有各序、目錄、年譜，正集二十二卷，基本上用《曝書亭集》卷二至卷二十三原本次序，從順治二年（1645）到康熙四十八年（1709）編年排次。它有乾隆年間楊氏本山堂刻本。

　　這是一個質量很高的注本，它的特點有三。第一，楊謙收集了朱彝尊自編的各種集子，包括亡佚已久的《感舊集》等未刊稿本，對《曝書亭集》的詩歌部分進行了大量的補輯和校勘工作。例如卷四《南鎮春遊詞》題下從《竹垞文類》補入被刪的同題詩三首；卷十一《題汪贊善讀書秋樹根圖》題下從《騰笑集》補入原作三首中的第二、三首；同卷《徐公元文小象二首》題下從《集外詩》中補入原刪去的一首；卷十二《贈魏世效》題下從《騰笑集》補入原作第二首；《題喬侍讀小像》題下從《集外詩》補入同題二首等等，都很有價值。此外又如卷十四《雨中酬王先生士正早春見過韻》第二句「忍令丘壑廢京華」

句下注：「《騰笑集》作『但愁無計祝蒼華』。」《團溪歌寄題黃贊善書屋》題下注：「《集外詩》作『送黃贊善歸里』。」卷二十《逢廬州守張純修四首》題下注：「《原稿》：『與張廬州別一十三年矣，甲申九月，忽遇於吳門，尋又會晤於白門，賦五絕句。』」下又錄被刪的第五首，這些校勘補輯都是很有用的。

第二，與江浩然注不同，楊謙注特別注意徵引當代文獻，注出詩的本事和寫作背景，楊注中徵引當時文獻資料之豐富、對詩歌寫作背景材料交代之詳盡都是很驚人的。如卷七《題退谷》一詩，楊謙不僅引《問山集》注了「退谷」，還引了當時同遊退谷的李良年的《退谷題名記》中關於朱彝尊、潘耒、蔡湘、李良年同遊的經過、日期的記載，引了王士禛後來所作的《退谷見朱錫鬯、李武曾、潘次耕、蔡竹濤題名記》作為補充材料；卷五《分水廟酬高大》題下，楊謙不僅引《山東通志》注了「分水龍王廟」、「高大」，還引了《說鈴》注明此詩的由來及寫作背景；卷一《閒情八首》題下，楊謙除了注「閒情」之外，還引《黑蝶齋小牘》注明了《閒情》詩的來源及吳偉業的評價；再如卷六《朱碧山銀槎歌孫少宰席上賦》，朱碧山是元代嘉興著名銀工，他所製銀槎極為精美，楊注引陶宗儀《輟耕錄》注明這一點本來已足夠了，但他還進一步引王士禛《居易錄》、《苑西集》、宋荔裳《銀槎歌》等仔細考證了銀槎的來龍去脈及朱彝尊在孫承澤處看槎賦詩的本末，可謂十分詳密。朱彝尊一生交遊極廣，唱和頗多，而楊謙竟能一一指明其人，並能廣徵當時文獻，詳加說明，的確十分難得。

第三，前面我們說到朱彝尊晚年自編《曝書亭集》，其編年往往有誤，但作為本人自編本人詩，它具有很大的迷惑性，一般人不能大膽懷疑，精心考證，所以往往曲循其誤。而楊謙卻能摘抉其失並提出證據，如卷六《秋日登胥山》，原編於康熙八年（1669），而楊謙則根據朱彝尊本人的《沈武功哀辭》「歲在己酉（康熙八年）冬，予將往濟南，友人沈武功送予落帆亭畔。越兩年（康熙十年）歸里，武功偕予登胥山，賦聯句」這一段記載，提出了疑問，這一質疑是對的。又如卷十一《送益都馮先生集萬柳堂次韻》，原編於康熙二十三年（1684），而楊謙則根據馮氏的年譜斷定編年錯誤，當為康熙二十一年（1682），也是證據確鑿的不易之論。以上三方面，都是楊謙。注的突出優點。

楊謙注的缺點是對字詞典故的注釋不夠精確，凡江浩然有注篇目的字詞箋釋部分，他往往沿襲江注原文（當然也沿襲了江注有錯的地方），而他自己注的那一部分也不很高明，主要是不夠貼切。

　　孫銀槎《曝書亭集箋注》二十三卷，這是最晚出的一個注本，它包括原《曝書亭集》一卷賦和二十二卷詩。據卷首自序末孫銀槎之孫的識語說，孫銀槎注此書下工夫達四十年之久。我們細觀全書，其中有些糾正江、楊二家注錯誤的地方的確很好，補充的一些注也很可取；問題是此書除了賦的部分是新注外，詩的部分並沒有太多的新鮮之處，雖對江、楊二注有所補正，但沿襲多於補正，特別是他把楊注輯補校勘的部分全部刪除，又刪去了楊謙對原編年次序的考證，這就反不如楊注豐富有用了。此書有嘉慶九年（1804）三有堂刻本。

　　最後，我們談談朱彝尊的詞集。朱彝尊是清初一大詞家，又是浙西詞派開山之祖，影響比詩還大。他的詞有四種七卷，又有散曲一卷，均收入《曝書亭集》，但這已是他晚年刪余定本了，而其他刪去的詞作還有不少。如我們前面提到的朱墨林所輯的《曝書亭外集》中，就補輯有一卷詞。但這仍不全。光緒二十二年（1896），翁之潤從楊繼振星風堂所藏的朱彝尊《曝書亭詞手稿》中發現不少佚詞，便將它與《外集》中那一卷佚詞合併，分別對原來各種詞集（《江湖載酒集》、《靜志居琴趣》，《茶煙閣體物集》、《蕃錦集》）進行補遺，刻為《曝書亭詞拾遺》四卷，這是收集佚詞最全的本子；光緒二十九年（1903），時德輝也把楊繼振星鳳堂所藏這部手稿中那四十四首既不見於《曝書亭集》也不見於《曝書亭外集》的佚詞輯出來，刻為《曝書亭刪余詞》一卷，另附手稿本全目和手稿本與《曝書亭集》、《曝書亭外集》互校的校勘記各一卷。我們在研究朱彝尊詞時可以參考上述兩個本子，前者較全，後者則在校勘上價值頗大。前者有光緒二十二年常熟翁氏刊本，後者有光緒二十九年長沙葉氏刊本。

　　朱彝尊的詞有嘉慶十九年（1814）李富孫所撰《曝書亭集詞注》七卷，這七卷即《曝書亭集》中的四種詞集。李富孫的注質量很高，引證繁富而準確，對詞題所涉及的人物，本事也頗能鉤玄索隱，對朱詞所化用前人的詞句也能摘出，很可參考；只是他不注散曲《葉兒樂府》，也沒有輯注佚詞，頗有些美中不足。它有嘉慶十九年校經腹刊本及道光年間刊本。

《中國學術名著提要》〔註25〕

　　曝書亭集詩注　楊謙

　　《曝書亭集詩注》，楊謙撰。有清乾隆間楊氏木山閣原刊本。

〔註25〕《中國學術名著提要》（合訂本）第 5 卷清代編下，復旦大學出版社 2019 年版，第 662～663 頁。（原見陳正宏、章培恒主編《中國學術名著提要·文學卷》，復旦大學出版社 1999 年版，第 314～317 頁）

楊謙，字子讓。生卒年不詳，約乾隆至嘉慶初在世。浙江嘉興人。諸生。為人誠謹，頗具儒生風範。好讀書，尤喜性理之學。除注是書外，尚撰有《梅里志》。

《曝書亭集詩注》，是清初著名詩人及學者朱彝尊（1629～1709）所撰《曝書亭詩集》的一個較為系統的注釋本。據書前楊謙自撰凡例所稱，其幼年的時候，父親就教他讀同鄉前輩朱彝尊寫的《鴛鴦湖棹歌》，並且親自為他講解詩中的典故和意義。但時隔未久，他的父親就去世了。為了使父親的遺教不致失墜，也為了使他本人十分欣賞的家鄉先賢的詩歌為更多的讀者所瞭解，楊謙便對朱彝尊的《曝書亭詩集》進行了認真的注釋。從木山閣本中凡涉及王士禛處均將王氏之名刻作「士正」，而書內又避乾隆帝名諱看，本書的刊刻年代當不會晚於乾隆三十九年（1774），因該年王氏之名被第二次諭改為「士禎」了（參見《清史列傳》王氏本傳）。

楊謙此注共分二十二卷，序次與朱彝尊詩集原來的編排完全一致。前附有楊謙所錄朱彝尊《竹垞文類》、《騰笑集》、《曝書亭集》中王士禛、魏禧、查慎行等人的原序。之後為楊謙撰寫的凡例十七條，從中頗可窺見其注此書的緣起及體例。正集前尚附有陳廷敬所撰朱彝尊的墓誌銘和楊謙所撰的朱彝尊年譜一卷。集中正文大字單行書寫，注文及朱彝尊友人的和作皆小字雙行排列。和作皆附於朱作之後。注文則分題注及句注兩類，題注主要注釋詩歌所涉及的人物、史事及有關用語之出處，句注則側重於詩中典故的考釋，偶而亦有對某個字的音釋。注文後間有楊謙的按語，補注或考釋詩中的有關問題。

朱彝尊的詩素以博贍聞名，其詩根本經、史，少空疏淺陋語。而且朱氏的這部詩集是編年排列的，起自順治二年（1645），終於康熙四十八年（1709），其中遊歷、酬唱、贈別之什為最多，涉及到許多順康間名流的事蹟及佚聞。根據這個特點，楊謙在注釋朱詩時，廣徵博引，除常見之經史傳注外，諸子百家以及稗官小說、山經地志中凡可用作參考的，罔不採錄。共篇題注尤以考證與朱氏交遊的友人生平見長，有些人物不見於正統史傳，通過他所引用的注文，使這些人物的行實轉晦為顯。如卷一《簡陳秀才》，楊謙於題注中先據原題注「光緯」，引《檇李詩繫》述解陳光緯的生平，又由《檇李詩繫》所載陳氏「上巳浮觴，與王處卿聯席，因摘論史漢數則，王遂以女字之。女亦能詩」，進一步徵引《石林文外》，將陳妻王氏「有林下風」一點揭出。這樣再讀朱氏《簡陳秀才》詩原文，所謂「幾日秦嘉去，應留贈婦篇。盤龍明鏡好，雙笑玉臺前」，

其喻指陳氏夫婦感情融洽，又同為灑脫之人之意，便很明顯了。像這樣的釋文，幾乎貫串於整部詩集中，真可謂是一部內容豐富的朱氏友人生平考了。

另外，楊謙在注釋過程中還援引了朱彝尊本人所著的書籍作為參證。如卷一《春晚過放鶴洲》詩之題注，全部徵引《靜志居詩話》中有關「放鶴洲」名稱之由來的記載。又如卷十八《李高士延顯墓下作》之題注，楊謙引朱氏所輯《明詩綜》及朱氏文集中之《高士李君塔銘》，將李延是的生平事蹟全面地反映出來。對於有些地方缺乏下注之資料的，楊謙秉持寧缺而不妄注的原則；對於某些詩篇無法找到他人載籍作為印證，而楊氏確實有所瞭解的，則用他自著的《梅里志》作為注文。如卷十五《送鄭公培入粵》題注全引《梅里志》內的記載，將鄭公培其人行實考證出來。

從文學作品箋注的角度而言，楊謙的注文對朱彝尊的詩頗有發明之處。首先，對朱詩中某些詩的編年作了訂誤。如卷三《和曹使君憶姚州酒歌二首》題注後的按語云：「曹倦圃有《姚州酒歌》三首，先生和歌亦三首。其三云：『往歲姚州酒初至，西陵市上膾黃魚。只今萬里勞相憶，白墮春醪總不如。』此詩似作於客大同之時，編年有誤。」他的這段考釋指出了將原詩編列於順治十五年（1658）為誤。其次，他的注文中還引用了一些名流對朱氏詩歌的評論。如卷一《閒情八首》題注引《黑蝶齋小牘》云：「秀水朱十（彝尊）負異才，吳梅村遊檇李，見其詩，評曰：『若遇賀監，定有謫仙人之目。』嘗效俞羨長古意新聲體賦《閒情詩》三十首，錢唐陸麗京（圻）誦之傾倒，作《望遠曲》思勝之，不敵也。一序尤為計孝廉甫草（東）擊節，辭多不錄。」吳偉業、陸圻、計東皆當時知名詩人，他們對朱詩如此推崇，可見朱詩的確有一種超出俗作的意蘊。又如卷十五《論畫和宋中丞十二首》之篇末注引清初著名詩人宋犖的評說：「先生平日論詩，頗不滿涪翁。今諸什大段學杜，而高老生硬之致，正得涪翁三昧，信大家無所不有。」這段評說將朱彝尊詩不主故常的特徵揭示了出來。

在楊謙注此書之前，已有江浩然《曝書亭詩錄箋注》十二卷，其中的有些注已被楊謙所採用，但這些注文楊謙都未能予以標明，雖其自稱江氏之書已行於世，故未予列名。但從注釋引用他作所應持的不掠美的原則來看，他的此種做法，未免失當。

但總的來看，本書考據詳明，評說得體，確為朱彝尊詩的一部較好的注本。

（眭駿）

《中國詩學大辭典》〔註26〕

〔**曝書亭詩錄箋注**〕 清詩別集注本。十二卷。清朱彝尊撰，江浩然箋注。浩然（1690～1750）字萬原，號孟亭，浙江嘉興人。諸生，棄舉業，客幕府多年，喜讀朱彝尊詩，故作此注。朱詩，特別是朱氏晚年作品喜用典故，江氏主要注釋典事，所注引證豐富，大多也較貼切，有助於讀者理解朱詩。然而其引證多來於類書，因之所注往往沒有篇名，只有「某某詩」、「某某文」，斬頭去尾，錯誤不少。另外只注字詞典故，不注朱詩所涉及的時事與寫作背景，不利於深入理解朱詩。此編完稿於乾隆十四年（1794），未刊。不久浩然去世，其子江堉又加整理，乾隆二十七年（1762）編成定本，乾隆三十年由惇裕堂精刊問世。

（王學泰）

〔**曝書亭集詩注**〕 清詩別集注本。二十二卷。清朱彝尊撰，楊謙注。謙字吉人，或作炳南，號筠谷，嘉定（今屬上海）人。人貲為州同，工書畫，善岐黃之術，究心詩文，約生活於清乾隆間。此書編成於乾隆三十年（1765）。書中收錄了朱彝尊所編各集之詩，並包括為朱氏所遺、但保存在《感舊集》（當時尚為寫本）等書中的朱詩，以補《曝書亭集》之不足，編為集外詩二卷。故其所錄之詩較彝尊自編之《曝書亭集》完善。另外朱氏之集編於晚年，或因暮年記憶有失，或因政治原因，其編年亦有舛誤。楊氏結合朱氏其他作品一一加以糾正，並對詩句正文，據其他刊本作了校勘，從這些文字變化中可見作者思想脈絡之變化。楊注除了因襲江浩然所注字詞用典之外，特別重視對詩歌寫作背景的注釋，在注文中廣泛徵引當時各種文獻，有助於闡發詩旨。朱氏一生經歷複雜，交遊極廣，與之往來唱和者極多，有時指名道姓，有時僅舉其官職別號，楊氏竟能一一指明其人，並能廣徵文獻，詳加說明，給讀者帶來極大的方便。書後附朱氏年譜一卷。楊注之不足是在箋釋字詞典故方面缺少創造性，而且多謬誤。另外此編之出版正逢清代文字獄高峰期間，故將詩集中凡涉及到屈大均之名與詩者，盡行刪去。此注是朱集注本中較好的一個。有清乾隆間本山閣刊本。

（王學泰）

〔註26〕傅璇琮、許逸民等主編《中國詩學大辭典》，浙江教育出版社 1999 年版，第1422 頁。

〔朱竹垞先生年譜〕 年譜。清楊謙編。南開大學圖書館藏有《曝書亭集詩注》本，乃木石居石印本。別有《曝書亭詩集》本、《曝書亭詩集殘存》附本。著者楊謙，秀水人，與譜主同里。譜主朱彝尊，字錫鬯，號竹垞，晚號小長蘆釣魚師，又號金風亭長。浙江秀水人，移居嘉興。康熙十八年（1679）應博學鴻詞科考試，授翰林院檢討，充明史纂修官。後以事罷職，從事著述。譜主著述閎富，為清初著名詩人和學者。此譜對研究譜主生平及其詩詞創作有參考價值。

（董文成）

柯愈春《清人詩文集總目提要》卷八 〔註27〕

曝書亭集八十卷

朱彝尊撰。彝尊生於崇禎二年（1629），卒於康熙四十八年（1709）。字錫鬯，號竹垞，晚號小長蘆釣魚師，又號金鳳亭長，浙江秀水人。康熙十八年舉博學鴻詞，授翰林院檢討。彝尊先於順治十四年刻其詩，名《南車草》，僅一卷，內多後出本集未見之詩。原刻不易見，中國國家圖書館藏鈔本一冊。黃裳藏嘉慶二十三年海寧蔣楷重刻本。《竹垞文類》刻於康熙十六年，為詩十四卷、文十二卷，亦有《曝書亭集》所未錄者，中國國家圖書館藏。《竹垞文類》二十五卷本，刻於康熙二十三年，其中削去第二十六卷。《騰笑集》八卷，以續文類，自刻於康熙二十五年，收康熙十八年入仕後所作，中國國家圖書館藏原刻木，有馮登府、傅增湘跋。近年據以影印。晚年手定《曝書亭集》八十卷，收順治二年迄康熙四十八年所作詩文，凡賦一卷、詩二十二卷、詞七卷、文五十卷，文多考據之作，康熙五十三年朱稻孫刻，中山大學圖書館藏。臺北故宮博物院藏乾隆間寫文淵閣四庫全書本，又藏光緒十五年會稽陶氏寒梅館刊本。現存其手稿數種：《曝書亭類稿》不分卷，北京大學圖書館藏馮登府等跋稿本；《朱竹垞文稿》不分卷，上海圖書館藏魏家驊、王大隆跋稿本；《朱竹垞文稿》一卷，寧波天一閣藏清葉封評、張廷濟等跋稿本；《朱竹垞先生草稿》不分卷，北京大學圖書館藏稿本。今存其集鈔木五種：《曝書亭摘鈔》不分卷，康熙間鈔本，徐釚跋，中國圖書館藏；《焦螟集》八卷，康熙間鈔本，宋犖跋，山東省博物藏；《曝書亭詩錄》十二卷，清鈔本，廣東中山圖書館藏；《曝書亭詩櫛》三卷，清錢玨輯，嘉慶元年錢廷燭鈔本，錢廷燭跋，嘉興圖書館藏；《竹垞詩

〔註27〕北京古籍出版社 2001 年版，第 204～205 頁。

選》不分卷，清趙怡鈔本，一冊，四川省圖書館藏。其集選本數種：《竹垞詩鈔》一卷，劉執玉選，輯入《國朝六家詩鈔》，乾隆間貽燕樓刻，南京圖書館藏；《竹垞古今體詩》七卷，李稻塍等選，輯入《梅會詩選》，清寸碧山堂刻，南京圖書館藏；《朱竹垞文粹》六卷，日本村瀨誨輔編，日本天保五年（道光十四年）浪華書林岡田群玉堂刻，中國國家圖書館、日本神戶大學附屬圖書館藏。其集外詩文遺佚甚多。楊謙輯補其遺詩二卷、駢文二卷，未刊。馮登府與彝尊五世孫墨林，據《曝書亭煩稿》、《石樓漫興》稿本及斷紙零墨，對比參稽，得《曝書亭集外詩》五卷、《文》二卷，刻於嘉慶二十年。道光二年五世孫墨林，從家藏手稿及其他選集中，輯其正集未收詩文，刻為《曝書亭集外稿》八卷，凡詩五卷、詞二卷、文一卷，中國國家圖書館藏。光緒中嘉善孫福清又將此稿刻入《橋李遺書》。為其詩作注者凡四家。江浩然有《曝書亭詩錄箋注》十二卷，乾隆二十四年惇裕堂初刻，湖南省圖書館藏。孫銀槎《曝書亭詩集箋注》二十三卷，嘉慶九年三有堂刻，中國國家圖書館藏。楊謙《曝書亭詩注》二十二卷，安徽大學圖書館藏乾隆間木山閣刻本，中國科學院圖書館藏嘉慶十九年刻本。又有范洪鑄《曝書亭詩集注》十一卷，復旦大學圖書館、中山大學圖書館藏稿本。王鳴盛《吳詩集覽序》云：「予門人范洪鑄注竹垞詩成，相與商榷開雕。」今未見此刻本傳世，疑范氏注本付梓未果。康熙四十五年彝尊年已七十年有八，憶往事而成《風懷詩》，記述早年與一女子戀情事。楊謙注此詩後、時人皆目為「盜小姨」之作。山陰俞國琛專為此詩辯誣，作《風懷鏡》，實即《風懷詩》注，不分卷，而以齊、意、心、耦四字編次，嘉慶二十二年刻，中國國家圖書館藏。該館又藏《風懷詩補注》一卷，清鈔本。王士禎為撰《竹垞文類序》，綜評其詩文云：「錫鬯之文紆餘澄澹，蛻出風露，於辯證尤精；詩則拾筏登岸、務尋古人不傳之意於文句之外。」

《中國古代詩文名著提要》〔註28〕

曝書亭集八十卷　（清）朱彝尊撰

朱彝尊（1629～1709），字錫鬯，號竹垞，又號醧舫，行十，晚號小長蘆釣魚師，又號金風亭長。先世江蘇吳江人，明景泰間遷於浙江秀水（今嘉興）。少逢喪亂，棄制舉，與王翊、沈進、李繩遠、李良年等為詩課，又肆力於古學。

〔註28〕傅璇琮總主編《中國古代詩文名著提要》（明清卷），河北教育出版社 2009 年版，第 272～273 頁。

早年曾作客山陰祁班孫、理孫家，與魏耕輩共圖復明，幾禍及。事解，南遊廣東，北上河北、山西，結交布衣老宿甚廣，與顧炎武、魏禧、屈大均、陳恭尹等遺民遊。康熙十八年（1679）舉博學鴻詞，以布衣授翰林院檢討，入直南書房。曾充《明史》纂修，日講起居注，典江南鄉試。三十一年歸里，專事著述。生平事蹟見《清史稿》卷四八四，《清史列傳》卷七一，《國朝先正事略》，朱桂孫、稻孫《竹垞府君行述》及楊謙《朱竹垞先生年譜》等。著作另有《日下舊聞》、《經義考》等，編有《明詩綜》、《詞綜》。詩有楊謙、江浩然、孫銀槎及范洪鑄注本，詞有李富孫注本。

朱彝尊作文、考據均擅長。其文以雅潔勝，不先立格，唯取達意，顧炎武謂出侯方域、王猷定上。王士禎謂其紆餘澄淡，蛻出風露。詩歌工整雅健，為浙派詩開山祖，宗唐而求變，晚喜為拗體。與當時王士禎南北齊名，有「南朱北王」之稱，楊際昌《國朝詩話》謂「王專擅風神，朱兼驅才藻」。趙執信《談龍錄》謂「王之才高，而學足以副之；朱之學博，而才足以運之」，但又有「王愛好，朱貪多」之譏。洪亮吉惜其不能鎔鑄唐宋自成一家。沈曾植則推其能結唐宋分馳之軌。詞宗姜夔、張炎，風格清麗，清峭而好用僻典；論詞重「醇雅」，講究寄託，為浙派詞創始者。陳廷焯《白雨齋詞話》評其「疏中有密，獨出冠時，微少沉厚之氣……託體未為大雅」，「文過於質」。況周頤推為清代詞人之冠。

《曝書亭集》八十卷，為作者晚年手定，收順治二年迄康熙四十八年（1645～1709）所作。凡賦一卷、編年詩二十二卷、詞七卷、文五十卷，文多考據之作，附錄散曲一卷。前有潘耒、查慎行序，又錄王士禎、魏禧、查慎行、曹爾堪、葉舒崇、柯維楨舊序。其子昆田《笛漁小稿》附刻以傳。由著者自編，始刻於康熙四十八年，曹寅捐資倡助，未竣工而朱、曹相繼去世，其孫朱稻孫乞諸親故，於五十三年續成之，乾隆時收入《四庫全書》。乾隆間另有張星寫刊本。民國八年（1919）商務印書館據原刻本影印，收入《四部叢刊》。民國二十五年中華書局又據原刻本排印，收入《四部備要》。此外又有商務印書館排印《國學基本叢書》本。又《曝書亭集外稿》八卷，凡詩五卷、詞一卷、文二卷，馮登府、朱墨林輯，輯其正集未收詩文。有嘉慶二十二年（1817）潛采堂刊本及道光二年（1822）刊本，光緒四年（1878）孫福清又輯刊入《檇李遺書》。為朱氏詩集作注者有：嘉興楊謙撰《曝書亭詩注》二十二卷，年譜一卷，注釋最為詳贍。有乾隆間木山閣刊本，然畏禍刪有關屈大均之作。嘉興江浩然撰《曝書亭詩錄箋注》十二卷，有乾隆二十四年（1759）刊本。孫銀槎撰《曝書亭集

箋注》二十二卷，有嘉慶五年三有堂刊本，兼注賦。又有范洪鑄《曝書亭詩集注》十一卷，見王鳴盛《吳詩集覽序》云：「予門人范洪鑄注竹垞詩成，相與商榷開雕。」今未見刻本傳世。另其集在編為《曝書亭集》之前，康熙間刊有《竹垞文類》二十六卷，凡詩十四卷、文十二卷；《騰笑集》八卷，以續文類，收康熙十八年入仕後所作。（馬亞中　楊年豐）

沈津《美國哈佛大學哈佛燕京圖書館藏中文善本書志》〔註29〕

2348　清乾隆惇裕堂刻本曝書亭詩錄

《曝書亭詩錄》十二卷，清朱彝尊撰，清江浩然箋注。清乾隆惇裕堂刻本。六冊。半頁十一行二十一字，四周單邊，白口，單魚尾，書口下有「惇裕堂」。框高 17.7 釐米，寬 14 釐米。題「嘉興江浩然孟亭箋注；男壎聲先校」。前有乾隆十四年（1759）沈廷芳序，乾隆三十年（1765）翁方綱序，王士正（禛）序，魏禧序，查慎行序；《凡例》六則；乾隆二十七年（1762）江壎著。

朱彝尊，字錫鬯，號竹垞，浙江秀水人。康熙十八年，以布衣舉博學鴻詞科，授檢討。參與修纂《明史》。藏書八萬卷，室號曝書亭。學問博洽，精於考證金石，長於古文詩洞。詩與王士禛齊名，時稱「南朱北王」。詞宗姜夔、張炎，為浙西詞派創始者。

《曝書亭集》，為彝尊晚年手自定本。江浩然，字孟亭，與竹垞同里，性耽吟詠。此本為江氏箋注，據《凡例》云：「竹垞太史天資高邁，集中驅使典故，未易窺測。同邑前輩沈菜畦、周文石諸先生並有注本。先君子旅食歲久，未得優游鄉井，互相商榷，客笥所攜書籍無多，就所見聞，日增月輯，要期觀玩自得，非敢誇多鬥靡。」

沈廷芳序云：「獨竹垞先生詩集無聞，承學之士手一編而不解其義，往往病之。嘉興江君孟亭強記博聞，讀書務根柢，以先生鄉後進酷嗜《曝書亭集》，乃錄先生之詩，一一箋疏而發明之。旁搜舊聞，博徵載籍，厥功可謂偉矣……君喆嗣聲先謀付剞劂，敢拜手而為之序。」

翁方綱序云：「去年冬，余按試高州，嘉興江子聲先抱其尊甫孟亭所注《曝書詩錄》若干卷來謁，乞一言為之引。且曰：先子於詩酷嗜竹垞，所用故實，必爬櫛搜剔以求必得，使讀是詩者，如繙經義之考，而檢曝書之目也。」

〔註29〕沈津主編《美國哈佛大學哈佛燕京圖書館藏中文善本書志》（集部），廣西師範大學出版社 2011 年版，第 1758～1759 頁。

此本有扉頁，刊「曝書亭詩錄箋注。惇裕堂藏板」。

《四庫全書總目》未收。《中國古籍善本書目》著錄，湖北省圖書館、北京大學圖書館等六館，又日本東洋文庫、京都大學人文科學研究所、京都大學附屬圖書館、大阪府立圖書館也有入藏。

鈐印有「秋堂」、「錢氏秋堂」。

2349 清刻本曝書亭集詩注

《曝書亭集詩注》二十二卷，清朱彝尊撰，楊謙注。《朱竹垞先生年譜》一卷，清楊謙撰。清楊謙刻本。八冊。半頁十一行二十三字，左右雙邊，白口，單魚尾。框高 17.7 釐米，寬 13.1 釐米。題「嘉興李集參」。前有王士禎序，魏禧序，康熙二十一年（1682）高佑釲序，顏鼎受序（以上為《竹垞文類》舊序），查慎行序（《騰笑集》舊序），康熙四十七年（1708）潘耒序，康熙五十三年（1714）查慎行序；楊謙撰《凡例》十六則。

卷一詩一百二十二首，卷二一百一首，卷三七十七首，卷四八十一首，卷五一百二十八首，卷六五十八首，在七七十六首，卷八一百二十九首，每九八十一首，卷一〇八十一首，卷一一七十首，卷一二六十九首，卷一三九十一首，卷一四七十六首，卷一五七十八首，卷一六五十五首，卷一七六十九首，卷一八四十八首，卷一九八十五首，卷二〇九十一首，卷二一四十首，卷二二三十六首。卷二三至二四為《補遺》，但未刊。

按：《曝書亭集》八十卷，為朱彝尊歸梅會里後，合前後所作，手自刪定者。刻始於康熙四十八年秋，為曹荔軒（寅）捐貲倡助，然工未竣，彝尊及曹相繼下世。其孫遍走南北，乞諸親故續成，刻成於康熙五十三年。

此詩注乃在江浩然《曝書亭詩錄箋注》之後。《箋注》僅選三之一，此本二十二卷，序次仍照原集之刻。楊謙與彝尊同里，曾纂有《梅里志》，家貧無書，故注此本用書，皆從友朋處借閱，旋借旋還。其《凡例》後云：「先生有四六手稿二帙，向未授梓，余亦稍加注釋。又先生子昆田《笛漁小稿注》尚未卒業，統俟續梓。」可證此本乃楊謙所刻。

《年譜》者，亦謙所撰。《凡例》云：「先生遊蹟遍天下，著述充棟，遭逢盛世，歷官翰苑，優游林下垂二十年，平生事實甚多。乃詳考其家乘、行述及（靜志居詩話），與文集中之有歲月稽查者，創為《年譜》一卷。」另有陳廷敬撰墓誌銘。

此本有扉頁，刊「曝書亭集詩注。木山閣藏板」。黃紙，有顧仲敬繪、楊遇孴《竹垞先生像》並龔翔麟像贊：「五經紛綸抽腹笥，布韈麻鞵見天子。歸來著書以沒齒，千秋之名在青史。」

《四庫全書總目》未收。《中國古籍善本書目》只收名家學者批校本，版本作「清楊氏木山閣刊本」。

鈐印有「曾印觀文」、「東海釣客」、「好古人不俗」。

館藏有複本一部，八冊，白紙，較此本後印，並像贊板損。

附錄三：《風懷詩》補注三種 [註1]

目次

馮登府《風懷詩補注》 [註2]

竹垞太史天分既高，學力倍至。《暴書亭集》駆使故實極富，真無一字無來歷者。余從其五世孫寄園借得自定全槀，刪易最黟。原稿分體後乃編年，而獨無《風懷》一首，不知何時編入也。香奩之作，前人多有之。楊《注》必欲按其時事，妄為附會，大非空中傳恨之意。後生小子遂據為詩案，致全德之累，皆楊《注》之啟其端也。其注滲漏謬訛，不可縷數。暇日偶以《風懷》一首校之，已大堪嗢噱，漫錄於左。

樂府傳西曲。楊《注》：「見《閒情》。」檢彼注，第引《青驄白馬歌》「問君可憐六萌車，迎娶窈窕西曲娘」為證。「青驄」上加「樂府」二字遂了此案矣。案《漢書》：

〔註1〕按：孫銀槎《曝書亭集箋注》之《風懷》注、俞國琛《風懷鏡》一卷、冒廣生《風懷詩案》一卷尚未得見，俟訪。

〔註2〕國圖藏抄本。詩題下題「小樗李亭長緝補」。

−977−

「孝惠六年，令樂府備簫管，始有樂府之名。」《古今樂錄》宋樂府有《西曲歌》三十四曲，梁天監中改西曲為《江南弄七曲》；又曰梁內人王金珠善歌吳聲西曲。

降日葉蛇祥。失引《後漢書·竇武何進傳·贊》「武生蛇祥，進自屠羊」。

弱絮吟偏敏。失引吳融《箇人》詩「柳絮聯章敏，椒花屬思清」。

蠻箋擘最強。楊但引陸游詩，不詳所出。案《南史·陳後主紀》：「後主荒於酒，令張貴嬪、孔貴人等八人夾座，江總、孔範等十人預宴，號狎客，先令八婦人擘彩箋製五言詩，狎客一時繼和，遲罰酒。」韓詩〔註3〕：「十樣蠻箋出益州。」

里是碧雞坊。楊《注》忽引《嘉禾志》碧漪坊以實其事。碧漪非碧雞也。杜詩：「時出碧雞坊。」唐詩小傳：薛濤晚歲居碧雞坊，創吟詩樓，偃息其上。詩正用薛濤事也。

推蓬倚峭檣。無注。案王粲《從軍行》：「拊衿倚舟檣。」岑安卿有《推蓬圖》詩。沈愚詩：「風雨夜推蓬。」

峨眉新出繭。楊《注》但引陸龜蒙「雙蛾初出繭」。不知本於何遜「聊為出繭眉，試染夭桃色」也。又妄引先生《清平樂》詞，無謂之至。

歡悰翻震盪。失注。宋玉《九辨》「心怵惕而震盪」，曹植《洛神賦》「余情悅其淑美兮，心振盪而不怡」。振、震字通。何遜詩：「歡悰苦未並。」

密坐益彷徨。楊《注》但引白居易詩「密坐隨歡促」，誤作「歡娛促密坐」。二字本傅毅《舞賦序》「鄭衛之樂，所以娛密坐，接歡娛也」。又見班昭《欹器頌》。杜詩「坐從歌妓密」是也。「彷徨」二字，先見《鹽鐵論》「西子彷徨而無家」。《集韻》：「彷亦作徬。」

板屋叢叢樹。失引《詩》「在其板屋」。

溪田稜稜薑。失引陸龜蒙詩「我本曾無一稜田，平生笑傲空漁船」；蘇詩「忿傾白密收五稜」，自注：「稜，去聲。」韋應物詩「薑蔗傍湖田」。先生《百字令》詞「薑蔗湖田」本此。

垂簾遮雁戶。失注。《南史》：「晝日乘簾。」《唐書》：「編民有戶。」注：「謂流民也。」此疑作「燕」。

下榻礙蜂房。失注。王勃文。又，《淮南子》：「蜂房不容鵠卵。」

疧鬼同時逐。失注。「逐」字，昌黎有《遣瘧鬼》詩、孫樵有《逐疧鬼》文。此先生「逐」字之本。

祅神各自禳。柳宗元詩：「妖從盛德禳。」

〔註3〕按：出（宋）韓溥《以蜀箋寄弟洎》，非韓愈詩。

亂離無樂土。失引《毛詩》。

漂轉又橫塘。失引元好問「飄轉如斷梗」。

虛牖李當當。失注。「虛牖」，竇皋《述書賦》：「罷琴間堂，散帙虛牖。」

鴉頭韈淺幫。謂見《香奩》。彼《注》但引李白詩「不著鴉頭襪」。案姜夔詞「籠鞋淺出鴉頭韈」，正先生所本。《廣韻》：「幫衣，治鞋履，出《文字集略》。博旁切。」《集韻》：「幫，治履邊也。」

倦猶停午睡。不注所出，妄以先生午睡詞實之，尤謬。楊萬里詩：「懶困風光酬午睡。」《娛書堂詩話》：「東坡謂晨炊為澆書，李黃門謂午睡為攤飯。」

雨濕秋韆索。「索」字無注。蘇詩「鞦韆索掛人何所」，韓偓詩「獨立俯間階，風動秋韆索」。

泥融硞磚場。此詩後云「珍亭溢看場」，兩葉義同，似復，疑「傍」字之悮。楊《注》卻引范石湖「移柳門西硞磚傍」，未及糾正耳。杜詩：「泥融飛燕子。」

冑絕捎蠛蠓。楊但引《爾雅疏》「余不及」注。何遜詩「蠛蠓窗間亂」，《列子》「蠛蠓生朽壤之上，因雨而生，睹陽而死」，李商隱詩「冑樹斷絲悲舞席」，溫歧詩「蟲絲冑畫梁」，張耒詩「塵壁冑絲蟲」。

側徑縮沙薦。楊《注》：「側往，未詳。」謝靈運詩：「側徑既窈窕。」

微行避麥糵。失注。《詩》：「遵彼微行。」《易林》：「夏麥麩糵，霜擊其芒。」按：《廣韻》下平十陽、十一唐無糵。糵字，上〔註4〕三十八梗。糵同糵。《集韻》：「糵，胡光切。」

挑菜每登盱。失注。「挑菜」，《歲時記》「人日挑七種菜作羹」，《世說》「范宣八歲，後園挑菜」，鄭谷詩「和暖又逢挑菜日」。

結侶竄茅篁。失注。「結侶」，王褒文「於是相與結侶，攜手俱遊」。

機仍織女襄。韓愈詩「騰女〔註5〕身跨汗漫，不著織女襄」正用此。

疏櫺安鏡檻。尚有「風簾送雨入疏櫺」，見張耒詩。「高會臨疏櫺」，見孔欣詩。

路豈三橋阻。李商隱詩「便是隔三橋」，朱鶴齡注：「三橋，三渭橋也。」《九歌》：「媒絕路阻，予言不可結而詒。」

弓弓點聽屧。引毛熙震詞，誤脫「熙」字，詞誤作詩。黃庭堅詞：「隱隱似朝雲，行雨弓弓，羅襪生塵。」

〔註4〕按：又見朱育泉《風懷詩補注》，此處有「聲」字。

〔註5〕「女」字衍，出韓愈《調張籍》。

　　了了見縫裳。楊單引韓詩，不知本李白詩「了了玉臺前」，又「桃波一步地，了了語聲聞」。

　　芸帙恒留篋。失注。「留篋」，許彬《送李處士》詩：「得道書留篋。」

　　蘭膏慣射芒。失注。「蘭膏」，宋玉《招魂》：「蘭膏明燭」，《注》：「以蘭香燒煉膏也。」

　　長筵分潑散。但引韋應物「田婦有佳獻，潑散新歲除」。不知潑散何義。案《堅瓠集》：「淮人歲暮，家人宴集，曰潑散。」張協賦：「羅尊列爵，周以長筵。」曹植《名都篇》：「列坐竟長筵。」

　　復帳捉迷藏。吳筠《秦王卷衣篇》「初芳薰復帳」，元稹詩「憶得雙文朧月下，小樓前後捉迷藏」。

　　洧盤潛浴宓。《注》但引《離騷》，不詳洧盤所自出。《楚詞注》：「《禹大傳》曰：『洧盤之水出崦嵫之山西。』言宓妃好精潔，朝沐洧盤之水也。」

　　樊樓又一厢。《注》但引劉子翬詩，不知樊樓何出。《宋稗類抄》：「京師東華門外景明坊有酒樓，人謂之樊樓，或以為樓主之姓，或云商賈鬻攀於此，故名。」

　　漸於牙尺近。《注》引盧延遜詩，誤脫「遜」字。又白居易《中和節賜牙尺狀》：「紅牙為尺，白金為寸。」

　　當窗綳袂揚。無注。《古詩》：「皎皎當窗牖。」徐積詩：「東南善舞有吳姬，紅襦繡袂無所施。」

　　何苦太周防。《注》但引杜牧詩，不知二字出《春秋序》：「聖人包周身之防。」《通鑑》：「周防防之。」周，密也。杜甫詩：「周防期稍稍」，又曰：「雅節慎周防。」

　　桭觸釵先溜。江南李氏宮中詩〔註6〕：「江錦地衣隨步皺。佳人舞徹金釵溜。」

　　簷昏燭未牂。牂即將。《字林》作「搿」。前葉凡將，此義異，古今字可兩用也。

　　莫綰同心結。但引庾信詩，尚有數事為補之。晉時歌：「拾得娘裙帶，同心結兩頭。」江總詩：「未眠解著同心結，欲醉那堪連舉杯。」梁武帝詩：「腰間雙綺帶，夢為同心結。」隋文帝崩，太子賜陳夫人金盒，中有同心結數枚，遂蒸焉。鄭文妻孫氏《秦樓月》詞：「閒將柳帶，試結同心。」蘇小小歌：「何處結同心。」皆足證也。

　　青綾催製被。《通典》：「尚書郎入直，供青綾被，給女侍史二人，執香爐，護衣服。」楊引《漢書》，誤。又脫去「郎」字，刪去「給女」十二字。

〔註6〕按：出李煜《浣溪沙》（紅日已高三丈透）。

綵幡搖婀娜。《注》但引方岳詩以證綵幡，不知此用《古詩》「卿可古〔註7〕成婚，交語速裝束。絡繹如浮雲，青雀白鵠舫，四角龍子幡，婀娜隨風轉」詩意也。

漆管韻清鏘。「漆管」失注。梁元帝文：「春宮漆管，曲降深恩。」

斑雛駕陸郎。此本《陳書·後主紀》「陳孔驕赭白，陸郎乘斑雛」。陳、孔謂陳喧、孔範；陸，陸瑜也。皆後主狎客。注但引《樂府·明下童曲》，數典忘祖矣。

徒然隨畫艦。楊以《嫁女詞》、《詠牛女》等詩附會，尤可笑。

不分上華堂。無注。於廣詩：「吾聞桑下女，不識華堂陰。」嵇康詩：「華堂曲宴，密交近賓。」

枇杷攢瑣瑣。「瑣瑣」失注。《詩》：「瑣瑣姻婭。」杜牧詩：「玉訶聲瑣瑣。」夏侯諶詩：「視微榮之瑣瑣兮。」

綠漲遠汪汪。《注》但引浩虛舟《盆池賦》，不知「汪汪若千頃之陂」本《後漢書·黃憲傳》也。劉宰詩：「試乘綠漲三篙水。」孫覿詩：「綠漲葡萄萬斛醅。」

尋幽雖約伴。無注。薛氏《蘇臺竹枝詞》：「約伴燒香寺中去，自將釵釧施山僧。」李商隱詩：「尋幽〔註8〕殊未極。」李白詩：「尋幽無前期。」

心憐明豔絕。引徐凝詩，誤作疑。顏延之《秋胡詩》：「明豔奪朝日。」

茵鋪白篾簾。《注》引《方言》，而「白篾」未注。按《晉書·五行志》：「元康中為車乘者，苟貴輕細，皆以白篾為純。」

甘蕉翻舊譜。「譜」字未注。僧贊寧有《筍譜》。

闌邊拭淚妝。《注》引《漢書》「啼妝」以證，不知淚妝亦有所本。《開元天寶遺事》：「妃嬪施素粉於兩頰，號淚妝。」

計程沖瘴癘。失注。白居易詩：「計程今日到梁州。」《任昉傳》：「流離大海之南，寄命瘴癘之地。」

回首限城隍。《封禪文》：「回首內向。」《魏都賦》：「繕其城隍。」杜詩：「壽酒樂城隍。」

紅豆憑誰寄。二句無注。《資暇錄》：「紅豆一名相思子。」唐人詩：「憑誰紅豆寄相思。」謝玄〔註9〕暉詩：「問以瑤華音。」湯惠休詩：「瑤華坐自傷。」

同移三畝宅。無注。《淮南子》：「任一人之能，不足以治三畝之宅。」王維詩：「五湖三畝宅。」

〔註7〕「古」，《孔雀東南飛》原作「去」。
〔註8〕按：原作「休」，旁改為「幽」。
〔註9〕「玄」，原作「元」。

背人來冉冉。李賀詩:「背人不語來何處。」張緃詩:「零亂佩環來冉冉。」

亮因微觸會。《晉樂府‧子夜歌》:「願因微觸會,心感色亦同。」

肯負好時光。唐明皇詞:「彼此俱年少,莫負好時光。」

犀角鎮心忴。李賀詩:「犀株防膽怯,銀液鎮心忪。」

減焰餘殘炧。李崇嗣《寒食詩》:「普天皆滅燄,匝地盡藏煙。」晁補之詩:「喚起對殘炧。」紀少瑜《燈詩》:「惟餘一兩燄,纔得解羅衣。」

更衣掛短桁。駱賓王《討武氏檄》:「曾以更衣入侍。」

向轉本蒼根。根當作琅。前已叶。《漢書》:「木門蒼琅根。」當用根字而誤。

納履氍毹底。《古詩》:「瓜田不納履。」《樂府古詞》:「氍毹毾㲪五木香。」

喚起或三商。楊引昌黎「喚起窗全曙」。《全唐詩話》:「韓詩喚起、催歸,二禽名也。喚起聲如絡緯,間轉清亮,偏鳴於春曉,江南謂之春喚。催歸,子規也。」楊未引。

燒燈省傀儡。《舊唐書》:「開元二十八年,賜宴燒燈。會大雪,詔自今以二月望為之。」何應龍詩:「過了燒燈望燕歸。」姚潼朔詩:「燒燈過了爭挑菜。」「傀儡」當引《通鑒》偃師事。

出隊舞跳踉。本《莊子》「吾跳踉乎井干之上」。此《晉書‧諸葛長民傳》之所本。

但致千金笑。《古詩》:「一咲雙白璧,再笑□黃金。」〔註10〕崔駰《七依》:「回眸百萬,一笑千金。」薛道衡詩:「恒斂千金笑。」李白《白紵詞》:「美人一笑千黃金。」

何妨百戲償。劉皋詩〔註11〕:「樓頭百戲競爭新。」

偶然閉院落,隨意發縑緗。無注。黃滔詩:「白雲生院落。」楊巨源詩:「丹鉛拂縑緗。」杜詩:「隨意坐莓苔。」

勾留信裏糧。白詩:「一半勾留在此湖。」

畫舫連晨夕,歌臺雜雨暘。秦少游詩:「畫舫珠簾出繚塘〔註12〕。」陶詩:「樂與數晨夕。」杜牧賦:「歌臺煖響。」梁簡文帝詩:「歌臺弦未張。」

旋娟能妙舞。楊引《拾遺記》「一名提膜」,「膜」誤「謨」。邊讓賦:「妙舞麗於陽阿。」王維詩:「定因偷妙舞。」

〔註10〕按:李白《古風》(其五十五):「一笑雙白璧,再歌千黃金。」
〔註11〕按:劉晏《詠王大娘戴竿》:「樓前百戲競爭新。」
〔註12〕「塘」,秦觀《遊鑒湖》作「牆」。

謇姐本名倡。引「左駃史姤」，「駃」誤「騠」。又失引注「史姤」。謇姐，蓋亦當時之樂人。

催歸且未遑。當用鳥名，與「記曲」巧對。

暑待露華瀼。杜詩：「清切露華新。」

蓄意教九藥。《注》但引《杜蘭香傳》。杜詩：「九藥轉流篁。」陳壽居喪，使婢丸藥。白居易「柘拔紫袖教九藥」正本此。任昉詩：「蓄意必相思。」《本事詩》：「開元宮人詩：『蓄意多添線。』」

含辛為吮瘡。吳起吮瘡事見《韓非子》。白詩：「含血吮瘡撫戰士。」傅玄〔註13〕《七謨》：「色苦含辛。」

潮平江葦截。王惲詩：「寄聲璧月瓊枝客，銕瑣休誇一葦江。」王灣詩：「潮平兩岸失。」

急如蟲迫火。《樂府》：「近火固宜熱。」

寧期共命鳥。《彌陀經》：「迦陵頻伽，共命之鳥。」杜詩：「蓮花交響共命鳥。」

流年憎祿命。溫岐詩：「更因行樂惜流年。」杜詩：「鬱鬱流年度。」王元美云：「以五行甲子推人流年祿命，其術久矣。至臨孝恭有《祿命書》，陶宏景有《三命抄略》，由是傳之愈廣。」

口脂勻面罷。杜詩：「口脂面藥隨恩澤。」

不寐扉常闢。王勃文：「晨扉既闢。」張衡賦：「叫帝閽使闢扉兮。」

風微翻蝙蝠。孝商隱詩：「鬥鼠上堂蝙蝠出。」何遜詩：「蝙蝠戶中出，蠶妾未登桑。」陸倕《思田賦》：「風去 其已開，日登桑而未見。」

啟牖冰紗綠。元積詩：「文窗窈窕冰紗綠。」

朅來要漢艾。胡震亨《唐音癸籤》：「唐人多用『朅來』二字。韻書：朅，卻也。又，去也。又，發語詞。《楚辭》：『車既駕兮朅而歸。』張衡《思玄〔註14〕賦》：『四志朅來從元謀。』劉向：『日朅來歸，眇永自疏。』此俱去字義也。顏延年《秋胡詩》：『朅來空複詞。』此兼發語詞。後人多用作虛字。」

塊獨泛沙棠。宋玉《九辯》：「塊獨守此無澤兮。」《注》：「塊獨，無聊之況，發語詞也。」

〔註13〕「玄」，原作「元」。
〔註14〕「玄」，原作「元」。

朱育泉《曝書亭集風懷詩注初稿》〔註15〕

　　方回《瀛奎律髓》云：「晏元獻《類要》有左風懷、右風懷二類，男懷女為左，女懷男為右。」

　　樂府傳西曲，《漢書》：「孝惠六年，令樂府備簫管，始有樂府之名。」《日知錄》：「樂府是官署之名，其官有令、有音監、有游徼。後人即以樂府所採之詩為樂府，誤矣；曰古樂府，尤誤。」《古今樂錄》宋樂府有《西曲歌》三十四曲，梁天監中改西曲為《江南弄七曲》；又曰梁內人王金珠善歌吳聲西曲。**佳人自北方。**《漢書》：「李延年歌曰：『北方有佳人。』」**問年愁豕誤**，張雨詩：「問年書亥字。」《家語》：「子夏見讀史志者云：『晉師伐秦，三豕渡河。』子夏曰：『非也，己亥耳。』讀史志者問諸晉史，果曰己亥。」《禮記》：「尊長於己逾等，不敢問其年。」又：「問天子之年。」**降日葉蛇祥。**《離騷》：「惟庚寅吾以降。」《詩》：「維虺維蛇，女子之祥。」《後漢書・竇武何進傳・贊》：「武生蛇祥，進自屠羊。」**巧笑元名壽**，《詩》：「巧笑倩兮。」華嶠《後漢・梁冀傳》：「妻孫壽色美而善為妖態，作愁眉，嗁妝，墮馬髻，齲齒笑，折腰步，以為媚惑。」**妍娥合喚嫦。**《方言》：「秦晉之故都謂輕為妍，好為娥。」陳造詩：「會看妍娥前，妡婦付絕倒。」《燈花記》：「陳後〔註16〕主呼張麗華為張嫦娥。」《正字通》：「嫦，俗姮字。古者常儀占月。儀、俄字相近，因譌儀為俄，又　俄為娥皇之娥，而常字又誤加女也。考《說文》、《玉篇》、《廣韻》等書，俱無『嫦』字。」**次三蔣侯妹**，《樂府》有《清溪小姑曲》。《搜神記》：「廣陵蔣子文為秣陵尉。因擊賊傷而死。吳孫權時，封中都侯，立廟鍾山。清溪小姑，第三妹也。」楊炯《少姨廟碑》：「蔣侯三妹，清溪之軌跡可尋。」《書・洪範》：「次三曰農用八政。」**第一漢宮嬙。**《西京雜記》。〔註17〕**鐵撥嫻諸調**，《樂府雜錄》：「〔註18〕賀懷智以石為槽〔註19〕，鵾雞筋作絃，鐵撥彈之。」《海錄碎事》：「琵琶面上當弦處有捍撥，或以金塗為飾。」《唐會要》：「裴神符妙琵琶，作《勝蠻奴》、《火鳳》、《傾盃樂》諸調。」

〔註15〕（清）朱育泉《朱大令輯抄詩評三種附風懷詩注》，《清代稿本百種彙刊》第76冊，文海出版社1974年版，第47～83頁。另，書首有道光十八年柳東題記，稱：「《風懷詩》為大令所注，中多夾紙，楊注未及見也。」（同上，第1頁）

〔註16〕「後」，底本作空格。

〔註17〕按：《西京雜記》卷二：「元帝後宮既多，不得常見，乃使畫工圖形，案圖召幸之。時宮人皆略畫工。獨王嬙不肯，遂不得見。匈奴入朝，求美人為閼氏，於是上按圖，以昭君行。及去，召見，貌為後宮第一，帝悔之。窮案其事，畫工毛延壽等同日棄市。」

〔註18〕按：旁補三字，似「開元中」。

〔註19〕按：旁補有字，漫漶不識。

元稹《琵琶歌》：「琵琶宮調八十一。」**雲璈按八琅**。空同靈章真人彈雲璈。《武帝內傳》：「西王母命王子登彈八琅之璈。上元夫人彈雲林之璈。」**琴能師賀若**，《冷齋夜話》：「琴曲十小調，一不博金，二不換玉，三峽泛，四越溪吟，五越江吟，六孤猿吟，七清夜吟，八葉下聞蟬，九三清，十亡其名，皆隋賀若弼所製，故琴家但名賀若而已。」朱翌《猗覺寮雜記》：「琴曲有賀若最古淡。東坡云：『琴裏若能知賀若，詩中定合愛陶潛。』或謂賀若弼所製。余考之，蓋賀若夷也。夷善鼓琴。王涯居別墅，常使鼓琴娛賓，見涯傳。東坡《序武道士彈琴》云：『賀若，宣宗時待詔』，未知何據。據序則是姓賀名若。」《池北偶談》：「東坡序云賀若，即若夷也。」**字解辨凡將**。《漢書》：「司馬相如作《凡將篇》，無復字。」**弱絮吟偏敏**，唐彥謙詩：「聯詩徵弱絮。」吳融《箇人》詩：「柳絮聯章敏，椒花屬思清。」**蠻箋擘最強**。韓溥詩：「十樣蠻箋出益州。」陸游詩：「笑擘蠻箋落醉題。」《南史·陳後主紀》：「後主荒於酒，令張貴嬪、孔貴人等八人夾座，江總、孔範等十人預宴，號狎客，先令八婦人擘彩箋製五言詩，狎客一時繼和，遲罰酒。」**居連朱雀巷**，許嵩《建康實錄》：「咸康二年，新立朱雀航，對朱雀門。南渡淮水，亦名朱雀橋。本吳南津大航橋。」**里是碧雞坊**。《益州記》：「成都之坊，百有二十，第四曰碧雞。」杜詩：「時出碧雞坊。」唐詩小傳：薛濤晚歲居碧雞坊，創吟詩樓，偃息其上。**偶作新巢燕**，杜甫詩：「頻來語燕定新巢。」**何心敝笱鲂**。《詩》：「敝笱在梁，其魚魴鰥。」**連江馳羽檄**，《漢書·高帝紀》注：「檄者，以木為之，常尺二寸，有急事則挿以鳥羽。」吳質牋：「羽檄交馳。」王昌齡詩：「寒雨連江夜入吳。」王筠詩：「周駕戎車，漢馳羽檄。」**盡室隱村艎**。杜詩：「龐公隱時盡室去。」《左傳》：「巫臣盡室以行。」《博雅》：「艇艎，舟也。」**綰髻辭高閣**，《女紅余志》：「陳巧笑綰髻，別無首飾。」李商隱《柳枝詩序》：「塗妝綰髻。」**推篷倚峭檣**。《懷麓堂詩話》：「錢曄授周歧風詩：『河橋風雨夜推篷。』」沈愚詩：「風雨夜推蓬。」王粲《從軍行》：「拊衿倚舟檣。」岑安卿有《推蓬圖》詩。**蛾眉新出繭**，何遜：「聊為出繭眉，試染天桃色。」陸龜蒙詩：「雙蛾〔註20〕初出繭，兩鬢正藏鴉。」《詩》：「蠕首蛾眉。」**鶯舌漸抽簧**。李白詩：「煖入鶯簧舌漸調。」〔註21〕班婕妤《擣素賦》：「趙女抽簧而絕聲。」**慧比馮雙禮**，或云馮雙禮即□□□〔註22〕也。見《西王母傳》：「西王母與金闕聖君乘八景輿，詣清虛上宮。是時三元夫人馮雙禮彈雲璈而答歌。」**嬌同左蕙芳**。左思《嬌女詩》：「其姊字蕙芳。」**歡悰翻**

〔註20〕「蛾」，陸龜蒙《偶作》作「眉」。
〔註21〕按：非李白詩，出歐陽修《奉酬長文舍人出城見示之句》。
　　　　又，旁注：「或云□□白」，漫漶不識。
〔註22〕漫漶不識。

震盪，何遜詩：「歡悰苦未並。」宋玉《九辨》：「心怵惕而震盪。」曹植《洛神賦》：
「余情悅其淑美兮，心振盪而不怡。」**密坐益彷徨**。杜詩：「坐從歌妓密。」白詩：
「密坐隨歡促。」「密坐」二字出班昭《欹器頌》。《鹽鐵論》：「西子彷徨而無家。」《集
韻》：「彷亦作徬。」《洛神賦》：「徙倚徬徨。」傅毅《舞賦序》：「鄭衛之樂，所以娛密
坐，接歡娛也」。**板屋叢叢樹，**《詩》：「在其板屋。」梵語叢林，譬如大樹叢叢。**溪
田稜稜薑**。杜甫詩：「蹔抵公畦稜。」蘇詩：「悉傾白密收五稜。」陸龜蒙詩：「我本
曾無一稜田，平生笑傲空漁船。」《正字通》：「稜，魯鄧切，農家指田遠近多少曰幾
稜。」韋應物詩：「薑蔗傍湖田。」**垂簾遮雁戶，**《南史》：「晝日乘簾。」《唐書》：
「編民有雁戶。」謂流民也。**下榻礙蜂房**。杜牧《阿房宮賦》：「蜂房水渦。」王勃
文：「徐孺下陳蕃之榻。」《淮南子》：「蜂房不容鵠卵。」**痁鬼同時逐，**《左傳》：「晉
侯疥，遂痁。」《說文》：「痁，有熱瘧也。」《搜神記》：「昔顓頊氏有三子，死而為疫
鬼。一居江水曰瘧鬼。」昌黎有《遣瘧鬼》詩、孫樵有《逐痁鬼》文。薛能詩：「記得
玉人春病後，道家妝束厭禳時。」**祆神各自禳**。《說文》：「地反物為祆。」《集韻》：
「祆俗作妖，非。」《舊唐書‧太宗紀》：「私家不得輒立妖神，妄設淫祀。」柳宗元詩：
「福為深仁集，妖從盛德禳。」**亂離無樂土，**《詩》：「亂離瘼矣。」又：「樂土樂土。」
漂轉又橫塘。薛應旂《浙江通志》：「自澉湖轉馬塘廟而上，南至海鹽，謂之橫塘。
劉長卿詩『家在橫塘曲』是也。」元好問詩：「飄轉如斷梗。」**皁散千條莢，**《酉陽
雜俎》：「皁莢生江南水澤中，高二三丈。」**紅飄一丈薔**。李商隱詩：「一丈紅薔擁
翠筠。」**重關於盼盼，**曹植《美女篇》：「高門結重關。」於盼盼，元名妓。**虛牖李
當當**。高啟詩：「虛牖窈窕疑含煙。」《輟耕錄》：「李當當者，教坊名妓也，姿藝超出
輩流。忽翻然若有所悟，遂著道士服。」竇臯《述書賦》：「罷琴間堂，散帙虛牖。」
鳳子裙纖褶，韋氏子詩：「惆悵金泥簇蝶裙。」《古今注》：「蛺蝶大者如蝙蝠，或黑
色，或青斑，名鳳子。」**鴉頭襪淺幫**。李白詩「履上足如霜，不用鴉頭襪」。姜夔
詞：「籠鞵淺出鴉頭襪」，正先生所本。《廣韻》：「幫衣，治鞋履，出《文字集略》。博
旁切。」《集韻》：「幫，治履邊也。」**倦猶停午睡**，楊萬里詩：「懶困風光酣午睡，
陰沉天氣嫁春愁。」《娛書堂詩話》：「東坡謂晨炊為澆書，李黃門謂午睡為攤飯。」**暇
便踏春陽**。《搜神記》：「邢鳳在長安，見士女千餘人於燈毬下踏歌三日，聲調入雲。
歌曰：『長安少女踏春陽，何處春陽不斷腸。舞袖弓鞋渾忘卻，蛾眉空帶九秋霜。』」
《酉陽雜俎》：「元和初有士人醉臥，見古屏上婦女悉於床前踏歌。士人叱之，忽上屏。」
雨濕秋韆索，《古今藝術圖》：「北方寒食節為秋韆戲，以習輕趫後。中國女子學之，
乃以綵繩懸木立架，士女坐立其上，謂之鞦韆。」又見《荆楚歲時記》。張有《復古編》：

「漢武帝後庭繩戲曰千秋祝壽詞也，語譌為秋韆，又譌從革。」《涅槃經》：「又名胃索。」蘇詩：「鞦韆索掛人何所。」韓偓詩：「獨立俯間階，風動鞦韆索。」**泥融碌碡場**。薛能詩：「農時碌碡村。」杜詩：「泥融飛燕子。」**胃絲捎蠛蠓**，溫庭筠詩：「蟲絲胃畫梁。」李商隱詩：「胃樹斷絲悲舞席。」《爾雅》：「蠓蠛。」《注》：「小蟲似蚋。」《疏》云：「又名蠛蠓。」《列子》：「蠛蠓生朽壤之上，因雨而生，睹陽而死。」何遜詩：「蠛蠓窗間亂。」張耒詩：「塵壁胃絲蟲。」**拒斧折螳螂**。楊雄《輶軒絕代語》：「兗、豫間謂螳螂為巨或作拒。斧。」《爾雅疏》：「螳螂捕蟬而食，有臂若斧奮之，當軼不避。」**側徑循莎薦**，謝靈運詩：「側徑既窈窕。」劉憲詩：「庭莎作薦舞行出，浦樹相將歌欋回。」**微行避麥麳**。《詩》：「遵彼微行。」《晉書》：「皇甫謐曰：『況臣糠麳，糅之雕胡。』」注：「麳，麥麩也。」《易林》：「夏麥麩麳，霜擊其芒。」按：《廣韻》下平十陽、十一唐無麳。麳字，上聲，三十八梗。麳同麳。《集韻》：「麳，胡光切。」**浣紗宜在石**，《十道志》：「西施山下有浣紗石。」《會稽志》：「西子浣紗石在苧蘿山下。」**挑菜每登畎**。《歲時記》：「人日挑七種菜作羹。」鄭谷詩：「和暖又逢挑菜日。」《世說》：「范宣八歲，後園挑菜。」《說文》：「畎，境也，陌也。趙、魏人謂陌為畎。」**蘿蔦情方狎**，《詩》。〔註23〕**崔苻勢忽猖**。《左傳》：「鄭國多盜，取人於崔苻之澤。」《楚辭》：「何桀紂之猖披兮。」**探丸搜保社**，黃庭堅詩：「本與江鷗為保社。」〔註24〕《漢書》薛瓚注：「舊制二十五家為一社，而民或五家六家共為一社，是私社也。」《漢書·尹賞傳》。〔註25〕**結侶竄茅篁**。王褒文：「於是相與結侶，攜手俱遊。」吳萊詩：「南士何處潛茅篁。」〔註26〕**廡改梁鴻賃**，《後漢書·梁鴻傳》：「鴻適吳，依皋伯通，居廡下，為人賃舂。妻具食，舉案齊眉。伯通異之，曰：『彼傭能使其妻敬之如此，非常人也。』乃舍之於家。」**機仍織女襄**。《詩》：「跂彼織女，終日七襄。」韓愈詩：「騰身跨汗漫，不著織女襄。」**疏櫺安鏡檻**，《老學庵筆記》：「秦太師作相時，第中牕上下及中一二眼作方眼，餘作疏櫺，謂之太師牕。」李商隱詩：「鏡檻芙蓉入，香臺翡翠過。」張耒詩：「風簷送雨入疏櫺。」孔欣《置酒高堂上》：「高會臨疏櫺。」**斜栩頓書倉**。《拾遺記》：「曹曾積石為倉以藏書，名曹氏書倉。」**路豈三橋阻**？李商隱詩：「便是隔三橋。」〔註27〕《逸史》：「鄭

〔註23〕《小雅·頍弁》：「蔦與女蘿。」
〔註24〕按：旁補注：「元好問：『父老漸來同保社。』」
〔註25〕按：《漢書》卷九十《酷吏傳·尹賞》：「長安中姦猾浸多，閭里少年群輩殺吏，受賕報仇，相與探丸為彈，得赤丸者斫武吏，得黑丸者斫文吏，白者主治喪。」
〔註26〕《題姚文公草書杜少陵詩手軸崔仲德所藏》。
〔註27〕旁注：「桑□發（？）往（？）三橋，三渭橋也。」

還古夢乘車過小三橋，至大第就婚，後果驗。」屈原《九歌》：「媒絕路阻兮，言不可結而詒。」**屏還六扇偤**。溫庭筠：「屏倚故牕山六扇。」**弓弓聽點屧**，毛熙震詞：「裙遮點屧聲。」陶宗儀詩：「衣皺霞千疊，鞋彎玉兩弓。」唐明皇詩〔註28〕：「窄窄復弓弓，手中弄初月。」黃庭堅詞：「隱隱似朝雲，行雨弓弓，羅襪生塵。」**了了見縫裳**。韓愈詩：「眼中了了見鄉國。」《詩》：「摻摻女手，可以縫裳。」李白詩：「了了玉臺前」；又：「桃波一步地，了了語聲聞。」**夙擬韓童配**，漢趙曄《紫玉本傳》：「吳王夫差小女名紫玉，以未得童子韓重而死。後魂歸省母，母抱之，成煙而散。」《搜神記》：「韓重往弔墓側，紫玉形見，歌曰：『南山有鳥，北山張羅。我欲從君，讒言孔多。』」**新來卓女媿**。《史記‧司馬相如傳》：「卓王孫有女文君，新寡。」梁簡文帝：「江妃納重聘，卓女愛將雛。」**縞衣添綽約**，《詩》：「縞衣綦巾。」《莊子》：「綽約若處子。」**星靨婉清揚**。《北戶錄》：「余訪花子事，如面光眉翠，月黃星靨，由來尚矣。」《詩》：「婉如清揚。」《酉陽雜俎》：「婦人粧如月形，名黃星靨。」褚亮詩：「靨星臨夜燭。」**芸帙恒留篋**，《邵氏見聞錄》：「古人用以藏書，芸香是也。置書帙中，無蠹。」許彬《送李處士》詩：「得道書留篋。」**蘭膏慣射芒**。宋玉《招魂》：「蘭膏明燭。」王逸《注》：「蘭膏，以蘭香煉膏也。」《雲笈七籤》：「黃臺紫氣，垂鋒射芒。」**長筵分潑散**，張協賦：「羅樽列爵，周以長筵。」曹植《名都篇》：「列坐竟長筵。」《堅瓠集》：「淮人歲暮，家人宴集，曰潑散。」韋蘇州詩：「田婦有佳獻，潑散新歲除。」**復帳捉迷藏**。《鄴中記》：「石虎用明光錦，以白縑為裏，名復帳。」吳筠《秦王卷衣篇》：「初芳薰復帳。」《致虛雜俎》：「明皇與玉真恆於皎月之下，以錦帕裹目，在方丈之間，互相捉戲，謂之捉迷藏。」元稹詩：「憶得雙文朧月下，小樓前後捉迷藏。」**奩貯芙蓉粉**，《藝林伐山》：「養紙芙蓉粉，薰衣荳蔻香。上句薛濤事，下句霍小玉事。」《飛燕外傳》：「婕妤浴豆蔻湯。」**其煎豆蔻湯**。《飛燕外傳》：「婕妤浴豆蔻湯。」曹植詩：「煮豆然豆萁，豆在釜中泣。本自同根生，相煎何太急。」**洧盤潛浴宓**，屈原《離騷》：「朝濯髮於洧盤兮，看宓妃之所在。」《注》：「《禹大傳》曰：『洧槃之水出崦嵫之西。』言宓妃好精潔，朝沐洧盤之水也。」《漢書注》：「宓妃，宓羲之女也，溺死洛水為神。」**鄰壁暗窺匡**。《西京雜記》：「匡衡勤學，而無燭，隣舍有燭而不逮，乃鑿壁引其光，以書映光而讀之。」駱賓王《螢火賦》：「匡偷光於鄰壁。」**苑里覲由鹿**，呂溫《由鹿賦》：「予南出襄樊之間，遇野人縶鹿而至者。問之，曰：『此為由鹿，由此鹿以誘致群鹿也。』嘳然歎曰：『虞之即鹿也，必以其類致

〔註28〕《詩話總龜》卷三十三：「又作妃子所遺羅襪銘曰：『羅襪羅襪，香塵生不絕。細細圓圓，地下得瓊鈎。窄窄弓弓，手中弄初月。』」

—988—

之；人之即人也，必以友。』」《合璧》：「鹿苑在暹奈國。佛成道初轉法輪處。」鮑照詩：「鹿苑豈掩睇。」**藩邊喻觸羊。**《易》：「羝羊觸藩。」**末因通叩叩，**繁欽詩：「何以致叩叩。」叩叩，纏綿意。**祇自覺俍俍。**《禮》：「俍俍乎其何之？」韓偓詩：「為情因酒易俍俍。」**孟里經三徙，**《列女傳》：「孟軻之母，三徙其居，而軻成大賢。」潘岳《閑居賦》：「此里仁所以為美，而孟母所以三徙也。」**樊樓又一廂。**《宋稗類抄》：「京師東華門外景明坊有酒樓，人謂之樊樓，或以為樓主之姓，或云商賈鬻鬻於此，故名。」《索隱》：「正寢之東西室，皆曰廂，言似箱篋之形。」劉子翬詩：「夜深燈火上樊樓。」**漸於牙尺近，**盧延遜詩：「細想儀形執牙尺，回刀剪破澄江色。」〔註29〕白居易《中和節賜牙尺狀》：「紅牙為尺，白金為寸。」**莫避灶觚煬。**《莊子逸篇》：「仲尼讀《春秋》，老聃踞竈觚而聽之。」又：「煬者避竈。」**題筆銀鉤在，**《書訣》：「畫欲其堅重如鐵，鉤欲活而有力如銀。」**當窗繡袂颺。**《古詩》：「皎皎當窗牖。」徐積詩：「東南善舞有吳姬，紅襦繡袂無所施。」**有時還邂逅，**《詩》：「邂逅相遇。」**何苦太周防？**《春秋序》：「聖人包周身之防。」《通鑒》：「周防防之。」周，密也。杜牧《簾》詩：「連帳解周防。」杜甫詩：「周防期稍稍」，又曰：「雅節慎周防。」**令節矜元夕，**《歲時記》：「正月十五為上元夕。」傅充妻辛氏詩：「元正啟令節。」**珍亭溢看場。**宋徽宗《宮詞》：「文鴛雙砌接珍亭。」常非月《詠談容娘》詩：「人壓看場圓。」**鬧蛾爭入市，**康伯可詞：「鬧蛾兒滿路，成團打塊，簇著冠兒斗轉。」《雜志》：「京邸上元戲為撲燈蛾，又名鬧蛾兒。」亦見《開元遺事》。《惜香樂府》：「去年元夜正錢唐，看天家燈火。鬧蛾兒轉處，熙熙笑語，百萬紅妝女。」**響屟獨循廊。**《蘇州圖經》：「吳王宮中有響屟廊，以梗楠板籍地，建廊而虛其下，西子行有聲，故名。」皮日休《館娃宮》詩：「響屟廊中金玉步。」**桭觸釵先溜，**李商隱詩：「君時臥桭觸。」摭遺：江南李氏宮中詩〔註30〕：「江錦地衣隨步皺。佳人舞徹金釵溜。」〔註31〕**簪昏燭未牂。**牂即將。《字林》作「㨫」。陳師道詩：「簪昏讀字細。」**徑思乘窘步，**《離騷》：「夫惟捷徑以窘步。」**梯已上初桄。**自注：「《大智度論》：『譬如緣梯，從一初桄而上。』」**莫縮同心結，**庾信詩：「與君悵結同心縷。」晉時歌：「拾得娘裙帶，同心結兩頭。」江總詩：「未眠解著同心結，欲醉那堪連理杯。」梁武帝詩：「腰間雙綺帶，夢為同心結。」隋文帝崩，太子賜陳夫人金盒，中有同心結數枚，遂蒸焉。鄭文妻孫氏《秦樓月》詞：「閒將柳帶，試結同心。」蘇小小歌：「何

〔註29〕按：非盧延遜詩，出（唐）裴說《聞砧》。
〔註30〕按：出李煜《浣溪沙》（紅日已高三丈透）。
〔註31〕陸龜蒙《甫里集》卷十九《雜著》題作「蠱化」。

處結同心。」**停斟冰齒漿**。包佶《贈劉邈師》詩:「曉漱瓊漿冰齒寒。」孟郊詩:「冰齒相磨齧。」**月難中夜墮**,《南史·梁元帝紀》:「初,帝母在采女次,夢月墮懷中,遂孕帝。」謝靈運《東陽溪中贈答》詩其一:「可憐誰家婦,緣流洗素足。明月在雲間,迢迢不可得。」其二曰:「可憐誰家郎,緣流乘素舸。但問情若為,月就雲中墮。」**羅枉北山張**。《彤管集》:「韓憑妻何氏作《烏鵲歌》以見志,歌曰:『南山有鳥,北山張羅。鳥自高飛,羅當奈何。』」**冰下人能語**,《晉書·索紞傳》:「令狐策夢立冰上,與冰下人語。紞曰:『冰上為陽,冰下為陰,陰陽事也。士如歸,妻迨冰未泮,婚姻事也。君在冰上,與冰下人語,為陽語陰,媒介事也。君當為人作媒,冰泮而婚成。』策曰:『老夫耄矣,不為媒也。』會太守田豹因策為子求鄉人張公徵女,仲春而成婚焉。」**雲中雀待翔**。《樂府橫吹曲·慕容家自魯企由谷歌》:「郎在十重樓,女在九重閣。郎非黃鵠子,那得雲中雀。」**青綾催製被**,□□〔註32〕:「尚書郎入值,供青綾被。」〔註33〕《通典》:「尚書郎入直,供青綾被,有〔註34〕侍史二人,執香爐,護衣服。」**黃竹喚成箱**。《樂府》:「江邊黃竹子,堪作女兒箱。」**玉詫何年種**,《搜神記》陽雍伯。〔註35〕**珠看滿斛量**。黃庭堅詩:「明珠計斛量。」許渾詩:「十斛明珠量不盡。」**綵幡搖婀娜**,《古詩》:「卿可去成婚,交語速裝束。絡繹如浮雲,青雀白鵠舫,四角龍子幡,婀娜隨風轉」方岳詩:「初信春〔註36〕風入綵幡。」《詩》:「婀娜其枝。」〔註37〕**漆管韻清鏘**。梁元帝文:「春宮漆管,曲降深恩。」王僧孺《中寺碑》:「日流閃爍,風度清鏘。」**白鵠來簫史**,《水經注》:「秦有鳳女祠。秦穆公〔註38〕簫史,善吹簫。能致白鵠、孔雀。穆公女弄玉好之,為築臺以居之。積數十年,一旦隨鳳飛去。」**斑騅駕陸郎**。《陳書·後主紀》:「陳孔驕楮白,陸郎乘斑騅。」〔註39〕陳、孔謂陳暄、孔範;陸郎,陸瑜也。皆後主狎客。**徒然隨畫艦**,

〔註32〕兩字漫漶不識。
〔註33〕《欽定古今圖書集成·經濟彙編·食貨典卷三百十七》:「《漢官·典職儀》:『尚書郎入直,官供青綾被。』」陳元龍《格致鏡原》卷五十四:「《漢官·典職》:『漢尚書郎入直,供青綾被,或錦被。』」
〔註34〕「有」,《通典》作「給女」。按:底本於「通典」旁有「給女」二字。
〔註35〕按:《搜神記》:「羊雍伯性篤孝,居無終山。有人以石子一斛與之使種,云:『有石處當生玉,並得好婦。』後果得白璧五雙,以聘徐氏女。」
〔註36〕「春」,《立春》作「東」。一作曹勛詩。
　　　　七言律詩
　　　　初信東風入綵幡,」
〔註37〕《檜風·隰有萇楚》,「婀娜」作「猗儺」,義同。
〔註38〕按:旁補一字,漫漶不識。
〔註39〕按:旁注:「此二句見《樂府·神絃歌·明下童曲》。」

不分上華堂。於廣詩：「吾聞桑下女，不識華堂陰。」嵇康詩：「華堂曲宴，密交近賓。」**紫葛牽駝架**，王昌齡詩：「紫葛蔓黃花，娟娟涼露中。」周昂詩：「野蔓捎駝架。」**青泥濕馬柳**。《東觀漢記》：「鄧訓遷烏桓校尉，黎陽敵人步推鹿車，載青泥一襆遺訓。」《蜀志》：「孫主簿解綬縛督郵馬柳。」《說文》：「柳，繫馬柱也。」**枇杷攢瑣瑣**，胡曾《贈薛濤》詩：「萬里橋邊女校書，枇杷花下閉門居。」杜牧詩：「玉訶聲瑣瑣。」夏侯諶詩：「視微榮之瑣瑣兮。」**櫸柳蔭牂牂**。《詩》：「其葉牂牂。」杜甫詩：「櫸柳枝枝弱，枇杷樹樹香。」櫸柳即杞柳也。**金屋深如此**，《漢武故事》：「武帝數歲，長公主抱置膝上，問曰：『汝欲得婦否？』指其女曰：『阿嬌好否？』對曰：『若得阿嬌，當以金屋貯之。』」**璿宮思未央**。《拾遺記》：「少昊母皇娥處璿宮。有白帝子者，即太白之精，容貌絕俗，皇娥與之倚瑟而歌，曰：天清地曠浩茫茫，萬象回薄化無方。涃天蕩蕩望滄滄，乘桴輕漾著日旁。當其何所至窮桑，心知和樂悅未央。」元萬頃詩：「璿宮早結褵。」白帝子歌：「璿宮夜靜當窗織。」**朝霞凝遠岫**，王樞詩：「玉貌映朝霞。」謝朓詩：「牕中列遠岫。」《洛神賦》：「遠而望之，皎若太陽升朝霞。」王籍《入若邪溪詩》：「陰霞生遠岫。」**春渚得歸艎**。謝朓箋：「候歸艎於春渚。」**古渡迎桃葉**，《古今樂錄》：「王羲之愛妾名桃葉，嘗臨渡，作歌送之」云云。《方輿勝覽》：「桃葉渡在秦淮口，因王羲之妾得名。」**長堤送窅娘**。元稹詩：「心斷洛陽三兩處，窈娘堤抱古〔註40〕天津。」白居易詩：「眉月晚生神女浦，臉波春傍窅〔註41〕娘堤。」《唐書·武承嗣傳》：「喬知之婢窈娘美且善歌，奪取之，知之作《綠珠篇》諷婢，婢得詩，恨死。承嗣怒，告酷吏殺之。」喬知之婢，他書或又作「名碧玉」。按《道山新聞》：「江南李後主宮人窅娘纖麗善舞。」《墨莊漫錄》亦載之，然非窅娘堤之窅娘也。**翠微晴歷歷**，元好問詩：「青山歷歷鄉國夢，黃葉蕭蕭風雨秋。」劉宰詩：「試乘綠漲三篙水，要見朱簾十里樓。」《爾雅·釋山》：「山未及上曰翠微。」郭《注》：「近上旁陂。」崔顥詩：「晴川歷歷漢陽樹。」**綠漲遠汪汪**。《後漢書·黃憲傳》：「汪汪若千頃之陂。」孫覿詩：「綠漲葡萄萬斛醅。」杜牧詩：「鳧浴漲汪汪。」**日影中峰塔**，或言中峰在經山，須查。**潮音大士洋**。《一統志》：「補陀落迦山，在定海縣東海中，約一潮可到。梵語補陀洛迦，唐言白華也。一名梅岑山，或云梅福煉丹於此。有善財巖、潮音洞，乃觀音大士化現之地。」**尋幽雖約伴**，薛氏《蘇臺竹枝詞》：「約伴燒香寺中去，自將釵釧施山僧。」李商隱詩：「尋幽殊未極。」李白詩：「尋幽無前期。」**過涉乃須印**。《易》：「過涉滅頂。」《詩》：「印須我友。」**澹墨衫**

〔註40〕「古」，底本脫，據元稹《送友封》補。
〔註41〕「窅」，白居易《天津橋》作「窈」。

何薄，李商隱詩：「輕衫細薄當君意。」元稹詩：「憶得雙文衫子薄。」**輕紈扇屢障**。班婕妤《製輕紈扇歌》：「新裂齊紈素。裁為合歡扇。」〔註42〕蕭子顯詩：「輕紈雜重錦。」**心憐明豔絕**，徐凝詩：「花到薔薇明豔絕。」**目奈冶遊狂**。《子夜歌》：「冶遊步春露。」顏延之《秋胡詩》：「明豔奪朝日。」**纜解青絲絆**，漢鼓吹曲：「桂樹為君船，青絲為君絆。」杜詩：「試待盤渦歇，方期解纜初。」**茵鋪白篾簟**。揚雄《方言》：「篾，竹皮也。江淮陳楚之間謂之篾。簟，竹席。南楚之外謂之簟。」《晉書·五行志》：「元康中為車乘者，苟貴輕細，皆以白篾為純。」**回波吟栲栳**，《本事詩》：「韋庶人頗襲武氏風范，中宗漸畏之。內宴，唱《迴波詞》，有優人詞曰：『迴波爾時栲栳，怕婦也是大好。外邊止有裴談，內裏無過李老。』韋后意色自得，以束帛賜之。」**鳴櫓入菰蔣**。杜詩：「買薪猶白帝，鳴櫓已沙頭。」《爾雅翼》：「菰蔣，水草也。江南人呼為茭草。其苗有花梗者謂之菰蔣。」《淮南子》：「浸潭菰蔣。」《廣雅》：「菰蔣，其尖謂之胡。」**竹筍重重籜**，陸游詩：「竹筍出林時解籜。」杜詩：「青青竹筍迎船出。」王建詩：「羅衫葉葉繡重重。」白居易：「剪綃裁錦一重重。」庾信詩：「紫筍籜猶重。」**茶牙段段槍**。《茶錄》：「茶芽，鷹爪、雀舌為上，一旗一槍次之。」《茶譜》：「團黃有一旗二槍，言一葉二芽也。」《唐書·哥舒翰傳》：「持半段槍迎敵，所向披靡。」蘇軾詩：「顧渚茶芽白於蜜〔註43〕。」**甘蔗翻舊譜**，梁簡文帝《七勵》：「澄瓊漿之素色，雜金筍之甘蔗。」僧贊寧有《筍譜》。**活火試頭綱**。《全唐詩話》：「李約性嗜茶，能自煎，曰：『茶須緩火炙，活火煎。』活火，炭有焰者。」《宣和北苑貢茶錄》：「白茶與勝雪自驚蟄前興役，浹日乃成，飛騎疾馳，不出中春，已至京師，號為頭綱。」蘇詩：「新賜頭綱八餅茶。」**榼易傾鸚鵡**，梁簡文帝書：「鸚鵡驟傾。」章孝標詩：「畫榼倒懸鸚鵡嘴，花衫對舞鳳凰文。」《嶺表錄》：「鸚鵡螺旋尖處屈曲而朱如鸚鵡嘴，故以名。殼裝為酒杯，奇而可玩。」**裘揀典鸕鷀**。《西京雜記》：「相如還成都，以鸕鷀裘就市人陽昌貰酒，與文君為歡。」蘇詩：「送君應典鸕鷀裘。」**曉醒消芳蔗**，《漢書·禮樂志》：「百味旨酒布蘭生，太尊柘漿析朝醒。」注：「柘與蔗同。」**寒具析餦餭**。《續晉陽秋》：「桓玄〔註44〕好蓄書畫。客食寒具，油污其畫。後遂不復設寒具。」《集韻》：「寒具，環餅也。」《招魂》：「粔籹蜜餌，有餦餭些。」注：「粔籹，蜜餌也。餦，餭餳也。」《爾雅翼》：「擣黍以為餳，謂之餦餭。」**已共吳船憑**，蔡襄詩：「吳船越棹知何處。」陸游詩：「吳船與蜀舫。」**兼邀漢佩纕**。《離

〔註42〕按：班婕妤《怨詩》：「新裂齊紈素，鮮潔如霜雪。裁為合歡扇，團團似明月。」
〔註43〕「蜜」，蘇軾《將之湖州戲贈莘老》作「齒」。
〔註44〕「玄」，底本作「元」。

騷》：「解佩纕以結言兮。」《注》：「纕，佩帶也。」《列仙傳》：「鄭交甫至漢皋臺下。」
〔註45〕**瘦應憐骨出**，《宋樂府》：「飛龍落藥店，骨出只為汝。」**嫌勿避形相**。形
相，猶端相，謂細視也。溫庭筠詩：「偷眼暗形相。」曹唐《小游仙詩》：「萬樹琪花千
圃藥，心知不敢輒形相。」**樓下兜衾臥**，杜詩：「樓頭吃酒樓下臥。」**闌邊拭淚妝**。
《漢書·五行志》〔註46〕：「桓帝元嘉中，婦女作愁眉、啼妝。啼妝者，薄拭目下，
若啼處。」〔註47〕《開元天寶遺事》：「妃嬪施素粉於兩頰，號淚妝。」**便思蛩負蟨**，
《孔叢子》：「北方有獸曰蟨，食得甘草，必齧以遺蛩蛩、巨虛。有難，則二獸負蟨以
走。二獸非愛蟨也，為其得甘草而遺之也。蟨非愛二獸也，為假其足也。」又見《爾
雅》及《呂氏春秋》。〔註48〕張楫曰：「蛩蛩，青獸，如〔註49〕馬。距虛，似羸而小。」
竊擬鳳求凰。司馬相如歌：「鳳兮鳳兮歸故鄉，遨遊四海求其凰。」**兩美誠難合**，
《離騷》：「曰兩美其必合兮。」**單情不可詳**。包明月《前溪歌》：「單情何時雙。」
《詩》：「不可詳也。」**計程沖瘴癘**，白居易詩：「計程今日到梁州。」《任昉傳》：
「流離大海之南，寄命瘴癘之地。」孫萬壽詩：「江南瘴癘地。」李燾曰：「瘴癘寒熱
所感，邪氣在營衛皮肉間也。」**回首限城隍**。《封禪文》：「回首向內。」《易》：「城
復於隍。」《魏都賦》：「繕其城隍。」杜詩：「壽酒樂城隍。」**紅豆憑誰寄？**《資暇
錄》：「紅豆一名相思子。」唐人詩：「憑誰紅豆寄相思。」**瑤華黯自傷**。謝玄〔註50〕
暉詩：「問以瑤華音。」湯惠休詩：「瑤華坐自傷。」**家人卜歸妹**，《家人》、《歸妹》，
《易》二卦名。**行子夢高唐**。鮑照詩：「居人掩閨臥，行子夜中飯。」《高唐賦》：
「昔者先王嘗遊高唐，怠而晝寢，夢見一婦人曰：『妾，巫山之女也。為高唐之客。聞
君遊高唐，願薦枕席。』王因幸之。」**杜宇催歸數**，《禽經》：「江介曰：子規，蜀右
曰杜宇。」《函史》：「《物性志》：『怨鳥曰姊歸。春分乃鳴，自呼謝豹，故名怨鳥。零
陵地曰周韓，其音似不如歸去。』」陶岳《零陵記》：「杜宇之音曰不如歸去。」韓愈詩
「催歸日未西。」注：「催歸即杜宇，又名杜鵑。」**鴛尼送喜忙**。《許彥周詩話》：

〔註45〕 按：《列仙傳》卷上《江妃二女》：「江妃二女者，不知何所人也。出遊於江漢
之湄，逢鄭交甫。見而悅之，不知其神人也。謂其僕曰：『我欲下，請其佩。』……
遂手解佩與交甫。交甫悅愛而懷之中當心，趨去數十步，視佩，空懷無佩。顧
二女，忽然不見。」

〔註46〕 按：非《漢書》，出《後漢書》志第十三《五行一·服妖》。

〔註47〕 按：《後漢書》卷六十四《梁冀傳》：「壽色美而善為妖態，作愁眉，啼妝，憮
馬髻，折腰步，齲齒笑，以為媚惑。」

〔註48〕 又見《淮南子·道應訓》、《說苑·復恩》。

〔註49〕 按：底本此處空一格。見《文選》卷七《子虛賦》，原作「狀如馬」。

〔註50〕 「玄」，底本作「元」。

「藏經呼喜鵲為芻尼。」薛能《白野鵲》:「不愁雲路填河遠,為對天顏送喜忙。」**同移三畝宅**,《淮南子》:「任一人之能,不足以治三畝之宅。」王維詩:「五湖三畝宅。」**並載五湖航**。《吳越春秋》:「范蠡既滅吳,乃乘扁舟出三江,入五湖,人莫知其所適。」陸廣微《吳地記》:「《越絕書》:『西子亡吳後,復歸范蠡,同泛五湖而去。』」今《越絕》無此條,蓋非全書也。**院落虹簷月**,張協《七命》:「陰虹負簷。」劉孝威詩:「虹簷掛珠箔。」**階流兔杵霜**。周昂詩:「兔杵正分明。」**池清凋菡萏**,《詩》:「有蒲菡萏。」《爾雅》:「荷,芙蕖,其花菡萏。」**垣古繚籫籓**。《西京賦》:「繚垣綿聯。」《吳都賦》:「其竹則篔籓箖箊。」**乍執掺掺手**,《詩》:「掺掺女手。」《禮記》:「執女手之卷然。」《詩》:「掺執女之手兮。」**彌迴寸寸腸**。公乘億詩〔註51〕:「斷盡相思寸寸腸。」朱淑真詩:「寸寸腸如結線時。」李商隱詩:「迴腸九迴後,猶有剩迴腸。」唐彥謙詩:「一寸迴腸百慮侵。」**背人來冉冉**,蔡邕《青衣賦》:「修長冉冉。」李賀詩:「背人不語來何處。」張 詩:「零亂佩環來冉冉。」**喚坐走侔侔**。韓偓詩:「侔侔攏鬢偷回面。」**割**〔註52〕**臂盟言覆**,《左傳》。〔註53〕**搖情漏刻長**。張若虛詩:「落月搖情滿鄉樹。」王維詩:「春城漏刻長。」《後漢書》:「孔壺為漏,浮箭為刻,不漏數刻,以考中星。」**已教除寶鈿,親為解明璫**。《洛神賦》:「獻江南之明璫。」注:「璫,耳珠也。」裴思謙詩:「銀釭斜背解明璫。」**領愛蜻螬滑**,《詩》:「領如蝤蠐。」**肌嫌蜥蜴妨。梅陰雖結子**,杜牧詩:「綠葉成陰子滿枝。」按:此詩舊類書多收入梅部。**瓜字尚含瓤**。李群玉詩:「碧玉初分瓜字年。」〔註54〕《談苑》:「呂仙翁有詩與張泊,言『功名當在破瓜時』。俗以破瓜為二八字。」傅玄〔註55〕《瓜賦》:「多瓤少瓣。」《說文》:「瓤,瓜中犀也。」**捉搦非無曲**,梁樂府有《捉搦曲》。**溫柔信有鄉**。《飛燕外傳》。〔註56〕**真成驚蛺蝶**,《北齊書》:「魏收輕薄,人呼為『驚蛺蝶』。」**甘作野鴛鴦**。杜詩:「使君自有婦,莫學野鴛鴦。」**暫別猶凝睇**,蘇詩:「暫別還復見,依然有餘情。」白詩:「含情凝涕謝君王,一別音容兩渺茫。」**兼旬遽病尪**。韓詩:「茲遊苦不數,再到遂兼旬。」《穀梁傳》:「夫

〔註51〕按:《全唐詩》卷六百錄公乘億詩四首。此句出劉兼《秋夕書懷呈戎州郎中》
　　　　其二,見《全唐詩》卷七百六十六。
〔註52〕「割」,康熙本《曝書亭集》作「齧」。
〔註53〕按:《左傳·莊公三十二年》:「公築臺臨黨氏,見孟任,從之,閟,而以夫人
　　　　言許之,割臂盟公,生子般焉。」
〔註54〕李群玉《醉後贈馮姬》:「桂形淺拂梁家黛,瓜字初分碧玉年。」
〔註55〕「玄」,底本作「元」。
〔註56〕按:《飛燕外傳》:「後進合德,帝大悅,以輔屬體,無所不靡,謂為溫柔鄉。
　　　　曰:『吾老是鄉矣,不能效武皇帝求白雲鄉也。』」

嘗必有兼旬之事焉。」**歷頭逢臘盡**，歐陽修詩：「年窮歷頭春欲動。」〔註57〕曹松詩：「臘盡傾時鬥。」**野外祝年穰**。《詩》：「豐年穰穰。」《史記‧滑稽傳》：「淳于髡曰：『今者臣從東方來，見道傍有禳田者，操一豚蹄，酒一盂，祝曰：『甌窶滿篝，污邪滿車，五穀蕃熟，穰穰滿家。』」**忽枉椒花頌**，《晉書》：「劉臻妻陳氏元旦獻《椒花頌》。」又，晉成公亦有《椒花頌》。**來浮柏子觴**。《漢官儀》：「正旦以柏葉酒上壽。」《風土記》：「元日飲桃湯、柏葉酒。」《白帖》：「獻椒花之頌，稱柏葉之觴。」**亮因微觸會**，《晉樂府‧子夜歌》：「願因微觸會，心感色亦同。」**肯負好時光？**唐明皇詞：「彼此俱年少，莫負好時光。」**鑪亞薰鳧藻**，《采蘭雜志》：「馮小憐有足鑪曰辟邪，手鑪曰鳧藻，冬天頃刻不離，皆以其飾得名。」**厄須引鶴吭**。鮑照《崔賦》：「引圓吭之纖婉。」**象梳收髢墮**，高允詩：「倒枕象牙梳。」《逸雅》：「髢，髮被也。髮少者得以被，助其發也。」髢音第，《周禮》謂之次。劉基詩：「憶昔四女下天來，遺環墮髢根龐鴻。」**犀角鎮心怔**。《淮南子》：「犀角駭狐。」《本草》：「犀株安魄鎮心。」李賀詩：「犀株防膽怯，銀液鎮心忪。」**滅焰餘殘炧**，李崇嗣《寒食詩》：「普天皆滅燄，匝地盡藏煙。」晁補之詩：「喚起對殘炧。」紀少瑜《燈詩》：「惟餘一兩燄，纔得解羅衣。」**更衣掛短桁**。駱賓王《討武氏檄》：「曾以更衣入侍。」《古樂府‧東門行》：「還視桁上無懸衣。」**簪挑金了鳥**，李商隱詩：「瑣門金了鳥。」王注云：「了鳥，西北人呼為了鳥子，蓋以平搭釦門，又加以崔觜搭，故又謂之一了一鳥。」**臼轉木蒼根**。《漢書》：「木門倉琅根。」師古曰：「門之鋪首及銅鍰也。銅色青，故曰蒼琅。鋪首〔註58〕銜鐶，故曰根。」王注云：「臼當是今所謂門臼。」**納履氈毹底**，《古詩》：「瓜田不納履。」《樂府古辭》：「氈毹㲪㲪五木香。」《風俗通》：「織毛褥謂之氈毹。」**搴幬篦敤旁**。《神女賦》：「搴餘幬而請御兮。」楊慎《丹鉛錄》：「唐李郢詩：『薄雪輕〔註59〕翁紫燕釵，釵垂篦簌抱香懷。一聲歌罷劉郎醉，脫去明金壓繡鞋。』篦簌，下垂之貌。又作麗㲫。李賀《春坊正字劍子歌》：『挼絲團金懸㲫』，其義一也。薛君採語予云。」**綺衾容並覆**，謝莊《雪賦》：「援綺衾兮坐芳褥。」曹植〔註60〕。**皓腕或先攘**。曹植《洛神賦》：「攘皓腕於神滸兮。」**暮暮山行雨**，《高唐賦》：「旦為朝雲，暮為行雨。朝朝暮暮，陽臺之下。」**朝朝日照梁**。《神女賦》：「其始來也，曜若白日初出照屋樑。」**含嬌由半醉**，盧思道詩：「半醉臉逾紅。」沈休之詩：「命醉無人醉，含嬌何處嬌。」李白《吳王美人半醉》詩：「西

〔註57〕歐陽修《歲晚書事》原作「臘候已窮春欲動。」
〔註58〕「者」，《漢書》卷二十七上作「首」。
〔註59〕「輕」，底本作空格，據《丹鉛餘錄》卷十一、《升菴集》卷六十《篦簌》補。
〔註60〕按：下有一殘字。

施醉舞嬌無力。」**喚起或三商**。韓詩:「喚起憁全曙。」《〈儀禮·士昏禮〉注》:「日入三商為昏。」《全唐詩話》:「韓詩喚起、催歸,二禽名也。喚起聲如絡緯,間轉清亮,偏鳴於春曉,江南謂之春喚。催歸,子規也。」**連理緣枝葉**,《孝經援神契》:「德至於草木,則樹連理。」《列異志》:「韓憑夫婦兩家相望,忽有文梓生於二冢之間,根交於下,枝交於上。」白居易:「在地願為連理枝。」**於飛任頡頏**。《詩》:「燕燕于飛,頡之頏之。」**燒燈看傀儡**,《舊唐書》:「開元二十八年,賜宴燒燈。會大雪,詔自今以二月望為之。」李夢陽詩:「細雨燒燈夜色新。」《通鑒》:「應劭曰:『周穆王時有偃師,為木人,能歌舞。舞既終,以手招王左右。王怒。偃師懼,壞之,乃膠漆丹墨之所為也。此後世傀儡之始。』」《事物考》:「傀儡子,唐戲之首舞也。」陶宗儀:「待看三五燒燈夜。」姚潼朔詩:「燒燈過了爭挑菜。」何應龍詩:「過了燒燈望燕歸。」**出隊舞跳踉**。《莊子》:「吾跳踉乎井干之上。」《晉書·諸葛長民傳》:「長民常夜眠中驚起跳踉。」**但致千金笑**,《古詩》:「一咲雙白璧,再笑千黃金。」〔註61〕崔駰《七依》:「回眸百萬,一笑千金。」薛道衡詩:「恒斂千金笑。」李白《白紵詞》:「美人一笑千黃金。」**何妨百戲償**。《音樂志》:「有魚龍爛漫、俳優、侏儒、山車、巨象、拔井、種瓜、殺馬、剝驢等,奇怪異端,百有餘物,謂百戲。」劉皐詩〔註62〕:「樓頭百戲競爭新。」**偶然閒院落**,黃滔詩:「白雲生院落。」**隨意發縑緗**。楊巨源詩:「丹鉛批縑緗。」〔註63〕杜詩:「隨意坐黴苔。」**竹葉符教佩**,《廣東新語》:「雙髻峰下百十步劉仙壇側有符竹,竹不甚大高,止數尺。葉上有文,如蝸涎,如古篆籀。其行或復或單,或疏或密,葉葉不同,若今巫覡所書符者。一竹中有一葉二葉,或數十竹中無一葉。葉雖枯而文色不改,文多白,與葉色不同,山人謂之竹葉符,每以餉客。」**留藤醬與嘗**。《本草》:「蒟醬以黃瓜蔓生苗為浮留藤,寔似桑椹,皮白肉黑,食之下氣消穀。」《南方草木狀》:「梹榔以扶留藤、石〔註64〕賁灰合食之。」**硯明鴝鵒眼**,《硯譜》:「端溪石有若白黃點者,名鴝鵒眼。」《虞衡志》:「鴝鵒香色褐黑而有白點,氣尤清婉,似蓮花。」**香爇鷓鴣肪**。葉庭珪《香譜》:「鷓鴣斑者,擇香木之曲幹,以刀斫成坎,經年得雨水,其香結為斑點,故名。」《虞衡志》。**日以婆拖永**,《古樂府·讀曲歌》:「婆拖何處歸,道逢播掿郎。」**時乘嬿婉良**。蘇武詩:「燕婉及良時。」〔註65〕**本來通碧漢**,江總詩:「起樓侵碧漢。」**原不限紅牆**。李商隱

〔註61〕按:李白《古風》(其五十五):「一笑雙白璧,再歌千黃金。」

〔註62〕按:劉晏《詠王大娘戴竿》:「樓前百戲競爭新。」

〔註63〕楊巨源《上劉侍中》作「丹詔半縑緗」。

〔註64〕「石」,《南方草木狀》作「古」。

〔註65〕《李陵錄別詩二十一首》其五(結髮為夫妻)。

詩：「本來銀漢是紅牆。」〔註66〕**天定從人慾**，《書》：「人之所欲，天必從之。」李商隱詩：「人慾天從竟不疑。」王粲詩：「人慾天不違，何懼不合併。」**兵傳迫海疆。**范椁〔註67〕詩：「大海以為疆。」**為園依錦里**，杜詩：「為園須似邵平瓜。」杜詩：「錦里先生烏角巾。」蘇詩注：「成都謂之錦官，亦謂之錦里。」**相宅夾清漳。**《書》：「孺子來相宅。」《南史‧劉繪傳》：「三人共宅夾清漳，張南周北劉中央。」**奪織機中素，**《古詩》：「故人工織素。」江淹詩：「紈扇如團月，出自機中素。」**看春石上梁。**城上烏童謠：「石上慊慊春黃粱。」**茗罏寒說餅，**皮日休詩：「茗罏盡日燒松子。」《南史‧文學傳》：「吳均，字叔庠。吳興人。著《餅說》。」**芋火夜然糠。**蘇詩：「芋火照〔註68〕孄殘。」《南史‧顧懽傳》：「懽好學，夕則然松節讀書，或然糠以自照。」**唐突邀行酒，**《世說》：「刻畫無鹽，唐突西子。」《古樂府》：「小喜多唐突。」《漢書》：「朱虛侯曰：『臣將種也，請以軍法行酒。』」**勾留信裹糧。**白詩：「一半勾留是此湖。」杜詩：「論文暫裹糧。」**比肩吳下陸，**《三國志》：「非復吳下阿蒙。」林坤《誠齋雜記》：「海鹽陸東美妻。」〔註69〕**偷嫁汝南王。**庾信詩：「定知劉碧玉，偷嫁汝南王。」**畫舫連晨夕，**秦少游詩：「畫舫珠簾出潦塘〔註70〕。」陶潛詩：「樂與數晨夕。」**歌臺雜雨暘。**杜牧賦：「歌臺煖響。」程俱詩：「便覺雨暘如有意。」梁簡文帝詩：「歌臺弦未張。」**旋娟能妙舞，**《拾遺記》：「燕昭王二年，廣延國獻舞女二人，一名提嫫。」邊讓賦：「妙舞麗於陽阿。」王維詩：「定因偷妙舞。」**謇姐本名倡。**繁欽《與魏文帝箋》：「自左騏史妠，謇姐名倡，能識以來，耳目所見，未之聞也。」《注》：「史妠、謇姐，蓋亦當時之樂人。」**記曲由來擅，**《樂錄》：「唐妓張紅紅歌丐於市，韋青納為姬，敬宗召入後宮，號記曲娘子。」**催歸且未遑。風占花信改，**見卷十二《呂氏春秋》：「春之風不信，則花不成。故三月花開時風謂之花信風。」**暑待露華瀼。**《詩》：「零露瀼瀼。」杜詩：「清切露華新。」**蓄意教丸藥，**《本事詩》：「開元宮人詩：『蓄意多添線。』」曹毗《杜蘭香傳》：「蘭香降張碩家。碩問禱祀何如，香曰：『消摩自可愈疾。淫祀何益！』蘭香以丸藥為消摩。」杜詩：「九藥轉流鶯。」陳壽居喪，使婢丸藥。〔註71〕**含辛為吭瘡。**傅玄〔註72〕《七謨》：「色

〔註66〕《代應》。

〔註67〕「椁」，底本誤作「梛」。出范椁《郡中即事十二韻》。

〔註68〕「照」，蘇軾《次韻毛滂法曹感雨》作「對」。

〔註69〕按：《御定子史精華》卷八十三：「林坤《誠齋雜記》：『海鹽陸東美妻朱氏有容止，夫妻相重，寸步不相，離時人號為比肩人。』」

〔註70〕「潦塘」，秦觀《遊鑒湖》作「繚牆」。

〔註71〕按：天頭補注：「任昉詩：『蓄意必相思。』白居易詩：『柘枝紫袖教丸藥。』」

〔註72〕「玄」，底本作「元」。

苦含辛。」白詩：「含血吮瘡撫戰士。」吳起吮瘡事見《韓非子》。**賦情憐宋玉**，李
商隱詩：「料得也應憐宋玉。」**經義問毛萇**。《漢書‧張禹傳》：「講論經義。」**芍藥
將離草**，《古今注》：「芍藥，一名將離，故將別贈之。」**蘪蕪贈遠香**。《中山經》：
「洞庭之山，其草多蘪蕪。」注：「蘪蕪似蛇床而香者。」郭璞贊：「蘪蕪香草，亂之
蛇床。不損其真，自裂以芳。」**潮平江截葦**，王灣詩：「潮平兩岸失。」王惲詩：
「寄聲璧月瓊枝客，鋹琑休誇一葦江。」**亭古岸多樟**。杜詩：「海右此亭古。」白居
易詩：「富陽山頂〔註73〕樟亭畔。」羊士諤詩：「樟亭八月又觀濤。」《杭州府志》：「錢
塘縣舊治南五里有樟亭。」**鏡水明於鏡**，施宿《會稽志》：「鏡湖在會稽縣東二里。」
《地理志》：「鏡湖以水明如鏡故名。」**湘湖曲似湘**。施宿《會稽志》：「湘湖在蕭山
縣，產蓴絲最美。」**加餐稠疊語**，《古詩》：「努力加餐飯。」元稹詩：「書來稠疊頗
相於。」白居易詩：「從容盡日語，稠疊長年情。」**濃墨十三行**。《松雪齋集》：「王
獻之書《洛神賦》十三行。」白居易詩：「開緘見手札，一紙十三行。」李商隱詩：「書
被催成墨未濃。」**約指連環脫**，繁欽詩：「約指一雙銀。」《國策》：「秦昭王遺齊君
王后玉連環。」**葺縣袝復裝**。王筠詩：「袝復兩邊作八襊。」《注》：「袝復即裏肚。」
杜詩：「衣冷欲裝綿。」**急如蟲近火**，《樂府》：「近火固宜熱。」**躁甚蟹將糠**。《齊
書‧周顒傳》：「鍾岏曰：『蟹之將糖，躁擾彌甚。』」**理棹回青翰**，謝靈運詩：「理棹
遄歸期。」《說苑》：「鄂君乘青翰之舟。」**駃駒驟玉瓖**。《新序》：「未有咫角駃駒而
能服遠致重者也。」《東京賦》：「方釳左纛，鉤膺玉瓖。」《注》：「鉤膺，當胸也。瓖，
馬帶玦，以玉飾也。」**寧期共命鳥**，《彌陀經》：「迦陵頻伽，共命之鳥。二鳥同身二
首，出流雅音，念佛法僧。」《翻譯名義集》：「《寶藏經》：『雪山有鳥，一身兩頭，名
曰共命。』」杜詩：「蓮花交響共命鳥。」**邅化逆毛鶬**。《韓詩外傳》：「孔子與子夏渡
江，見鳥而異之，人莫能名。孔子曰：『鶬也。嘗聞河上之歌曰：鶬兮鶬兮，逆毛衰兮，
一身九尾長兮。』」**寄恨遺卷髮**，羅鄴詩：「層樓寄恨飄珠箔，駿馬憐香撼玉珂。」
《詩》：「卷髮如薑。」**題緘屬小臧**。《宋史》：「陳自強尤貪鄙，四方致書餽，必題其
緘。」永頤詩：「小臧別我去。」〔註74〕**憤奚殊蔡琰**，蔡琰有《悲憤詩》。**嫁悔失
王昌**。《詩話》：「崔顥才俊無行。李邕邀之，顥至獻詩曰：『十五嫁王昌。』邕怒曰：
『小兒無禮。』」**作事逢張角**，《嬾真子錄》：「五角六張，古語也。謂五日遇角宿，
六日遇張宿，此兩日作事不成。」《開天傳信記》：「天寶初，劉朝霞自敘云：『夢裏幾
回富貴，覺來依舊悽惶。只是千年一遇，叩頭莫五角而六張。』上覽而奇之，將加殊

〔註73〕「頂」，白居易《醉送李協律赴湖南辟命因寄沈八中丞》作「底」。
〔註74〕《將別舊山寄伯弓》。

賞。命改去五角六張字，奏云：『臣草此賦，若有神助，不願改。』上曰：『真薄命人也。』遂授以宮衛佐而止焉。」**無成種董蓈**。《說文》：「禾粟之米生而不成者謂之董蓈。」**流年憎祿命**，溫庭筠詩：「更因行樂惜流年。」禰衡賦：「嗟祿命之衰薄。」王元美云：「以五行甲子推人流年祿命，其術久矣。至臨孝恭有《祿命書》，陶宏景有《三命抄略》，由是傳之愈廣。」杜詩：「鬱鬱流年度。」**美疢中膀胱**。《左傳》：「美疢不如惡名。」《周禮疏》：「膀胱為精液之府。」**手自調羹臛**，《爾雅》梟鴟《疏》：「其肉甚美，可為羹臛。」**衣還借裲襠**。沈約詩：「單衫滿裲襠。」《唐・車服志》：「裲襠之制，一當胸，一當背。」〔註75〕**口脂勻面罷**，杜詩：「口脂面藥隨恩澤。」《月令廣義》：「明皇時有牡丹名楊家紅，蓋貴妃勻面而口脂在手，偶印於花上，詔於仙春館栽之。來歲花開，上有脂印紅跡，帝名為一撚紅。」**眉語背人剛**。柳惲詩：「膩疏眉語度。」此句或作劉孝威詩。**力弱橫陳易**，《離騷》：「橫自陳兮君之旁。」司馬相如賦：「玉體橫陳。」**行遲小膽怔**。常理詩〔註76〕：「小膽空房怯。」《說文》：「怔，怯也。」**留仙裙盡皺**，《飛燕外傳》。〔註77〕**墮馬鬢交鬘**。《續漢書・五行志》：「元嘉中，京師婦女作墮馬髻。」注：「謂作一邊也。」《楚辭》：「披髮鬘只。」**不寐扃重闢**，《詩》：「耿耿不寐。」王勃文：「晨扃既闢。」張衡《思玄〔註78〕》賦：「叫帝閽使闢扉兮。」**巡簷戶暗搪**。杜詩：「巡簷索共梅花笑。」**風微翻蝙蝠**，李商隱詩：「鬥鼠上堂蝙蝠出。」《爾雅》：「蝙蝠，服翼。」何遜詩：「蝙蝠戶中出。」**燭至歇蛩螿**。《禮記》：「燭至起。」陶宗儀詩：「秋至響蛩螿。」**霧漸迷三里**，謝承《後漢書》：「關西人裴憂能作三里霧。」王維《賀神兵助取石堡城表》：「未達齋心，初迷三里之霧；既符真氣，俄成五色之雲。」**星仍隔五潢**。《史記・天官書》：「八星，絕漢曰天潢。五潢，五帝車舍。」魏曹固表：「疏派天潢。」注：「天河也。」徐陵《上庸路碑》：「在天成象，咸池屬於五潢。」李敬玄詩：「詞波照五潢。」**輕帆先下雪**，《寰宇記》：「苕水出浮玉山。雪水一名雪川，雪然有聲，故名。」余端詩：「輕帆雲一片。」**岐路誤投杭**。《漢書》：餘杭，秦始皇經此，立為縣。**九日登高閣**，潘岳《秋興賦》：「高閣連雲。」**崇朝舍上庠**。《詩》：「崇朝其雨。」《禮記》：「書在上庠。」**者回成逼側**，潘岳《西征賦》：「騈閭偪側。」杜甫有《偪側行》。司馬相如

〔註75〕《新唐書》卷二十四。

〔註76〕旁注：「□（開林按：殘，不識。）作韋莊」。按：非韋莊詩，出（唐）常理《古離別》。

〔註77〕按：《飛燕外傳》：「漢武帝遊太液池，飛燕歌歸風送遠之曲。酒酣風起，後揚袂曰：『仙乎仙乎，去故而就新。』帝令左右持其裙。風止，裙為之皺。他日宮娥或擘裙為縐，號留仙裙。」

〔註78〕「玄」，底本作「元」。

《上林賦》：「偪側泌瀄。」司馬彪曰：「偪側，相迫也。」**此去太愴惶**。杜詩：「愴惶已就長途往。」宋之問詩：「此去何從。」**亂水逾浮玉**，杜詩：「亂水通人過。」《山海經》云：「浮玉之山，北望具區。」楊慎《補注》：浮玉即金山。唐改浮玉為金山。劉會孟曰：浮玉之山有二，在歸安者為小浮玉，在孝豐者為大浮玉。《經》云北望具區，則山在具區南，非金山矣。〔註79〕南唐僧應之《頭陀岩記》：「金山本名浮玉，因裴頭陀江際獲金，貞元二十一年，節制李奇奏名金山。」樂史《寰宇志》及《圖經》亦云。《京口三山志》：「焦山亦名浮玉，見米芾《臨金山賦》注。」今岩石有古刻浮，而金山祖師岩石亦有之。意金鰲浮玉，其稱最古，而互相踵訛，莫如之考耳。**連峰度括蒼**。謝靈運詩：「連峰競千仞。」吳錄云：「括蒼高一萬六千丈，登之俯視雷雨。屬處州府。」《廣輿記》：「括蒼山在縉雲縣，南控臨安，東跨仙居。」**惡溪憎詘屈**，《浙江通志》：「麗水巾子山，東溪流其下，溪水多怪，舊名惡溪。」惡溪在處州縉雲地。《輿地志》：「惡溪道間九十里，而有五十九瀨，兩岸連雲，高岩壁立。」余按：李白詩「寧懼惡溪惡。咆哮七十灘」，未知何據。然諸書皆云五十九灘也。《太平寰宇記》：「惡溪出麗水縣東北大慶山西南，二百一十五里至括州城。」魏武帝《苦寒行》：「羊腸阪詘〔註80〕屈。」**盤嶼苦低昂**。《輿地廣紀》：「九盤山在檡山之西，山路盤曲，又名小括蒼山。」**地軸何能縮**，《河圖括地象》：「地有三百六十軸。」《博物志》：「地有四柱，廣十萬里，有三千六百軸，犬牙相制。」《神仙傳》：「費長房有神術，能縮地脈。」元積詩：「無由縮地欲如何。」**天台詎易望**。《內經》：「天台山在剡縣東南之境。」《道書》：「此山上應臺星，故曰天台。」《異苑》：「天台山路迢遞，非忽生忘形不可望而躋也。」**重過花貼勝**，杜詩：「勝裏金花巧耐寒。」《荊楚歲時記》：「人日剪綵勝為人，或鏤金為人，貼屏風，戴頭鬢。」蘇頲詩：「初年競貼宜春勝。」**相見紡停軒**。《廣韻》：「軒，紡車。」**射雉須登隴**，張景陽詩：「澤雉登隴雊。」梁簡文《豔歌》：「弋獵多登隴。」《左傳》。〔註81〕**求魚別有栫**。《方言》：「蜀人以木偃魚曰栫。」**笆籬六枳近**，方岳詩：「與君只隔竹笆籬。」馮衍賦：「揵六枳以為

〔註79〕按：注以此為楊慎《補注》，實非。此注似引自吳任臣《山海經廣注》卷一，曰：

任臣案：楊慎《補注》曰：「浮玉即金山也。唐明皇改浮玉為金山。」前人詩：「天將白玉浮諸水，帝以黃金姓此山。」又劉會孟曰：「浮玉之山有二，在歸安者為小浮玉，在孝豐者為大浮玉，苕水出其陰。」然《經》云「北望具區」，則山在具區南，非金山，明矣。

〔註80〕「詘」，原詩作「詰」。

〔註81〕按：《左傳·昭公二十八年》：「賈大夫惡，娶妻而美，三年不言不笑。御以如皋，射雉獲之，其妻始笑而言。」

籬。」白居易詩：「旁織笆籬護。」**練浦一舟蕩**。《水經注》：「北通練浦。」《浙江通志》：「練浦在嘉興府城東南，相傳吳王練兵於此。」《嘉興府志》：「練浦，又名練塘，在長水之東。」隋大業末童謠：「上山喫鹿獐，下山喫牛羊。忽聞官軍至，提刀向前盪。」他郎切，音湯。**烏臼遮村屋**，《樂府·西洲曲》：「日暮伯勞飛，風吹烏臼樹。樹下即門前，門中露翠鈿。」**青蘋冒野湟**。宋玉《風賦》：「風起於青　之末。」張楫曰：「青　似莎而大。」李賀詩：「寥落野湟〔註82〕秋漫白。」湟，積水池也。□□〔註83〕詩：「朱華冒綠池。」**洛靈潛拾翠**，《洛神賦》：「於是洛靈感焉，徙倚彷徨。或採明珠，或拾翠羽。」《山堂肆考》：「盧驤詩：『但憎赤腳婢惱人，要逐了鬟同拾翠。』」**蠶妾未登桑**。《左傳》：「謀於桑下。蠶妾在其上。」陸倕《思田賦》：「風去　其已開，日登桑而未見。」**驟喜佳期定**，屈原《九歌》：「與佳期兮夕張。」《注》：「佳謂湘夫人也。不敢指斥尊者，故言佳也。」謝朓詩：「芳洲有杜若，可以慰佳期。」**寧愁下女儅**。《離騷》：「相下女之可詒。」《注》：「下女，同志也。」《九歌》：「將以遺兮下女。」《注》：「下女，儔匹也。」《說文》：「儅，止也。」**繁英經夜合**，元稹詩：「撩亂紅紫開繁英。」周處《風土記》：「合歡，槿也，葉晨舒而夜合。」《花譜》：「合歡葉似槐，五月花，朝則花，夜則合，又名夜合。」《群芳譜》：「斯遊國有淫樹，晝開夜合，名有情樹。若各自種則無花。」〔註84〕**珍木入宵炕**，自注：「《爾雅》：『守宮槐葉，晝聶宵炕。』」劉楨詩：「珍木鬱蒼蒼。」李白詩：「翱翔在珍木。」《爾雅注》：「炕，張也。」**啟牖冰紗綠**，《論衡》：「鑿空啟牖。」元稹詩：「文窗窈窕冰紗綠〔註85〕。」**開奩粉拂黃**。鮑照詩：「開奩奪香蘇。」《古詞·子夜歌》：「自從別歡來，奩器了不開。頭亂不敢理，粉拂生黃衣。」**話纔分款曲**，《後漢書·光武紀》：「劉文叔少時謹信，不與人款曲。」**見乃道勝常**。陸游《老學庵筆記》：「王廣洋〔註86〕《宮詞》：『新睡起來思舊夢，見人忘卻道勝常。』勝常猶今婦人言萬福也。前輩尺牘有尊候勝常，勝字平聲讀。」**即事憐聰慧**，《北史·王□〔註87〕傳》：「聰慧夙成。」沈約詩：「即事既多美。」**那教別慨慷**。趙飛燕《歸風送遠操》：「感余心兮多慨慷。」**竭來要漢艾**，胡震亨《唐音癸籤》：「唐人多用『竭來』二字。韻書：竭，卻也。又，

〔註82〕「湟」，原詩作「篁」。
〔註83〕原空兩格。按：出曹植《公讌詩》。
〔註84〕按：天頭補：「劉琨贈盧諶詩：『繁英落素秋。』」
〔註85〕「冰紗綠」，元稹《連昌宮詞》作「紗猶綠」。
〔註86〕原作「津」，又抹掉，旁改為「洋」。按：《老學庵筆記》卷五作「津」。詩出王涯（字廣津）《宮詞三十首》其一。
〔註87〕底本作空格。按：出《北史》卷五十一《齊宗室諸王列傳上》趙郡王高琛之子高睿傳。

去也。又，發語詞。《楚辭》：『車既駕兮朅而歸。』張衡《思玄〔註88〕賦》：『四志朅來從元謀。』劉向：『日朅來歸，畊永自疏。』此俱去字義也。顏延年《秋胡詩》：『朅來空複詞。』此兼發語詞。後人多用作虛字。」庾肩吾《三日詩》：「漢艾臨波出，江楓拂岸遊。」〔註89〕《離騷》：「戶服艾以盈要兮。」**塊獨泛沙棠**。宋玉《九辨》：「塊獨守此無澤兮。」注：「塊獨，無聊之況，發語詞也。」《拾遺記》：「漢成帝與趙飛燕戲太液池，沙棠為舟。」庾肩吾詩：「桂楫由棠船。」〔註90〕**送遠歌三疊**，《東坡詩話》：「舊傳陽關三疊，然今世歌者僅每句再疊而已。若通一首言之，又是四疊。皆非是。或每句三唱，以應三疊之說，則叢然無復節奏。余在密州，有文勳長官者，以事余至密，自云得古本陽關，其聲宛轉淒斷，不類向之所聞。每句皆再唱，而第一句不迭，乃知古本三疊蓋如此。及在黃州，偶讀樂天《對酒》詩云：『相逢且莫推辭醉，聽唱陽關第四聲。』注云：『第四聲，勸君更盡一杯酒。』以此驗之，則首句不迭審矣。」**銷魂賦一章**。江淹《別賦》。**兜鞓投暗室**，梁簡文詩：「一燈朗暗室。」**卷箔指昏亢**。薛奇童詩：「珠箔卷輕寒。」《月令》：「仲夏之月，昏亢中。」李洞詩：「卷箔清溪月。」**命續同功縷**，《風俗通》：「五月五日以五綵絲繫臂，名續命縷。」稽含《伉儷詩》：「裁彼雙絲絹，著以同功綿。」謝肇淛《西吳枝乘》：「湖人以兩蠶共作一繭，為同功繭。」〔註91〕《端午詞》：「鬥巧結、同心雙縷。」**杯餘九節菖**。《荊楚歲時記》：「五月五日以菖蒲，或鏤或屑，以泛酒。」《南方草木狀》：「番禺東有澗，中生菖蒲，一寸九節。」**截筒包益智**，《續齊諧記》：「屈原五月五日投江，楚人哀之。每至此日，截筒貯米，投水以祭。」《宋書》：「盧循五月五日以益智粽遺劉裕。」方岳詩：「揀得琅玕截作筒。」**消食餉檳榔**。《南史·劉穆之傳》：「穆之少貧，往妻兄江氏乞食。食畢，求檳榔，江氏兄弟戲曰：『檳榔消食，君何須此？』後穆之為丹陽尹，以銀盤貯檳榔一斛餉江氏。」**膠合黏鸞鳥**，《格物論》：「鸞血作膠，可續琴瑟弓弩之弦。」**丸堅抱蛣蜣**。《莊子》：「蛣蜣之智，在於轉丸。」《格物總論》：「蛣蜣噉糞，能以土包糞，轉而成丸。」**歡難今夜足，憂且暫時忘。本擬成翁媼**，《樂府·捉搦曲》：「天生男女共一處，願得兩個成翁媼。」**無端失比肬**。張衡《思玄〔註92〕賦》：「儔可與乎比肬。」**睫邊惟有淚**，桓譚《新論》：「雍門周以琴見孟嘗君。云云。孟嘗君承睫泣出，淚下沾襟。」劉子翬詩：「睫邊遺太極。」**心上豈無忐**。

〔註88〕「玄」，原作「元」。
〔註89〕《曲水聯句詩》。
〔註90〕庾肩吾《奉和泛舟漢水往萬山應教詩》：「桂棹棨棠船。」
〔註91〕按：此處原空兩格，闕作者，實出（宋）甄龍友《賀新郎》（思遠樓前路）。
〔註92〕「玄」，底本作「元」。

《左傳》：「士刲羊，亦無衁也。」《注》：「衁，血也。」**鍼管徐抽線**，《禮·內則》：「右佩箴、管、線。」范梈〔註 93〕詩：「古來閨閣佩鍼管」韓偓詩：「調琴抽線露尖斜。」**欄灰淺涷幀**。《周禮·考工記·幀氏》：「涷帛以欄為灰。」**毫尖渲畫筆**，胡傳：「經文如畫筆。」陸龜蒙詩：「書健紫毫尖。」**肘後付香囊**。繁欽《定情詩》：「香囊繫肘後。」**訣絕分溝水**，卓文君《白頭吟》：「故來相訣絕。」又：「明旦溝水頭。」又：「溝水東西流。」**纏綿解佩瓊**。方夔詩：「相依久纏綿。」《詩》：「雜佩以贈之。」注：「雜佩，珩璜琚瑀衝牙之類。」《洛神賦》：「解玉佩以要之。」韓詩：「鵝肪截佩瓊。」**但思篙櫓折**，《樂府·那呵灘歌》：「聞歡下揚州，相送江津灣。願得篙櫓折，交郎到頭還。」**莫繫驪驄䩭**。《樂府·隴上歌》：「棄我驪驄竄岩幽。」**帷帳辭秦淑**，秦嘉妻徐淑《報嘉書》：「未侍帷帳，則芳香不發也。」**音塵感謝莊**。謝莊《月賦》：「美人邁兮音塵闕。」**豈無同宿雁**，張允詩：「宿雁下蘆洲。」**終類失群麕**。《古今注》：「麕如小鹿而美。」蘇詩：「狀如失林麕。」東方朔《七諫》：「鳥獸驚而失群兮。」**衛顗頻開匣**，《詩·衛風》：「鬒髮如雲。」《集韻》：「顗與鬒同。」李賀詩：「楚腰衛鬢四時芳。」潘岳《西征賦》：「衛鬒髮以光鑒。」李善注〔註 94〕《漢書》：衛皇后字子夫。《漢武故事》曰：子夫得幸，頭解，上見其髮，悅之。」〔註 94〕**秦衣忍用樣**。吳兢《樂府解題》：「《秦王卷衣曲》，言咸陽春景及宮闕之美，秦王卷衣以贈所歡也。」《方言》：「懸蠶柱，自關而東謂之槌，齊謂之樣。」**炕蒸鄉夢短**，北方煖床曰炕。**雪卷朔風雱**。《詩》：「北風其涼，雨雪其雱。」**絕塞緣蠮螉**，《戰國策》：「秦敢絕塞而伐韓者，信東周也。」《晉書·慕容皝載記》：「皝率騎二萬出蠮螉塞，長驅至於薊城。」《漢書注》：「絕塞直渡曰絕。」**叢祠弔好蚄**。柳宗元詩：「叢祠古木疏。」《國策》：「應侯謂昭王曰：『亦聞恒思有神叢歟？』」注：「神叢，神祠叢樹。」《史記·陳涉世家》：「又間令吳廣之次近所旁叢祠中，夜篝火，狐鳴呼曰『大楚興，陳勝王』。」**刀環歸未得**，《樂府解題》：「大刀頭者，刀頭有環也。何當大刀頭者，言何日當還也。」陶岷詩：「白髮數莖歸未得。」**軌革兆難彰**。《搜神記》：「西川費孝先善軌革，世皆知名。」或云漢軌革精夢術，傳於費孝先。須查。**客乍來金鳳**，《地理志》：相州有金鳳渠。**書猶報白狼**。沈佺期詩：「白狼河北音書斷。」□□〔註 95〕：「白狼河在青州府臨朐縣地。」**百憂成結軼**，枚乘《七發》：「邪氣襲逆，中若結軼。」《詩》：「逢此百憂。」**一病在膏肓**。《左傳》。**峽里瑤姬遠**，《襄陽耆

〔註93〕「梈」，底本誤作「梆」。

〔註94〕另：旁有補注，文字漫漶，僅能辨識首二字為「左傳」。按《左傳·昭公二十八年》：「昔有仍氏生女，黰黑而甚美，光可以鑒。」

〔註95〕底本原為兩空格。

—1003—

舊傳》:「赤帝女姚姬,死葬巫山之陽。」**風前少女殃**。《魏志・管輅傳》:「樹上已有少女微風。」**款冬殊紫蔓**,《本草》:「枇杷一名款冬。」《爾雅注》:「款冬紫赤花,生水中。」《吳氏本草》:「十二月開花,色黃白,紫赤色。」**厄閏等黃楊**。蘇軾詩「只有黃楊厄閏年」自注。〔註96〕**定苦遭謠諑**,《楚辭》:「謠諑謂余以善淫。」《方言》:「楚人謂愬為諑。」**憑誰解迭邊**。張衡《思玄〔註97〕賦》:「藐以迭邊。」邊音唐,哭也。**樸先為檀斫**,《毛詩・伐檀》注及《爾雅疏》引齊人諺曰:「上山斫檀,樸檖先殫。」**李果代桃僵**。《古詩》:「桃生露井上,李樹生桃旁。蟲來齧桃根,李樹代桃僵。」**口似銜碑闕**,無名氏《讀曲歌》:「石闕生口中,銜碑不得語。」**腸同割劍鋩**。柳宗元詩:「海上尖峰似劍鋩,秋來處處斷愁腸。」**返魂無術士,團土少媧皇**。《御覽》:「《風俗通》:『俗說天地開闢,未有民人,女媧團黃土作人。』」唐詩:「女媧團黃土,化為愚下人。」**剪紙招南國**,杜甫詩:「剪紙招我魂。」鮑照賦:「東都豔姬,南國佳人。」宋玉《招魂》:「魂兮歸來,南方不可以止些。」《封氏聞見記》:「剪紙自魏晉以來始有其事。凡鬼神之物,其象似亦車馬芻靈之類。古埋帛,今燒之,示不知神之所在也。」**輸錢葬北邙**。《類纂》:「郭元振為太學生,家送資錢四十萬,有言五世未葬者,即輸與之,無吝色,亦不問其姓氏。」《洛城記》:「北邙山連亙四百餘里,君臣陵墓多在焉。」《輿地記》:「北邙山連亙四百餘里,乃東洛九原之地。」《弈州集》曰:「《西京雜記》:『茂陵富人袁廣漢於北邙山下築園,東西四里,南北五里。』又,『何武葬北邙山薄龍阪東王嘉冢北一里。』然則長安故自有北邙,不止洛中也。今考志記俱無之。」**春秋鶗蟀換**,徐陵文:「春鶗始囀,秋蟀載吟。」王正常詩:「昔往倉鶗鳴,今來蟋蟀吟。」**來往鶯鳩搶**。《莊子》:「蜩與鶯鳩笑之曰:『我決起而飛,搶榆枋。』」《爾雅》:「鶯,山鵲。」《廣韻》:「鶯知來而不知往。」**油壁香車路**,《樂府・蘇小小歌》:「妾乘油壁車。」魏武《與楊彪書》:「今贈足下四望通幰七香車二乘。」注:「以七種香木為之也。」**紅心宿草岡**。《述異記》:「楚中有宮人草,狀似金蕣而甚芳,心如紅翠。俗說楚靈王時,宮人多怨曠,有因死於宮中者,葬之,墓上悉生此草。」《禮》:「朋友之墓有宿草而不哭焉。」**崔徽風貌在**,《元稹詩集》:「崔徽,河中妓也。與裴敬中相從累月。敬中歸,情懷抑怨,乃寫其真,奉書託白知退寄敬中,曰:『為妾謂敬中,崔徽一旦不及卷中人,且為郎死矣。』」《南史》:「宋武帝選侍中,兼以風貌。」**蘇小墓門荒**。徐凝詩:「惟有縣前蘇小小,無人送與紙錢來。」《詩》:「墓門有梅。」**側想營齋奠**,元稹《悼亡》詩:「今日俸錢過十

〔註96〕按:蘇詩自注:「說黃楊歲長一寸,遇閏退三寸。」

〔註97〕「玄」,底本作「元」。

萬，與君營奠復營齋。」無聊檢笥筐。方花餘莞蕗，張衡《同聲歌》：「思為苑蕗席，在下蔽匡床。」潘岳《秋興賦》：「藉莞蕗。」文瓦失香薑。《楊慎集》：「宋洪邁《銅雀瓦硯銘》曰：『元魏之東，狗腳於鄴。籲其瓦存，亦禪千劫。』曹操臺瓦，已不可得。宋人所收，乃高歡避暑宮冰井臺香薑閣瓦也。洪容齋之銘可證。」宋徽宗詩：「文瓦雕甍敞殿寬。」扇憾芳姿遣，《詩話》：「晉中書令王瑉與嫂婢謝芳姿情好甚篤，嫂鞭撻過苦。婢素善歌，而瑉好持白團扇。芳姿乃作歌以贈瑉曰：『團扇復團扇，持許自障面。憔悴無復理，羞與郎相見。』」按《名媛璣囊》，此乃桃葉《團扇歌》之第三首也。其一曰：「七寶畫團扇，燦爛明月光。與郎卻暄暑，相〔註98〕憶莫相忘。」其二曰：「青青林中竹，可作白團扇。動搖郎玉手，因風寄方便。」係王羲之妾桃葉所作，非芳姿《白團扇歌》也。芳姿歌曰：「白團扇，辛苦互流連，是郎眼所見。」其二曰：「白團扇，憔悴非昔容，羞與郎相見。」蓋因篇末各有「羞與郎相見」詞而誤也。然他書多以桃葉《團扇歌》為芳姿《白團扇歌》。環悲奈女亡。《泥洹經》：「佛告奈女。」《佛遊天竺本記》：「西域有奈樹，成果中有一女子，王收為妃，名奈女。」玉簫迷處所，《雲溪友議》：「韋臯少游江夏，與青衣玉簫有情，約後七年再會，留玉指環。八年不至，玉簫絕食而殞。後十年，臯鎮蜀，得一歌姬，亦以玉簫為名。觀之，真如玉簫。中指有肉隱出，如玉環也。」《高唐賦》：「雲無處所。」孟浩然：「天邊迷處所。」李商隱詩：「海闊天寬迷處所。」錦瑟最淒涼。束竹攢心曲，李賀詩：「腸攢非束竹。」《詩》：「亂我心曲。」樓塵眯眼眶。《莊子》：「簸糠眯目。」王昌齡詩：「眼眶淚滴深兩眸。」歐陽修賦：「或集眉端，或沿眼眶。」轉添詞悵悵，蘇彥詩：「悵悵一宵促。」莫制淚浪浪。《離騷》：「沾余襟之浪浪。」幔卷紬空疊，幔卷紬，詞調名也。鈴淋雨正鈌。《太真外傳》：「上至斜谷口，屬霖雨彌旬，於棧道中聞鈴聲，隔山相應。上既悼念貴妃，作《雨霖鈴曲》以寄恨焉。」《廣韻》：「鈌，鈴聲。」情深繁主簿，《文選注》：「繁欽，字休伯。為丞相主簿。有《定情詩》。」癡絕顧長康。《文章志》：「顧愷，字長康。世稱三絕：詩畫絕，才絕，癡絕。」蘇詩：「癡絕還同顧長康。」永逝文悽戾，潘岳有《哀永逝文》。《詩品·晉太尉劉琨中郎盧諶》：「其源出於王粲。善為淒戾之詞，自有清拔之氣。」冥通事渺茫。陸機有《冥通記》。感甄遺故物，《魏記》：「東阿王求甄逸女，不遂。後與五官中郎將。黃初中，東阿王入朝。甄后已為郭后讒死。文帝以甄后玉鏤金帶枕與之。植還，息洛水。思甄后，忽見一女子來，曰：『此枕是我嫁時物，今與君王，用薦枕席。』言訖，不見。植因作《感甄賦》。後明帝改為《洛神賦》。」怕見合歡床。關盼盼詩：「樓上殘燈伴曉霜，獨眠人起合歡床。」

〔註98〕按：原脫「相」字。

冒廣生《風懷詩案》〔註99〕

冒氏叢書

如皋　冒廣生　甌隱

樂府傳西曲，佳人自北方。

《閒情詩》：「北地佳人矜絕世，西鄰名士悅傾城。」《馮孺人行述》：「教諭君徙居府治之北，再徙碧漪坊，去先太傅文恪公第近止百步。」按：此則西鄰西字非泛用，不獨次句切女弟。

問年愁豕誤。

《年譜》：「崇禎二年己巳，先生一歲。八月二十一日未時生於碧漪坊舊第。」《馮孺人行述》：「孺人姓馮氏，諱福貞，字海媛。世居嘉興練浦之陽。考諱鎮鼎，歸安縣儒學教諭。妣胡孺人。生母沈氏。生於明崇禎四年九月二十一日未時。」按：崇禎四年為辛未，少先生二歲。此云豕年，則崇禎八年乙亥，少於先生六歲，少於馮孺人四歲。

巧笑原名壽，妍娥合喚嫦。

《洞仙歌》詞：「金簪二寸短，留結殷勤，鑄就偏名有誰認。」外祖周季況先生言少時尚見此簪，藏太倉

楊氏，鏤「壽常」二字，無女旁。壽常、福貞蓋兄弟行。又，《兩同心》詞：「洛神賦中央小字，只有儂知。」先生《詩話》及《琴》趣均以「靜志」標題，「靜志」二字出《洛神賦》。據此，當名壽常，字靜志。而金匱鄒弢《三借廬贅譚》云：「竹垞夫人馮氏，名壽，其妹或云字霞錦。」未知何據。然並《馮孺人行述》而未之見，則所謂霞錦者，直肊說耳。

次三蔣侯妹。

《教諭馮君墓誌銘》：「君有子一人，金瀁也。女五人，其一歸於我。」其友壻姓名均不載。惟《年譜》載「先生十七歲隨外父馮翁徙馮村五兒子橋，與友壻姚我士澍共學」。未知姚妻與馮孺人孰長孰次。然以《嫁女詞》云：「大姑生兒仲姑嫁，小姑獨處猶無郎。」按之其詞，作於癸巳年，先生二十五歲，時已生二子：德萬、昆田。德萬以戊子年生，昆田以壬辰年生。則大姑為馮孺人，仲姑為姚妻，此之「次三」無疑也。又《香奩詩》有「同生感至誠」之句。

〔註99〕李聖華、周翔主編《朱彝尊文獻輯刊》第 78 冊，北京燕山出版社 2019 年版，第 615～653 頁。

鐵撥嫻諸凋，雲璈按八琅。琴能師賀若，字解辨凡將。弱絮吟偏敏，蠻箋擘最強。

此六句者皆寫其才也，與《香奩詩》云「舊譜修蕭史，繁聲擘阮咸」，又「點筆能成陣，聽詩便發凡」，又「聰明箋樣改」諸句可以互參。

居連朱雀巷，里是碧雞坊。

《嘉禾志》：「碧漪坊在嘉興縣西北，舊曰集賢，通天心湖。」按：馮翁宅在碧漪坊，去先生居近止百步。

偶作新巢燕。

《馮孺人行述》：「彝尊年十七為贅婿於馮氏之宅。」按：此碧漪坊宅也。順治二年乙酉，先生年十七歲。

連江馳羽檄，盡室隱村艚。

《蚓庵瑣語》：「順治二年六月，大兵至。嘉興知府鍾鼎臣、明潞王常淓同世子官民皆迎降，居民皆黏順民字於門。貝勒紮營城外教場。」《馮孺人行述》：「遭亂，兩家各去其居。」《年譜》：「夏，安度先生去碧漪坊舊第，避兵夏墓蕩。」

綰鬌辭高閣，推篷倚峭檣。蛾眉新出繭，鶯舌漸抽簧。

《閒情詩》：「宛轉吳歌別有腔，蜻蛉舟小露紅窗。」《清平樂》詞：「兩翅蟬雲梳未起，一十二三年紀。」

慧比馮雙禮，嬌同左蕙芳。

一切其姓，一切其為，馮孺人之女弟也。

板屋叢叢樹，溪田稜稜薑。垂簾遮雁戶，下榻礙蜂房。

此詠五兒子橋所居也。《嘉興縣志》：「《大彭都五兒子橋村舍詩序》：生年十七為贅婿，避兵五兒子橋。」《年譜》：「十七歲，隨外父馮翁徙馮村五兒子橋，在練浦塘東。十八歲，留馮村。」《馮媼冢銘》：「嘉興縣治東南三十里曰練浦。浦之東民居曰馮村。」

飄轉又橫塘。

《浙江通志》：「自澒湖轉馬塘廟而上，南至橫塘。」《荇谿詩集序》：「予年十七，避兵夏墓蕩，既而徙練浦之南。」《馮孺人行述》：「教諭君以田二十畝持券付孺人。孺人語余曰：『割父之田以奉翁，非力養矣。』辭不受。挈其女至塘橋。」此乙丑年事，時先生年二十一歲。

鳳子裙纖褶，鴉頭韈淺幫。

《菩薩蠻》詞：「羅裙百子褶，翠似新荷葉。」《南樓令》詞：「記取鴉頭羅韈小。」《香奩詩》：「淺黑鴉頭韈。」

倦猶停午睡。

《瑤花》一詞專詠午夢，有「畫屏遮遍遙山，知一縷巫雲，吹墮何處」及「相思人並，料此際，驚回最苦」句。

暇便踏春陽。

《朝中措》詞：「山寺踏春陽。」

罥絲捎蠛蠓，拒斧折螳螂。

《清平樂》詞：「走近薔薇架底，生擒蝴蝶花間。」《香奩詩》：「捕雀容貓戲，移花信鳥鴿。」皆極寫嬉戲之事。

蘿蔦情方狎，萑苻勢忽猖。結侶竄茅篁。廡改梁鴻賃。

《靜志居詩話》：「歲己丑，萑苻四起，乃移家梅會里，在大彭、嘉會二都之間，市曰王店。」《曝書亭著錄序》：「予年十七，從婦翁避地六遷，而安度先生九遷，乃定居梅會里。」《馮孺人行述》：「少日遭亂，恒與予避叢篁密篠中，流離顛躋。」《年譜》：「先生挈馮孺人至塘橋，侍養安度先生，所居隘，遂賃梅里道南茅亭之居。」

疏櫺安鏡檻，斜桷頓書倉。路豈三橋阻。

此皆移居梅里後事。《洞仙歌》詞：「書床鏡檻，記相連斜桷」；又：「新來窺朱玉，不用登牆，近在蛛絲書屏角」；又：「恨咫尺纔河隔三橋。」

弓弓聽點屧。

《洞仙歌》詞：「見了乍驚回，點屧聲頻，分明睹翠帷低擢。」《鵲橋仙》詞：「行處丹鞵婀娜。」

了了見縫裳。

《生查子》詞：「刺繡在深閨，總是愁滋味。方便借人看，不把簾垂地。」

夙擬韓童配，新來卓女孀。

解《風懷》詩最難莫如此二句。謂其借用卓女故事而「孀」字為趁韻耶？則下文不應有「縞衣添綽約」之句。謂其已嫁而寡耶？則下文「彩幡搖婀娜，漆管韻清鏘。白鵠來蕭史，斑騅駕陸郎」方詠其出嫁。吾百思其故，殆未嫁而夫死者。其初或議守

貞，或議遂如英皇故事，故《閒情詩》一則曰「生來裏是比肩名，兩美須知定合併」，再則曰「莫須遠結千絲網，且緩平量十斛珠」。而此詩一則曰「夙擬韓童配」，再則曰「本擬成翁嫗」也。其後馮母復為擇壻，其壻又必甚富，故《嫁女詞》云：「媒人登門教裝束，黃者為金白為屋。阿婆嫁女重錢刀，何不東家就食西家宿。」蓋疾馮母之詞。

復帳捉迷藏。

《洞仙歌》詞：「又何處迷藏，者般難捉。」

鄰壁暗窺匡。

《閒情詩》：「徒勞暇日窺韓掾。」

末因通叩叩。

《香匲詩》：「裁通心叩叩。」

孟里經三徙。

《馮孺人行述》：「繼又移居接連之橋。」

令節矜元夕，珍亭溢看場。鬧蛾爭入市，響屐獨循廊。棖觸釵先溜，簷昏燭未將。徑思乘窘步，梯已上初桄。

《金縷曲》詞：「記全家元夜看燈，小樓簾幙。暗裏橫梯聽點屐，知是潛回香閣。險把箇玉清追著。徑仄春衣風漸逼，惹釵橫翠鳳都驚落。」又，《十六字令》詞：「尋簾外，無端墮玉簪。籠燈去，休待落花深。」即詠此事。又，《香匲詩》：「釵梁綴小蛾。」自注云：「禾中女子有以纖蛤簇蝶綴鬢花者。」

莫縮同心結。

《四和香》詞：「愛縮同心結。」

月難中夜墮。

《閒情詩》：「夢裏分明月墮懷。」

冰下人能語，雲中雀待翔。玉詫何年種，珠看滿斛量。

此即《嫁女詞》所謂「媒人登門教裝束，黃者為金白為屋」也。《閒情詩》：「且緩平量十斛珠。」《無題詩》：「量珠凡幾斛，買取墜樓人。」不曰聘而曰買，疾之之甚也。

白鵠來蕭史，斑騅駕陸郎。

《閒情詩》：「輸他三戶人僥倖，載上胭脂匯畔船。」按：胭脂匯在嘉興濮院鎮，所嫁當是濮院鎮人。又，「何緣珠樹成連理，便擬香車駕六萌。不分秦臺漏消息，玉簫

先有鳳皇迎。」此癸巳年事。先生《閒情八首》、《嫁女詞》、《七夕詠牛女二首》、《南湖即事》、《無題六首》皆作於是年，時先生年二十五歲。其人嫁時年十九。

徒然隨畫艦，不分上華堂。

《南湖即事詩》：「簫鼓聞流水」；又：「惆悵佳人去。」此時詠也。

紫葛牽駝架，青泥濕馬柳。枇杷攢瑣瑣，欅柳陰牂牂。

此皆上華堂時所見。四句極寫其壻家是一村莊富人，無書卷氣者。故《嫁女詞》有云「何不東家就食西家宿」，蓋用《戰國策》「東家富而醜，西家貧而美也」。

春渚得歸艎。

《無題詩》：「相思無別語，只解勸歸船。」《金縷曲》詞：「星橋路返填河鵲，算天孫，已嫁經年，夜情難度。」此甲午春事，時先生年二十六歲。

長堤送窅娘。

《南樓令詞》：「曾送上窅娘堤。」

日影中峰塔，潮音大士洋。

《洞仙歌》詞：「取祠燈火下，暗祝心期，眾裏分明並儂拜。」《香奩詩》：「虎阜東西寺，烏山上下岩。當年並遊地，悔不姓名劖。」按：此則中峰塔、大士洋皆在吳門。《年譜》：「甲午春，遊吳門。秋復至吳門。」此仍甲午年事。

尋幽雖結伴，過涉乃須印。

《洞仙歌》詞：「傍妝臺，見了已慰相思。原不分，雲母船窗同載。」

澹墨衫何薄。

《漁家傲》詞：「澹墨輕衫染趁時。」《菩薩蠻》詞：「彈作墨痕飛，折枝花滿衣。」

輕紈扇累障。

此扇當是先生手書，故《洞仙歌》詞自嶺南歸有「不是臨風暗相思，肯猶把留題，舊時團扇」句。

目奈冶遊狂。

《漁家傲》詞：「眾中早被遊人記。」《朝中措》詞：「贏得渡頭人說，秋娘合配冬郎。」

回波吟枒枒，鳴槳入菰蔣。

此詠自吳門竝載歸也。《洞仙歌》詞：「信柔艣，嘔啞撥魚衣，分燕尾溪流，赤欄

橋外。」《朝中措》詞：「一灣流水，半竿斜日，同上歸艭。」《本事詩》：「唐中宗畏韋后，有優人唱曰：『回波爾是栲栳，怕婦也是大好。』」此或當時舟中有此戲語，故用此典實。

已共吳船澼。

《漁家傲》詞：「一面船窻相竝，倚看淥水，當時已露千金意。」

瘦應憐骨出，嫌勿避形相。

《閒情詩》：「飛龍藥店虛存骨」；又：「形相色授兩相輸。」《鵲橋仙》詞：「笑言也得，欠伸也得。」《行香子》詞：「有緣竝坐，不在橫陳。」

兩美誠難合。

《閒情詩》：「兩美須知定合併。」

計程沖瘴癘，回首限城隍。

《兵部左待郎楊公神道碑銘》：「彝尊昔遊嶺表，舍館公所，於公為老賓客。」《年譜》：「丙申夏，遊嶺南海寧。楊公雍建知高要縣事，以幣聘先生課其子中訥。」《洞仙歌》詞：「津亭回首望，高城天遠，何況城中玉人面。」時先生年二十八歲。

紅豆憑誰寄。

《寄遠》詩：「寄語寒衣休憶遠，更無霜雪到天南。」

行子夢高唐。

《芙蓉月》詞：「無心好夢，早被行雲句住。難到今宵是夢，夢裏分明說與。」又：「貪夢好，問柔魂，可曾飛度。」此戊戌四月事也。《年譜》：「戊戌四月，將歸，訪南雄守陸君世楷。」《楊歷岩提名》：「順治戊戌，予歸自南海，太守平湖陸兄世楷留予廨北西爽齋。」夢即作於是時。觀《芙蓉月》詞「執守枯荷池上，宛種玉亭東路」，可見枯荷池指先生所居之梅里。荷花池、種玉亭，則指西爽亭夢境也。

杜宇催歸數。

《雄州歌》：「縱有歸人歸未得，虛勞夜夜子規啼。」《芙蓉月》詞：「謝多情小鳥，勸儂歸去。」《洞仙歌》詞：「鬱孤臺畔水，解送歸人，三板輕船疾於箭。」此戊戌年事，時先生年三十歲，從嶺南歸。

同移三畝宅，並載五湖航。

《還家即事》詩：「重為廡下客，慚愧說還家。」又：「卜築又無地，來歸轉自憐。」《馮孺人行述》：「予授徒不給，遂南渡嶺，越二載歸，則孺人徙西河村舍。是冬，復

還梅里。又凡徙宅者十一，始克寧居。」《年譜》：「戊戌十一月八日，移居梅里荷花池上。」《鵲橋仙》詞：「全家剛上五湖舟，恰添了個人如畫。」自注：「十一月八日。」

院落蚪簷月。

《摸魚子》詞：「粉牆青蚪簷百尺，又算只有當時，一丸冷月，猶照夜深路。」

池清雕菡萏。

此點明梅里荷花池上所居也。時十一月，菡萏已雕。

垣古繚篔簹。

《戲題竹垞壁》詞：「北垞也竹，南垞也竹，護吾廬，幾叢寒玉。」

乍執摻摻手。

《洞仙歌》詞：「纖手偷攜笑誰禁。」《芙蓉月》詞：「執手枯荷池上。」《聲聲慢》詞：「記迴廊，纖手同攜。」《香奩》詩：「愛執手摻摻。」

背人來冉冉，喚坐走伴伴。

《洞仙歌》詞：「冉冉行雲，明月懷中半霄墮。」《眼兒媚》詞：「含羞幾度，已拋人遠，忽近人前。」此戊戌年十一月事也。以《洞仙歌》詞「仲冬廿七」一語按之，又知廿七為定情之夕。

肌嫌蜥蜴妨。

《減蘭》詞：「誰驗蛇醫臂上痕。」

梅陰雖結子。

《金縷曲》詞：「緣葉清陰看總好，也不須頻悔當時錯。」

暫別猶凝睇，兼旬遽病尩。

《眼兒媚》詞：「一聲歸去，臨行又坐，乍起翻眠。」《洞仙歌》詞：「別離皎月，便懨懨成病。」此戊戌年十二月事。

歷頭逢臘盡。

《洞仙歌》詞：「喚連船渡口，晚飯蘆中，相見了不用藥爐丹鼎。」又：「同向燈前醉司命。」自注引《東京夢華錄》：「十二月二十四日，備酒果送神，以糟塗灶門，謂之醉司命。」此仍戊戌十二月事。

忽枉椒花頌，來浮柏子觴。

《洞仙歌》詞：「最難得，相逢上元時。」以下皆己亥年事，先生三十一歲。

肯負好時光。

《行香子》詞：「相逢休便，閒欲殘春。」

爐甌薰鳬藻。

《洞仙歌》詞：「鳬藻薰爐正香潤。」

象梳收鬌墮。

《兩同心》詞：「犀梳掠倩人猶未。」

滅燄餘殘炧。

《天仙子》詞：「低帷纔悔殺銀燈。」《西江月》詞：「殘燈未殺影迷離，一點紗籠紅蕊。」

簪挑金了鳥。

《滿庭芳》詞：「金簪拔暗除了鳥，不用繞唐梯。」《香奩詩》：「軒窗了鳥。」

納履氈罷底。

《洞仙歌》詞：「軟語丁寧，第一怕羅塵浣。」《三株媚》詞：「第一相思是，床東剗襪，暗塵潛躡。」

暮暮山行雨，朝朝日照梁。

此皆己亥正月也。《洞仙歌》詞：「對初三微月，看到團圞。」《臺城路》詞：「到日高翻睡。」

含嬌由半醉。

《洞仙歌》詞：「雞缸三兩琖，力薄春醪，何事卿卿便中酒。」《臺城路》詞：「橄欖漿酸，蛤蜊湯俊，猶道不消殘醉。」

喚起或三商。

《臺城路》詞：「晨紅纔射南窗影，犀帷被誰驚起。」

連理綠枝葉。

《閒情詩》：「何緣珠樹成連理。」

燒燈看傀儡。

《洞仙歌》詞：「且過了燒燈，故船由恁。」

偶然閒院落，隨意發標緗。

《夢芙蓉》詞：「日長深院裏，見微吟紅豆，學書青李。」

日以娑拖永。

《鵲橋仙》詞：「且伴我日長閒坐。」

兵傳迫海疆。

《洞仙歌》詞：「城頭畫角，報橫江艫舳。催上扁舟五湖曲。」此指己亥年鄭成功從海道破鎮江，圍金陵也。

唐突邀行酒。

《香奩詩》：「放誕酒籌監。」

比肩吳下陛。

《閒情詩》：「生來裏是比肩名。」《兩同心》詞：「比肩縱得相隨。」

畫舫連晨夕，歌臺雜雨暘。

《洞仙歌》詞：「相勸乘船漾南浦」；又：「聽唱偏青春驚山溪，待拆了歌臺，放伊歸去。」此庚子春事，時先生年三十二歲。

風占花信改。

《洞仙歌》詞：「同夢裏，又是棟花風雨。」

亭古岸多樟。

《輿地志》：「在錢塘係舊治之南五里，今為浙江亭。」《香奩詩》：「鬱鬱亭前柳，青青聒口杉。」此庚子九月，先生將往山陰，過杭州也。《古意》云：「涼秋八九月，遊子將遠行。」

鏡水明如鏡，湖湘曲似湘。

《鑑湖》詩：「澄湖一曲明如鏡。」《湘湖賦》：「愛山川之清淑兮，斯生長夫西子。洵明臺之絕倫兮，直夫差之一死。」《年譜》：「庚子十月，客山陰宋觀察琬幕中。」

濃墨十三行。

《雪中得內人信》云：「不道比來相憶否，虛煩錦字十三行。」《古意》云：「嚴冬十二月，飛來雙白鵠。錦字盤中詩，中央周四角。」《好事近》詞：「往事記山陰風雪，鏡湖殘蠟。燕尾香緘，小字十三行封答。」此仍庚子冬事。

約指連環脫。

此有本事。《古意》云：「何用問遺君？約指于闐玉。上有龍子蟠，下有鴛鴦宿。繚以五色絲，青紅與碧綠。願君一分手，思我贈君時。潛淵與皎日，信誓終不移。」

茸縣衵復裝。

此亦有本事。《古意》云：「何用問遺君？卻月裁胸前。縫以七孔針，著以同功縣。青紅與碧綠，五色絲相連。願君一置腹，思我寄君情。轆轤與車轂，輾轉何時平。」《風懷》詩所用，十九皆非閒典。如上文「竹筍重重籜，茶芽段段槍。甘蕌翻舊譜，活火試頭綱」，兩句切筍，兩句切茶，此必吳門歸舟設具也。「竹葉符教佩，留藤醬與嘗。硯明鸜鵒眼，香齅鷓鴣肪」四句，皆切嶺南物產。時先生新從嶺南歸，必其所投贈之品也。「方花餘莞蕩，文瓦失香薑。扇訝芳姿遺，環悲少女亡」四句，則先生歸里，其人已逝。檢其篋中遺物，或存或不存也。吾為《詩案》，亦不過十得四五，不敢以無徵者使人信也。

理擢迴青翰，驂駒驟玉瓔。

《香奩詩》：「回船同別鵠，去馬逐驚驪。」《洞仙歌》：「隔年芳信，要同衾元夕。比及歸時小寒食。悵鴨頭船返，桃葉江空，端可惜誤了蘭期初七。」此辛丑春事，時先生年三十三歲。

寧期共命鳥，遽化逆毛鵾。寄恨遺卷髮，題緘屬小藏。

按：此當有家庭詬誶之事。「共命鳥」、「逆毛鵾」，疑皆指馮孺人言。《換巢鸞鳳》詞：「解道臨行更開封，背人一縷香雲霸。」《洞仙歌》詞：「小字親題認，點點淚痕猶裛。」

作事逢張角。

《閒情詩》：「五角六張看過了。」

口脂勻面罷，眉語背人剛。

《減蘭》詞：「犀梳在手，逋髮未撩勻面後。眉語心知，引過閒房步步隨。」

留仙裙盡皺。

《漁家傲》詞：「百蝶仙裙風易嫋。」

風微翻蝙蝠。

《洞仙歌》詞：「便歸觸簾旌侍兒醒，只認是新涼，拂簷蝙蝠。」

輕帆先下雪。

《年譜》：「壬寅九月，訪外舅馮翁於歸安學舍。」時先生年三十四歲。《教諭馮君墓誌》：「年六十五，以歲貢試京師。又二年，銓授紹興府儒學訓導。歷七年，遷於歸安。」但書其以疾卒於官舍，而不著年月。《年譜》則載其卒於是年。以是年七十四

歲推之，知其生於萬曆十七年己丑。其以歲貢試京師在順治十年癸巳，銓授紹興府儒學訓導在十二年乙未，遷歸安在十八年辛丑，而卒於康熙元年壬寅，與《墓誌》云「未期而卒」恰合。又知馮翁生馮孺人時，年已四十三歲矣。

歧路誤投杭。

《洞仙歌》詞：「豈意錢唐片帆送。」

九日登高閣，崇朝捨上庠。

「上庠」，指馮翁學舍也。先生有《九日》詩，首句云：「九日烏程縣」，即是時作。

者回成逼仄，此去太愴惶。

此下言客於永嘉知縣王世顯幕事。《洞仙歌》詞云：「寧料我過盡惡溪蠻洞。」《永嘉除日述懷》云：「不作牽裾別，飄然到海隅。謀生真鹵莽，中歲益艱虞」；又云：「因人遠禍樞。」而此詩又有「逼仄」、「愴惶」等字。先生因魏璧、祁班孫一案，懼連染跳身而免，讀《曝書亭集》者多不知之。即注《曝書亭詩》、即為先生作《年譜》者，亦無一字。此先生一生出處大關鍵，因作《風懷詩案》詳載之，戍幾讀者勿謂我僅識其小者也。先生以文恪公之曾孫，顧念喬木，早年隱然以遺民自託。其客山陰也，與朱士稚、張宗觀、祁班孫、長洲陳三島、慈谿魏璧、歸安錢纘曾往來吳越，欲從事於焦原宗觀，以救士稚出獄，渡江為盜所殺。己亥金陵之役，延平敗走三島，以憂憤卒，士稚亦以歎息悲思病膈卒。而魏璧、錢纘曾為孔孟文所首，謂其以蠟書通海刊章名捕，以壬寅六月朔坐慘法駢死，班孫株係極邊。故先生有《西陵感舊》、《西陵後感舊》《夢中送祁六出關》諸作。《曝書亭集》為朱士稚撰《貞毅先生墓表》，但云「至歸安，得好友二人。其一自慈谿遷於歸安者也。」又云：「士稚死，二人渡江經紀其喪。士稚季弟驊元及子錡以狀至歸安，乞二人志其墓。二人者皆不果。」又云：「二人坐慘法死，並骸骨無之。」所謂「二人」，即璧與纘曾也。同時被累遣戍者，祁班孫外，尚有楊春華、李甲諸家，見毛西河、楊大瓢、全謝山各集。全、毛均作李達、楊遷。此據楊大瓢云云。大瓢即春華子也。先生與魏、錢為至交，又往來祁氏寓園最久，當日風聲，傳遞消息必惡，倉卒不及與家人話別，去之永嘉。其後客大同，客太原，客濟南，不敢家食。己未一試，遂以布衣入翰林，不得遂其初志矣。士夫出處，各有其不得已者。《麥秀》之恫，千載不荒，在讀書論世者有以知其人耳。

亂水逾浮玉，連峰度括蒼。惡溪憎詘屈，盤嶼苦低昂。

此壬寅、癸卯先生客永嘉事。《洞仙歌》詞：「東甌城下泊，孤嶼中流，明月秋潮

夜來湧。此際最銷凝，苦憶西樓，想簾底玉鉤親控。」《馮孺人行述》：「癸卯，予客永嘉。」時先生年三十五歲。

重過花點勝，相見紡停軒。

《洞仙歌》詞：「蕭郎歸也，又燒燈時節，白馬重嘶畫橋雪。」此甲辰春自永嘉歸事，時先生年三十六歲。

笆籬六枳近，練浦一舟蕩。

《浙江通志》：「練浦在嘉興府城東南，相傳吳王練兵於此。」《臨江仙》詞：「寒水籬根二尺，莫愁艇子能容。」《洞仙歌》詞：「明湖碧浪，枉輕帆尋遍。咫尺仙源路非遠。」

驟喜佳期定。

《洞仙歌》詞：「又誰料，佳約三年還踐。」

寧愁下女僮。

《臨江仙》詞：「侍見一一小名重。卷衣孫秀秀，滅燭許冬冬。」專為此下女詠也。

開奩粉拂黃。

《臨江仙》詞：「粉拂掠雲鬆。」

見乃道勝常。

《洞仙歌》詞：「偏走向人前道勝常，渾不似西窗，夜來曾見。」

送遠歌三疊，銷魂賦一章。兜鞋投暗室。

《洞仙歌》詞：「行舟已發，又經旬調笑。不算忽忽別離了。」《南歌子》詞：「為郎留一盼，強兜鞋。」

命續同功縷，杯餘九節菖。截筒包益智。

《兩同心》詞：「柔魂遞續命絲絲。」《采桑子》詞：「攜來九子同心糉，蒲酒猶濃。夜帳輕容續命絲，長鍼再縫。」自注：「五月六日。」蓋甲辰之五月六日也。《香奩詩》：「益智忘留贈。」《年譜》：「甲辰五月，將之雲中謁曹侍郎溶。」

睫邊惟有淚。

《臨江仙》詞：「別淚一雙人。」

歡難今夜足。

《南鄉子》詞：「明日別離人，未要今宵月似銀。只願五更風又雨，飛到暮，啼殺杜鵑催不去。」《臨江仙》詞：「昨夜苦留今日住，來朝再住無因。」

鍼管徐抽線，闌灰淺涷帨。毫尖渲畫筆，肘後付香囊。

此又有本事。《卜算子》詞：「留贈鏡湖紗，浣女機中織。裁作輕衫穩稱身，更染蒲萄色。」《洞仙歌》詞：「羅囊鍼管就，絡以朱繩，淡墨疏花折枝嫋。」

衛顗頻開匳，秦衣忍用樣。

上句言髮，即上文「寄恨遺卷髮」，山陰歸時所寄者也。下句言衣，即上文「闌灰淺涷帨」，是年五月別時所贈者也。

雪卷朔風霙。

《苦寒行》：「白登自言高，乃是太白雪。」作於是時。

絕塞綠蟲蟲。

蟲蟲塞，即居庸關也。此甲辰秋事。《年譜》：「甲辰九月初十日出都，十九日達雲中。時曹侍郎官山西按察副使，舍先生於萬物同春軒。」

叢祠弔蚵蚙。

此乙巳至丁未，先生由大同往太原，客布政使王顯祚幕事。《蚵蚙廟碑》：「廟去汾州府治一十五里。丙午，予謁神之宇。」《白玉盌記》：「予自大同轉客太原，留布政使王公官廨，時在丙午。」《馮孺人行述》：「既而予遊大同，轉客太原。」丙午，先生年三十八歲。

刀環歸未得。

《鵲橋仙》詞：「天涯況是少歸期。」又：「匹馬亂山殘照。」按《年譜》：先生以甲辰五月辭家，九月至雲中，客曹副使所。丙午，客王方伯所。丁未，方伯落職，先生自代州復至雲中訪曹副使。八月，至宣府，客守備嚴公偉宏幕。是年復入都。頻歲客遊，故有「刀環歸未得」之語。

客乍來金鳳，書猶報白狼。

楊謙《曝書亭詩注》云：「後唐明宗金鳳井在應州。先生有《應州木塔記》。」孫銀槎注則云：「《唐·地理志》：『鄴城內有金鳳渠。』」未詳孰是。要之，先生是詩曾得南中報書，故《香奩詩》有「輕郵達菡函」之句。又，《柳梢青》詞：「回雁書遲，燒燈時候，尚促歸期。」

峽里瑤姬遠。

《柳梢青》詞：「彩雲天遠瑤姬。」

厄閏等黃楊。

康熙六年丁未閏四月也，時先生年三十九歲。《風懷》一案，至此結矣。綜而述之，崇禎乙亥為其人生年，順治癸巳為出嫁之年，十九歲。戊戌十一月二十七日為定情之日，二十四歲。康熙丁未閏四月則其卒之月也。三十三歲。中間自戊戌至丁未，凡十年，而除甲辰五月先生遊大同後不復再見，實祇七年。七年之中，己亥、庚子、辛丑三年，先生多在山陰；壬寅四月至杭州，九月至湖州，十月至永嘉，癸卯十一月自永嘉歸，甲辰五月往太原。同合歡之期，可分為四段。第一段自「院落蚪簷月」句起，至「原不限紅牆」，凡三十韻，為戊戌冬、己亥春事。第二段「奪織機中素」句起，至「經義問毛萇」，凡十韻，為己亥冬、庚子春事。第三段「流年憎祿命」句起，至「星仍隔五潢」，凡八韻，為辛丑春事。第四段「重過花貼勝」句起，至「夏且暫時忘」，十八韻，為癸卯冬、甲辰春夏事。而辛丑一年最拂意，所謂「寄恨遺卷髮」也。「約指輕彄，薰香小像，都悔還伊」也皆在是年。

定苦遭謠諑。

《香奩詩》：「蛾眉眾女讒。」

口似銜碑闕。

《臨江仙》詞：「口中生石闕。」

催徽風貌在。

《洞仙歌》詞：「催徽風貌，信十分姚冶」；又：「盡沈水煙濃向伊薰，覷萬一真真，夜深來也。」《風入松》詞：「朝雲不改舊時顏，飛下屏山。」

蘇小墓門荒。

《點絳唇》詞：「斷腸歸路，秋草真娘墓。」

無聊檢笥筐。

《風入松》詞：「簪花小字篋中看。」此句引起以下四句。

方花餘菀蒻。

《後庭花》詞：「紅藤細織暹羅席，方花盈尺。」

玉簫迷處所，錦瑟最淒涼。

《風入松》詞：「錦瑟空成追憶，玉簫定在人間。」

情深繁主簿。

《閒情詩》：「多事定情繁主簿，山南山北淚連絲。」《留春令》詞：「別淚連絲繁主簿，剩定情詩句。」

永逝文悽戾。

《年譜》：「丁未，《靜志居琴趣》成。」按：《香奩詩》亦作於丁未。此詩則作於己酉，後丁未二年。先生年四十一歲，時從山東巡撫劉芳躅幕中歸葬安度先生。唐孺人於長水東之婁家橋買宅，於鄰宅西有竹，因以竹垞自號。至康熙四十四年乙酉，先生年七十七歲，乃葬外舅馮翁曁配胡孺人、繼董孺人於馮氏祖塋之旁。按：《馮孺人行述》云：「妣胡孺人，生母沈氏。」又，《教諭馮君墓誌》云：「娶俞氏，早卒。再娶胡氏，賢而無子。」皆不云有董孺人。此據先生行述。又為內弟金瀠立後。而所輯《明詩綜》自為詩話，仍以靜志繫名。其感知報德，至老而惓惓不衰若此。然則「風懷」二字，固非輕薄少年所可藉口。

冥通事渺茫。

《風入松》詞：「露葉猶聞響屧，風廉莫礙垂鬟。」

感甄遺故物，怕見合歡床。

《玉樓春》詞：「屏山凝睇已無存，何況玉鎪金帶枕。」

丙辰秋，在武林山，以五十金購得竹垞為汪叟所銘硯。銘云：「行則渙，養則井。君子之德，庶幾可竝。」明年正月，讀《風懷詩》，因為之注，即用此硯。時案上膽瓶插蠟梅、紅梅各一，梅新摘帶雨，雨滴硯田，覺滿紙香豔，可呼起詞客英靈也。得一詩，詩曰：「摘梅帶雨供軍持，雨點時時落硯池。我有風懷誰省得，竹垞硯注竹垞詩。」竹垞刻集時，自謂：「寧拚兩廡冷豚，不刪《風懷二百韻》。」此情至之語，可以上徹九天，下徹九淵者，而論者乃謂竹垞即不刪《風懷》，亦不能吃兩廡冷豚，無乃笨伯！書生受恩，粉身圖報。至報無可報之日，乃思託之文字，以志吾過且傳。其人雖墮馬腹中，入泥犁地獄，方且不顧，何暇顧悠悠之口耶！作《風懷詩案》成，附記紙尾。丁巳二月小三吾亭長在永嘉書。

詩中「痁鬼同時逐，祆神各自禳」，在避兵五兒子橋時。「蓄意教丸藥，含情為吮瘡」，在庚子春。「流年憎祿命，美疢中膀胱」，在辛丑春。均有本事，苦無他處可證，然詞尚易明。惟「檿先為檀斫，李果代桃僵」二句似極有關係。即「環

悲奈女亡」五字，疑亦不僅言遺物。姑闕之，以諗後來方聞之彥。小三吾亭長寫畢又書。

風懷詩案終

另，俞國琛《風懷鏡》尚未得見，故錄相關材料如下，以備參考：

王欣夫《蛾術軒篋存善本書錄》〔註100〕

風懷鏡四卷　八冊

清山陰俞國琛纂。嘉慶丁丑刊本。

國琛字鳴石，號杏林。是書原分四帙，於書口上方標「齊心耦意」四字，而自題云：「隨手排成四卷。」書則本分為四卷，首嘉慶丙子趙大奎序，次嘉慶丁丑自序，次凡例二十則，次諸家題詞。卷一，《風懷二百韻》，加批註於每句之側，末呂善報、馮淳、馮富春三跋。卷二，《風懷二百韻》楊謙注，末諸家續題詞。卷三，選錄《曝書亭集》中有關詩詞文等，末續跋。卷四，《靜志居琴趣》，末自題。全書上闌均有批註，似高頭講章。

相傳竹垞晚歲手定《曝書亭集》，彷徨三日，謂寧不食兩廡特豚，卒存《風懷二百韻》。乾隆時鄉人楊謙撰《詩注》，執此以為竹垞盜小姨之據。於是《四庫全書提要》謂「《風懷二百韻》詩及《靜志居琴趣》長短句，皆流宕豔冶，不止陶潛之賦閑情，自穢其書，並為刊除」。疑亦惑於楊謙之說。不然，文人涉筆於花柳，昔人集中往往而有，何獨於竹垞基之，雖不明言其盜小姨，而意可知也。後來方東樹於《書林揚觶》抨擊漢學諸儒，竟摭竹垞此詩為得罪名教，「譬之蕩姬佚女，以色藝冠一時，而不可以禮法繩之，以後世學者制行不檢，皆以竹垞為口實，以為竹垞且爾，吾何疚焉。則是聖人六經特為淫蕩輕儇之護身符也」。其論極嚴峻，而竹垞之冤且不白。國琛病楊說之貽誤後學，乃逐字逐句體會，考其來歷，始知是詩為琵琶妓王三姑作也。三姑於明末避兵，隨其假母姊妹行，自山東流寓嘉興，與竹垞居同里，生同庚，兩小無猜，早擅竹馬青梅之雅。迨後年各長成，交相傾慕，中間人事參差，情惊秘密。名士風流，小德出入，詩家結習，綺語彌工。其起八韻「樂府傳西曲」，所習之業也。「佳人自北方」，所生之地也。「問年愁豕誤」，隱天干之己。「降日葉蛇祥」，隱地支之巳。己巳，所生之年也。「巧笑元名壽，妍娥合喚嫦」，言其美也。「次三

〔註100〕王欣夫撰，鮑正鵠、徐鵬標點整理《蛾術軒篋存善本書錄·未編年稿卷一》，上海古籍出版社 2002 年版，第 1479～1481 頁。

蔣侯妹」，行三也。「第一漢宮薔」，指其姓王，且起下句「琵琶也鐵撥，嫻諸調雲璈」，按八琅皆言琵琶也。「琴能師賀若」，言其技能。「字凡解辨凡將」，言其識字。「弱絮吟偏敏」，言其能詩。「蠻箋擘最強」，言其善書。「居連朱雀巷，裏是碧雞坊」，兩人居住本近也。已將王三姑之事業、祖籍、寄籍、年歲、行次、姓氏、技藝、才情，一統敘明。若果為小姨，則詩中孋字、倡字等類，俱不吻合。而楊注於「並載五湖航」、「問年愁豕誤」、「次三蔣侯妹」、「蛾眉新出蘭」、「舊符勢忽猾」、「兵傳迫海疆」、「崇朝捨上庠」等句，或改字，或曲解，以湊合其盜小姨之罪案。國琛一一博考詳證，爬羅剔訣以駁之，可謂用心也深矣。夫盜姨，醜行也，以恒情論，苟有不可對人之事，自諱不暇，孰敢明目張膽，遍告鄉鄰，以為得意者也？況以竹垞之學之望，而竟病狂喪心，妄將盜姨劣跡，形諸詩章，普告天下後世，縱不自愛，亦斷不至自污若此。則國琛所辨，較為合理，惟必謂琵琶妓王三姑，猶嫌未舉所出。汪曰楨《玉鑒堂詩集》有《題風懷二百韻後》，其序云：「相傳晚年編集，不肯刪此詩，有寧不食兩廡特豚語。楊氏謙注《曝書亭集》因是遂有妻妹之疑。夫六一簐錢，出於仇口。若楊氏者何為也哉？後有作《風懷鏡》者，力為辨誣，其意良善。乃必實為妓女王三姑，無徵不信，此又癡人說夢矣。余考先生《江湖載酒集》有《自題詩集解佩令》云：『老去填詞，一般是空中傳恨，幾曾圍燕釵蟬鬢。』然則先生固已自解之，後人紛紛辯論，皆隔膜語耳。」其說最為朋通。世傳又有竹垞以黃金、鼠裘，私賄錢遵王侍史，竊鈔《讀書敏求記》、《絕妙好詞》之說，雖曰雅賺，究屬遺行。近章式之先生力辨其誣，蓋盛名之下，謗亦隨之，或得之風傳，以資談助，可不懼哉！

竹垞原稿舊藏楊幼雲處，塗改凡數十聯，其與刊本異者，如「留仙辰盡皺」，今作「盡摺」。「歸寧先下雪」，今作「輕帆」之類。尚有數十字。其「虛牖李當當」句下原有「愛惜雖齊契，嫌猜尚兩忘。嬉遊貪下九，禮數罷勝常」四句，亦佳語，以韻復刪去。原題為《靜志詩》，與詩餘八十七首，同編一卷，見文廷式《純常子枝語》，則國琛所未知也。

有「山陰傅氏」白文方印，「灌園藏書」朱文方印，「傅」朱文圓印，「懷祖印信」白文方印，「星查長壽」白文方印，「山陰傅崋夢齋收藏經籍金石書畫印記」白文方印。

黃裳《〈風懷詩〉案》〔註101〕

朱彝尊有《風懷詩》二百韻，記少年情史，豔秘無儔。晚歲手訂全集，時已得重名，苟去此詩，則必入國史《儒林傳》無疑。中夜徘徊，終不忍刪之，寧不食兩廡特豚。此事人多知之，亦竹垞平生一大關目，身後毀譽亦不一。然今日視之，則竹垞信不同凡俗，非同時道學家所可並論者也。

三百年前，道德標準與今日大異。狎妓非士大夫惡德，且為韻事。秦淮一隅，水軟香溫，流連其中者大半皆「名士」也。有「秦淮四嬙」，亦有「四公子」，遺事皆流傳人口。《風懷》所詠之人如為妓女，則殊無妨其入《儒林傳》食冷豬肉，此必不可不知。其所以使竹垞中夜彷徨、躊躇莫定者，以其人為小姨也。

《竹垞集》乾隆中有楊謙為作注，盜姨之說即始於此。其實故事流傳久已在人耳目，殊不必待楊氏發之。乃後數十年，更有山陰俞國琛者，撰《風懷鏡》四冊，為竹垞辯誣，用力極勤。其所考證頗煩瑣、所欲證定者亦男女間細事，今日觀之，殊大可笑。生活細節，乃勞學人辛苦考訂，成書四卷，不可謂非好事。然此種事在昔日本為恒有，如易安居士之改嫁、歐陽公之盜甥、皆為考證家所津津樂道。何也？事涉陰私，況為名人，遂必欲一尋究竟，此一端也；「君子愛人以德」，而此等事皆封建社會視為莫大之「惡德」者，乃不可不辯，又其二也。飽食終日，無所用心，作無益事，遣此有涯，清代樸學家流於文字獄大行之日，無所用其精力，乃群趨而為此業，又其三也。

《風懷鏡》四冊，嘉慶丁丑（1817）刊巾箱本，流傳甚罕。十年前偶見於市上，首冊已為人取去，蓋擬購之而未決也。乃商之估人必為余索回，久而無耗，幾日日過肆問之，凡十日，頭本始歸，終以重價買得。此亦少年好事之一端，今日回憶如夢寐矣。然書則實秘，未更見第二本，因不辭瑣瑣記之。書訂四冊，不分卷，而於每冊版心上各綴「齊心耦意」四字之一，以次甲乙（孫殿起《販書偶記》不知此四字取自竹垞小詞，遂致排比失次，亦以所見之本籤條不存，遂不知第幾冊）。半葉六行，行十二字。上有書眉，綴以批語，蓋仿高頭講章之式。前有趙大奎序、自序、凡例，趙學海、馮富春、陳慶儀、陳慶儒、陳慶倬等題詞及自題詞，後有呂善報、馮淳、馮富春、陳慶俵等跋。其體例亦有足述者。首冊於序跋、凡例之外，收《風懷詩簡明新注》一卷，題「山陰俞

〔註101〕黃裳《翠墨集》，三聯書店1985年版，第93～99頁。

國琛纂，趙學海參，呂以佺校」。第二冊收楊謙舊注《風懷》二百韻全文，另添杏林新注，逐條批駁之。第三冊摘錄《曝書亭集》中詩、詞、雜文之有關《風懷詩》者，如《閒情詩》、《無題詩》、《江湖載酒集詞》及竹垞妻父歸安縣儒學教諭馮君墓誌銘、《亡妻馮孺人行述》諸文、各以所見，注於書眉。第四冊所收皆《靜志居琴趣》也。於此可見其考證方法亦殊細密，不廢旁證，能於全集中勾稽索隱，比併而觀，考事疑年皆有憑準。為一詩而用如許篇幅、如許手腳，殊不多見，亦清人考證文字之一別格也。

俞君考證結論及其撰書用意，俱可於自敘中見之：

> 朱竹垞檢討《風懷詩》二百韻者，為琵琶妓王三姑作也。三姑於明末避兵，隨其假母姊妹行，自山東流寓嘉興，與檢討居同里，生同庚，兩小無猜，早擅竹馬青梅之雅。迨後年各長成，女貌郎才，復交相傾慕。中間人事參差，情悰秘密，天從人慾，遂此一段邪緣。蓋爾時檢討為庶、為清門，學已富而家極貧也。名士風流，小德出入，詩家結習，綺語彌工。乃近人咸執定此時，以為盜小姨之據，墨守楊謙謬說，又從而附會之，必欲擠前輩為敗壞倫紀之徒。……今者不為檢討昭雪奇冤，心實有所不忍，此《風懷鏡》一編所當急撰急刊，萬不容已者也。……

讀此小序，則國琛撰著初意，從可知矣。盜姨固不可，狎妓則「小德出入」耳。如此見解，與方東樹等所見實同而尚少嚴。方氏意竹垞盜姨固非端行，然不刪此詩，乃終不可恕，實持掩耳盜鈴之論者也。俞氏先有此一見梗於胸中，遂致論事無不附會作說，有牽強不可通者，有極可笑者。如其坐定所詠之人為琵琶妓王三姑，即據「第一漢宮嬙」句，又集中曾有《題王女史畫蓮》一詩，遂坐實其人王姓。「三姑」則自「次三蔣侯妹」句推擬而得也，不知竹垞於「巧笑無名壽，妍娥合奐嫦」句固已確指其人名字矣。竹垞妻馮氏，名福貞，字海媛；妹名壽貞，字山嫦，本無可疑。乃國琛於此兩句絕不置一辭。

俞氏又云：「今注《風懷》，於『同移三畝宅，並載五湖航』下，引《馮孺人行述》『予授徒不給，遂南渡嶺。越二載歸，則孺人徙西湖村舍，是冬復還梅里』，又注：『先生有十一月八日《鵲橋仙》詞。』今按原集《馮孺人行述》，西湖『湖』字，卻繫『河』字，不知楊公何故改為『湖』？……《鵲橋仙》當作於乙未，是年竹垞尚未度嶺。迨歸自嶺南，已是戊戌。則所謂西河村舍者，當距梅會里不遠，仍在嘉秀界內，必非杭州之西湖。若如楊注，《鵲橋仙》作

於歸自嶺南後，復自杭挈家累還禾中，『恰添了個人如畫』，似此情形，非小姨而何？『蘭槳中流徐打，漸坐近越羅裙衩』，非盜小姨而何？」

此節辯楊謙誤「河」為「湖」，是也。然為湖、為河，俱無關大局。俞君又以《金縷曲》作於己亥，詞中有兩暑三霜字樣，即云「明是五年」，上推而定《鵲橋仙》撰於乙未，是皆猜謎式之考證也。

竹垞《木蘭花慢·上元》詞下片云：「蛾眉簾卷再休垂，眾裏被人窺。乍含羞一哂，眼波又擲，鬟影相隨。腰肢風前轉側，卻憑肩回睇似沉思。料是金釵溜也，不知兜上鞋兒。」俞君批云：「『眾裏被人窺』，的是名妓憐才，不避假母姊妹行嫌怨，真正神氣。若說作小姨，則不特馮翁不應有此無恥幼女，且一宅男婦知情賣奸，有如此濁亂之家政乎？此理甚明，時流必欲誣陷，何也？」

此可為成見梗於胸中之道學家，處處看朱成碧之妙證。一樣事實，兩般結論，此事本不足奇也。

楊謙舊注絕細密，然亦不脫舊注家牽強附會之習。俞君攻之，頗能揭露其用心之可笑處。二人各有目的，一欲證竹垞盜小姨，一欲證無此事。俞君勇於責人而昧於求己，而其弊實同，殆皆因有一葉障目也。俞說云：

> 「問年」兩字，本不必注。……既引張詩以為乙亥之據，……既引「家語」，何不竟以己亥為準耶？蓋因己亥是順治十六年，竹垞年已三十一，恐所詠之女過幼。若追溯前己亥，則又在前明萬曆二十七年，大於竹垞三十，未免太長。故引張詩認定乙亥，才可說到崇禎八年，較之竹垞生於崇禎二年者，恰小六歲；較之馮孺人生於崇禎四年者，恰小四歲，非小姨而何？……

此段剖析，確可看出楊謙作注用心之「苦」。

嘗論竹垞於明清易代詩人中，為能有風義者。集中不削舊作有干新朝大忌之文，如張宗觀、祁班孫等皆以清初大獄，或論死，或流徙，然與竹垞往還及誓墓墳文，固皆在《曝書亭集》也。不刪《風懷》者，不能忘情於舊歡也。必珍惜此一段少年戀情，使附《曝書亭集》而常留天壤，不計人間之笑罵。此在封建社會，自是大勇者所為。奈何俞君不識此義，撰四卷書，曉曉辯之不已，能勿為竹垞地下所笑乎？

竹垞此一段公案，引起後來多少議論，有清一代，論者不絕。茲少錄一二，以殿此文。商寶意（盤）《論詩截句》云：「秀水名句數十年，《曝書亭集》萬人傳。自遺名姓儒林內，半為當時賦洞仙。」袁枚云：「尼山大道與天侔，兩

廳人宜絕頂收。爭奈升堂僚也在，楚狂行矣不回頭。」又有人有《感事》詩云：「酛韻詩成兩廡輕，惟將恩愛了平生。長蘆自有千秋業，翻被風懷受重名。」諸家意見，歷歷如見，欲知封建道德作用於社會及產生之影響，與士大夫思想變幻之微妙隱曲，不可不注意此種。事雖瑣細，亦不宜忽視也。

癸卯春

黃裳《清代版刻一隅》〔註102〕

《風懷鏡》

此嘉度丁丑刊《風懷鏡》四冊，中箱本。每葉上方有欄，仍高頭講章式。山陰俞國琛纂。《風懷》一詩，成清初一大詩案，聚訟紛紜。竹垞晚年定集，不刪此詩，寧不食兩廡特豚，最見詩人風義。而楊謙別為新注，釀成疑案。俞君更從而辯之，方法細密，舉證多方，雖未必即成定論，然視為有清中葉學人往復論辯之特例，則可無疑。特所辯非經史大義而為艷情詩二百韻，亦非來往論學箋劄數通而為皇皇四冊書，此其特色也。序跋題詞累累，不及遍錄。原書每冊板心上方以「齊心耦意」四字別之，亦取諸《靜志居琴趣》。每冊前有原簽，詳著內容，其第一冊云「序、跋、題詞、尺牘、凡例、簡明新注」；第二冊云「楊謙舊注《風懷》二百韻全文，另添杏林新注」；第三冊云「摘錄《曝書亭集》內詩句詞句雜曲，另添新注」；第四冊則摘竹垞詞之有關涉者另加評論也。乙未三月見於溫知書店，頭本已為人取去，急囑追回，半月後始得全書，為收書以來快事之一。

黃裳《來燕榭讀書記》〔註103〕

《風懷鏡》

《風懷鏡》四冊，嘉慶丁丑（1817）刊巾箱本，流傳甚罕。十年前偶見於市上，首冊已為人取去，蓋擬購之而未決也。乃商之估人必為余索回，久而無耗，幾日日過肆問之，凡十日，頭本始歸，終以重價買得。此亦少年好事之一端，今日回憶如夢寐矣。然書則實秘，未更見第二本，因不辭瑣瑣記之。書訂四冊，不分卷，而於每冊版心上各綴「齊心耦意」四字之一，以次甲乙（孫殿起《販書偶記》不知此四字取自竹垞小詞，遂致排比失次，亦以所見之本簽條

〔註102〕黃裳《清代版刻一隅》（增訂本），復旦大學出版社 2005 年版，第 321 頁。
〔註103〕黃裳《來燕榭讀書記》，遼寧教育出版社 2001 年版，第 346～347 頁。

不存，遂不知第幾冊）。半葉六行，行十二字。上有書眉，綴以批語，蓋仿高頭講章之式。前有趙大奎序、自序、凡例，趙學海、馮富春、陳慶儀、陳慶儒、陳慶倬等題詞及自題詞，後有呂善報、馮淳、馮富春、陳慶俠等跋。

此一端公案，有名於清初。竹垞晚年定集，不刪《風懷》，寧棄兩廡特豚。乃楊氏從而追求，致成疑案。俞君更從而辨之，跡近無聊。然方法細密，務求真實，端可示人以璞。非無用之書也。況流傳絕罕乎！重閱一過，研朱作記。辛丑端陽，夜窗燈下書。黃裳。

曹元忠《雲瓿詞》有《洞仙歌》，小序云：「題竹垞手定《風懷》詩稿。稿舊藏聊城楊又云司馬繼振家，近歸嘉興沈子佩曾植，余因璷隱得見是稿。凡五紙，『風懷』二字係後定本，其先題為『靜志』，蓋與集中《洞仙歌》詞題、《靜志居琴趣》並取《洛神賦》語意。垞翁《兩同心詞》云：『洛神賦小字中央，只有儂知』，殆其人乎！」君直詞後又有小注云：「垞翁《洞仙歌》云：『金簪二寸短，留結殷勤鑄就，偏名有誰認。』祥符周先生季貺云：『是簪十五六年前尚藏太倉某氏，上刻壽常二字。』因悟詩中『巧笑元名壽，妍娥合喚嫦』，即析此二字。又簪藏太倉，故太倉楊叔溫雲璈有《鴛水仙緣》彈詞紀其事。鎮洋陸貽美曾煒、太倉陳玉笙寶書嘗為余言之。」癸亥十一月，舊藏被劫書又還來七百種，中有小詞百許冊，漫閱得此故事，因題卷尾。黃裳記。

《風懷鏡》四冊，山陰俞國琛簒。趙學海參，呂以佺校。嘉慶丁丑刊巾箱本。六行，十二字。板框上有欄，著注語。白口，單邊。版心上有「齊心耦意」四字。分題四冊。前有嘉慶丙子趙大奎序、自序、凡例，題詞。

附錄四：《風懷詩》資料選輯

目次

舍涼《朱竹垞風懷詩》

《晦堂無隱錄・朱竹垞風懷詩為盜小姨》

冒廣生《小三吾亭詞話》

范葃海《朱竹垞〈風懷詩〉書後》

鄧之誠《風懷詩案辯證》

鄭逸梅《竹垞〈風懷詩〉之原稿》

陳登原《書朱彝尊詩後》

錢鍾書《容安館劄記》

黃裳《朱竹垞的戀愛事蹟》

吳騫《拜經樓詩話》〔註1〕

　　竹垞賦《風懷詩二百韻》，為時傳誦。晚年刻集，屢欲汰之，終未能割愛。諸草廬云：「古人稱惜墨如金。竹垞之作《風懷》也，殆不然。」亡友秀水楊君子讓謙嘗為予述之如此。子讓注釋《曝書亭詩集》，人稱其博，過江浩亭遠甚，於《風懷詩》考證尤詳，幾欲顯其姓氏，既而復自裁節，蓋猶之乎草廬之意也。

陸元鋐著、汪洋整理《青芙蓉閣詩話》（上）〔註2〕

　　香奩體最易壞人心術，雖屬寓言，大雅弗尚。而摹繪入微，閱之使人迴腸盪氣，王次回《疑雨集》，其尤甚者。歸愚宗伯不錄其詩，正見別裁之意。陸魯望云：「攻詩者抉摘刻剝，以暴天物。」是作詩尚恐其有傷天和，況復以豔語蕩天下淫心。犁舌之獄，得不為此輩耶？王西樵以孝友稱，而其自序《香奩詩》乃云：「情至之語，風雅掃地，然不過使我於宣尼廡下無分耳。」亦俱甚矣。竹垞亦工此體，《閒情八首》雖尚不失雅音，而錢塘陸麗京誦之傾倒，作《望遠》。思勝之，亦不免詞人習氣。至《風懷二百韻》，排比鋪陳，語多穢褻，即不作亦可也。

陸繼輅《崇百藥齋三集》卷十《雜題》之三

　　畫家小景亦可喜，水淺沙明尺幅成。辛苦研經朱錫鬯，《風懷》一首冠平生。

〔註1〕（清）王夫之等撰《清詩話》，上海古籍出版社1978年版，第756頁。

〔註2〕胡曉明主編《中國文論的思想與智慧》，華東師範大學出版社2015年版，第597頁。

方東樹在《漢學商兌》卷下〔註3〕

即如朱彝尊之作《風懷詩》，得罪名教，固見擯於洙泗，而舉世眩其文學博雅，無一士敢插齒牙。如有訾竹垞者，則眾必以為悖誕傷父；而凡有能詆程朱者，則眾共引為大雅豪傑、有識之士、真學問種子矣。豈非顛邪！

余既為此說，友人多以見規。其言有曰：尊著《書林揚觶》，有《傷物》一門，則此言竹垞云云，似宜酌改。或又曰：竹垞作《風懷詩》，乃其少年不謹之事，中晚年乃著《經義考》。君子於人，固當許其改過，如周處之輩，何嘗遂絕於昔賢邪云云。此誠為長者之論，忠誨勤篤，敬當佩繹者矣。但審思其義，又別有利害。〔註4〕分別論之，自當為文苑之雄。若余所切論，正為其作《經義考》也。何者？使後世學者，皆假塗託宿於經義，而制行不檢，皆以竹垞為口實。以為竹垞且爾，吾何疚焉？則是聖人六經，特為淫蕩輕儇之護身符也！諸公寬論一竹垞，而害萬世人心學術；吾嚴論一竹垞，而立萬世經學義理之坊。所慮似別耳！《經義考》本《授經圖》酉亭王孫所著。而作，與《崇文總目》，晁、陳《志》、《錄》，錢遵王《敏求記》等，皆述授受之源流，究繕刻之同異，考存軼之虛實，介於鑒賞、考訂之間，見聞既博，辯論亦精，誠為書林之寶，向來書目所未及。然於經旨義理，全沒交涉，只以資於考證版本，毫無益於身心道義。是已為買櫝還珠，如王文成所譏尊經閣書，如窶人丐夫之庫藏薄者也。況又躬行邪行，揭此以為之大名以藏其身，而倡其惡於天下後世，使援以為口實邪！考竹垞作《風懷詩》，為康熙乙酉，時年四十一歲；五十八歲，輯《經義考》；八十一歲，刊《曝書亭集》，不去《風懷詩》，則不得以少年為辭。又非周孝侯英雄粗猛之過可比。夫《傷物》者，謂揭人隱過，人所不知，由我而發，可已不已。若竹垞之事，其所自述，已暴於世，海內共知。余為經義立坊，因以為戒，非《傷物》比也。按：陳廷敬《墓誌》稱，曹寅為君刊《曝書亭集》，未卒業而君歿。世稱君子昆田，請削《風懷詩》，而君不允，非也。昆田以康熙四十八年先卒。附訂之於此。

梁紹壬《兩般秋雨盦隨筆》卷三《漱玉斷腸詞》〔註5〕

《漱玉》、《斷腸》二詞，獨有千古，而一以「桑榆晚景」一書致誚，一以

〔註3〕（清）方東樹纂，漆永祥匯校《漢學商兌》，北京聯合出版公司 2017 年版，第 243～245 頁。

〔註4〕校記：「按道光本此下尚有『蓋論竹垞者，譬蕩姬佚女，以色藝冠一時，而不可以禮法繩之者也』數句，底本刪去。」

〔註5〕上海古籍出版社 2012 年版，第 99 頁。

「柳梢月上」一詞貽譏。後人力辯易安無此事，淑真無此詞，此不過為才人開脫。其實改嫁本非聖賢所禁，《生查子》一闋亦未見定是淫奔之詞。此與歐公簸錢一事，今古曉曉辯論，殊可不必。不若竹垞翁之直截痛快曰：「吾寧不食兩廡豚，不刪風懷二百韻也。」

丁紹儀《聽秋聲館詞話》卷二《朱彝尊詞》〔註6〕

史梅溪《燕歸梁》云：「獨臥秋窗桂未香。怕雨點飄涼。玉人只在楚雲旁。也著淚，過昏黃。西風今夜梧桐冷，斷無夢，到鴛鴦。秋鉦二十五聲長。請各自，耐思量。」竹垞太史仿其意，而變其辭為《桂殿秋》云：「思往事，渡江干。青蛾低映越山看。共眠一舸聽秋雨，小簟輕衾各處寒。」較梅溪詞尤含意無盡。太史於南北宋詞兼收並採，蔚為一代詞宗，顧僅以玉田自擬。自題詞稿《解珮令》云：「十年磨劍，五陵結客，玉田差近。落拓江湖，且會付、歌筵紅粉。料封侯、白頭無分。」集中言情諸作，羌無故實，可知即《風懷詩》，亦未必真有所指。乃朱石君相國猶以未刪為恨。翁覃溪學士言：「太史欲刪未忍，至繞幾迴旋，終夜不寐。」想均未細繹前詞耳。太史以布衣舉鴻博入詞垣。賜第內城，出主江南試，亨衢方騁。旋為忌者所中，投劾歸。道出揚州，鹺商安氏奉萬金為著書資，遂得優游終老。其《解珮令》第三句，原作「涕淚都飄盡」，乃沿汲古閣刊晏叔原詞「團扇無緒」，於「緒」字上衍一「情」字之誤。考《花草粹編》本祇四字，宋元各家詞均無作五字句者。

余楸《白嶽庵詩話》卷上〔註7〕：

薛慰農明府時雨菡治嘉禾時，其觀風題有《題竹垞老人風懷二百韻詩後》者。時右軒仲兄七律四首最為明府擊賞，評曰：「晚唐佳調。」詩曰：「蘼蕪香夢久迷離，路入空亭淡夕曦。剩有新聲傳樂府，詳將恨事記當時。逢來五角誠無奈，喚起三商尚未遲。回首碧雞坊外住，幾經紅豆種相田。」「扁舟飄轉路橫塘，羽檄連江敵正猖。越客千絲勞網結，石家十斛費珠量。薰衣香細頻傳戶，點屐聲低但隔牆。卻怪鬧蛾元夜近，一時情急汝南王。」「爛甚星河夜覆廬，形相色授定情初。逆毛未化歌邊鳥，比目應多戲後魚。禠解扣除看已是，釵盟鏡約欲何如？兜鞋豈等閒男女，尚列牙籤萬軸書。」「蛾眉謠諑竟誰憐，忽地

〔註6〕唐圭璋編《詞話叢編》，中華書局 2005 年版，第 3 冊，第 2590～2591 頁。
〔註7〕賈文昭主編《皖人詩話八種》，黃山書社 2014 年版，第 219 頁。

黃楊厄閏年。南國招魂徒剪紙，北邙營葬漫輸錢。當時燭記何郎暗，此日環奈空女圓。試向六峰高閣望，春來一碧草如煙。」按：竹翁晚年定稿時，有「願不食兩廡特豚」語，遂訛為私姨事。近山陰俞杏村國琛別訂《風懷鏡》一編，指為琵琶王三姑作。余謂風人之詩多託體，必坐實其事，何異刻舟求劍耶！

劉聲木《萇楚齋隨筆·朱彝尊〈風懷〉等詩》

世人但知朱竹垞太史彝尊有《風懷二百韻》，已為古人之創格，不知桑弢甫太史調元《弢甫集》中有《鎮海樓》詩七言長排二百韻，曹艮甫廉訪《曇雲閣詩集》中有《風懷二百韻》，陳石遺孝廉衍悼亡詩名曰《蕭閒堂詩》五言排律三百韻，更為古人所無，較之竹垞為尤難。此等詩，謂之浪逞才華，故立創格則可，謂之佳詩，則未必然也。竹垞之《風懷二百韻》，不但為古人集中最惡詩，即在本人集中，亦屬最下乘。世人愛輕薄，徒以跡涉閨捆，紛紛考證評釋，醉翁之意，原不在酒。若謂愛其詩佳，問孰有能舉其詩句者乎？

文廷式《純常子枝語》卷十一

朱竹垞先生《風懷詩》原稿尚存，塗改凡數十聯，其與刊本異者，如「留仙裙盡皺」今作「盡摺」，「歸寧先下雪」今作「輕帆」之類，尚有十數字。其「虛腷李當當」句下原有「愛惜雖齊契，嫌猜尚兩忘。嬉遊貪下九，禮數罷勝常」四句，亦佳語，後以韻復刪去。原題為《靜志詩》，與詩餘八十七首同編一卷。

錢振鍠《謫星說詩》

一六二、朱竹垞能為爽語，氣勝阮亭。惜其才疏詞雜，無怪秋谷訾其貪多，雲崧謂其頹唐也。《玉帶生歌》一首，雲崧稱其推倒一世，余終恨其有句無篇。《風懷二百韻》，袁子才謂其不刪為是。夫詩之邪正勿論，第觀其作孽苦湊，則在可刪之列也。

杜文瀾《憩園詞話·曹艮甫廉訪詞又一則》

曹艮甫廉訪堅，江蘇吳縣人。道光戊子舉人。壬辰進士，選常改刑部主政，保送御史，轉給事中。疏糾術士薛執中邪慝，聲望大著，外擢至湖北按察使。所著曇雲閣詩五卷，詞一卷，皆手自定稿，刊版無存。光緒元年，恩竹樵方伯以曾與同官秋曹相唱和，取其集重刻之，屬余校訂，得窺其全。中有《風懷二

百韻》、《閒情三十律》，﹝註8﹞風流蘊藉，可為曝書亭替人。

﹝註8﹞兩詩見曹楙堅《曇雲閣外集》（《清代詩文集彙編》第552冊，上海古籍出版社
2011年版，第407～411頁），錄如下，以備參考。
風懷二百韻〔有序〕
香匳昉自韓偓，《玉臺》編於徐陵。留連側辭，搜抉頑豔。僕以長康之癡，兼
幼輿之癖。白足萬里，青鐙卅年。招蝶羅浮，載酒燕市。吳宮花草已矣，秦淮
煙水依然。爰抽牘以微吟，遂搖豪而遐想。陶令《閒情》之賦，或主離憂；玉
溪《無題》之詩，間有寄託。
密帳紅衫曲，華堂白紵詞。定情繁主簿，傷別杜分司。了了翻成錯，悢悢欲賣
癡。謾留金鏤枕，渾醉玉交巵。羅什鍼難飲，摩登咒易施。昆湖珠一線，越客
網千絲。乍識柔娥面，偷相靜婉姿。柳腰通體瘦，蓮步半弓移。病館垂雲髻，
慵攢卻月眉。樓陰通匼匝，屏曲障罘罳。綠屋鋪犀簟，禖祠結鳳褘。扇猶遮月
姊，襜恰傍風姨。菱鏡朝抽屜，桃甌午進匙。香應薰篤耨，革合帶荃蘼。卻要
因循誤，羅敷宛轉辭。傾身相媚嫵，斂笑故矜持。獨活休栽樹，同心漫贈梔。
匽方留白燕，門已駕斑騅。折券燒僮約，摯箱謝女廝。未妨烏婢嫁，不分雁孃
隨。官堆飛胡蝶，春山喚子規。錦衣天女廟，銅鼓竹王祠。鵁鶄舟同載，羆裯
服最宜。心判燒作燼，唇想齧如飴。舶趠兼程送，雕胡半晌炊。乳教焙雀舌，
根憶掘鳬茈。茉莉原消暑，芙蓉足療饑。曉妝波一面，殘夢櫬雙枝。刺繡呈穠
態，詼諧博笑資。刀圭羅帕裹，心事繡韝知。浪本通三島，峯還隔九嶷。回頭
驚雨別，轉眼失星期。未向橫陳見，空憑服散治。手難縫澀布，局悔近彈棋。
蟬錦非煙恨，鳥棲滿願詩。黃衫漂夜合，紅勝怨將離。拾翠洲縈繞，沉香浦邐
迆。曲瓊懸璃珥。虛檻淨琉璃。捉搦輸琴客，妖嬈說粉兒。幾番登雪嶺，通夕
譜淋池。忽訝明眸豔，因從繡箔窺。故應呼愛愛，未合讓師師。仄影紅蕉扇，
方空白葛絺。弧環融火齊，石黛點波斯。行障三層護，流蘇四角垂。卷衣簫局
矮，引臂笛床支。藤俎新編織，柳杯自廓劙。嬌酬歡子盼，暈入美奴肌。都為
花愁壓，生嫌麴味醨。何因抱郎宿，相約就儂嬉。梅子虛吟詠，蓮心苦饋遺。
溫幃聊茗苧，密字暗思惟。柂鼓中流擊，桅旌五雨吹。層波將懊惱，宿霧總漫
涾。沙嘴浮鸂鶒，汀灣浴鴛鴦。打頭風惻惻，灑淚雨澌澌。古戍堆黃葉，前邨
卓翠旗。當壚逢蜀女，喚客有吳姬。瓊闃餘心照，香街任眼眵。床空鏤琥珀，
枕莫貯酴醿。咽咽悽瑤瑟，騰騰倒接羅。荒煙尋鶴市，落照滿雞陂。院冷樓寒
日，看朱作碧時。薰鑪焚甲煎，彩筆賦辛夷。鹿苑三珠樹，蠶臺七寶基。鵝原
生極樂，鴛住須彌。瓜字分還早，蓮經誦弗遲。風情墮泥絮，雪豔悵瓊芝。
佛婢無雙慧，仙哥第一推。冰絲纏絡索，香瓣鎖葳蕤。雲屋穿文棟，天窗拓繡
楣。學脣惱乾窣，禿尾少剔尼。薄薄鬟初攏，裕裕帔自披。事休憑鼠卜，痕未
褪蛇醫。膽小全防妒，形疏轉逗疑。潮占子午信，命守甲辰雌。簷網投蝙蝠，
牆泥篆僕累。黃昏收玉虎，白晝靜銅螭。妙種誇須曼，幽懷託卷葹。最難銷色
授，莫更騁胸馳。晚汐痕初退，朝陽旭未曦。樓臺迷畚畫，衾枕逼孤羇。泉響
飛靈隱，鐘聲出淨慈。淡濃都寂寞，來去故偯偯。瞥見腸攢刺，重逢淚掛縻。
也還憐破甑，無復夢新箄。舊事看華鯶，慵妝坐矮籬。簪猶裝翡翠，掌莫數蜘
蛛。零幅餘縑素，當關問藥糜。蕉叢彈沈約，花篁奪王摛。碎襞四文錦，虛懸
解結錐。沈憂驚落彄，出語苦銜碑。座上文園渴，車中叔寶羸。諼門消永漏，

鄰巷悵斜晼。獨鶴秋尋侶，荒雞夜暗埘。十分愁到我，三點寫成伊。跳脫容雙綰，坤靈借一庵。持裙空復爾，劉禰竟何為了。瓊樹修難得，蘭香去莫追。東南繞日出，西北又云涯。侵曉聞鶻鳩，辭巢見鶉鴟。山櫻紅似茜，岸柳綠於薺。閒館曾窺宋，長堤舊姓隋。謾因鸎羽鏃，甘作雁門踦。筆好題黃絹，琴留解黑絁。豐臺環芍藥，絕塞擅臙脂。未遣明駝載，生憐細馬騎。才人工倚瑟，侍女解吹篪。有句懷蘇小，無言及李琪。一聲笳嫋嫋，三奏角咿咿。詰屈蛇蟠路，周圍麂眼籬。鳴瑤和繡轂，動翠炫金羈。飯為抄雲子，香先贈月氏。囊通心叩叩，袖愛舞僛僛。白咽羞花頰，紅酥凝雪肢。器猶傳虎拍，調或犯龜茲。錦薦偷含睇，銀釭照話私。暫來欣薜苔，相對感襰襬。宛轉丁孃索，分明子夜悲。慣教鸚母喚，翻受雉媒欺。苔蘚緣瓴甋，柴扃上扅扅。見休紉鬖貝，走豈觸摩虻。鵲尾心香爇，蠅頭手札貽。殷罍驚字轍，行潦苦涔釃。鯑澤留餘膩，窮陰釀宿痕。生憎嬌拂拂，凝想步姍姍。桃浪浮朱龜。杉溝阜鸝徧，栽秧耙秜。小摘果梨稾，鉦鼓喧迎賽，釵幘喜釀餈。看場人乍壓，眾裏簡先覘。郭禿名原古，唐空戴絕奇。如茶評燕瘦，束竹繫鴛思。遮莫嫌唐突，何因觸任脢。嫣薰香汗漬，倚坐媚鬖敧。萼綠開雲甕，椒酥點雪瓷。鳳鉤容掌託，鶯綺稱身襯。雙宿緣慳我，千金意感誰。寄情少方便，回盼劇踟躕。迫襪挑新繡疏羅怨薄颸。瓊壺沈漏箭，煙穗落鐙楷。逆旅奴餐飯，中宵馬噉萁。聚頭從惜別，揮手便分歧。繞樹經三匝，飛光瞬一朞。文場還揎毬，墨瀋枉淋漓。鄉味思蓴菜，橫塘夢蛤蜊。傍人憐小草，歸計決靈蓍。汗簡難通素，行衣早化緇。乞漿虛在酉，候琯再推寅。句曲紅塵外，長干紫陌隆。宅還尋段約，圖莫繪徐熙。古渡逢桃葉，荒垣繚竹埤。洞房連奧窔。簷瓦失鵕鸃。有美纕蘭茝，羌餘擷芷蘺。才應輸少伯，事欲證微之。中婦分髻鬌，郎君雙結椎。豔真驚冒頓，細本束鮮卑。腰鼓蕭思話，牙槍陸季疵。且容吟栲栳，未許摠參差。白獺膏和髓，黃蜂蜜沁脾。交疏窺晚浴，虛幌漏晨曦。簟織龍鬚草，庭開鴨腳葵。牽花蘿嫋嫋，連蔓葛台臺。穀子茄三種，瓢兒菜一籭。可應分薯蕷，好為煮黎祁。但覺心抽繭，寧防舌哆箕。真同警露鶴，或笑聽冰貍。既夕霞爭射，新秋月暗篩。牽愁剛掠鬢，忍妒又支頤。宿醉扶頭困，殘枰入角危。漫勞求楚艾，相勸種胡荽。麩火撚金鈦，羅文熨玉紕。替抽鍼管線，親啟履箱鍉。梨齏斜烘莛，檀梳滑浸耏。安排宜井臼，點檢到甌瓵。忽謾逢開餞，臨當送解維。杵空催縞兔，勝憶翦蠻獅。密意能重賦，奔波肯告疲。跨橋虹現影，封甃雪如葹。夕幔淒長棨，春衣質短劑。幾曾來白鵠，翻擬化青雛。感舊徒紛若，臨風一愴而。篋笥唐李賀，拍板宋姜夔。結幕偷纏螬，搴幬訊夢羆。泥人憐蟪蛻，娶婦讓鵪鶊。薗苔呈丹旭，蘿薦漲綠湄。樓霞然夜火，薔薇膩輕霽。窄窄飛梯度，娟娟孕魄虧。祕辛箋妙本，屈戌限重帷。猊鼎添終她，鴛衾疊未綏。喝喝判恩怨，故故別妍媸。草海圍邊色，桑乾凝凍澌。荔灣雙檝渡，瓜步一舟縋。初地參因果，柔鄉博涕洟。三湘愁渺渺，九畹賦猗猗。走竟輸蜑巨，飛難學鷾鸝。惺忪驚蟻門，吞吐患牛齝。筆劃懷江令，煙波悵子皮。半生佇辛苦，此味最黏黐。瑤草空迷徑，胡麻孰獻鏖。一樓鐘度處，真合禮迦毗。

閒情三十首

元夕羊鐙次第安，紅閨曾記步姍姍。正逢伯玉悲新別，不分羅敷許再看。流水門前通略彴，好風亭角認闌干。瓞犀微露猜難準，閒託春叢說牡丹。

青裙綷縩轉斜廊，釵焰微微動日光。花底何曾歸阮肇，牆東依舊住王昌。遞來私語憐腰瘦，隔著輕衫覺體香。一霎雲中遲月墮，怎教白地斷人腸。

銀線千條雨腳勻，萋萋草色換濃春。隔宵鐙火誰為伴，盡日簾櫳不見人。乍起乍眠渾沒緒，雙來雙去總無因。前番密約成惆悵，又指新弦上桂輪。

昏黃微辨路三叉，城角彎彎月已斜。入野過橋遙犬吠，風聲歸樹靜棲鴉。如花舊識紅兒面，行雨初來碧玉家。纖手回鐙雙照處，未應巫峽是天涯。

荇藻三分占綠波，中央一線是銀河。慵來薄綰同心髻，嬌樣新裁透額羅。滅燭但嫌歡會少，解襦休道夜情多。悤悤可待鄰難唱，步轉衫飄奈爾何。

香泥黀印認弓弓，曾對花時悵落紅。量去裙腰宜抱月，飄來衣帶正當風。橋彎定有星辰妒，窗隙還愁霧雨通。約簡青鸞遞消息，歸時分付翠禽中。

小徑低樓定易逢，碧紗窗戶掩重重。可因流水迷前路，莫更為雲到別峰。庭畔榴花空灼灼，階前蒲葉自茸茸。此情若共琵琶語，不唱歡聞唱懊儂。

雨聲點滴漏聲長，好夢難生曲錄床。準擬四時歌子夜，可能十索和丁孃。春葹滫旋縈經眼，秋蒂飄零總斷腸。撥盡金鑪灰一寸，沉吟休作野鴛鴦。

道罷勝常一語難，相逢祇作去年看。小名最是憐輕鳳，宿分多應伴彩鸞。乍可雙煙薰篤耨，莫教千里贈琅玕。瑤琴理到思歸曲，對著娥猫忍便彈。

軟莎襯地綠雲鋪，羅襪行來不用扶。池裏雙頭栽菡萏，山前一帶長蘼蕪。持帬空恨飄煙縷，對鏡何勞點露珠。看去佯佯還脈脈，蕭郎真是路人無。

綠幕黃簾隔一層，兩三星點散流螢。也判訣絕薄中水，無奈連綿蔦上藤。撩鬢風懷人易覺，占鞵心事夢難憑。小箋欲寫相思字，挑盡西窗半夜鐙。

生紗衫子翠羅帬，低語蘭房到夜分。窗外早應斜顧兔，鬢邊祇是繞飛蚊。重抽鏡匣勻脂澤，偷捉鞵幫看繡紋。那得朝朝簾額底，妝成替揀妙香薰。

涼颸戍削動生衣，星影朦朧燭影微。一角暝煙杉翠合，四邊香氣稻芒肥。聽來籬落聲偏近，行過橋梁語漸稀。那為閒宵尋女伴，暗中知是候人歸。

黃姑消息斷經旬，偏是闌風伏雨辰。聽到華言原自誤，猜來影事定無因。絲抽蠶箔須憐我，手奪鸞篦肯付人。要把單情重訴與，換伊濃笑試伊嗔。

粉栀低插鬢邊花，並坐閒消一盞茶。非想便思蚩負螫，前緣多惜鳳隨鴉。今宵窗下聞拋翦，昨日溪頭見浣紗。除卻輕帆安兩槳，牽蘿何處好移家。

麗毰蚊幬翡翠衾，雙棲不用畫堂深。凝酥捥弱教除釧，籠霧鬢鬆欲墜簪。吹後銀釭重閃閃，聽來銅漏已沉沉。休言輕薄呈宵態，顛倒酬歡一寸心。

捉來團扇比芳姿，倚著郎肩絮絮時。紅蓼祇依秋水活，白蓮生恐野風吹。若論顏色輸人好，但惜纏綿沒簡知。一笑釵叢卿未解，幾曾金屋見蛾眉。

江波催送木蘭舟，黯黯銷魂脈脈愁。乍減歡悰原易病，不禁離思況逢秋。思量小院來千遍，宋窔迴廊繞幾周。料得夜深還未睡，一叢涼露對牽牛。

重向斜門劉襪來，金魚半合有誰開。粉消星靨妝難整，淚閣秋眸唉未回。別後休歌楊柳曲，到時須飲菊花杯。女牆西角無多路，衰草寒煙併一堆。

垂楊猶自弄煙條，去去重尋舊板橋。花暗星房秋入磬，鐙明水閣夜橫簫。輕衾欲抱人難喚，淺注閒斟酒易消。一樣好天惆悵殺，奈他江月與江潮。

燭殘灰冷懺餘情，風絮因緣話此生。嬌態自憐吳寸趾，柔腸還憶李新聲。雕梁燕暖今番夢，瓊樹鶯寒舊日盟。佇苦停辛無限意，總判蕉萃為傾城。

芙蓉江上載秋還，綠膁橋西水一灣。屈指未經三月別，關心已瘦二分顏。便思腰綵溫今夕，猶自眉痕悵遠山。夢裏河魁休更問，竟無消息慰桃鬟。

西塍外史《蘭燕小譜題詞》

朱竹垞《風懷二百韻》，鬥巧爭妍；陳老蓮《水滸》四十人，窮形盡相。可謂筆有生枯，意含美刺者矣！

《清稗類鈔·朱竹垞眷馮壽嫦》〔註9〕

《曝書亭集》有《風懷二百韻》，朱竹垞未通籍時為其幼姨所作也。姨，馮氏，世居碧漪坊，與朱宅相近，即《風懷》詩中所謂「居連朱雀巷，里是碧雞坊」是也。竹垞少嘗讀書馮宅，年十七，贅焉，與幼姨情益篤。而家人防閑密，意苦不得達，適人後始通殷勤。海陵夫人知之，弗禁也。其《風懷》詩中所謂「乍執纖纖手，深回寸寸腸。背人來冉冉，廣坐走伴伴。齧臂盟言履，搖情漏刻長。梅陰雖結子，瓜字尚含瓤」是也。《紀事》詞云：「枕上聞商略，記全家看燈元夜，小樓簾幕，暗裏橫梯聽點屧，知是潛回香閣，險把個玉清追著。徑仄春衣風漸逼，惹釵橫翠鳳都驚落。三里霧，旋迷卻，星橋路返填河鵲。算天孫經年已嫁，夜情難度，走近合歡牀上坐。誰料香含紅萼，又兩暑三霜分索。綠葉清陰看總好，也不須頻悔當時錯。且莫負，曉雲約。」皆指此事也。

竹垞平日嘗矯夫人命召其姨，一日相約，俟夫人臥後作深談。夫人微聞之，即先臥。次晨起，乃命老嫗送之歸。竹垞有詞云：「仲冬二七，算良期須果，

繡被香濃負小春，酒闌取次畫簷巡。誰知珠箔飄鐙夕，〔乙酉十月事。〕獨對銀窗擁髻人。早嫁自應歌捉搦，相憐何用賦橫陳。重門不下葳蕤鎖，一白霜花照地勻。

絲來線去總無聊，枉把柔情付翠翹。似我迴腸方束竹，有誰多口竟斷彈蕉。明明日許嬌郎抱，緩緩風還少女飄。判得如泥成爛醉，錦衾休怨可憐宵。

見慣蕭孃見未曾，幾回青鳥信無憑。猜量心事添何許，約略腰圍減不勝。舊徑頓迷三里霧，長流都作一條冰。紅牆消息蓬山似，難把音箋託雁繩。

山南山北定情詩，愁絕蓬窗掩卷時。此去關河楓葉少，相逢庭院杏花知。耳邊處處催腰鼓，頭上星星感鬢絲。一道春江容易渡，莫教雙槳恨來遲。

盡日東風滿畫樓，鶯啼閒煞小銀鉤。極如意事翻成悔，是有心人莫破愁。省識花叢長遞淚，低迷草路更回頭。如何片刻吹蘭語，抵得繩河一度秋。

碧紗如霧嫋殘薰，花外清鐘斷續聞。遙想一鐙初擁被，已過三月未湔裙。海棠夢穩留千片，豆蔻香多孕十分。看到綠陰緣更好，遲來不負杜司勳。

禁人憐惜泥人嬌，淺皺雙蛾未肯描。的的花呈還舊樣，明明月滿是今宵。三生事豈磨磚就，一寸心判作爐燒。金井闌西相憶處，桐綿休共柳綿飄。

手疊瓊箋寫綺懷，十年秋夢冷江淮。美人遲暮歌金縷，名士荒唐賦錦鞵。密意可曾要楚佩，長條枉自問秦釵。那堪聽雨聽風夕，門掩淒蛩草沒階。

〔註9〕（清）徐珂編《清稗類鈔·情感類》。

若再沉吟甚時可？況薰爐漸冷，熜燭都灰，難道又各自抱衾閒坐？銀灣橋已就，冉冉行雲，明月懷中半宵墮。歸去忒怱怱，軟語丁寧，第一怕輾羅塵涴，料消息青鸞定應知。也莫說今番，不曾真個。」後數年，姨卒因竹垞死，詩中所謂「定苦遭謠諑，憑誰解迭邊。樗先為檀斫，李果代桃僵」，即指此事也。

竹垞《靜志居琴趣詞》一卷，皆《風懷》詩注腳也。姨名壽常，字靜志。《風懷》詩所謂「巧笑原名壽，妍娥合號嫦」，分嵌其名，至為明顯。竹垞生於明崇禎己巳，而《風懷》詩云「問年愁我誤」，是靜志生於崇禎乙亥，少於竹垞七齡。其餘事蹟，細心推求，自可十得六七。太倉某姓家藏有金簪一枝，上刻「壽常」二字，《洞仙歌》詞所云「金簪三寸短，留結殷勤，鑄就偏名有誰認」，固實事而非寓言也。

李詳《藥裏慵談》卷一《朱竹垞風懷詩》〔註10〕

朱竹垞先生《風懷詩》，楊謙注隱約未指其人。吳槎客《拜經樓詩話》云：「楊本欲顯其姓氏，既而言不如其已。」桐城蕭敬孚先生藏有《風懷詩注》，不下萬餘言，蒯禮卿觀察曾見之。蕭死後，藏書蕩然，此稿不知落於何處。

祝燮剛《竹垞風懷詩考證》〔註11〕

朱竹垞先生《風懷二百韻》，為小姨作也，生平快心之事，得意之筆。嘗有寧不食兩廡特豚，不刪《風懷》之語。曉嵐謂「自穢其書」，恐非竹垞知己。近見侯官陳石遺詩話，考證頗詳。以余所聞，與之微異。錄所聞之語，並著疑誤之點，以廣異聞。其辭曰：先生夫人馮氏，有妹字霞錦，靈心麗質，善謔工吟。嘗詣姊夫家，居無何，遜目成也。夫人知之，促妹歸。嫁踰年，復來省，已抱子矣。先生為作《風懷詩》以贈。中有「梅陰雖結子，瓜字尚含瓤」句。霞錦得詩甚喜，私約遲姊臥後相譚。夫人偵知，陽不覺，明日即送妹歸。笑問先生昨夜情事，先生曰：「無他，但憐才心切，小敘深情耳。」夫人終不信，作《洞仙歌》調之，中有「料消息青鸞定知，莫又道今番，不曾真個」之句。全首今佚。又曰：有某君豔其事，仿蘇子瞻補蜀宮避暑詞例，云：「香階羅衩襪，效並頭花朵。小膽惺惺避人做。笑梅陰結子，瓜字含瓤，偷換者一抹宮紗紅涴。暗中私款洽，若祇憐才，底用瞞儂待儂臥。一晌兩情

〔註10〕李詳《李審言文集》，江蘇古籍出版社1989年版，第591頁。
〔註11〕《香豔雜誌》1915年第6期。

－1038－

投，目語眉挑，到爾許尚容撩麼。料消息青鸞應知，莫又道今番，不曾其個。」案：先生以十七歲贅於馮，時馮氏指小姨。尚幼，曾相與避亂。《靜志居琴趣》「一十二三年紀」，當指此。詩中離合蹤跡，言之頗詳。定情當在已嫁數年後，故有「梅陰」一聯。又《風懷》自「峽裏瑤姬遠，風前少女殀」一段，明言傷悼後作。詩編入康熙九年庚戌，逆溯至崇禎乙亥，以「問年愁豕誤」句知繫亥年。則馮氏死時年三十五六。此云「得詩甚喜」，豈先已作此詩，後乃足成二百韻耶？又「料得消息」云云，見《琴趣洞仙歌》第四首，豈夫人詞中本有此語，先生復取用之耶？

集中《閒情八首》、《洞仙歌》十七首皆與《風懷》相表裏。「漫想橫陳得小憐」句明切馮氏「大婦亦憐中婦豔」一聯。「大婦」，故人指夫人言之。如霞錦之字果真，則「鴛鴦有分成頭白，肯許飛還野鴨俱」疑是隱語。王勃《滕王閣序》：「落霞與孤鶩齊飛。」鴛鴦疑指夫人言之。若指馮氏夫婦，豈先生以野鴨自比耶？願以質之知詩者。

附錄《石遺詩話》，其詞曰：「竹垞《風懷詩二百韻》，相傳為其小姨作者，別有《鴛水仙緣》一小說述其事。聞沈乙菴有鈔本，又為何人持去矣。按：竹垞年十七，贅於馮教諭家。馮孺人名福貞。今《風懷詩》云：『巧笑原名壽』，則當名壽貞矣。馮孺人字海媛，今詩云：『妍娥合喚嫦』，則當字海娥矣。馮孺人生於辛未，肖羊。今詩云：『問年愁豕誤』，則當生於乙亥年，小馮孺人四歲矣。其詩云：『慧比馮雙禮』，則言馮姓也。詩云：『里是碧雞坊』，則明言宅在碧漪坊也。詩云：『居連朱雀巷』，則明言坊去朱文恪（案：文恪，先生曾祖。）第，近止百步也。詩云：『次三蔣侯妹』，則明言其為馮孺人之妹也。楊炯《少姨廟碑》云：『蔣侯三妹，清溪之軌跡可尋。』則明言其為小姨也。詩云：『偶作新巢燕』，則隱言新就贅也。『何心敝笱魴』，則隱言齊子歸止，其從如水。古者以姪娣從也。詩云：『連江馳羽檄，盡室隱村艢』，則乙酉年避兵馮村五兒子橋也。詩云：『嬌同左蕙芳』，則左思《嬌女詩》云『其姊字蕙芳』，言其有姊也。其餘『蘿蔦情方狎，萑苻勢忽猖』，則言年十七時，避兵練浦，如蔦與女蘿之相依。己丑廿一歲，萑苻四起，乃挈馮氏至塘橋。所居隘，遂賃梅里宅移居之。詳《靜志居詩話》及《年譜》。詩又云：『廡改梁鴻賃，路豈三橋阻？孟裏經三徙，樊樓又一廂。同移三畝宅，並

載五湖航。天定從人慾，兵傳迫海疆。為園依錦裏，相宅夾清漳。』
皆言其離合蹤跡。最明者為『練浦一舟蕩』句，五兒子橋在練浦塘
東也。余非確實可據者，亦無煩牽合矣。」

近人興化李審言《脞語》云：「朱竹垞先生《風懷詩》，楊謙注隱約，未指其人。」
吳槎客《拜經樓詩話》云：「楊本欲顯其姓氏，既而曰不如其已。」予有孫銀槎
注本，未見楊注。李富孫詞注亦不詳本事。李氏、陳氏皆當代博洽之士，皆未言字霞
錦，則所聞固未可盡信也。陳氏謂名壽貞，字海娥，雖推測而得，似屬可信。李氏又云：
「桐城蕭敬甫先生藏有《風懷詩注》，不下萬餘言，蒯禮卿觀察曾見之。蕭死
後，藏書蕩然，此稿不知落於何處。」

蔣瑞藻《鴛水仙緣第二十九》〔註12〕

世傳朱竹垞《風懷詩二百韻》為其姨妹而作。《靜志居琴趣》一卷，皆《風
懷》注腳也。考竹垞年十七，娶於馮。馮孺人名福貞，字海媛，少竹垞二歲。
孺人之妹名壽常，字靜志。《風懷詩》所謂「巧笑原名壽，妍娥合號嫦」，分嵌
其名，甚為明顯。竹垞生於明崇禎己巳，而《風懷詩》云：「問年愁我誤」，是
靜志生於崇禎乙亥，計少竹垞七齡。其餘事蹟，細心推求，自可十得七八。又
聞太倉某姓家，藏有金簪一枝，上刻「壽常」二字。《洞仙歌詞》所云「金簪
二寸短，留結殷勤，鑄就偏名有誰認？」卻係實事，而非寓言。太倉楊雲璈叔
溫著有《鴛水仙緣》小說，敘述此事甚詳。其邑人陸君彤士處，藏有稿本。倘
得好事者為之刊行，俾百年韻史，重複發見於今日。省得後人如義山《錦瑟詩》，
紛紛注釋，仍不得其正解，亦快事也！至《風懷詩》元稿，舊藏聊城楊又云司
馬家，稿凡五紙。初題《靜志》，後始改為《風懷》，蓋亦冀其稍稍隱秘耳。今
此稿展轉入嘉興沈子培君之手。沈君極為珍秘，非至親密者無由一見，殆亦保
存鄉邦文獻之意也。（《晉玉詩話》）

陸二瞻《書曝書亭集後》〔註13〕

牙籤萬軸堆連屋，祕笈嬭嬛盡偷讀。七歲已經對語奇，中年不屑爭科目。
便便腹笥氣豪雄，濫嚼書腴筆掃空。豈徒賣弄家貲富，炯炯元精貫在中。力戰
詩壇猛如虎，布衣鴻傅少儕伍。鬥韻更番擊缽成，一首《風懷》邁千古。茶煙

〔註12〕蔣瑞藻著，蔣逸人整理《小說考證》續編卷一，浙江古籍出版社 2016 年版，
第 329 頁。
〔註13〕《最小》1923 年第 1 卷第 25 期。

物閣愛評詞，無限風流無限思。一朝自是推文傑，兩廡豚原不數伊。此生道向風情老，試看書錄三尺稿。毛鄭功臣定屬渠，千載無此窮稽考。人以詩詞推乃公，我以訓詁拜檢討。

姚大榮《〈風懷詩〉本事表微》 〔註14〕

明旨

朱竹垞先生《風懷詩》，傳頌藝林垂三百年，近人詩話說部恒樂道之。然淺嘗者多，精研者少，故詩中人姓氏雖能共曉，其名與字大率揣摩求合，絕無真知。又或於竹垞事蹟求之過深，附會穿鑿，橫生知見。揆以論世知人元理，既多疑竇，並應澈察，以息浮言。竊謂考定名人軼事，凡跡涉隱祕者，宜以科學家解剖化驗之方法行，之但觀其大略無當也。竹垞之為人，坦率質直，其生平行事，幾若無不可對人言者。觀其箸《靜志居琴趣》成，即邀曹倦圃品題，可知其於茲事內容並不深諱。讀此詩者，果肯悉心鉤稽，不難水落石出。茲特綜合其遺箸，凡與此詩相涉者，內勘旁證，鉅細靡遺。久之，竟全體具呈，真面畢露。由是推知竹垞文章爾雅，此詩特因愛情而降格；彼姝遇人艱難，厥後乃違素心而貶操。假令安常處順，無風鶴狼煙之險象迫之；使盡馳防閑，無鈍漢駿馬之孽緣激之；使互相攝引，則密愛幽歡，靡有湊泊。譬諸蟻穴潰堤，其隙甚微，其來以漸。推原其始，良由天荊地棘，靡室靡家；五角六張，一誤再誤。既不能說太平話，防微杜漸於先；又不獲鳴為泂琴，姊嫁娣從於後。既造劣因，何收美果？非可以尋常桑濮論也。此此詩為竹垞殫竭精能藉酬知己之作，然初不以此詩顯名，而往往因此詩受累。不佞研尋有年，推見至隱，準以好惡必察之公理，期協哀敬折獄之平亭，於詩中主人憫其遇，原其志，諒其情，推闡無餘蘊，故曰表微。若但視此為才子佳人風流韻事，則非不佞賞奇析疑之本心矣。屬稿既成，謹揭主旨如左。

（一）以嚴格論詩

（二）以平情論事

（三）以貫徹本末論古

準斯三義，乃可以談《風懷詩》本事。凡前此各持一端之說，差可掃而空之矣。

《風懷詩》有關考證未可竟刪

五言長律，始於少陵，盛於元、白，均不過百韻而止。至宋王元之《謫居感事》一百六十韻，實為前此五律長篇之最。竹垞《風懷詩》衍至二百韻，小題大做，似多架空樓閣，然細按之，篇中敷陳事實，自敘敘她，雙管齊下，筆有爐錘，辯才無礙，雖時有假借襯韻，不免利鈍互陳，而斷續離合，脈絡分明，鎔鑄得法，極盡才人學人能事。竹垞之為此，蓋有所本。《靜志居詩話》云：「長律至百韻，已為繁富。元美哭于麟，乃增至一百二十；元瑞哭元美，則更過之。蓋感知己之深，不禁長言之也。」此雖尚古人乎？推之以論《風懷詩》，不啻夫子自道矣。

趙秋谷《談龍錄》論詩，頗議竹垞貪多，《四庫提要》題之。夷考其實，殊不盡然。將謂使事多則隱僻滋累耶？此自博洽者長技，不足以為竹垞病。竹垞文擅名雅潔，惟詩亦然。意以率辭，辭必副意，殊少浮豔塗飾之習。將謂篇什多則榛楛未翦耶？全集存詩一千七百餘者，（內如《閒情》三十首僅存八首，《論畫》二十六首僅存十二首之類，具見翦裁。）益以裔孫墨林暨馮登府所輯《集外稿》，約四百首，僅二千一百有奇。稽其編年，自十七歲始，至八十一歲止，六十五年間，得詩僅此，不可謂多。（陸放翁自云：「六十年間萬首詩，迨後又添四千餘首。」竹垞視之，僅得其七分之一。）將謂長篇多則閱者易倦耶？綜覈全詩，無論古近體，五十韻以上尚不多得，百韻尤屬希見。全集具在，可覆檢也。然則秋谷所謂貪多者，殆專斥《風懷二百韻》言，舉一以概其全。秋谷所評，未為公允。若刪此篇，則貪多全屬虛語，將無以驗秋谷之說。即《提要》稱其「長篇險韻，出奇無窮」，亦靡所據依，適成虛美之詞矣。故此篇竹垞刻集時可刪，今日久論定，刪之轉多窒礙矣。

竹垞不刪《風懷詩》意在因詩存人有渝本旨

《風懷詩》作於康熙己酉，竹垞年四十一矣。竹垞於甲辰夏北行，秋達雲中，時往來京師、山左右等處。至己酉秋歸里，則彼姝於丁未歲先死矣。丁未歲《戲效香奩體二十六韻》，即此詩縮本，惟始末不具。歸里後，感□音塵，乃賦此詩追悼之。凡四十以前為彼姝而作之詩詞，至此作一總束。

竹垞文學，在清初不愧第一流。其言行謹篤，一代物望所歸，故身後百年，阮文達公督浙學，重建曝書亭於梅里，以為後學矜式。道光庚戌，同治丙寅，兩次重修，好事者且為之置田，贍其遺裔，有加無已。舉世崇拜，先後一轍，非倖致也。惟《風懷二百韻》溺情私愛，感逝愴神，事屬曖昧，語

非空中。此等詩本可不作，作之而傳，且較他詩為易，聽鄭衛之音則不知倦，人情可知也。竹垞於彼姝事，未嘗宣之於文，其蹤跡情緒，專闢《靜志居琴趣》一集以藏寫之。詩集中亦數見不鮮。其存者，自《風懷》一篇外，余多含而不露，然端緒可尋。詞之為體，可以宣達幽隱，摹寫細微，而不嫌其猥瑣。詩則不能。假若變《琴趣》而為詩，則中所詠述，必無一足存，以詩尚謹嚴而詞取曲達。人之於詞而無礙者，出之以詩則悖矣。故他人之詩刪定在付梓之前，竹垞之詩則刻成後猶多所剗除。其剗除之故，雖不可曉，當以涉於《風懷》者居其多數。檢本集詩目，自第二卷起至二十三卷止，其剗除者，第三、四、五及第十二、十六、二十三等，凡六卷，中皆有剗去痕跡。其剗之未淨者，惟二十三卷有「青宮」二字，略可辨識。青宮者，太子所居。康熙時，皇子允礽先立為太子，後以罪黜。此因涉時事而未及刪去，後乃剗除者。而第四卷中己亥、庚子兩年之作剗除獨多，可以知其故矣。蓋竹垞與彼姝相悅雖久，猶各止乎禮義，彼此相喻於無言者。《洛神帖》小字中央，收和顏而靜志，申禮防以自持之本旨，初念固不渝也。至戊戌冬，始抉破藩籬。其蹤跡最密，蓋在己亥、庚子兩年中。而此兩年之詩，為彼姝作者，或有蹤跡太露，難以示人之處。雖已刻成，而必從淘汰。例如《玉樓春》詞四首不入《靜志居琴趣》，正以名字太露故也。《風懷》一篇，並出名字，與《玉樓》春詞略同，特因苦心經營，成功非易，不忍割愛，立意因詩存人，否則亦當在剗除之列矣。（其第十卷有《壽李清》七古一首，乾隆丁未曾經廷議奏准抽毀，語見《韞山堂詩》注，而坊間印行自若，可知剗除諸詩與後來禁例無涉矣。）

竹垞與元微之之比較

明季清初，士大夫以風流放誕相高，其視狎優配倡獵豔等事以為陶寫性靈、發攄懷抱者，實繁有徒。故爾時詩文家若錢牧齋、龔芝麓、吳梅村、侯朝宗、冒巢民、王於一、陳其年輩均各有豔史，盛傳當代，固不僅余澹心之《板橋雜記》、趙秋谷之《海漚小譜》流播藝林也。竹垞生逢斯會，不能獨醒獨清，本可無庸置議。惟其以此時傳誦宙合以為行之玷者，猶是尋常之見。若觀其通，實乖著述之體。夫《國風》男女之詞，皆出詩人諷刺，而非蚩甿所自作。宋儒說《詩》，往往以為淫奔者之詞。果若是，是幽期密約之事，可以明目張膽，盡情傾吐，不畏宮刑，不懲人禍，不恤清議，成周一代作者已習為之。是《國風》所錄將以導淫，非以示戒矣。竹垞明於古今述作之體，

豈其於此尚未之瞭？惟竹垞之學自詞章入，少時家少藏書，其搜羅群籍則在四十以後，語見《曝書亭箸錄序》。學自詞章入者，其初率宗唐人，而元白詩派傳習尤多，其大較也。竹垞詩文本不與元、白同，而對於彼姝一節則彷彿微之之於雙文，其詩詞亦頗類似，請言其略。雙文為微之從母女，彼姝則竹垞妻妹也。微之拯崔族於亂軍之中，因得雙文相見；竹垞隨妻黨於兵戈之際，因得與彼姝密邇。是雙文為彼姝小影，而微之不啻即竹垞導師。其同一也。微之古豔詩百餘篇，中有《春詞》二首，其間皆隱鶯字；又《雜憶詩》五首，皆隱雙文意，謂二鶯字為雙文也。竹垞詩詞為彼姝作者計百餘篇，翁刻《靜志居詩餘》中有《玉樓春》詞四首，其「壽奴」暨「長命女」二首句句皆含壽字，壽為彼姝之名；「山姑」一首句句皆含山字，山為彼姝之字；「松兒」一首句句皆含松字，松為彼姝小名；「亥娘」一首句句皆含亥字，亥為彼姝生年。與《風懷詩》印證，知均為一人作。此類皆摹仿微之。其同二也。其不同者亦有二。微之始亂終棄，其人別嫁，猶謀復通，居心險薄，最為叵信。竹垞謹厚無欺，生不相負，死猶永懷。跡雖類似情則迥，殊一也。微之於幽期密約之事，自述則託之夢遇，實者虛之；紀事則託名張生，虛者實之。令觀者神眩。傳至宋代，以東坡之博物，其《贈張子野》詩自注猶以張生為張籍，籍非王性之考澈終始，幾令張文昌蒙冤千古。甚矣，微之之巧也！抑非獨微之巧也，唐以前文章程序相傳類然。幽期密約，縷縷陳述，則自暴其罪，雖甚狂惑，亦不肯為。且以輕薄之行引歸自身，亦無置喙餘地。微之在宋儒前，去古未遠，匹夫匹婦會於牆陰，無自述者，故下筆皆有程序，不落邊際，而轉可以己身評議其間，故其所作《會真詩》、《夢遊春詞》等篇，皆可以宣布索合，作者可告無罪，而知者亦易措詞。竹垞《甲申歲齋中讀書》第五首頗箴砭宋儒說《詩》之失，而四十以前則不免為宋儒所籠罩，其事其人皆覼縷不諱。與微之不同者二。本集《靜志居琴趣》之末附刊曹倦圃溶題詞一首，調倚《鳳皇臺上憶吹簫》。竹垞和答之作，見翁刻《曝書亭詞拾遺》。考《琴趣》一種本專為彼姝作，倦圃既題其後，必已知有其人，並悉其事。倦圃年輩在前，竹垞當日是否竟將底蘊呈露長者之前，而長者對於後進若斯之事應作何待遇，均非末學擬議所及。此則與微之不同而同，殊難置辭者也。以微之之善諱飾，三百年後王性之尚能考合同異，作《會真說》以發其覆，且云微之所遇合雖涉於流宕自放，不中禮義，然名輩流風餘韻，照映後世，亦人間可喜事。余於風《懷詩》不憚拋擲心力，詳加考索，亦與性之有同癖耳。

竹垞與邱文莊之比較

竹垞四十歲以前,喜作豔冶詩詞。《風懷》一篇,其總敘也。他詩詞或相涉,或不相涉,強半不出此意。晚年手自定稿,編入《曝書亭集》。後經《四庫》著錄,《提要》病其流宕豔冶,與其所著《靜志居琴趣》長短句並從刪削。方氏東樹《漢學商兌》亦稱竹垞八十餘歲刊集,不去《風懷詩》,躬行邪行,自暴於世,為得罪名教。然此詩之不當存,竹垞未嘗不知。袁簡齋枚《小倉山房詩集》已記竹垞之言,而賦詩張之矣。詩曰:「尼山道大與天侔,兩廡人宜絕頂收。爭奈升堂僚也在,楚狂行矣不回頭。」蓋竹垞刊集時,有請將《風懷二百韻》刪去者,竹垞不許,且曰:「寧不食兩廡特豚耳。」然則兩廡特豚可以撓著之術襲取乎?襲取而得,可以為定論乎?假令竹垞當日果將此詩刪去,後來無所指謫,或得與顧亭林、黃藜洲、王船山同案請祀,謂與竹垞之為人有加損乎?抑亦無加損也?夫其詩業已眾著,觀感攸資,倘經刪去,致後人求之不得,固不如存以備考之為愈也。原竹垞不刪之意,固曰吾生平遺行僅此無可解免,不欲自匿以欺世盜名。若以盜名之故,而今己所心折之人因之泯沒無傳,亦非所願。詩既刻成,此詩行世一日,即其人在世一日。無可為報,姑以垂名不朽報之,斯誠竹垞之所以為竹垞也。近代鴛鴦湖畔有佳冶窈窕之馮壽貞見知後世,未始非竹垞不刪此詩之一得也。邱文莊嘗作《鍾情麗集》以紀少時桑濮奇遇矣,後因為時所薄,乃作《五倫記》以掩之。王端毅譏其理學大儒,不宜留心詞曲,文莊甚以為恨。語見明郁藍生《曲品》及沈德符《顧曲雜言》。《風懷詩》固竹垞少壯時之桑濮奇遇也,文莊掩之而竹垞不掩,其為人之真偽於是判然。試據此以詰植之先生:掩其不善而著其善者,誠屬偽君子矣;不掩亦不著者,一眚之外,大德初不逾閒,未必即真小人也。揆諸與人為善之公心,文莊所為,謂之晚蓋可以。謂其終為偽君子,得無阻人向善之路乎?至竹垞則尤進。據《年譜》,竹垞七十八歲,葬外舅馮公暨配胡孺人、繼董孺人於馮氏祖塋之旁,且為內弟金溠立後,其待馮氏可謂厚矣。彼小人能如是乎?世有如是之小人,度亦無惡於君子矣。何庸過事吹求為也。《風懷》本事,竹垞與彼姝皆因遭逢兵亂,顛沛流離,環境不良,實逼處此。男女相悅,久乃越禮,與元微之、邱文莊之所處迥乎不同,難以並論。此非不佞曲為寬假也,綜考其始末,有以知其深也。第後學不宜藉口前賢,自滋罪戾耳。

研究《風懷詩》本事之方法

昔之談《風懷詩》者，諱言其本事。近人多喜言之，而捉風捕影，所見未真。恐《鴛水仙緣》之作亦不過道聽途說之談，不若根據竹垞詩文雜箸以意逆志，互相證明，結束此重公案。

《曝書亭詩注》者，有江浩然、孫銀槎、楊謙三家。謙字未孩，嘉興人。康熙戊子、己丑間，禾中大饑，竹垞為粥以食餓者，謙之祖某與其事。有是因緣，故謙於竹垞生平事實知之較詳。纂有《梅里志》及《竹垞年譜》等書，故詩注較他家為善。其注《風懷詩》，間引竹垞詩詞為證，以略知其事本末故也。吳槎客《拜經樓詩話》謂楊氏初本欲顯其姓氏，既而曰不如其已。世傳桐城蕭氏藏有《風懷詩注》鈔本一卷，未知視楊注何如。李富孫《曝書亭詞注·凡例》稱《靜志居琴趣》一卷，大抵與《閒情》、《風懷》同意，只箋釋故實，不別引他事以證之。其旨與楊氏同。二家均竹垞同里後進，年代未遠，耳目尤近，或有難言之隱。今則久閱滄桑，迥非昔比，事屬考古，狀類鞫奸，但虞出入之失，不懼法秀之呵。如得其情，哀矜勿喜，亦令讀者知竹垞生平他無可議，不曲護其所短，乃彌顯其所長，此則鉤稽其事之本心也。

楊注本此詩「九日登高閣，崇朝捨上庠」二句下，注文僅「《禮》：『書在上庠』」五字，而其下空白一段，審係刊成後剷除之跡。蓋竹垞於壬寅九月訪外舅馮翁於歸安學舍，作《九日》詩，有「九日烏程縣，登高白袷斜」之句，此詩二語即述其事緣。烏程與歸安同係湖州府附郭邑也。十月，竹垞即赴永嘉。是冬，馮翁卒。楊纂《竹垞年譜》備詳其事，而注此詩轉付蓋闕，或已刊而復削之，蓋為彼姝諱所自來也。豈知彼姝姓氏里居，竹垞於詩中或明點，或暗點，或借點，並不自諱，而注家乃代諱之，豈非欲蓋彌彰乎？憶光緒丙戌，李子衛太史端棻在京過夏，偶談及此詩。李君語余：「聞諸先輩云：《風懷》詩中人為竹垞小姨。後又聞胡宗武太史嗣芬云：太倉某氏藏金簪一枚，鐫壽常二字，為竹垞贈人之品，其人即《風懷詩》主人，所謂『巧笑原名壽，妍娥合喚嫦』者也。」其時《靜志居詩餘稿》尚未出，徵實之資料尚未賅備。爾後翁刻流佈，鐵證遂多，不佞據之以與《竹垞年譜》暨《曝書亭全集》並《集外稿》及《靜志居詩話》凡與詩有關會者，悉刺取比勘，始並其姓氏名字里居身世而貫徹之。竊歎未孩既秘於前，余何心復宣於後？然既說此詩，不能不詳其事，知其人。其人之姓氏名字里居身世迭見錯出於竹垞遺箸中，不加徵引，則其事不明。既加徵引，而其人之底裏於是畢露，雖欲秘之而有所不能也。未孩雖曾秘之，而

近人之詩話說部直敘其事者重見復見，且多誤會。凡事之流失敗壞，屬於言者，弗知者半；屬於知者，弗言者亦半。秘之無益，反覺有損，何須再秘？余既洞悉竹垞之特性隱衷，因並彼姝之特性隱衷而亦洞悉之。彼姝決非蕩泆者流，其與竹垞相悅相從，亦其生平迭遭不幸有以致之。知其本末，則知世上苦人之多，女子尤甚。一念及此，哀矜之忱，油然自生，庸非閑邪存誠之一助耶？茲特摘錄竹垞之文與此詩互相發者，臚列於前，庶來歷既明，以後隨文互證，瞭如視掌。

《曝書亭著錄序》云：「予年十七，從婦翁避地六遷，而安度先生九遷，乃定居梅會里。」案：安度先生即竹垞本生父。

《歸安教諭馮君墓誌銘》云：「君徙宅者八，之官者再。女五人，其一歸於我。」

《亡妻馮孺人行述》云：「孺人姓馮氏，諱福貞，字海媛。世居嘉興練浦之陽，考徙居府治之北，再徙碧漪坊，去先太傅文恪公里第近止百步。」

又云：「予年十七，為贅婿於馮氏之宅。遭亂，兩家各去其居，後遷塘橋之北，又移居接連之橋。」

又云：「孺人歸予將五十年，少日遭亂，恒與予夜避叢篁密篠間，流離顛隮，凡徙宅十一，始克寧居。」

以上諸條為此詩之骨。竹垞四十以前閱歷及詩中扼要關鍵，均不外此。惟篇幅太長，依其所敘之層折，略分節次，庶檢尋教易。至詩之故實，楊注已詳，不佞惟說其意。其本集詩詞可證本事而楊注未引者甚多，茲特隨文加入。詞有異文，改從較勝者，依翁刻《誌異》。以竹垞注竹垞，較之引古以注竹垞者，自為親切，實不啻竹垞自注其詩也。楊注有未當者，略加訂正，惟不暇多及耳。

解題

《風懷二百韻》（楊注引《瀛奎律髓小序》、晏元獻《類要》有左風懷、右風懷二類。）

《晉玉詩話》云：「竹垞《風懷詩》元稿舊藏楊文雲司馬家。（翁澤芝之潤《刻曝書亭詞拾遺序》云：「原稿藏楊幼雲星鳳樓中。」則二稿並出於楊氏一家，惟詞為竹垞姬人手鈔，詩則竹垞手寫耳。）稿凡五紙，初題《靜志》，後始改為《風懷》，蓋亦冀其稍稍隱秘耳。」大榮案：晉玉謂馮孺人之妹名壽常，字靜志，其說甚誤。殆由不知靜志二字之來歷，故有此說耳。竹垞元稿雖以《靜志》為題，而靜志確非彼姝之字。略跡原心，殆即此詩之命脈。竹垞纂《明詩

綜》，其說明詩即名《靜志居詩話》。七十四歲始成書，距彼姝卒時閱三十六年，顯與彼姝無涉。惟竹垞以靜志顏所居，則實則由彼姝之故。「靜志」二字始見《洛神賦》，竹垞用此二字非泛泛。由曹子建賦中拈出，乃係自彼姝摹寫王子敬殘帖中拈出。《靜志居琴趣·洞仙歌》第十四闋有「十三行小字，寫與臨摹，幾日看來便無別」之句，此為竹垞詩詞迻用洛神十三行緣起。而《兩同心》詞尾有「洛神賦小字中央，祇有儂知」二句，又為竹垞取靜志二字自顏所居緣起。《洛神賦》「收和顏而靜志兮，申禮防以自持」二句為全篇之骨，言斂容洗心，發乎情，止乎禮義也。《十三行殘帖》則自「嬉。左倚採旄」起至「體迅飛」止，共十三行，此二句正在第七行，居前後各六行之中，故云中央。蓋彼姝未嫁時，雖蹤跡不疏，而守禮謹嚴，避竹垞惟恐不及。至嫁後，所適非偶，時往來母家。自禾中至吳門，均由馮孺人同舟伴送，因習與竹垞接近，而彼此戀愛之情遂生。觀《兩同心》詞「比肩縱得相隨，夢兩難期」云云，可證也。然兩心雖同，而防檢難越。彼姝微窺竹垞之意甚切，恐涉造次，致犯非禮，（自己丑以還，竹垞屢次犯之，均以善避獲免。）難於措詞，故藉臨帖就正為由，特縮小第七行中此二句之字以示意，令會心人自領，欲其止乎禮義也，故竹垞特表之，以答其意。不然，洛神帖本係小字，何待明言？人盡皆知，竹垞何為自詡曰只有儂知乎？惟字之尤小者偏在中央，故始著此語耳。彼姝用心如此，以筆代舌，藉古諷今，詞嚴義正，懇切分明，宜竹垞心寫不置，後來即以靜志標題所居，又以署其琴趣及詩話，蓋一以自懺，一以示心折其人，敬佩其意，是即此詩之微旨也。

此詩首敘其人，繼敘其事，末以憑弔作結，顯出作詩本旨，實悼亡也。然竹垞與其人誼比嫂叔，無通問之義，不可謂之悼亡。其人與事皆實有著落，與其他無題之詩亦不類，故其手稿題為《靜志》。靜志者，洗心之謂，在竹垞自喻則可，他人不能解也。題署《靜志》，而詩中所詠全與相反，故刻集時改作《風懷》。然與晏元獻命名初意相符與否，不佞援名從主人之義，不贊一辭。今但表明詩之微旨，庶幾竹垞自題靜志之意復顯於後世乎！

詮詩

樂府傳西曲，佳人自北方。問年愁豕誤，（案：彼姝生崇禎八年乙亥。《靜志居詩餘·玉樓春詞》第三首云：「亥娘濃笑書名字，解道平生是三豕。定情猶記夜將分，十二時辰思到底。雖然不嫁心同契，注想桃孩傍結子。垂金屈玉篆成文，二首六身真箇是。」自注：「唐詩：『惟書亥字與時人。』日家亥不嫁娶。桃孩，腎神，見《黃

庭經注》。」）**降日升蛇祥。巧笑原名濤，**（案：彼姝名壽貞。《玉樓春》詞第四首云：「壽奴對我論心事，井水波濤都不起。幬牽翠羽卸紈巾，錢鑄青蚨嵌金字。歌詞受唱千秋歲，花底梅霙易飄墜。教塗蜥蜴便愁眉。催上氍毹還齲齒。」又《長命女》詞云：「腰一縷，怪道呼他長命女。生怕風吹去，額上殘英點就，鏡裏愁眉畫取。便我作翁聊作姥，也把千金許。」）**妍娥合喚嫦。**（案：彼姝字山嫦。《玉樓春》詞第二首云：「山姑愛掃眉峰翠，芳草為裙雲挽髻。桃花底下小門開，棹入仙源迎淺水。明璫欲解非容易，夢雨催歸情未已。望夫片石肯飛來，只合移他安屋裏。」）**次三蔣侯妹，**（案：彼姝次居三。）**第一漢宮嬙。鐵撥嫻諸調，雲璈按八琅。琴能師賀若，字解辨凡將。弱絮吟偏敏，蠻牋擘最強。**（大榮案：竹垞詞凡為彼姝作者，多言及牋。如癸巳歲《無題》末章云：「養就芙蓉粉，勻成十樣牋。」《洞仙歌》第十二闋云：「怪十樣蠻牋舊曾貽，只一紙私書，更無消息。」《好事近》云：「燕尾香緘，小字十三行封答。」本詩云：「加餐綢疊語，濃墨十三行。」其他詩詞言小字十三行者尚多，而《戲效香奩體》詩有「聰明牋樣改」之句。考改牋係薛濤故事，見《資暇錄》。今云「聰明牋樣改」，必是彼姝製牋，每幅改為十三行，亦如洛神殘帖之數，宜於小字，故竹垞每稱許之。）**居連朱雀巷，里是碧雞坊。**以上八韻為第一節。

大榮案：《曝書亭集》諸豔詩，其涉於彼姝者，以《風懷》一篇為總敘，而此節又《風懷》全篇之總序。彼姝之里居名字次序年庚才藝於此點明，當與集中《戲效香奩體》詩參看。詩作於康熙己酉，而敘事則至丁未止。竹垞十七歲以後，三十九歲以前，出處事蹟略具詩中。二十三年間，壯志良時半消磨於柔情綺思，誠非竹垞佳遇。然處境困厄，擺脫為難，非得已也。

明崇禎二年己巳，竹垞生於嘉興府治碧漪坊里第，馮氏宅近在其北。詩之第二句及第八韻，即藉以表明二家所居。（朱雀巷借點己姓，碧雞坊借點碧漪坊。）馮孺人生於崇禎四年辛未，彼姝為同產，生崇禎八年乙亥，次在三。第三及第七兩句表明之。《戲效香奩體》詩「同生感至誠」，同生謂係馮孺人同懷女弟也，故知二詩皆為一人作。

顧亭林云：「兄弟二名而用其一字者，謂之排行，如德宗德文、義符義真之類。」嚴九能云：「《左傳》長狄兄弟四人，僑如、焚如、榮如、簡如，此兄弟排行之始。」二說並見《日知錄集釋》。又《通俗編》「祝誦門」引《月令廣義》：「除夜更春帖柱聯，務尚吉祥之語。楣枋間兼貼宜春福祿壽喜等字。」案：福祿壽喜為吉祥之總名詞，故世俗命子女名多取之。長者以福名，其次當以祿、壽、喜遞名。又世俗相傳有「福如東海，壽比南山」等吉語。「壽比南山」見

《南史・豫章王嶷傳》，連化《毛詩》成語。而「福如東海」未見所出，《通俗編》謂《劉誠意集》有《壽山福海圖歌》。則二語相對由來已久。今考馮孺人名福貞，字海媛，依例推尋，則馮氏諸女自繫以貞字為排行，齒居第三者必以壽為名、山為字，合於福海壽山之義。證以《靜志居琴趣・洞仙歌》第十闋：「金簪二寸短，留結殷勤，鑄就偏名有誰認」，「偏名」者，二字舉一，言壽不稱貞之謂也。《靜志居詩餘・玉樓春》詞第二首「山姑愛掃眉峰翠」以下，句句切合山字，與「壽奴對我論心事」一首句句切合壽字。同例，其姊名福貞，字海媛，其三妹必名壽貞，字山嫦。以類相從，可無疑矣。（冒甌隱《風懷詩案》謂馮孺人之妹名壽常，字靜志。且引《洞仙歌》詞及「遺簪鏤壽常」二字為證，說與《晉玉詩話》同。）愚謂彼妹果名壽常，而金簪即鏤此二字，則非偏名矣。常為嫦之本字。嫦娥由常儀轉變而來，繫屬古義。古今字殊，豈能糅合？故知壽常非名，靜志非字也。《石遺詩話》謂「當字海娥」。不知海與福應，與壽無涉。本詩壽與嫦對，與娥亦無涉也。

《靜志居詩餘・玉樓春》詞第一首云：「松兒林下饒風致，不比夭桃與穠李。草堂回想乍移時，三尺多長小年紀。夢中腹上分明記，果結同心來樹底。纏綿願作兔絲花，拋向城樓翠釵倚。」自注：「松偃蓋者曰樓松。又有五釵松。」案：此詞句句切松字，其次在前，則松兒必係彼妹小名。

偶作新巢燕，何心敞笱魴？連江馳羽檄，盡室隱村艢。綰髻辭高閣，推篷倚峭檣。蛾眉新出繭，鶯舌漸抽簧。慧比馮雙禮，嬌同左蕙芳。歡蹤翻震盪，密坐益彷徨。板屋叢叢樹，溪田稜稜薑。垂簾遮雁戶，下榻礙蜂房。痁鬼同時逐，襖神各自禳。以上九韻為第二節。

此節述己贅入婦家，旋因兵亂逃徙，得見彼姝幼稚之時也。本集《亡妻馮孺人行述》云：「寒家自文恪公以宰輔歸里，墓田外無半畝之產。祖考忱予公知楚雄府事，還僅敝衣一簏而已。至本生考安度先生家計益窘，歲饑恒乏食。教諭君以孺人許彝尊為配，行媒既通，力不能納幣。彝尊年十七，為贅壻於馮氏之宅。遭亂，兩家各去其居」云云。竹垞自述如此。章首二句謂身雖贅壻，初無犯禮之心。其墮入情網，實因避亂蒼黃，得與彼姝接近所致。當與集中《村舍》詩及《靜志居琴趣・清平樂》、《四和香》二詞參看。其詩序云：「村舍，朱生感遇作也。生年十七為贅壻，避兵五兒子橋。」詩有「吾生命不辰，早歲去邦族。父母謂他人，安敢望拊畜」等句，其貧窘可想。集存詩始此。此篇敘事亦自此始。《清平樂》云：「齊心耦意，下九同嬉戲。兩翅蟬雲梳未起，一十

二三年紀。春愁不上眉山，日長慵倚雕欄。走近薔薇架底，生擒胡蜨花間。」
《四和香》云：「小小春情先漏泄，愛縮同心結。喚作去聲。莫愁愁不絕，須未
是愁時節。纔學避人簾半揭，也解秋波瞥。篆縷難燒心字滅，且拜了初三月。」
詩係自述，詞則專為彼姝作。自此以後，葭莩之戚日益親密，竹垞心目中時時
有彼姝矣。「慧比馮雙禮」，借點其姓。不然，則擬非其倫。「嬌同左蕙芳」，明
其有姊。「板屋」以下述村居情狀。竹垞隨婦翁避地六遷，此其初由碧漪坊徙
居馮村。五兒子橋在練浦塘東，嘉興縣治東南三十里。

　　姜紹書《韶石齋筆談》稱「乙酉歲，（《安嘯園叢書》本作「癸酉」，誤。）
北兵至嘉禾，項墨林氏累世之藏，盡為千夫長汪六水所掠，蕩然無遺」云云。
案：朱、馮二氏所居之碧漪坊，去項氏天籟閣不遠，故竹垞少時屢登焉。其為
同時避汪六水之難，去城郭而居村野無疑。是汪六水始即竹垞所遇之孫飛虎
乎？

　　亂離無樂土，飄轉又橫塘。皁散千條笑，紅飄一丈薔。重關於眅眅，
虛牖李當當。鳳子裙纖褶，鴉頭襪淺幫。倦猶停午睡，暇便踏春陽。雨
濕鞦韆索，泥融碌碡場。冐絲捎蟏蟟，拒斧折螳螂。側徑循莎薦，微行
避麥鼕。浣紗宜在石，挑菜每登畎。以上九韻為第三節。

　　此節述避亂再徙事。竹垞隨婦家避地六遷，其地多不可考。《年譜》亦未
能詳。詩特概括言之耳。《浙西水利備考‧嘉興縣水道圖》：「練浦塘東有橫塘
閘汛。」又云：「橫塘即海鹽塘。」竹垞所遷即此。吳中有橫塘鎮，名同地異。

　　前節所述是初至一二年內事，此則彼姝齒已漸長，當屆笄年矣。《靜志居
琴趣‧如夢令》云：「橫塘斜日照扉，松釵柳帶依依。猶記石橋下，綠蔭小舫
催歸。花飛，花飛，獨自水上濺衣。」又《朝中措》云：「蘭橈並戢出橫塘，
山寺踏春陽。細草弓弓，襪印微風，葉葉衣香。一灣流水，半竿斜日，同上歸
艎。贏得渡頭人說，秋娘合配冬郎。」玩此詞意，當是避亂橫塘時事。

　　蘺蔦情方狎，萑苻勢忽猖。探丸搜保社，結侶竄茅篁。廡改梁鴻賃，
機仍織女襄。疏櫺安鏡檻，斜柄頓書倉。路豈三橋阻，屏還六扇借。弓
弓聽點屐，了了見縫裳。夙擬韓童配，新來卓女孀。縞衣添綽約，星曆
婉清揚。芸帙恒留篋，蘭膏慣射芒。長筵分潑散，復帳捉迷藏。奩貯芙
蓉粉，羹煎豆蔻湯。洧盤潛浴宓，鄰碧暗窺匡。苑里艱由鹿，藩邊喻觸
羊。未因通叩叩，祇自覺倀倀。以上十四韻為第四節。

此節述遷居梅里後事。《靜志居詩話》：「予年十七，避地練浦。歲己丑，萑苻四起，乃移居梅會里，在大彭、嘉會二都之間，市名王店。」《浙西水利備考・嘉興縣水道圖》：「練浦塘西北有王店鎮汛。」梅會哩或省稱梅里。「夙擬」二句謂彼姝曾經許嫁，至是未婚而壻死也。冒黯隱謂「解《風懷詩》最難莫如此二句」。余謂二句之解，參看《閨情》第五首「五角六張看過了，何愁作事兩難諧」之句，自易瞭然。《閨情》詩作於癸巳歲彼姝將嫁之前。其云「五角六張」，謂古語五日遇角宿，六日遇張宿，作事無成也。未婚壻死，事已無成。既曰「看過」，正是「夙擬」二句注腳。「縞衣添絑約」者，《禮記・曾子問》：「取女有吉日而女死，壻齊衰而弔，既葬而除之。夫死亦如之。」則未婚而壻死，女亦應齊衰而弔。世俗亦有變服數日者，故云「縞衣添絑約」。明季，太倉王相國之女號稱曇陽子者，許聘徐氏子。徐死，女取白衣服之。亦其證也。竹垞贅居馮氏五年，至己丑始賃宅梅里，迎安度先生同居，旋移居接連橋。當移居時，是否與婦族偕，雖不可知，惟與彼姝蹤跡愈形密邇，似可為未曾脫離婦族之證。據《集外稿・避地梅里李四招飲》詩有「因人居此地，茅茨非自營」之句，其尚依倚馮氏可知矣。《靜志居琴趣・洞仙歌》第一闋云：「書床鏡檻，記相連斜柄。慣見修眉遠山學。倩青腰授簡，素女開圖，纔凝盼，一線靈犀先覺。新來窺宋玉，不用登牆，近在蛛絲畫屏角。見了乍驚回，分明睹翠幄低擺。旋手揭流蘇，近前看，又何處迷藏，者般難捉。」右詞與此節參看，係同一時事。可知竹垞仍依婦家，彼姝與其姊比屋而居，相傳竹垞短視，睹物每不了了，驗此益信，思之發笑。

內言不出於梱，外言不入於梱。別嫌明微，君子所慎。而在顛沛流離之際，救死不暇，為便事計，往往逾於禮法之外，亦不遑願及。而履霜不戒，堅冰馴致即因之。竹垞旁通之事，基於避亂。惟避亂，故時疏男女之防。馮翁多女，其四其五年方幼稺，必依其母。彼姝稍長，恒與姊相依。仲姊既嫁，已往壻家，惟長姊與其贅壻同依母家。當萑苻四起時，竹垞夫婦夜避叢篁密篠間，彼姝追隨其姊，即欲避嫌，奈非其時其地何。鍾建負我矣，籍非季芊自言，誰復追論其事者。以竹垞奇寒之故，不獲效英皇故事，亦世事之無可如何者也。而情愛既生，滅之為難，人慾固險，而醞釀最久，亦安可盡置人情弗道哉？

孟里經三徙，樊樓又一箱。漸於牙尺近，莫避竈觚煬。題壁銀鉤在，當窗繡袂颺。有時還邂逅，何苦太周防。令節矜元夕，珍亭溢看場。鬧蛾爭入市，響屧獨循廊。棖觸釵先溜，簷昏燭未將。徑思乘窘步，梯已

上初桄。莫縮同心結，停斟冰齒漿。月難中夜墮，羅枉北山張。以上十韻
為第五節。

此節云云，似移梅里後，復有所徙。「樊樓」，不知何指。味其詞意，似非
遠徙，不過移宅耳。而與彼姝密邇，相遇不疏，竹垞之志益荒而情益蕩，有隙
可乘，便思感悅。惟彼姝未嫁，守禮謹嚴，室雖邇而人則遠，雖未逢投棱之怒，
已難為援琴之挑矣。

《靜志居琴趣‧十六字令》云：「尋簾外，分明墮玉簪。籠燈去，休待落
花深。」又《金縷曲》前闋云：「枕上閒商略。記全家元夜觀燈，小樓簾幙。
暗裏橫梯聽點屐，知是潛回香閣，險把箇玉清追著。徑仄春衣香漸逼，惹釵橫
翠鳳都驚落。三里霧，旋迷卻。」當與此節參看。令節元夕，謂癸巳正月之望。

**冰下人能語，雲中雀待翔。青綾催製被，黃竹喚成箱。玉詫何年種，
珠看滿斛量。綵幡搖婀娜，漆管韻清鏘。白鵠來蕭史，斑騅駕陸郎。徒
然隨畫艦，不分上華堂。紫葛牽駝架，青泥濕馬柳〔註15〕。枇杷攢瑣瑣，
櫸柳蔭牂牂。金屋深如此，璿宮思未央。以上九韻為第六節。**

此節述彼姝之嫁也，時在癸巳歲，年十九矣。蓋本禾中女子，適吳門富
家。曰「種玉」，曰「量珠」，見聘財之重；曰「斑騅」，曰「畫艦」，見將迎
之盛；曰「金屋」，曰「璿宮」，見居處之華。蓋與《戲效香奩體》詩「住須
金作屋，行即錦為帆」同意。「白鵠來蕭史」係用廬江小史詩，太守之子以青
雀白鵠舫迎劉氏女蘭枝故事。楊注引《列仙傳》蕭史能致白鶴云云，貌合而
神則離矣。

彼姝所適，誠屬富家，然不過鄉里多田足谷之子，以銅山金穴自豪而已。
竹垞固寒生也，連年橐筆，籍謀枝棲，對此豪華，能無氣餒？孰意情絲轉牽從
意外，則知珠玉其外、敗絮其中者誠不愜聰慧之女郎之素心也。觀竹垞所詠，
彼姝知書識曲，彈琴賦詩，縫裳製屨，美而多藝。竹垞涎之雖久，曾不足回其
一顧，胡適人以後，而目成心許，轉不自保其貞操也？讀竹垞之詩者，若竟視
彼姝為秉簡贈芍者流，未免「不諒人只」。蓋女子之有才者，擇配愈難。苟非
其人，則失望之餘，非殞天年，即憂敗行，懷抱湮鬱，久而橫決，固事理恒有，
無庸諱者。彼姝之不貞，其遇使然，亦竹垞相逼處此有以致之。彼嫁女重錢刀
之阿婆，殆有不可逃之責備矣。

〔註15〕按：「柳」，底本誤作「柳」。

　　讀書須善參證，於此篇求之弗獲者，須於他篇求之。古籍詳略互補之法，其秘難言，俟索解人細心領取。《風懷詩》拓至二百韻，可謂富哉言矣。顧其中隱情猶未盡傳，則彼姝因所適非耦，後乃悅竹垞之才而越禮是也。於何見之？於竹垞癸巳歲《嫁女詞》暨《無題》諸作見之也。癸巳為彼姝行嫁之年，其次居三，而《嫁女詞》云：「大姑生兒仲姑嫁，小姑獨處猶無郎。」大姑謂馮孺人也，是時竹垞子昆田已生，故云。仲姑謂嫁竹垞同學友姚我士者也，我士名澍，竹垞避兵練浦，與我士共學，見本集《姚氏族譜序》。則小姑即指彼姝可知。又云：「媒人登門教裝束，黃者為金白者玉。」則壻家之富可知。又云：「阿婆嫁女重錢刀，何不東家就食西家宿。」東食西宿語見《國策》，謂東家富而醜，西家貧而美也。則彼姝所嫁壻家雖富而貌則醜可知。《無題》第一首云：「金谷繁華地，風流石季倫。量珠凡幾斛，買取墜樓人。」言雖費多金，無福消受也。二首云：「織女牽牛匹，姮娥后羿妻。神人猶薄命，嫁娶不須啼。」第五首云：「漢皋珠易失，落浦珮難分。不及閭男女，肩挑六幅裙。」則壻貌既不揚，而才復不足匹可知。又《曝書亭集外稿‧惆悵詞》：（題下注：集注六首，作《無題》。）「惆悵蓬山路，相思一萬重。鑱前看玉面，猶憶舊時容。」又云：「相見知何日，相思怨路殊。鮫人淚已盡，無復下成珠。」諸詩內俱含無限幽怨，旁觀擬議尚如此，則身受之感覺可知，與上數章俱確為彼姝作，可補此詩所未及。彼姝之壻姓名既不可考，而婦既恒留母家，壻亦應有往來蹤跡。驗以竹垞詩文，俱未一敘其人，則其不足齒錄可知。自此以後，竹垞里居時少，集存詩文則漸多。由詩文證事實，考歲月，竹垞之蹤跡易知，即彼姝所經歷亦不難推見矣。《閒情三十首》亦癸巳歲作，惟本集僅存八首。馮柳東竭力搜羅集外稿，又得十三首，共二十一首。全豹未窺，並竹垞自序亦無傳。玩其詞意，多空中語，間有隱切彼姝事實者，其用意蓋在不即不離間。

　　朝霞凝遠岫，春渚得歸艎。古渚迎桃葉，長隄送窅娘。翠微晴歷歷，碧漲遠汪汪。日影中峰塔，潮音大士洋。尋幽雖約伴，過涉乃須卬。澹墨衫何薄，輕紈扇縷障。心憐明豔絕，目奈冶遊狂。纜解青絲紲，茵鋪白篾簹。回波吟栳栲，鳴櫓入菰蔣。竹筍重重籜，茶芽段段槍。甘菹翻舊譜，活火試頭綱。榼易傾鸚鵡，裝拌典驌驦。曉醒消芳蔗，寒具折餦餭。已共吳船憑，兼邀漢佩纕。瘦應憐骨出，嫌勿避形相。樓下兜衾臥，蘭邊拭淚妝。便思蚊負蠆，竊擬鳳求鶬。兩美誠難合，單情不可詳。以上十八韻為第七節。

　　彼姝自禾中嫁於吳門，壻家不可詳知，約在太湖東北方面，其歸寧往來俱以舟。此節所敍即其事。竹垞贅居婦家，屬在葭莩，送迎護持，事理應然。或遇名山勝境，叢林古刹，時復相攜登臨縱眺，茗醪共酌，陳跡未忘。蓋甲午歲自春至秋，竹垞曾兩至吳門。此節所述，不必盡在一時。綜括前塵，有此種種。然壻家雖不可知，而行程略可考見。《閒情》第一首云：「輸他三戶人僥倖，載上胭脂匯畔船。」《嘉興府圖記》：「胭脂匯在濮院鎮。」《浙西水利備考》：「濮院鎮介秀水、桐鄉二縣交界。」《桐鄉縣水道圖說》云：「此水由長水塘分流，經屠鎮、濮鎮，截運河，至中塔廟橋，歸爛溪，再由分水墩歸太湖。」秀水、桐鄉之北，即交蘇州境。彼姝行嫁，自繫由王店鎮上船，經馬王塘，過濮院鎮，出妙智汛石灰橋，東北行以達蘇州。途經中塔廟橋，故詩有「日影中峰塔」之句。竹垞未嘗至定海，而詩有「潮音大士洋」之句，若曾至定海者然，當係借點吳中禪刹。《戲效香奩體》詩：「虎阜東西寺，島山上下岩。當年並遊地，悔不姓名鐫。」應與此節參看。彼姝此時為有夫之婦，而詩乃云「嫌勿避形相」，又有「蠶負蠡」、「鳳求鶊」之喻，此中情事，非當局矣莫曉。第覺室穴來風，益信嫁非耦矣。

　　「回波吟栲栳」句雖近諧談，實屬本事，並為此節要樞。蓋竹垞與彼姝兩俱年少，安得率爾同舟，惟有馮孺人在，故能聯絡之俾相安，監視之俾勿縱。特引唐人《回波詞》以寓怕婦之意。謂同行有馮孺人在，防閑綦嚴，有所畏而不敢也。運典穩切而新穎。其云「兩美誠難合」云云，即由此生根，而下文「同移三畝宅，共載五湖航」，即處處有馮孺人在。得此由鹿，不患類聚之無方矣。《靜志居琴趣·兩同心》云：「認丹鞚響，下畫樓遲。犀梳掠，倩人猶未，螺黛淺，俟我乎而。看不足，一日千回，眼轉迷離。比肩縱得相隨，夢兩難期。密意寫折枝朵朵，柔魂遞續命絲絲。洛神賦小字中央，只有儂知。」又《洞仙歌》第二闋云：「謝娘春曉，借貧家螺黛，須拗花枝與伊戴。傍妝臺見了，已慰相思，原不分雲母船窗同載。叢祠燈火下，暗祝心期，眾裏分明並儂拜。盡說比肩人，目送登艫，香漸辣晚風羅帶。信柔艣嘔啞，撲魚衣，分燕尾溪流，赤欄橋外。」右二詞所詠與此節印合，情事恰同。戊戌仲冬二七之事，已先於此伏根。所以沉吟不決者，彼此均徘徊於色與禮孰重之間，未得間耳。

　　順治乙未以前，竹垞蹤跡南不逾杭、紹，北不過蘇、松。乙未三月遊山陰，至丙申春返里，夏遊嶺南，迄戊戌秋始歸。以後則里居時少，旋歸旋出，不常厥居。故此詩亦詳略錯互，其詳者男女纏綿之情，而行蹤亦略具焉。

計程衛璋瓅，回首限城隍。（此句係用唐歐陽詹初《發太原途中寄所思》詩「高城已不見，況乃城中人」之意。楊注無謂。）紅豆憑誰寄，瑤華暗自傷。家人卜歸妹，行子夢高唐。杜宇催歸數，鵁尼送喜忙。（《靜志居琴趣‧洞仙歌》第三闋云：「津亭回首，望高城天遠，何況城中玉人面。數郵籤萬里，嶺路千重，行不得，懊惱鷓鴣啼徧。鬱孤臺畔水，解送歸人，三板輕船疾於箭。指點莫愁村，樹下門前，怪別後雙蛾較淺。若不是臨風暗相思，肯猶把留題舊時團扇。」）同移三畝宅，共載五湖航。（《靜志居琴趣‧鵲橋仙》：原注：十一月八日。「雲一箱書，卷一盤茶，磨移住早梅花下。全家剛上五湖舟，恰添了個人如畫。月弦新直，霜花乍緊，蘭槳中流徐打。寒威不到小篷窗，漸坐近越羅裙衩。」）院落蚪簹月，階流兔杵霜。池清凋菡萏，垣古繚篔簹。乍執摻摻手，彌迴寸寸腸。背人來冉冉，喚坐走伴伴。（《靜志居琴趣‧眼兒媚》云：「那年私語小窗邊，明月未曾圓。含羞幾度，已拋人遠，忽近人前。」明月未圓正指仲冬二七，良宵十四也。月至十五方圓，定情在前一夕，故云「未曾圓」。）齧臂盟言覆，搖情刻漏長。已教除寶鈿，親為解明璫。領愛蜷蟧滑，肌嫌蜥蜴妨。梅陰雖結子，瓜字尚含瓤。捉搦非無曲，溫柔倘有鄉。真成驚蛺蜨，甘作野鴛鴦。以上十五韻為第八韻。

竹垞於丙申夏遊嶺南，留粵二年，戊戌秋歸里。此節敘赴粵，只以二語點過，下便言思歸，而此度之歸特加意寫照，以佳期近也。多年欲望，償之一朝，能勿喜乎？《馮孺人行述》云：「予授徒不給，遂南渡嶺。越二載歸，則孺人徙西河村舍。是冬，復還梅里。」集中有《還家即事四首》，據稱「重為廡下客，慚愧說還家」，是猶依婦族也。詩稱「同移三畝宅，共載五湖航」者，是由西河村舍徙歸梅里也。竹垞入贅馮氏後，定居梅里，宜與婦族離矣。果與馮族離，則必與彼姝隔絕。即云姻婭往來，豈必步步追隨？今竹垞徙宅而同舟共載，尚有彼姝，是仍未離馮族也。彼姝遠適吳門，胡為久寄母家，而又依姊以居，相隨不捨，豈別有他故，今不可考歟？詩又云「癡兒猶昨日，病婦已連年」，是時昆田生才七歲，而馮孺人適在病中。既得此間，宜遂所欲。竹垞齒方及壯，彼姝年僅花信，當時竹垞曾有詞紀事，即《洞仙歌》第四闋也。詞云：「仲冬二七，算良期須果。若再沉吟甚時可。（觀此句可知竹垞與彼姝目成心許已久，所以不即定情者，正以《洛神帖》中央小字，兩俱心照，驟難背約也。）況薰鑪漸冷，窗燭都灰，難道又各自抱衾閒坐。銀灣橋已就，冉冉行雲，明月懷中半霄墮。歸去忒恩恩，軟語丁寧，第一怕轆轤塵涴。料消息青鸞定應知，也莫

說今番，不曾真個。」又《金縷曲》後闋云：「星橋路返填河鵲。算天孫已嫁經年，夜情難度。走近合歡床上坐，誰料香銜紅蕚。又兩暑三霜分索。綠葉青陰看總好，也不須頻悔當時錯。且莫負，瞻雲約。」此亦紀事之作。前闋追敘元夜觀鐙，潛回香閣事；（已見前。）後闋則與仲冬二七闋同。仲冬二七即戊戌十一月十四日，非二十七日也。「香含紅蕚」，即「瓜字尚含瓤」之意。彼姝於癸巳七月行嫁，歷甲午至戊戌，歲星五易，故云「又兩暑二霜分索」也。錯綜言之，「當時錯」謂前元夜獨歸，將合復離也。未嫁之前，失之交臂。今既如此，何必當初。故悔其錯也。「綠葉清陰」，翻用小杜詩意。

　　暫別猶凝睇，兼旬邊病尪。歷頭逢臘盡，野外祝年穰。忽枉椒花頌，來浮柏子觴。亮因微觸會，肯負好時光？（《靜志居琴趣·洞仙歌》第五闋云：「別離改月，便懨懨成病，鎮日相思夢難醒。喚連船渡口，晚飯蘆中，相見了，不用藥鑪丹鼎。雙銀蓮葉琖，滿貯椒花，同向鐙前醉司命。昵枕未三更，蘭夜如年，奈猶憾亂鴉初影。起折贈紅梅，鎮匲邊，但流涕無言，斷魂誰省。」）鑪瓬薰帉藻，厄須引鶴吭。象梳收髩墮，犀角鎮心怔。滅燄餘殘地，更衣掛短桁。簪挑金丫鳥，臼轉木蒼根。納履氈菆底，搴幬罘罳旁。綺衾容並覆，皓腕或先攘。暮暮山行雨，朝朝日照梁。含嬌由半醉，喚起或三商。（《靜志居琴趣·臺城路》云：「晨紅纔射南窗影，犀帷被誰驚起。喧雀爭枝，寒梅吐蕚，攬得雪花都墜。暗香簪未。早濕了當風畫羅衣袂。簡點薰籠，辟邪爐火焰煙細。昨宵回憶並坐。問何曾酒釅，宿醒如是。橄欖槳酸，蛤蜊湯俊，猶道不消殘醉。曲屏斜倚。看舊掃眉峰，漸低穹翠，半枕薈騰，到日高翻睡。」）連理緣枝葉，於飛任頡頏。燒燈看傀儡，出隊舞跳踉。但致千金笑，何妨百戲償。（《靜志居琴趣·洞仙歌》第六闋云：「又東風幾日，覺春寒猶甚。纖手偷攜問誰禁。對初三微月，看到團圝，鋪地水，處處轆羅涼浸。周郎三爵後，顧曲無心，爭忍厭厭夜深飲。只合併頭眠，有限春宵，切莫負煖香鴛錦。最難得，相逢上元時，且過了收燈，放船由您。」又第七闋云：「又佳期四五，問黃昏來否。說與低幃月明後。怕重門不鎖，仙犬窺人，愁未穩，花影恩恩分手。雞釭三兩琖，力薄春醪，何事卿便中酒。翻喚養娘眠，底事誰知，鐙一點尚懸紅豆。恨咫尺繩河，隔三橋，全不管黃姑，夜深來又。」又《增字漁家傲》云：「百捷仙裙風易嫋，藕覆低垂，淺露驚鴻爪。元夕初過寒尚峭。呼別櫂，雪花點點輕帆杪。別院羊鐙收未了，高揭珠簾，特地留人照。眾裏偏他迴避早，猜不到，羅帷昨夜曾歡笑。」以上諸詞所敘情事，皆與本詩此節同出一時。惟形之於詩，慮其猥褻；宣之以詞，則彌覺曲盡。所以詞能於詩之外別闢一境界也。）偶然閒院落，隨意發

縑緗。竹葉符教佩，留藤醬與嘗。硯明鸜鵒眼，香黦鷓鴣肪。日以娑拖永，時乘嫵婉良。本來通碧漢，原不限紅牆。以上二十韻為第九節。

此節述戊戌十二月及己亥正月事。大抵非匹之合，初猶惟恐人知，繼則恣情不休，漸忘形跡。仲冬二七之事，已料到消息易泄，安有朝朝暮暮為云為雨而人不知之理？觀於「本來通碧漢，原不限紅牆」二語，則自身行蹤本難盡秘，已自知之矣。即有發覺，亦知者弗言耳。「隨意縑緗」以下，侈陳嶺南方物，乃知竹垞此行所獲不少，而前此彼姝相悅，將合復離，今乃惠然肯來，非有陸賈之裝，仍防幼輿之拒。誰云以情合者不必籍金錢之力耶？金錢雖不足以移貞固之心，而實足以洗寒酸之陋。士無賢不肖，貧者鄙，古人所以舊慨也。

天定從人慾，兵傳迫海疆。為園依錦裏，相宅夾清漳。(《靜志居琴趣》第八闋云：「城頭畫角，報橫江艫舳，催上扁舟五湖曲。怪謭尼噪龍，蟢子飛來，重攜手，也算天從人慾。紅牆開窔奧，轉入迴廊，小小窗紗拓金屋。隨意楚臺雲，抱玉挨香，冰雪淨，素肌新浴。便歸觸簾旌，侍兒醒，只認是新涼，拂簷蝙蝠。」)**奪織機中素，看舂石上棵。茗露寒說餅，芋火夜然糠。唐突邀行酒，**(《靜志居琴趣・卜算子》云：「留贈鏡湖紗，浣女機中織。裁作輕衫穩稱身，更染蒲桃色。松葉頗黎碧，勸飲春纖執。本向人前欲避嫌禁，不住心憐惜。」)**句留信裏糧。比肩吳下陸，偷嫁汝南王。畫舫連晨夕，歌臺雜雨暘。旋娟能妙舞，謇姐本名倡。記曲由來擅，催歸且未遑。**(《靜志居琴趣・洞仙歌》第九闋云：「韶光最好，甚眉峰長聚。相勸乘船漾南浦。盼海棠開後，插到荼蘼。同夢裏，又是楝花風雨。橋東芳草岸，勝樂遊原，句隊爭看小蠻舞。雀舫曳疏簾，蛛網浮杯，但日日鸞簫吹度。聽唱徧青春，驀山溪，待折了歌臺，放伊歸去。」又第十闋云：「三竿日出，愛調裝人近。皃藻薰爐正香潤。看櫻桃小注，桂葉輕描，圖畫裏，只少耳邊朱暈。金簪二寸短，留結殷勤，鑄就偏名有誰認。便與奪鸞篦，錦髻梳成，笑猶是少年風韻。正不在相逢合歡頻，許並坐雙行，也都情分。」)以上九韻為第十節。

此節述己亥六月至庚子三月事。順治十六年六月，鄭成功由海道破鎮江，犯江寧，風鶴頻驚，紛紛遷徙。竹垞隨婦家避地何處，《年譜》未言，殆不可考。夫兵，危事也；避兵，苦事也。此獨以兵迫海疆為天從人慾，則因轉徙之故，尤得與彼姝密邇也。「畫舫」以下六句係述江村演劇，彼此流連共觀情事。

風占花信改，暑待露華濃。蓄葉教丸藥，含辛為吭瘡。賦情憐宋玉，經義問毛萇。芍藥將離草，蘼蕪贈遠香。潮平江截葦，亭古岸多樟。鏡水明於鏡，湘湖曲似湘。加餐稠疊語，濃墨十三行。約指連環脫，茸綿袑復裝。急如蟲近火，燥甚蟹將糖。以上九韻為第十一節。

此節述庚子夏迄十二月間事。己亥以還，歷庚子、辛丑，竹垞屢至山陰，故有「將離」、「贈遠」云云。然旋別旋歸，意蓋有所戀也。「急如」二句，正形容思歸之切。約指二月，楊注引《庚子冬古意二首為證》，是也。其第一首「涼秋八九月，遊子當遠行」云云，述是年秋將赴山陰留別意也；「何用問遺君，約指于闐玉」云云，即「約指連環脫」也。第二首「嚴冬十二月，飛來雙白鵠」云云，謂得禾中書而報之也；「何用問遺君，卻月裁胸前」云云，即「茸綿袑復裝」也。二詩互文見意，情致纏綿。次於《雪中得內人信》後，明係寄彼姝作，故於此復述之，若謂有其意而無其事，詩何為復及之乎？《靜志居琴趣·好事近》云：「往事記山陰風雪，鏡湖殘臘，燕尾香絨，小字十三行封答。中央四角百回看，三歲袖中納。一自凌波去後，悵神光離合。」正述此事。

《靜志居琴趣·洞仙歌》第十一闋云：「花糕九日，綴蠻王獅子，圓鈴金菊髻邊媚。向閒房密約，三五須來，也不用青雀，先期飛至。恩深容易怨，釋怨成歡，濃笑懷中露深意。得個五湖船，雒婦漁師，算隨處可稱鄉里。笑您若將伊借人看，留市上金錢，盡贏家計。」此詞當是庚子九月將赴山陰時作。細審「恩深容易，釋怨成歡」與《柳梢青》之「約指輕軀，薰香小像，都悔還伊」等句，似彼此會有違言，旋即互相諒解，言歸於好。然其事其時皆不可考矣。

理櫂迴青翰，驂駒驟玉瓁。寧期共命鳥，遽化逆毛鶬。寄恨遺卷髮，題緘屬小臧。憤奚殊蔡琰，嫁悔失王昌。作事逢張角，無成種董郎。流年憎祿命，美疢中膀胱。以上六韻為第十二節。

此節敘壬寅之春自山陰歸里後事。「寧期」以下五韻，歷述彼姝所遭阨運。蓋自出嫁以後，往來母家，非止一次，蹤跡可知而事實不詳，似係久依母家者。竹垞詩詞中曾無一字明言其所嫁之人。此五韻敘述突兀，循文索解，確係述彼姝所天已死。曰「憤奚殊蔡琰」，則夫亡無子可知。曰「嫁悔失王昌」，則早卒者為怨耦可知。曰「無成種董郎」，則孕而復殤可知。是時彼姝齒屆三九矣。《效香奩體》詩「角枕千行淚」，即指此事。「逆毛鶬」，楊注引《韓詩外傳》甚略，惟《駢字類編》所引較詳：「孔子與子夏渡江，見鳥而異之，人莫能名。孔子曰：『鶬。嘗聞河上老人歌曰：鶬兮鴰兮，逆毛衰兮，一身九尾長兮。』」

今本《韓詩外傳》無此條。合上句及下蔡琰、王昌二句觀之，共命鳥指彼姝與其夫，言謂不期遷化為異物也。王昌早卒，蔡琰之夫衛仲道亦早卒，故以為比。第四節「夙擬韓童配，新來卓女孀」，紀彼姝未婚夫之亡也，故《閒情詩》有「五角六張看過了」之句。「寧期共命鳥，遽化逆毛鵾」，紀彼姝嫁復寡也，故又云「作事逢張角」。「寄恨遺卷髮，題緘屬小臧」二句，語約旨晦。參閱《靜志居琴趣》，乃得其解。《洞仙歌》第十二闋云：「隔年芳信，要同衾元夕，比及歸時小寒食。俆鴨頭船返，桃葉江空，端可惜，誤了蘭期初七。易求無價寶，惟有佳人，絕世傾城再難得。薄命果生成，小字親題，認點點淚痕曾濕。（依翁刻《誌異》。）怪十樣蠻牋舊曾貽，只一紙私書，更無消息。」又《換巢鸞鳳》云：「桐叩亭前，記春花落盡，縴返吟鞭。鴨頭凝練浦，鵝眼屑榆錢，蘭期空約月初弦。待來不來，紅橋小船。蓬山盡，又風引翠鬟不見。飛燕，書再展。哽咽淚痕，猶自芳牋染。玉鏡妝臺，青蓮硯匣，空自沉吟千遍。解道臨時更開封，背人一縷香雲翦。知他別後，鳳釵攏鬢深淺。」據右二詞，以與詩語合參，似彼姝新寡，即有書緘致竹垞，卻未明言其事。但見牋上淚痕稠疊，惟有卷髮一縷，寄其悲慟之意。其中消息，彼姝既不以告竹垞，歸後始悉。而辛丑預約，壬寅遲踐，亦勞焦盼。此詩敘辛醜事太略，《琴趣》亦然，率由事後補敘。《年譜》於辛丑秋冬兩季亦不能言竹垞蹤跡所在，惟《琴趣》有《如夢令》云：「記摘小園瓜李，七夕年時花底。織女嫁牽牛，嫁到良宵十四。彈指，彈指，好事已成虛事。」集本題下注「七夕」。翁本《誌異》「七夕」上有「辛丑」二字，是此詞為補詠辛丑七夕之作。楊注此詩於「徒然隨畫艦」句下云：「按：先生於癸巳年有《嫁女詞》、《七夕詠牛女》、《南湖即事》等作，是彼姝之嫁在癸巳七夕，而與竹垞定情在戊戌仲冬二七。」此云「織女牽牛，嫁到良宵十四」，十四即二七也，蓋謂彼姝初嫁為七日，而赴幽期之約則在十四日，是亦嫁也。不知其事實，則「嫁到良宵十四」之解豈能知之？至「好事已成虛事」，即謂壻家雖富，至此則其人已死，萬事皆空也，而彼姝多淚常顰，亦惟此時為甚。蓋未嫁已死一夫，既嫁而夫又死，故有「作事」以下四語，傷所遭獨苦也。《風懷詩》惟此節最難解，非縱合癸巳至壬寅十年間事，不能貫徹本末，而紅顏薄命，感不絕於予心。

　　手自調羹臛，衣還借補襊。口脂勻面罷，眉語背人剛。力弱橫陳易，行遲小膽忙。留仙裙盡摺，墮馬鬢交鬖。（《靜志居琴趣·減蘭》云：「犀梳在手，連髮未撩勻面後。眉語心知，引過閒房步步隨。頰香煨玉，牽拂腰巾帶重束。一

段歸雲，誰驗蛇醫臂上痕。」）**不寐扉重辟，巡簷戶暗搪。風微翻蝙蝠，燭至歇蛩螿。霧漸迷三里，星仍隔五潢。**以上七韻為第十三節。

此節述壬寅三月至八月家居時事。前半純寫風情，有似唐宮秘戲。第彼在春宵，此則朝為行云耳。《減蘭》一闋，並同此意。

輕帆先下雪，歧路誤投杭。九日登高閣，崇朝捨上庠。者回成偪側，此去太倉皇。（《靜志居琴趣·婆羅門令》云：「渠去日一帆秋水，儂到日也一帆秋水。怪道相逢，翻不是相期地，無一語，只當相逢未。霜風緊，霜葉脆，上危梯，九日層樓倚。樓頭縱得潛攜手，催去也怨鸚哥紅嘴。別時真惜，住也無計。此恨綿綿詎已？每遇登高會，便灑登高淚。」）**亂水逾浮玉，連峰度括蒼。惡溪憎詘屈，盤嶼苦低昂。地軸何能縮，天台詎易望。**（《靜志居琴趣·洞仙歌》第十三闋云：「蘋洲小櫂，約兜娘相共，豈意錢塘片帆送。逢故人江上，一路看山，寧料我過了惡溪靈洞。東甌城下泊，孤嶼中流，明月秋潮夜來湧。此際最消凝，苦憶西樓，想簾底玉鉤低控。捨舊枕珊瑚，更誰知有淚兩烘乾，萬千愁夢。」）以上六韻為第十四節。

此節敘壬寅秋冬間事。蓋竹垞於壬寅九月省外舅馮翁於歸安學舍，至則彼姝已先在欲歸。九日登高，相遇於閣樓，遽恩恩分手，因是有《婆羅門令》之作。所云「渠去日一帆秋水」，即謂彼姝歸也。「秋水」，集本作「春水」，誤，當從翁本《誌異》改「秋」為合。十月即偕王明府世顯赴永嘉。據詩「輕帆下雪」云云暨《洞仙歌》「蘋洲小櫂」云云，似竹垞此行本擬至歸安學舍後，即與彼姝同舟返里。不知何故，展轉至杭，逢王明府，遂約同赴永嘉。迫於饑驅，致與彼姝相左。不期而有登高之會，又失之覿面。蓋竹垞與彼姝無通文之義。里居時眷屬相聚，恒得晤語。轉至他方，則雖相對而啟齒甚難。「地軸」二句述赴永嘉時有《道出金華夢遊天台歌》之作。竹垞屢遊浙東，實未至台州。其雲夢遊天台者，寓言耳，故云「地軸何縮能，天台詎易望」。天台有二女，竹垞客中所思者，馮氏之海媛、山嫦，亦二女也。思而不見，形之於夢，未便明言，乃託雲夢遊天台以寓意，亦元微之《夢遊春詞》之比，故其詩結句云「覺來霜月滿城樓，恍忽天台自昔遊。仍憐獨客東南去，不似雙溪西北流。」略將作意醒出，其旨可見。是時馮翁卒於歸安學舍，二女奔父之喪，自梅里達歸安，亦似雙溪之流向西北。若謂夢遊實是天台，則與彼姝無涉，安得擫入此詩乎？

「偪側」、「愴惶」二句似頗有不自得之情，然其赴永嘉時，曹侍郎餞之江上，韋二奏曲吹笛送行，從容如此，詎有他故？其此行緣起，略於《永嘉除日述懷》詩發之。「不作牽裾別，飄然到海隅。謀生真鹵莽，中歲益艱虞。鄉里

輕孫楚，衣冠厭魯儒。微名翻詆挫，暇日少懽愉。處賤無奇策，因人遠禍樞。同舟邀楚客，（原注：「王明府世顯。」）聽曲嘗巴渝」等句，大率皆感憤不遇之詞。又云：「正憶高堂在，知攜兩弟俱。屢空無長物，相視必長齏。艱難存病婦，燈火索鄰逋。書籍愁撊賣，衣裳定有無。」可見其遊幕皆因里居授徒不給，不得已而出。前此客華亭，遊山陰，滯嶺南，今復作幕永嘉，同一貧困依人之苦，言下自見。惟「因人遠禍樞」句易涉誤會。證以本集《亡妻馮孺人行述》「是時新塍以西，盜賊充斥，舟子咸股栗」云云，案新塍鎮在秀水縣境，竹垞此行，自因盜賊充斥，不敢獨歸，故繞道至杭，就王明府之約，又因債臺高築，撊賣書籍以償，情所難堪，故迫而遠遊。則其所以與王明府同舟之故，正因資其從者捍衛之力，故附其舟以行。迫不及待，遂不暇還家與眷屬作別也。因人遠禍，只是如此。偪側愴惶，亦只為此。或疑因人遠禍，跡近逋逃。（《風懷詩案》謂「竹垞因魏璧、祁班孫一案，懼連染，跳身而免」云云。）不知逋逃者當竄匿草澤，官法不及之地。竹垞此行與永嘉縣令同舟，留滯永嘉年餘，縣令官舍可以藪逋逃乎？殆不然也。且竹垞決非有逋逃嫌疑之人。據《亡妻馮孺人行述》云：「予年二十，即以詩古文辭見知於江左之耆儒遺老。時方結文社，興訿誓，樹同異，予概謝不與」，則其於以文會友之外必無深心之作為與意外之波及可知。且竹垞生平坦率，胸無城府。凡有深心之作為者，亦絕不願與之共事，此可斷言者也。然則考論竹垞軼事者，正不必益以其生平所本無者矣。

重過花貼勝，相見紡停軒。（《靜志居琴趣‧洞仙歌》第十四闋云：「蕭郎歸也，又燒燈時節。白馬重嘶畫橋雪。早青綾帳外，含笑相迎，花枝好，繡上春衫誰襯。十三行小字，寫與臨摹，幾日看來便無別。排悶偶題詩，玉鏡臺前，渾不省竊香人竊。待和了封題寄還伊，怕密驛沉浮。見時低說。」）**射雉須登隴，求魚別有枋。笆籬六枳近，練浦一舟蕩。烏桕遮村屋，青蘋冒野艎。洛靈潛拾翠，蠶妾未登桑。驟喜佳期定，寧愁下女僧。繁英經夜合，珍木入宵炕。啟牖冰紗綠，開奩拂粉黃。話纔分款曲，見乃道勝常。**以上九韻為第十五節。

此節述癸卯冬已自永嘉歸後，甲辰春正，乃與彼姝相見情事。而又將有雲中之行，計劃已定，不可中止也。「亦既見止，亦既覯止，我心則降」，鄭《箋》毛詩之義可摘取以釋此節。然猶云「話纔分款曲」、「見乃道勝常」，則幽遘之事至此猶恐人知也。《靜志居琴趣‧洞仙歌》第十五闋云：「明湖碧浪，枉輕帆

尋徧，咫尺仙源路非遠。訝杜蘭香去，已隔多時，又誰料鏡約，三年還踐？纖腰無一把，飛入懷中，明月重窺舊時面。歸去怯孤眠，鏡鵲晨開，雲鬟掠，小唇徐點。偏走向儂前道勝常，渾不似西窗夜來曾見。」案：鏡約即前闋「蘋洲小櫂約兜娘相共」之約也。約在壬寅秋，至甲辰春始踐，故云三年。

　即事憐聰慧，那教別慨慷？竭來要漢艾，塊獨泛沙棠。送遠歌三疊，銷魂賦一章。兜鞋投暗室，卷箔指昏亢。命續同功縷，杯餘九節菖。截筒包益智，（《靜志居琴趣‧采桑子》云：「攜來九子同心糉，蒲酒猶濃。夜帳輕容，續命絲長針再縫。須知後會渾無據，難道相逢。十二巫峰，峽雨輕迴第四重。」）消食餉檳榔。膠合黏鸞鳥，丸堅抱蛄蝛。歡難今夜足，憂且暫時忘。本擬成翁嫗，無端失比伉。睫邊惟有淚，心上豈無盍？（《靜志居琴趣‧一葉落》云：「淚眼注，臨當去，此時欲住已難住。下樓復上樓，樓頭風吹雨。風吹雨，草莫離人語。」）鍼管徐抽線，闌灰淺練帨。毫尖渲畫筆，時後付香囊。訣絕分溝水，纏綿解佩璜。但思篙櫓折，莫擊驦驄韁。（《靜志居琴趣‧洞仙歌》第十六闋云：「行舟已發，又經旬調笑，不算恩恩別離了。奈飛龍骨出，束竹腸攢，月額雨，持比淚珠差少。羅囊鍼管就，絡以朱繩，淡墨疏花折枝嫋。中有錦牋書，密屬歸期道，莫忘翠樓煙杪。枉孤負劉郎此重來，戀小洞春香尚餘細草。」）帷帳辭秦淑，音塵感謝莊。豈無同宿雁，終類失群麞。以上十六韻為第十六節。

　此節述最後之歡聚與末次之訣別。彼姝為竹垞生平鍾情之人。其初形隔勢禁，可望不可即。後以環境交迫，造成機會，得相聚處。竹垞居貧，不能家食，久役於外，會少離多。是時曹倦圃官山西按察副使，甲辰五月，將往訪之。在當時衹視為離別之常，迨後追思，竟成死別，故於此次臨別情事敍述特詳。「送遠」以下七句，述其時期，特將星象節候頻頻點出。「同功縷」、「九節菖」、「益智糉」皆五月初旬人家應備物品，然猶先往武林一行。比二十日回里，乃與高念祖佑釲北行。《洞仙歌》詞：「行舟已發，又經旬調笑」云云，即謂自武林還後旬日間事也。以下述臨別情事，極繾綣纏綿之致。「同宿雁」，指馮孺人言。

　衛覬頻開匣，秦衣忍用襄？炕烝鄉夢短，雪卷朔風雰。絕寒緣蟙蟚，叢祠弔妤蚼。刀環歸未得，（《靜志居琴趣‧鵲橋仙‧寄遠》云：「青鸞有翼，飛鴻無數，消息何曾輕到。瑤琴塵滿十三徽，止記得思歸一調。此時便去，梁間燕子應笑，畫眉人老。天涯況是少歸期，又匹馬亂山殘照。」）軌革兆難彰。客乍來金鳳，

書猶報白狼。百憂成結轖，一病在膏肓。峽裏瑤姬遠，風前少女殃。款冬殊紫蔓，厄閏等黃楊。定苦遭謠詠，憑誰解迭邊。樸先為檀斫，李果代桃僵。口似銜北碑闕，腸同割劍芒。返魂無術士，團土少媧皇。翦紙招南國，輸錢葬北邙。以上十三韻為第十七節。

此節述己赴雲中後，思歸未得，及丁未歲乃得鄉書，始知彼姝自別後積思成瘵，以至於病，病而彌留事。「刀環」二句謂久出不歸，不虞或有凶問也。案：《宋史・藝文志》有《軌革祕寶》《軌革指迷》《軌革照膽訣》等書。《老學庵筆記》云：「蔡元長當國時，士大夫問軌革，往往畫一人戴草而祭，輒指之曰：『此蔡字也必，由其門而進。』及童貫用事，又有畫地奏樂者，曰：『土上有音，童字也。』其言亦往往有驗。二人者廢，則亦無復占得此卦。紹興中，秦會之專國柄，又多畫三人各持禾一束，則又指曰：『秦字也。』其言亦頗驗。及秦氏既廢，則亦無復占得此卦矣。若以為妄，則紹興中，如黑象輩畜書數百冊，對人檢之，予親見其有三人持禾者在其間，亦未易測也。」是軌革占候之術，以圖畫示吉凶，猶今雀銜牌之類。附考於此。「白狼」句借用。楊注引丁未春《效香奩體》為證，非也。彼姝之死在康熙六年丁未閏四月，《效香奩體》詩作於彼姝死後，不在是年之春也。「定苦」四句，推其致死原因，當與《戲效香奩體》詩「蛾眉眾女讒」句參看。死雖因病，而致病定由讒構。觀「樸為檀斫」二句，似尚有代人受謗之疑。其詳則不可知矣。

「口似銜碑闕」與《效香奩體》詩「石闕口中銜」同意，而造句俱不可通。考《樂府詩集・讀曲歌》「奈何許，石闕生口中，銜碑不得語」；又，「三更書石闕，憶子夜啼悲」；又，《華山畿》「將懊惱，石闕晝夜題，碑淚常不燥」；又，「別後常相思，頓書千丈闕，題碑無罷時」；據諸詩合參，銜碑者含悲，題碑者啼悲，以書石闕隱題碑，以生口中隱銜，上謎而下釋之。後人獵取香豔，當揆其本意，勿失其語妙，不應合併成句，則語妙全失。竹垞此等使事，不可為訓。附訂於此。全詩敘事止此。以下則全屬悲悼之詞。

春秋鵙蟀換，來往鶯鳩搶。油碧香車路，紅心宿草岡。(《靜志居琴趣・少年遊》云：「清溪一曲板橋斜，楊柳暗藏鴉。舊事巫山，朝雲賦罷，夢裏是生涯。而今追憶曾遊地，無數斷腸花。塘上鴛鴦，梁間燕子，飛去入誰家。」又《祝英臺近・過舊園有感》云：「紫簫停，錦瑟遠，寂寞舊歌扇。萍葉空池，臥柳掃還倦。便令鳳紙頻書，芹泥長潤，招不到別巢燕。露華泫，猶賸插鬢金鈴殘菊四三點。階面青苔，不雨也生徧。縱餘一縷香塵，轄羅曾印，奈都被西風吹卷。」又，《點絳唇》云：「萬里

將行，翳燈重伴西樓語。遠書欲附，細把郵籤數。風雨江頭，不許離人去。離人去，斷腸歸路，秋草真娘墓。」）**崔徽風貌在，**（《靜志居琴趣·洞仙歌》第十七闋云：「崔徽風貌，信十平聲。分姚冶。八尺吳綃問誰借，悔丹青不學，殺粉調鉛，呈花面，輸與畫工傳寫。乘閒思掛壁，分付裝池，卷處香生一囊麝。自化彩雲飛，蟲網蝸涎，又誰對芳容播喏？盡沈水煙濃，向伊薰，覷萬一真真夜深來也。」）**蘇小墓門荒。側想營齋奠，無聊檢笥筐。方花餘莞蒻，文瓦失香薑。扇憾芳姿遣，環悲奈女亡。玉簫迷處所，錦瑟最凄涼。**（《靜志居琴趣·風入松》云：「朝雲不改舊時顏，飛下屏山。嚴城乍報三通鼓，何由得遮夢重還。露葉猶聞響屧，風簾莫礙垂鬟。簪華小字篋中看，別思迴環。穿針縱有他生約，恨迢迢路斷銀灣。錦瑟空存追憶，玉簫定在人間。」）**束竹攢心曲，棲塵眯眼眶。轉添詞悵悵，莫製淚浪浪。幔卷紬空疊，鈴淋雨正鉠。情深繁主簿，癡絕顧長康。永逝文悽戾，冥通事渺茫。**（《靜志居琴趣·留春令》云：「針樓殘燭，鏡臺膩粉，醉眠曾許。長記羅幬夢回，初響幾點催花雨。別淚連絲繁主簿，賸定情詩句。一樣霜天月仍圓，只不照凌波步。」）**感甄遺故物，怕見合歡休。**以上十三韻為第十八節。

末節述己倦遊而返，則物換星移，風微人往，隨處感觸，無限哀悼之意。「春秋」二句述彼姝卒後，兩易春秋，而己始歸里。「碧油」句謂路則猶是而人不再逢。「紅心」句謂草自叢生而骨將速朽。「崔徽」、「蘇小」，以古之薄命紅顏相儗，情不可已，則想營齋奠情，復無聊，則為檢篋笥。檢之而得者，莞蒻猶在。檢之而不得者，文瓦已空。譬之古人扇存而芳姿已杳，環在而奈女云亡。古有玉簫死而再生，而今則迷其處所。古有錦瑟華年殂謝，而今則似彼凄涼。痛之深，如心攢束竹，悵悵不可復添；淚之墮，如眼眯棲塵，浪浪不可制止。卷幔心酸，柳三變空疊紬被；聞鈴腸斷，李三郎愁聽雨聲。固不僅繁主簿之淚下如連絲，顧長康之癡絕號於世也。非不知永逝之文，只餘悽戾；冥通之事，究屬渺茫。而賦擬感甄，猶思步東阿後塵者，正以合歡之牀猶在，觸目傷情，未忍恝置也。

餘話

余箋此詩，於當日情事所可知者，業已網羅無遺，推闡盡致。所不可知者，尚有數端。彼姝夫族姓名無考，一也。是否爻占脫輻，因而久寄母家，長倚阿姊，二也。詩稱「定苦遭謠諑」，似係遙揣之詞。據《戲效香奩體》詩「蛾眉眾女讒」句互證，言之至再，諒非虛語。三也。是皆所應知者。竹垞既未一及，無從取證。抑余尚有疑者。簪鐫壽常二字，何由便知為竹垞手跡。且其自云「鑄

就偏名有誰認」，則非有前後名款可知。明偏名惟個中瞭解，外人弗識也。彼姝死時，竹垞北遊未返。經紀其喪，收拾其遺物者，惟馮孺人是賴。簪係竹垞密贈，是否曾令馮孺人知？果知之，何不早為之所？即有謠諑，何關輕重。謠諑何來，因之成病，解鈴者惟馮孺人。乃一病即死，疑團莫釋。據情揣測，此簪誰為保存，傳至近今，始嘖嘖人口，疑好事者因竹垞詩詞依託為之，未必確是遺物也。拈出以質曾觀是簪者，諒有以解區區之惑，余亦不欲堅持疑古之說也。

竹垞詩詞，時繩彼姝之美，其譽之尤至者，若「笑您若將伊借人看，留市上金錢，盡贏家計」，直擬以西施，可想見其標格矣。

竹垞於彼姝，親之者若伉儷，時見詩詞中。若「本擬成翁嫗」、「使我作翁卿作姥」等句，居然欲據為己有而代述彼姝之意。又有「得個五湖船，雛婦漁師，便隨處可稱鄉里」，鄉里為古人夫婦互稱之詞。其代述輿論，則云「贏得渡頭人說，秋娘合配冬郎」，又云「叢祠燈火下，暗祝心期，眾裏分明並儂拜，盡說比肩人，目送登艫」，誠有情人願成眷屬之極致矣。惜當時無人作蹇修也。

長律積致二百韻，限於聲韻，限於對偶，而本事又多難言之隱，顧甲失乙，得丙求丁，支配修飾，在在礙手。雖以屈、宋、卿、雲之才，李、杜、韓、蘇之筆，亦慮不周，茲幸觀成，固屬快事。而一篇《錦瑟》，索解殊難。若謂全篇遣辭運典悉與本事相副，而一一求所以實之，則以文害辭，以辭害志矣。假使謀篇既成，再加洗伐，汰去膚辭賸語及襯韻之句，止成一百六十韻，當更精切。作者既省心力，閱者亦少誤會。惜當日未經此邃密之商量也。

翁澤芝之潤云：「沈子培曾植新得竹垞風懷詩手跡，較今本頗有同異。」竊謂手跡出自中年，集本梓於晚歲，其間同異，必有啟人妙悟之處。惜翁氏泥於綺語之戒，未以付梓。然其所梓，內有《靜志居詩餘》十首，在《琴趣》之外，皆專為彼姝作者，正與《風懷詩》同條共貫，豈得謂非綺語？特翁氏辨之弗明耳。

乙丑三月再錄於雙槐宧。

數年前曾託友人從培老借鈔竹垞手稿，旋聞稿已失去。深惜翁氏當日未將手稿與集本異文附刊《誌異》之末，蓋戒除綺語為一事，考訂古籍又為一事，勿庸並為一譚也。越日又記。

汪日楨《玉鑑堂詩集》卷六《題曝書亭集風懷二百韻後用東坡芙蓉城韻》〔註16〕

竹垞先生《風懷二百韻》乃長律中傑作，又有《靜志居琴趣》詞，與詩語皆印合。相傳晚年編集，不肯刪此詩，有「寧不食兩廡特豚」語。楊氏謙注《曝書亭集》，因是遂有妻妹之疑。夫六一籤錢，出於仇目。若楊氏者，何為也哉！後有作《風懷鏡》者，力為辯誣，其意良善。乃必實指為妓女王三姑，無徵不信，此又癡人說夢矣。余考先生《江湖載酒集》有《自題詞集·解佩令》云：「老去填詞，一半是空中傳恨，幾曾圍燕叙蟬鬢。」然則先生固已自解之。後人紛紛辯論，皆隔膜語耳。因賦此詩。自謂大尺復生，定必為吾首肯也。

鴛湖詩伯歸窅冥，吟魂何處招零丁。生平篇帙羅幾屏，偶耽綺語摹娿婷。蛾眉自翠蟬鬢青，浪傳太白妻媶星。相通以神不以形，美人香草離騷經。古來詞家託仙靈，王母綵勝天孫軿。寓言俶詭豈實有，但佐翰墨流芬馨。特豚甘謝孔廟廷，或勸刪薙終不聽。微詞自表孰所令，暗室開牖明疏欞。空中結想藉傳恨，窨要奚啻遺真泠。制科赴召辭巖扃，掛冠返里旋鐵翎。前塵羅預驚迅霆，曝書千古留空亭。道山應創新宮銘，餘子學步嗟伶俜。無人能解虎項鈴，夢中說夢殊未醒，厚誣先哲心難寧。奈何小智矜摰拼，紛紛臆揣蚊雷焚。開編雒誦涕欲零，伊誰為滌聞惟腥。管窺穹宇蠡測溟，浮言莫泛無根萍。心猶嘉木碩且庭，無邪首貴驅孟螟。爰題此詩告億，齡勿歌倩盼疑譚邢。

雪亭《讀朱竹垞風懷詩》〔註17〕

詞人別有飄零感，二百風懷字字哀。未得竟憐唐後主，宮車終載阿姨來。兩廡特豚寧不食，一生知己況傾城。傷心千載鴛湖水，曾見詞人弔壽貞。

舍涼《朱竹垞風懷詩》〔註18〕

朱竹垞有《風懷詩二百韻》，當時即傳其十分珍視，謂寧不食兩廡特豚，不肯刪除此作。近人姚大榮撰《風懷詩本事表微》，考證得此詩為其小姨而作。松江姚鵷雛作說部《燕蹴箏弦錄》，即演其事。自序云：「書中事蹟，大類勝朝

〔註16〕《續修四庫全書》第 1543 冊，上海古籍出版社 1996 年版，第 653 頁。
〔註17〕《馮庸大學校刊》1930 年第 2 期。
〔註18〕《天津商報畫刊》1935 年第 14 卷第 12 期。

之初。秀水某鉅公早年影事，要之寓言十九，無足深考。」蓋尚存忠厚，以迷離惝怳出之。金山高吹萬序云：「考竹垞娶於馮，其妻名福貞，字海媛。妻之妹名壽常，字靜志。詩中所云『巧笑元名壽，姸娥合喚嬋』者，分藏其名，最為名顯。」則明言無隱矣。

《晦堂無隱錄・朱竹垞風懷詩為盜小姨》〔註19〕

方植之《漢學商兌》極詈《毛西河集》中卷末載賣唱之《打花鼓兒曲》及《竹垞集》中《風懷詩》，稱為敗檢小人。翁覃溪《復初齋集》，自與曹中堂論儒林傳目書，亦詆竹垞此詩為不然。而袁才子集中，則申發竹垞之意云：「朱竹垞晚年自訂詩集，不刪《風懷》一首，曰：『寧不食兩廡特豚耳。』余曰：此讆言也。元明從祀之典頗濫，竹垞恥之，託詞自免，意蓋有在也。不然，使竹垞刪此詩，其果可以一例兩廡乎？亦未必然矣。」婁縣楊氏曰：「竹垞是詩，後人指為盜小姨者也。小姨名壽娥，惟繆雪莊力辯其誣，詩存《雪莊集》中。」（《雜錄》。）吾謂辨者用意良厚，其指目者，殆神兆所謂遺行也歟？

冒廣生《小三吾亭詞話》卷三《竹垞靜志居琴趣》〔註20〕

世傳竹垞《風懷二百韻》，為其妻妹作。其實《靜志居琴趣》一卷，皆《風懷》注腳也。竹垞年十七，娶於馮。馮孺人名福貞，字海媛，少竹垞二歲。馮夫人之妹名壽常，《風懷詩》所謂「巧笑元名壽，姸娥合號嬋」也。字靜志，《兩同心》詞，所謂「洛神賦中央小字，只有儂知」也。少竹垞七歲。竹垞生崇禎己巳，而《風懷詩》云「問年愁豕誤」，故知靜志生崇禎乙亥，為少七歲也。曩聞外祖周季況先生言，十五六年前，曾見太倉某家藏一簪，簪刻「壽常」二字。因悟《洞仙歌》詞云：「金簪二寸短，留結殷勤，鑄就偏名有誰認」，蓋真有本事也。太倉揚雲璈叔溫，有《鴛水仙緣傳奇》，往嘗於陸彤士民部處見之。《風懷詩》稿，舊藏聊城楊又云司馬家，後歸嘉興沈子培提學。稿凡五紙，「風懷」二字係後改定，其先亦題為「靜志」也。余曾撰《風懷詩案》一卷，刻入《冒氏叢書》。君直亦有《洞仙歌》題其後云：「萬千劫換，只情絲空裏。墮落人間跕還起。被金風亭長，句上吟箋，親印著，顛倒鴛鴦鈐記。墜歡重拾取，便說當初，已是相思鑄清淚。何況到而今，二寸金簪，怕蝕損、蕭娘名字。判買個蜻蜓訪婁湄，要替證芳盟，仙緣鴛水。」

〔註19〕《正中》1935年第1卷第10期。
〔註20〕唐圭璋編《詞話叢編》，中華書局2005年版，第5冊，第4711～4712頁。

范皕海《朱竹垞〈風懷詩〉書後》〔註21〕

朱竹垞自編詩集,不刪《風懷詩一百韻》,曰:「不欲食文廟一塊冷豬肉也。」余嘗以為不然。士君子立身敦品,自當以清潔高尚為主,非為冷豬肉而始使無遺行也。竹垞生平本無兩廡特豚之分,《曝書亭集》亦不僅此百韻詩為玷。然常人偶有穢跡,苟遇於大庭廣眾中,訐發其陰私,則必引為終身之大辱。而文人學士乃反將幽期密約、鄙污狎褻不可告人之情狀,飾以瑰詞,形容惟恐不盡,而襮之於天下後世,方自詫為風流佳話,抑何不識人間有羞恥事,小人而無忌憚之甚。推而言之,我國五千年光榮俊偉之文學,結習相沿,留此等輕薄流浪之體制,為風俗人心之蠹,不可謂非最大之污點也。

屈靈均以美人香草寄懷君國,及宋玉為之高唐神女,固猶有所諷諫也。波流極於齊梁,則閨帷房闥之外,幾無文辭矣。其聲之淫麗、詞之妖豔,足以投人之好嗜,而不自覺其與之俱化。要之,當時國運之頹靡、人格之墮落,稍涉史事者所共知也。唐之衰也,溫、李繼出,金荃玉溪,一以香豔為宗。至朝偓、和凝,每下愈況,變本加厲,而唐社亦墟矣。南唐、後蜀詩餘大盛,小令之工,淫靡妖豔,上軼齊梁之《懊儂》、《子夜》,而東坡斥為亡國之音。可見此等文字,決不興於時世隆盛之際,而亦非昌明博大之君子所當尤而傚之也。

古人以女子為玩物,與花鳥同類,故詩詞之中,恒以形容女子之狀態與性情為能事。究之,其狀態不出美麗二字,其性情不出柔媚二字,而必曲加以種種之譬況,自謂旖旎情致,要其對於若人,固未嘗以人類相待。其所以為之顛倒迴蕩者,快一時之心意,饜平生之嗜欲而已,非但惡薄之《香奩詩》然也。試檢昔賢遺集,則閨情閨怨之題目無或不備者,雖其中不無寄託之辭,顧寄託而必出於此,是吾所大惑不解也。歐陽永叔作《雙調望江南》詞,有「堂上簸錢堂下走,恁時相見已留心,何況到如今」之句。當日誣為盜甥者,即以此詞為證。文人積習,口齒經浮,而子虛烏有之文章遺害乃復如此。今者男女平等,女子參政權問題將次解決。同為偉大國民,詎再供人描畫,而文學界中猶不能於此污點洗刷而廓清之?後生小子略知聲律,即學為疑雲疑雲之語,以污衊其清澈無滓之心腦,而隳壞其一生之志節,斯真吾輩操觚之責也。

真西山編《文章正宗》,於齊梁淫靡之詩概不入選。顧亭林非之,以為孔子刪《詩》,不去《鄭》、《衛》。竊謂刪《詩》之說是否可信,訖無定論。而解

〔註21〕《古歡夕簡》卷二,《皕誨雜著》第二種,民國青年協會書局 1933 年刊本。

《鄭》、《衛》者，究當從毛《序》與從朱《注》，亦復聚訟紛紜。惟西山《正宗》一編，為學子諷誦而設，則劃削齊梁之作實有關係，而不可非也。夫詩家自有正聲，何必側豔而後為詩？選詩而必雜以側豔，猶取人而必雜以便佞也。亡國敗家之禍，必在此矣。陶靖節詩微淡遠，足以徵其人品之高尚，而世偽作《閒情賦》以誣之。試思靖節集之有《閒情賦》，為增重靖節之價值耶？乃謫以貶降之也耶？則我國文學之有齊梁體，為增重文學之價值耶？亦謫以貶降之也？

填詞，小道也。昔人恒言當以綿麗為宗，其實亦未盡是。詞之初祖，豈非太白乎？其《菩薩蠻》、《憶秦娥》諸闋，氣魄何等雄直，感慨何等深厚。至北宋而坡老出，造意超邁，出語跳脫，有自然之浩氣流行乎其中。南渡而後，則稼軒之豪放、白石之俊爽、後村之獷悍、玉田之蒼涼，雖未純粹，而無不於家國之感、身世之悲三致意焉。以視青蓮，寄託借喻之說無可容喙矣。

且也，此種文字實為女學發達之阻礙。向也女子不讀書，則亦已耳。今既讀書矣，其才高者亦能博覽群書，以肆力於文學，而此種文字即為之鑿混沌，啟竅竅，以導之於邪惡。古今才女往往喪其生平者，大都為淫豔之詩詞所誤。而我國舊習所以厲禁女學者，其原因亦皆由此。宋才女朱淑真作《生查子》詞，有「月上柳梢頭，人約黃昏後」二語，載於《斷腸集》中，世疑其有外遇。近人據《廬陵集》辨之，曰：「此乃六一居士之作。」余謂朱作之固為失身，歐陽作之未免失心。因有失心之人，遂致有失身之人，是可懷也。是故欲女學發達，必將此種文字一付祖能之手，否則滔滔之勢不能止已。雖然，舊嘗課女學生以讀經，至《召南·野有死麕》篇，則鉗口結舌而不能卒講。嗚呼！經尚如此，他又何言。

鄧之誠《風懷詩案辯證》〔註22〕

近人箋竹垞翁《風懷詩》，以其小姨當之，擬為《風懷詩案》。然觀翁《閒情》八首，有曰「邂逅重門露翠鈿」，曰「家臨大道不難知」，曰「西鄰名士悅傾城」，翁是時正從婦居外家，則非同居可知；曰「走馬章臺孰畫眉」，則非良家可知；曰「多事定情繁主簿」，曰「夢裏分明月墮懷」，又《無題》六首有云「莫教仙犬吠，花下阮郎歸」，則似有前約矣；曰「大婦亦憐中婦豔，新人定

〔註22〕鄧之誠著，鄧珂點校《骨董瑣記全編》，北京出版社 1996 年版，第 122～123頁。

與故人殊。鴛鴦有分成頭白，肯許飛還野鴨俱」，此大婦若稱夫人，則絕非姊妹可知，且安有教諭女而為人作妾者？觀翁《村舍》詩自云：「感遇而作，時方流離孤苦，荷贈田之義，感恩之不暇」，斷無覷覦小姨之理。若以「生來裏是比肩名，兩美須知定合併」之「比肩」、「兩美」語，遽定為姊妹，殊嫌未當。既云「少翁六歲」矣，則翁入贅時，其人年只十一，《清平樂》詞不應云「一十二三年紀」也。《風懷》本詠，絕無少小嬉戲語：必婚後數年，亂離時始遇者。故《探春令》詞云「不道是相逢驟」，非其妹甚明。《嫁女》詞「阿婆嫁女重錢刀」，何得以阿婆稱妻母？是時教諭尚存，阿婆豈得自專？觀本詠始終無一語及英皇事，且比擬之詞，曰於盼盼、李當當，曰旋娟拜姐，曰蘇小墓，皆不倫類，正緣硬坐實「壽常一簪」及「馮雙禮」一語，以強合之。然則「第一漢宮牆」，安知非王氏耶？《洞仙歌》詞「金釵二寸短」云云，即「接笑猶是少年風韻」，翁是時不應云「猶是少年」，明明又一人又一時也。觀曹秋嶽《題琴趣後》云「待繡帆高掛，遲日江濱，齊列瑤箏檀板‧攜妙妓徐步香塵」云云，可證。又《蝶戀花》詞「妹是桃根‧姊定名桃葉」；《惜分釵》詞云「李波妹、桃恨姊」，《三妹媚》詞云「月姊窺儂，也勸飲深懷稠疊」，又云「早是含情迎接‧怕峽雨他山，易沾桃葉」云云，似是姊妹行，而所眷者其妹。不然，安有以桃葉戲稱其妻之理？《南樓令》詞云「留不住塞垣春」，是「佳人自北方」亦有注腳矣。《金縷曲》云「算天孫已嫁經年，夜情難說，走近合歡床上坐，誰料香含紅蕚」，與本詠云「綠陰雖結子，瓜字尚含瓤」，似其人嫁而違異，翁始由離而合，故云「話讒分款曲」，又云「定苦遭謠諑」。若為其姨，則翁婿夫婦間，必有參商，而翁固無是也。觀《還家即事》、《雪中得內人信》詩可證。

鄭逸梅《竹垞〈風懷詩〉之原稿》〔註23〕

金風亭長朱竹垞，寧不享兩廡冷豬肉，不願捨《風懷二百韻》，昔賢風趣，有足多者。我友姚鵷雛拾其事蹟，成《燕蹴箏弦錄》說部，予極愛閱之。竹垞戀其小姨，諸家筆記，頗多敘述，但各異其言，不一致也。閩詩人陳石遺詩話，卻謂：「竹垞《風懷詩》二百韻，相傳為其小姨作，別有《鴛水仙緣》一小說詳其事，聞沈乙庵有一鈔本，後為人持去。」按：竹垞年十七，贅於馮教諭鎮鼎家，馮孺人名福貞。今《風懷詩》云「巧笑元名壽」，則當名壽貞矣。馮孺

〔註23〕鄭逸梅《掌故小札》，《鄭逸梅選集》第 5 卷，黑龍江人民出版社 2001 年版，第 107～108 頁。

人字海嬡，今詩云「妍娥名喚嬗」，則當名海嬗矣。馮孺人生於辛未年，肖羊，今詩云「問年愁豕誤」，則當生於乙亥年，小馮孺人四歲矣。其詩云「慧比馮雙禮」，則明言馮姓也。詩云「里是碧雞坊」，則明言宅在碧漪坊也。詩云「居連朱雀巷」，則明言碧遊坊去朱文恪第近止百步也。詩云「次三蔣侯妹」，則明言其為馮孺人之妹也。楊炯《少姨廟碑》云「蔣侯三妹，青溪之軌跡可尋」，則明言其為小姨也。詩云「偶作新巢燕」，則隱言新就贅也。「何心敝笱魴」，則隱言齊子歸止，其從如水，古者以姪姊從也。詩云「連江馳羽檄，盡室隱村橋」，則乙酉避兵馮村五兒子橋也。詩云「嬌同左蕙芳」，則左思《嬌女詩》「其姊字蕙芳」，言其有姊也。其餘「蘿薜情方狎，萑苻勢忽猖」，則言年十七時，避兵練浦，如薜與女蘿之相依；己丑二十一歲，萑苻四起，乃挈馮孺人至塘橋，所居隘，遂貰梅里宅移居之。詳《靜志居詩話》及《年譜》。詩又云「廡改梁鴻賃，路豈三橋阻。孟里經三徙，樊樓又一廂。同移三畝宅，並載五湖舫。天定從人慾，兵傳迫海疆。為園依錦里，相宅夾清漳」，皆言其離合蹤跡，最明者為『練浦一舟盪』，五兒子村，在練浦塘中也。聞《風懷》原稿，輾轉入於常熟張隱南手。張諱鴻，別署蠻公，所居曰燕谷，又號燕谷老人，與曾孟樸相友善。孟樸之《孽海花》，未完而輟，張為之續撰者也。丁丑之變，避地桂林，以所藏富，不克盡攜，及虞城淪陷，文物被人攫去，而竹垞《風懷》原稿，亦不知去向，張大為悵惘，一再訪求，迄不可得。自張物故，此原稿更無人提及之矣。

陳登原《書朱彝尊詩後》〔註24〕

朱彝尊《風懷二百韻》（《曝書亭集》卷七）：「背人來冉冉，喚坐走伴伴。齧臂盟言覆，搖情漏刻長。已教除寶扣，親為解明璫。領愛蜿蟺滑，肌嫌蜥蜴妨。梅陰雖結子，瓜字尚令瓤。捉搦非無曲，溫柔信有鄉。真成驚蛺蝶，甘作野鴛鴦。」

袁枚《題竹垞風懷詩後》（《小倉山房詩集》卷九）：「竹垞晚年自訂詩集，不刪《風懷》一首，曰：寧不食兩廡特豚耳。」

朱彝尊《解佩令》（《江湖載酒集》卷中）：「十年磨劍，五陵結客，把平生、涕泗都漂盡。老去填詞，一半是空中傳恨，幾曾圍，燕釵蟬鬢？」

〔註24〕陳登原《國史舊聞》卷72，《陳登原全集》第9冊，浙江古籍出版社2014年版，第511～514頁。

　　登原案：朱氏《風懷詩》蓋為戀其小姨而作，說詳姚大榮《風懷詩本事表微》(《東方雜誌》二十二卷十三號)。蓋以己為才子，以小姨為佳人。然而當其老去填詞，則謂燕釵蟬鬢，無非空中傳恨。然則朱氏縱係才子，小姨是否領似蜻蜻，固不能無疑也。

　　《古今詞話》(《歷代詩餘》卷一一八)：「趙學士子昂調妻管夫人曰：我為學士，你做夫人，豈不聞王學士有桃根、桃葉，蘇學士有朝雲、暮雲？我便多要幾個吳姬、越女非過分。你年紀已大，只管占住玉堂春。」

　　陳其元《庸閒齋筆記》卷八：「余弱冠時，讀書杭州。聞有某賈人女，明豔工詩，以酷嗜《紅樓夢》故，致成瘵疾。當綿綴時，父母以是書賈禍，乃投之火。女在床上大哭曰：奈何殺我寶玉！遂死。杭人傳以為笑。」

　　何光遠《鑒誡錄》卷八：「羅隱秀才嘗獻詩於鄭相國畋。鄭女妙於篇什，每讀隱詩，至『張華漫出如丹語，不及劉侯一紙書』，未嘗不於父前三復，似慕其才。一日，因隱到宅，遂留從容，命女下簾窺之。女見隱為人貌寢，不復詠隱詩矣。」

　　楊循吉《蘇談》「點妓賺詩」條(頁一)：「老儒陳體方，以詩名於吳中。有妓黃秀雲好詩，嘗謬謂體方曰：我必嫁君，然君貧如此，肯為詩百首贈我為聘資乎？體方信之，賦至六十餘篇而歿。情致清婉，傳播士林。然此妓情實慧黠，於體方本無意也。方體方為詩時，人多笑其老耄被紿，而欣然每傳於人，以為奇遇。」

　　《列朝詩集》丁集卷一一三下《徐於傳》：「歌妓王桂，雅有風情。於家貧，不果娶。久之復與妓徐三善。三亦許嫁於，於竭其資力為治衣妝鏡奩。歸有日矣，忽遣蒼頭持書至。於喜，發視之，則遺片紙為訣絕。蓋已盡竊其資，夜奔一武夫矣。於掩其紙置席下，遂不復食而死。」

　　閻若璩《讀金石錄》(《潛邱劄記》卷一)：「男女各有命，色復兼才奇。歷覽無餘文，茗碗非空持。一笑覆懷中，翻若驚鴻時。願言沾餘瀝，千載沁心脾。」

　　《隨園詩話》卷三：「汪度齡中狀元時，年已四十餘，面麻身長，腰腹十圍。買姿京師，有小家女陸氏，粗通文墨，觀彈詞曲本，以為狀元皆美少年，欣然願嫁。結婚之夜，於燭下見先生年貌，大失所望，已鬱鬱矣。是夕，諸同年嬲飲巨杯，先生量弘興豪，沉醉上床，不顧新人，和衣醉寢，既而嘔吐，將新人衾枕盡污。陸女恚甚，未五更，雉經而亡。或作詩嘲之曰：國色太嬌難作婿，狀元雖好卻非郎。」

　　蔣瑞藻《小說考證續編》卷一「琴樓夢」條：「石甫最好女伶王克琴也。樊山宗伯嘗記其迷戀克琴事曰：石甫追隨克琴芳塵，已數年矣。而此腹便便、腮於思之石甫，殊不足以當王伶一盼。一日，積思成夢，正與克琴握手言歡，適當妙處，為某友一掌擊醒。石甫懊喪數日，引為畢生恨事。」

　　　　登原案：以上記唐人一事，明人二事，清人三事。閻氏之詩為
　　　　李清照而作。清照有文才，見於雅記。是否貌若驚鴻，故書未有所
　　　　述。若璩云云，一若恨於生不並時，此已可令人絕倒，此又所謂空
　　　　中傳恨者也。石甫即易順鼎，克琴為清末民初劇院女旦，報紙廣告
　　　　中說為香豔親王，後為張勳寵姬。由汪、易兩人軼事考之，即使真
　　　　有才子，真有佳人，才子即愛佳人，佳人未必即愛才子，此又所謂
　　　　空中傳恨者也。

　　周輝《清波雜志》卷九：「洪駒父集《侍兒小名》三卷，王性之又集一卷，雖曰擇之不精，採摭未盡，亦足為尊前諧謔之助。士大夫昵裙裾之樂，顧侍巾櫛輩得之惟艱。或得一焉，不問色藝如何，雖質至凡下，必極美稱，名浮於實，類有可笑。特償平日妄想，不足則誇爾。」

　　　　登原案：周氏云云，顯亦所謂空中傳恨。蓋即使人間誠有所謂
　　　　才子，然而才子所遇，又未必即係佳人，有如穆素徽之短小豐肌、
　　　　面又微麻。然則才子佳人云云，非為妄想，即為浮誇，不亦可笑也
　　　　歟！

　　《紅樓夢》第五四回「史太君破陳腐舊套　王熙鳳效戲彩斑衣」：「賈母笑道：這些書就是一套子，左右不過是佳人才子，最沒趣兒。把人家女兒說得那麼壞，還說是佳人，編得連影兒也沒有了。編這樣書的人，有一等妒人家富貴的，或者有求不遂心，所以編出來糟蹋人家。再有一等人，他自己看了這些書，看邪了，看著得一個佳人才好，所以編出來取樂兒。」

　　　　登原案：賈母云云，自為曹雪芹語，謂才子佳人之說由於糟蹋
　　　　人家，不僅限於想得一個佳人，此則又具一說矣。

　　易順鼎《虞姬》（錢基博《現代中國文學史》頁一六九）：「死憐斑竹湘妃廟，生笑桃花息國祠。良史他年如作傳，美人當日定能詩。」

　　　　登原案：《隨園詩話》道陸女謂狀元必有美貌，今依順鼎所言，
　　　　又謂佳人必為才女，是殆合才子佳人、佳士才女而一之矣，更可笑
　　　　也。

錢鍾書《容安館劄記》第九十四則〔註25〕

卷六《題〈曝書亭集・風懷二百韻〉後用東坡〈芙蓉城〉韻》自序略云：「先生此詩乃長律中傑作，與《靜志居琴趣》語皆印合，相傳晚年編集，不肯刪此詩，有『寧不食兩廡特豚』語。陽氏謙注《曝書亭集》，因有妻妹之疑……後有作《風懷鏡》者（《風懷鏡》為山陰俞國琛杏林作），力為辯誣，其意良善，乃必實指為妓（開林按：視昔猶今整理本原作「冀」）女王三姑，無徵不信，此又癡人說蘿矣。攷先生自題《詞集》『一半空中傳恨』之語，則固已自解之矣」云云。按：謝城如此為竹垞開脫，亦不足服人。馮登府《石經閣詩略》卷二《仲夏輯曝書亭集外詩五卷成賦此誌喜》第二首「楮葉閒情恨本空」，自注：「閒情詩本無所指」，已早言之。「寧不食兩廡特豚」語見《隨園詩話》。丁杏舲《聽秋聲館詞話》卷二謂：「翁覃溪言：竹垞欲刪《風懷》，未忍，至繞幾迴旋，終夜不昧」云云，又一說也。《風懷鏡》一書，余未之見。憶《東方雜誌》載姚大榮一文，則亦考訂竹垞此詩為妻妹馮素嫦作，言之鑿鑿，他日當檢閱之。此詩古語今情，句無泛設，竹垞與壽嫦離合悲歡，經過極瑣屑平常，了不曲折奇警，且情節多重複，故知紀實，彥和所謂「翻空易奇，徵實難巧」也。其人蓋未過門而寄者，故曰：「夙擬韓童配，新來卓女孀。」首次幽會，未遂歡媾，故曰：「令節矜元夕，珍亭溢看場。鬧蛾爭入市，響屧獨循廊。桭觸釵先溜，簪昏燭未祥。徑思乘窘步，梯已上初桃。莫綰同心結，停斟冰齒漿。月難中夜墮，羅枉北山張。」孫銀槎《曝書亭集箋注》卷七於「月難」句未注。按：《通俗編》卷二十二《月事》條引謝監《東陽溪中贈詩》云：「明月在雲間，迢迢不可得」，《答詩》云：「但問情若何，月就雲中墮」；又，李太白《越女詞》：「東陽素足女，魯稽素舸郎。相看月未墮，白地斷肝腸。」蓋是日素嫦適當浣濯。壽嫦復由媒妁言，別適人，故曰：「冰下人能語，雲中雀待翔。」竹垞送婚，遂成好事，故曰：「古渡迎桃葉，長堤送窈娘」云云。至「領愛蛂蟥滑，肌嫌蜥蜴妨。梅陰雖結子，瓜字尚含瓤」等句，正回應上文「夙擬」一聯也。竹垞夫人似甘與妹效娥皇、女英故事，故曰：「綺衾容並覆，皓腕或先攘」；「速理緣枝葉，於飛任頡頏。」又，《匏盧詩話》卷中謂：「竹垞《古意》二首有云：『何用問遺君，約指于闐玉』；又云：『何用問遺君，卻月裁胸前』；蓋即《風懷》詩所謂：『約指連環脫，茸繇袷復裝。』亦本事，託為擬古也。」《崇百藥齋三集》

〔註25〕錢鍾書《容安館劄記》，商務印書館 2003 年版，第 162～163 頁。文字係引自視昔猶今的整理本。

卷十《雜題·之三》曰:「畫家小景亦可喜,水淺沙明尺幅成。辛苦研經朱錫鬯,風懷一首冠平生。」【《清詞玉屑》卷七:「竹垞《風懷》詩手稿凡五紙,初題為《靜志》。《純常子枝語》卷十一:『《風懷》原稿尚存,塗改凡數十聯。『留仙裙盡皺』今作『盡摺』;『歸寧先下雪』,『歸寧』今作『輕帆』。『虛牖李當當』句下原有『愛惜雖齊契,嫌猜尚兩忘。嬉遊貪下九,禮數罷勝常』四句,後以韻復刪去。原題為《靜志》……』原列《靜志居詩餘》之前。其刪去詞,馮氏輯《集外》時蓋未之完。開卷《玉樓春效柳屯田體四首》以備考證」云云。【《輟耕錄》卷十七記:「在武林日,見陳居中畫《唐崔麗人圖》,其上有題云:『並燕鶯為字,聯徽氏姓崔。』」按:竹垞《風懷》詩「巧笑原名壽,妍娥合喚嫦」句法本此。】

黃裳《朱竹垞的戀愛事蹟》〔註26〕

清代的文人,不少風流事蹟,流傳後世。譬如錢牧齋之於柳如是,吳梅村之於卞玉京,侯朝宗之於李香君,冒巢民之於董小宛,厲樊榭之於月上姬人。都已經耳熟能詳了。不過還有些文人,他們的戀愛對象,既非名媛,又非名妓。而且因為事涉曖昧,更不能公之於世。然而在他們的詩文中,卻也不少痕跡遺留。這就有待於後人的鉤稽了。若黃仲則集內的《綺懷》,定公集中的《縞衣人》,就都是的。而其尤為藝林所豔稱的,則不能不推朱竹垞集中的《風懷》詩了。

關於《風懷》詩,竹垞自己在《靜志居詩話》中所說的一段話,是值得參考的:

> 長律至百韻,已為繁富。元美哭于麟,乃增至一百二十。元瑞
> 哭元美,則更過之。蓋感知己之深,不禁長言之也。

他自己的《風懷》詩有二百韻,洵可稱前無古人。根據他自己的說法,自然也是感懷知己之作,再清楚也沒有的了。

《晉玉詩話》云:

> 竹垞《風懷》詩原稿,舊藏楊文雲司馬家,稿凡五紙。初題靜
> 志,後始改為風懷,蓋亦冀其稍稍隱秘耳。

晉玉說《風懷》詩中的女主人公,是竹垞的小姨,馮孺人之妹,名壽常,字靜志。這種傳說,很早即已經發生。姚大榮君更言:

〔註26〕黃裳《來燕榭集外文鈔》,作家出版社 2006 年版,第 146~164 頁。

憶光緒丙戌，李子衛太史（端棨）在京過夏，偶談及此詩，李
君語余，聞諸先輩云，《風懷詩》中人為竹垞小姨。後又聞胡宗武太
史（嗣芬）云，太倉某氏藏金簪一枚，鐫壽常二字，為竹垞贈人之
品，其人即《風懷詩》主人。所謂「巧笑原名壽，妍娥合喚嬋」者
也。

竹垞早年好作豔冶的詩詞，《靜志居琴趣》一種，更是專為伊人所作。當
初他自己好像也並不十分避諱。《琴趣》末有曹倦圃（溶）的題辭一首《鳳凰
臺上憶吹簫》。曹溶是竹垞的前輩，竹垞居然肯把這些事和他明說，勇氣實在
可嘉。袁子才已經作過詩替他吹噓：

尼山道大與天侔，兩廡人宜絕頂收。爭奈升堂察也在，楚狂行
矣不回頭。

據說當日竹垞刊集時，曾有人警告他，最好把《風懷》詩刪去。竹垞態度
冷靜，拒絕刪詩，並幽默的回答道：「寧不食兩廡冷豚耳。」講出了這句話，
我就覺得竹垞是十分可愛的了，雖然維持世道人心的正人君子也不能沒有。
《四庫全書》提要對《曝書亭集》的批評就很不好，嫌他「流宕冶豔」，替他
刪去了。連《靜志居琴趣》也不免。所以四庫本的《曝書亭集》是經過閹割的
東西。方東樹在《漢學商兌》裏也罵竹垞：「八十餘歲刊集，不去《風懷詩》，
躬行邪行，自暴於世。」然而竹垞不怕這些，到底毅然留存下來了。他是想為
自己少年時的戀愛留個紀念。更要為愛人「悼亡」。在二百年前名教的勢力下，
這種作為也可以說是難得的了。

然而竹垞也究竟不願使此事明白的顯露於大家面前。他作《風懷》)詩在
康熙己酉，時年已四十一矣。伊人則死於丁未歲，是年竹垞曾寫《戲效香奩體
二十六韻》，亦即所以紀念逝者，一直到《風懷》詩寫成，即算告一總結束。
甚至於在集子刻成以後，還要大加刪除，這刪去的詩，大概以關係了他們的戀
愛事蹟的為最多。這刪除的痕跡，據姚大榮君的細檢，記如下：

而第四卷中己亥、庚子兩年之作，剗除獨多，可以知其故矣。
蓋竹垞與彼妹相悅雖久，猶各止乎禮義。彼此相喻於言者，洛神帖
小字中央，收和顏而靜志，申禮防以自持之本旨，初念固不渝也。
至戊戌冬，始挾破藩籬。其蹤跡最密，蓋在己亥、庚子兩年中。而
此兩年之詩，為彼妹作者，或有蹤跡太露難以示人之處，雖已刻成，
而必從淘汰。例如《玉樓春》四首，不入《靜志居琴趣》，正以名字

太露故也。《風懷》一篇，並出名字，與《玉樓春》詞略同，特因苦心經營，成功非易，不忍割愛，立意因詩存人，否則亦當在刈除之列矣。

然而雖刈除了不少的詩，我們究竟還可以探尋出一些蛛絲馬蹟來。在翁刻的《靜志居詩餘》中的四闋《玉樓春》裏，《壽奴》與《長命女》兩首中，每句都有壽字。《山姑》一首中，每句都有山宇。《松兒》一首中，每句都有松字。《亥娘》一首中，每句都有亥字。壽是名，山是宇，松是小名，亥則是生年也。至於伊人的名字究竟如何，前曾引晉玉之說，姚大榮則以為甚誤，乃別有說以解釋「靜志」兩字之義，說頗精：

晉玉謂馮孺人之妹，名壽常，字靜志，其說甚誤。殆由不知靜志二字之來歷，故有此說耳。竹垞元稿，雖以靜志為題，而靜志確非彼妹之字。略跡原心，殆即此詩之命脈。竹垞纂《明詩綜》，其說明詩，即名《靜志居詩話》。七十四歲始成書，距彼妹卒時，閱三十六年，顯與彼妹無涉。惟竹垞以靜志顏所居，則實由彼妹之故。靜志二字，始見《洛神賦》。竹垞用此二字，非泛泛由曹子建賦中拈出，乃係自彼妹摹寫王子敬殘帖中拈出。《靜志居琴趣・洞仙歌》第十四闋，有「十三行小字，寫與臨摹，幾日看來便無別」之句。此為竹垞詩詞，迻用洛神十三行緣起。而《兩同心》詞尾有「洛神賦小字中央，只有儂知」二句，又為竹垞取靜志二字自顏所居緣起。《洛神賦》「收和顏而靜志兮，申禮防以自持」二句，為全篇之骨，言斂容洗心，發乎情，止乎禮義也。十三行殘帖，則自「嬉左倚採旄」起，「玉體迅飛」止，共十三行。此二句正在第七行，居前後各六行之中，故云中央。蓋彼妹未嫁時，雖蹤跡不疏，而守禮謹嚴，避竹垞惟恐不及。至嫁後，所適非耦，時往來母家，自禾中至吳門，均由馮孺人同舟伴送。因習與竹垞接近，而彼此戀愛之情遂生。觀《兩同心》詞「比肩縱得相隨，夢雨難期」云云可證也。然兩心雖同，而藩牆難越。彼妹微窺竹垞之意甚切，恐涉造次，致犯非禮。（自己丑以還，竹垞屢欲犯之，均以善避獲免。）難於措辭，故藉臨帖就正為由，特縮小第七行中此二句之字以示意。令會心人自悟。欲其止乎禮義也，故竹垞特表之，以答其意，不然，《洛神帖》本係小字，何待明言？人盡皆知，竹垞何為自詡曰只有儂知乎？惟字之尤小者，

偏在中央，故始著此語耳。彼姝用心如此，以筆代舌，藉古諷今，
辭嚴義正，剴切分明，宜竹垞心寫不置，後來即以靜志標題所居，
又以署其琴趣及詩話，蓋一以自懺，一以示心折其人，敬佩其意，
是即此詩之微旨也。

　　至於歷來談《風懷》詩本事者，多半捕風捉影，有類說部。《鴛水仙緣》
之作，即類似演義。《曝書亭集》注者有江浩然、孫銀槎、楊謙三家。江、孫
僅是注故實之出處。楊謙因為與竹垞有世誼，故知朱之生平較切，且撰有《梅
里志》、《竹垞年譜》等書。他的箋《風懷》詩，常援引竹垞其他詩詞為注，體
例甚善。又傳桐城蕭氏藏有《風懷》詩注抄本，或者更有可觀，也未可知。

　　《風懷》詩二百韻。大概包括了竹垞十七歲至三十九歲間二十二年的綺情
事蹟，所以也大可作詩史讀。竹垞生於明崇禎二年己巳，在嘉興之碧漪坊里第。
馮家則在朱宅北。朱妻馮孺人生於崇禎四年辛未，伊人則生於崇禎八年乙亥，
行第三。孺人名福貞，字海媛，以福祿壽喜排列之序，及詩中之隱示，伊人當
名馮壽貞，字山媗。

　　《曝書亭著錄序》云：

　　　　予年十七，從婦翁避地六遷。而安度先生（彝尊父）九遷，乃
　　定居梅會里。

　　《歸安教諭馮君墓誌銘》云：

　　　　君徙宅者八，之官者再。女五人，其一歸於我。

　　《亡妻馮孺人行述》云：

　　　　孺人姓馮氏，諱福貞，字海媛。世居嘉興練浦之陽。考徙居府
　　治之北，再徙碧漪坊，去先太傅文恪公里第，近止百步。

　　又云：

　　　　予年十七，為贅婿於馮氏之宅。遭亂，兩家各去其居。後遷塘
　　橋之北，又移居接連之橋。……孺人歸予將五十年。少日遭亂，恒
　　與予夜避叢葦密篠間。流離顛躓，凡徙宅者十一，始克寧居。

　　《風懷》詩首節為全詩總敘，而於伊人之出處，說得尤其明白。所以全錄
如下：

　　　　樂府傳西曲，佳人自北方。問年愁豕誤，降日葉蛇祥。巧笑原
　　名壽，妍娥合喚媗。次三蔣侯妹，第一漢宮嬙。鐵撥嫻諸調，雲璈

　　按八琅。琴能師賀若，字解辨凡將。弱絮吟偏敏，蠻箋擘最強。居連朱雀巷，里是碧雞坊。

　　彝尊雖然是世宦之家，不過後來中落了。《亡妻馮孺人行述》云：

　　　　寒家自文恪公以宰輔歸里，墓田外無半畝之產。祖考忱予公知楚雄府事，還僅敝衣一篋而已。至本生考安度先生，家計益窘。歲饑，恒乏食。教諭君以孺人許彝尊為配。行媒既通，力不能納幣。彝尊年十七，為贅婿於馮氏之宅。遭亂，兩家各去其居。

　　彝尊既然入贅於馮家，當然是跟了馮家一起逃難的了。在這機會下，壽貞與竹垞就常常有機會相處了。更因為亂離之頃，大家彼此都需要扶持，更沒有什麼避忌，所以形跡當然甚親。這時壽貞十一歲。據姜紹書《韻石齋筆談》：

　　　　乙酉歲北兵至嘉禾，項墨林氏累世之藏，盡為千夫長汪六水所掠，蕩然無遺。

　　竹垞所居的碧漪坊，距項氏天籟閣甚邇。所以他們這次由碧漪坊避至馮村五兒子橋（見彝尊詩題——練浦塘東，嘉興縣治東南三十里），就是汪六水之役。竹垞詞中述及這時與壽貞的關係事有《清平樂》：

　　　　齊心耦意，下九同嬉戲。兩翅蟬雲梳未起，一十二三年紀。春愁不上眉山，日長慵倚雕欄。走近薔薇架底，生擒蝴蝶花間。

　　《四和香》詞云：

　　　　小小春情先漏泄，愛綰同心結。喚作莫愁愁不絕，須未是愁時節。　　才學避人簾半揭，也解秋波瞥。篆縷難燒心字滅，且拜了初三月。

　　詞中所描寫的壽貞，十二三歲的小姑娘已經十分伶俐而知情意了。這時竹垞因為機遇偶然，實在卻還沒有什麼野心，不過對方語笑無心，也就要覺得「未免有情」耳。所以才說：

　　　　偶作新巢燕，何心敝筍魴？連江馳羽檄，盡室隱村艎。縞紵辭高閣，推篷倚峭檣。蛾眉新出繭，鶯舌漸抽簧。慧比馮雙禮，嬌同左蕙芳。歡蹤翻震盪，密坐益彷徨。板屋叢叢樹，溪田棱被薑。垂簾遮雁戶，下榻礙蜂房。痁鬼同時逐，祆神各自禳。

　　竹垞自言曾隨婦家六遷其居。第二次即由馮村五兒子橋遷到橫塘了。也在嘉興，練浦塘之東。此時壽貞當已盈盈將及笄矣。《琴趣》中《朝中措》曾提及橫塘，是記此時事的：

蘭橈並載出橫塘，山寺踏春陽。細草弓弓襪印。微風葉葉衣香。

一灣流水，半竿斜日，同上歸艎。贏得渡頭人說，秋娘合配冬郎。

一對璧人，畫槳雙棲，簡直是神仙伴侶。旁觀者都讚歎不置，竹垞得意之狀可掬。言念及此，不禁想到古時的倔好，連逃難也還有這種福氣，目下卻邈不可得了。詩云：

亂離無樂土，飄轉又橫塘。皁散千條莢，紅飄一丈薔。重關於盼盼，虛牖李當當。鳳子裙纖褶，鴉頭襪淺幫。倦猶停午睡，暇便踏春陽。雨濕秋韆索，泥融碌碡場。罥絲捎蟻蟻，拒斧折螳螂。側徑循莎蔫，微行避麥皴。浣紗宜在石，挑菜每登阬。

後來又遷居梅里。《靜志居詩話》云：

予年十七，避地練浦。歲己丑，萑苻四起。乃移居梅會里。里在大彭、嘉會二都之間，市名王店。

詩云：

蘿蔦情方狎，萑苻勢忽猖。探丸搜保社，結侶竄茅篁。廡改梁鴻賃，機仍織女襄。疏櫺安鏡檻，斜桷頓書倉。路豈三橋阻，屏還六扇牆。弓弓聽點屐，了了見縫裳。夙擬韓童配，新來卓女孀。縞衣添綽約，星靨婉清揚。芸帙恒留篋，蘭膏慣射芒。長筵分潑散，復帳捉迷藏。奩貯芙蓉粉，箕煎豆蔻湯。沿盤潛浴宓，鄰壁暗窺匡。苑里葐由鹿，藩邊喻觸羊。未因通叩叩，只自覺悵悵。

這一節詩中「夙擬」二名最不易解，其實亦可通。蓋伊人已先許嫁，而婿先死也。「縞衣」云云則是伊人為未婚之婿服「變服」也。竹垞既贅於馮氏五年，於己丑歲乃賃宅於梅里，接父親安度先生同住，然並未脫離妻黨別居。

馮翁有五女。長既竹垞夫人，次女已別嫁。壽貞序三，而四五二女俱尚幼，當然是依母的了。壽貞稍長，當與大姊常在一起。他們平時是住在相鄰的兩間房子裏的。《琴趣》中有《洞仙歌》記嬉戲事云：

書床鏡檻，記相連斜桷。慣見修眉遠山學。倩青腰授簡，素女開圖，才凝盼，一線靈犀先覺。　新來窺宋玉，不用登牆，近在蛛絲畫屏角。見了乍驚回，點屐聲頻，分明睹翠帷低攂，旋手揭流蘇，近前看，又何處迷藏，者般難捉。

據說竹垞短視，所以有這許多活現的描寫。而想要看見的是如此的急切，偏是迷迷惘惘的，難怪要說迷藏難提了，思之不禁啞然。

　　後來他們又移到一處叫樊樓的地方，看樣子好像房子比較寬大了一些，他們住的也遠些了，然而畢竟是混熟了的，竹垞還不時去尋她，可是她卻總是防閑得很厲害。詩云：

　　　　孟里經三徙，樊樓又一廂。漸於牙尺近，莫避灶觚煬。題筆銀鉤在，當窗繡袂颺。有時還邂逅，何苦太周防？今節矜元夕，珍亭溢看場。鬧蛾爭入市，響屧獨循廊。悵觸釵先溜，簷昏燭未將。徑思乘窈步，梯已上初桄。莫綰同心結，停斟冰齒漿。月難中夜墮，羅枉北山張。

　　看這情形，竹垞進攻的結果，不但未達目的，反而受了冷待，停止了一向的優待。《琴趣》中《金縷曲》也是紀元夜事，其上片云：

　　　　枕上閑商略，記全家元夜看燈，小樓簾幕，暗裏橫梯聽點屎，知是潛回香閣。險把個玉清追著，徑仄春衣風漸逼，惹釵橫翠鳳都驚落，三里霧，旋迷卻。

　　癸巳歲，壽貞年十九矣，嫁吳中富室。男家大概是鄉下的土財主，一切享受，自然是極盡豪華，不過夫婿卻是不能令壽貞滿意，因為這種家庭，是不懂風雅的，竹垞雖是寒士，可是文采不凡，再看竹垞筆下所寫的伊人，是個雅擅琴書，能製箋裳的少女，整天與一個俗人共處，難免不厭煩了起來，同時，她自然會記起賡夕相處，並且曾向她進攻而遭她婉拒的那個人來了。竹垞有《無題》詩：

　　　　金谷繁華地，風流石季倫。量珠凡幾斛，買取墜樓人。

　　這裡所說，壽貞婿家是如此的富厚，然而方伊人為綠珠，蓋以示其意固雅不欲嫁此儈夫耳。又一首云：

　　　　織女牽牛匹，姮娥后羿妻。神人猶薄命，嫁娶不須啼。

　　則可見伊人未嫁之先，已知婭婿之儈俗矣。用織女姮娥作譬，蓋以示兩心之牽繫，固未斷也。又一首云：

　　　　漢臯珠易失，洛浦佩難分，不及問男女，肩挑六幅裙。

　　更是對壽貞的婭婿，加以惡劣的形容了，竹垞眼看伊人的遣嫁，自然不能忘情，於是就發為宛轉的歌吟，其《惆悵詞》云：

　　　　惆悵蓬山路，相思一萬重。燈前看玉面，猶憶舊時容。相見知何日，相思怨路殊。鮫人淚已盡，無復下成珠。

幽怨之情可見。癸巳歲所寫的《嫁女詞》，也是為壽貞的遣嫁而發的，當時竹垞的兒子昆田已生，而馮翁仲女則已嫁姚澍，澍字我士，是竹垞的同學。故詩云：「大姑生兒仲姑嫁，小姑獨處猶無郎。」又云：「媒人登門教裝束，黃者為金白者玉。」則痛斥之。竹垞家貧，所以提到錢，則憤憤之態格外的顯露出來了。「阿婆嫁女重錢刀，何不東家就食西家宿？」這簡直是大加諷罵，而竹垞的私意也就一泄無餘了。詩云：

> 冰下人能語，雲中雀待翔。青綾催製被，黃竹喚成箱。玉垞何年種，珠看滿斛量。彩幡搖婀娜，漆管韻清鏘，白鵠來蕭史，班騅駕陸郎。徒然隨畫艦，不分上華堂。紫葛牽駝架，青泥濕馬柳。枇杷攢瑣瑣，欅柳蔭垟垟。金屋深如此，璿宮思未央。

壽貞既已遣嫁吳門，當然要歸寧禾中。這一條路是水路，由王店鎮經馬王塘，濮院鎮，妙智汛，石灰橋，更東北行，到蘇州。這護送小姨的一差，自然以竹垞為最相宜。因為那時他還寄居在馮家。詩云：

> 朝霞凝遠岫，春渚得歸艎。古渡迎桃葉，長堤送宦娘。翠微晴歷歷，綠漲遠汪汪。日影中峰塔，潮音大士洋。尋幽雖約伴，過涉乃須邙。澹墨衫何薄，輕紈扇屢障。心憐明豔絕，目奈冶遊狂。纜解青絲緯，茵鋪白簟簷。回波吟栲栳，鳴櫓入菰蔣。竹筍重重籜，茶芽段段槍。甘蔗翻舊譜，活火試頭綱。植易傾鸚鵡，裘拼典輔貂。曉醒消勞蔗，寒具析俵惶。已共吳船憑，兼邀漢佩穰。瘦應憐骨出，嫌勿避形相。樓下兜衾臥，闌邊拭淚妝。便思蠶負蠹，竊擬鳳求凰。兩美誠難合，單情不可詳。

這裡面所用的「栲栳」一詞，不免近於笑話，語見唐詩《回波詞》，表明自己有畏於太太的監視，不敢與小姨有什麼逾越的舉動。「勿避」、「形相」兩語，可見伊人之憔悴，並與竹垞久別後親熱之狀，「憑衾」、「拭淚」，皆示伊適人不偶，感動而悲也，結末還是因馮孺人的看視，不過僅僅是一通辭而已。《琴趣》之《兩同心》即詠此時情事：

> 認丹鞋響，下畫樓遲。犀梳掠，倩人猶未；螺黛淺，俟我乎而。看不足，一日千回，眼轉迷離。　　比肩縱得相隨，夢雨難期。密意寫折枝朵朵，柔魂遞續命絲絲，洛神賦小字中央，只有儂知。

順治乙未三月竹垞遊山陰，丙申春返里。夏復遊嶺南，迄戊戌秋歸，在家時候比較的少了，實在是因為長依婦家，難以為情，《馮孺人行述》云：

予授徒不給，遂南渡嶺，越二載歸，則孺人徙西河村舍，是冬
復還梅里。

他的《返家即事》詩中也表示慚愧之意：

重為廡下客，慚隗說還家。

可見他仍舊是住在婦家的，因而仍與伊人常在一起。壽貞既然已經嫁在蘇
州，但是常依姊家居，看集中隱約說起，似乎壽貞之離母家，有什麼隱約的情
事，竹垞不敢詳言，這次竹垞從粵歸來，得償多年的想望，所以詩語也格外出
力的描寫：

計程沖瘴癘，回首限城隍。紅豆憑誰寄，瑤華暗自傷。家人卜
歸妹，行子夢高唐。杜宇催歸數，芻尼送喜忙。同移三畝宅，並載
五湖航。院落虬簷月，階流兔杵霜。池清凋菡萏，垣古繚賁箋。乍
執摻摻手，彌回寸寸腸。背人來舟舟，喚坐走佯佯。齧臂盟言復，
搖情漏刻長。已教除寶扣，親為解明璫。領愛蝤蠐滑，肌嫌蜥蜴妨。
梅陰雖結子，瓜字尚含瓤。捉搦非無曲，溫柔信有鄉。真成驚蛺蝶，
甘作野鴛鴦。

竹垞詩有云：「癡兒猶昨日，病婦已連年。」當時昆田才七歲，而馮孺人
則臥病。因而竹垞得有一親香澤的機緣。《琴趣》之《鵲橋仙》（原注十一月八
日）云：

一箱書卷，一盤茶磨，移住早梅花下。全家剛上五湖舟，恰添
了個人如畫。　　月弦新直，霜花乍緊，蘭槳中流徐打。寒威不到
小蓬窗，漸坐近越羅裙衩。

《眼兒媚》云：「那年私語小窗邊，明月未曾圓。含羞幾度，已拋人遠忽
近人前。」明月未圓，是指十四日夜。而《洞仙歌》亦云：

仲冬二七，算良期須果，若再沉吟甚時可。

這與《眼兒媚》所記可合看。而他們彼此已久目成心許，不過還沉吟著未
即定情而已。

《洞仙歌》又記詳細的情景：

況薰爐漸冷，窗燭都灰，難道又，各自抱衾閒坐。　　銀灣橋已
就，舟舟行雲，明月懷中半霄墮。　　歸去忒匆匆，軟語丁寧，第
一怕襪羅塵流。料消息青鸞定應知，也莫說今番，不曾真個。

詞意極纏綿之致，與李後主「剗襪步香階」一詞有同樣的風致。這個值得憶念的仲冬二七即戊戌十一月十四日也。前曾引《金縷曲》的下片：

> 星橋路返填河鵲，算天孫已嫁經年，夜情難度。走近合歡床上坐，誰料香含紅蕚？又兩暑三霜分索。綠葉青陰看總好，也不須頻悔當時錯。且莫負，曉雲約。

「兩暑三霜」是說伊人嫁在癸巳七月至戊戌正五年也。綠葉句用杜牧詩意。更見出其深悔前情，當是「背面敷粉」的寫法。這以後就是鶼鰈雙棲的美滿生活，最初還恐怕人知，行蹤稍密。後來究竟不能盡掩人目，然而他們也就不能多顧了。

> 暫別猶凝睇，兼旬遽病厄。歷頭逢臘盡，野外祝年穰。忽枉椒花頌，來浮柏子觴。亮因微觸會，肯負好時光？爐斝薰蔦藻，卮須引鶴吭。象梳收鬌墮，犀角鎮心恇。滅焰余殘炧，更衣掛短桁。籤挑金了鳥，臼轉木蒼桹。納履氍毹底，寨幬簏簌旁。綺衾容並覆，皓腕或先攘。暮暮山行雨，朝朝日照梁。含嬌由半醉，喚起或三商。連理緣枝葉，於飛任頡頏。燒燈看傀儡，出隊舞跳踉。但致千金笑，何妨百戲償。偶然閒院落，隨意發縑緗。竹葉符教佩，留藤醬與嘗。硯明鸜鵒眼，香腕鷓鴣肪。日以娑拖永，時乘煤婉良。本來通碧漢，原不限紅牆。

這裡所記的，係戊戌十二月迄己亥正月事。然燕婉之私，在詩裡也究竟不能十分寫得明顯。這就不得不求之於《靜志居琴趣》中，《洞仙歌》云：

> 東風幾日，覺春寒猶甚。纖手偷攜笑誰禁。對初三微月，看到團欒，鋪地水處處襪羅涼浸。　周郎三爵後，顧曲無心，爭忍厭厭夜深飲？只合併頭眠，有限春宵，切莫負媛香鴛錦。最難得相逢上元時，且過了收燈，放船由恁。

又一闋云：

> 佳期四五，問黃昏來否，說與低帷月明後。怕重門不鎖，仙犬窺人，愁未穩花影匆匆分手。　甕缸三雨盞，力薄春醪，何事卿卿便中酒？翻喚養娘眠，底事誰知，燈一點尚懸紅豆。恨咫尺繩河隔三橋，全不管黃姑，夜深來又。

又《增字漁家傲》云：

> 百蝶仙裙風易嫋，藕覆低垂，淺露驚鴻爪。元夕初過寒尚峭。

呼別棹，雪花點點輕帆杪。　　別院羊燈收未了，高揭珠簾，特地留人照。眾裏偏他迴避早，猜不到，羅帷昨夜曾雙笑。

姚大榮氏釋「隨意發縑緗」以下至「原不限紅牆」曰：

「隨意發縑緗」以下，侈陳嶺南方物。乃知竹垞此行，所獲不少。而前此彼姝相悅，將合復離。今乃惠然肯來，非有陸賈之裝，仍妨幼輿之拒。誰云以情合者，不必藉金錢之力耶？金錢雖不足以移貞固之心，而實足以洗寒酸之陋。士無賢不肖，貧者鄙，古人所以奮慨也。

這一段議論，實在不大好，令人讀了難過，大有整個故事都為它破壞掉之感。壽貞與竹垞，在小時相戀。她之所以不肯許身，是自愛的表現。後來受環境刺激，轉變了。這種感情的轉變，我們是可以瞭解的。如果說是看上了竹垞的發了財，未免太小家氣了。真是如此，當初嫁過去時看了那「種玉」、「量珠」也就該滿意，在婆家安穩的做媳婦了。至於竹垞的歷數嶺南異物，如果目的是為了誇示的話，也實在不堪了。姚君所解頗泥，因為拈出。

順治十六年六月，鄭成功由海道破鎮江犯江寧。江南又遭一次戰禍，這又給他們一次逃難的機會，來重演多少年前的舊夢。這時期的《琴趣》中的詞，也頗多紀豔情的，茲不具引，稍選幾聯為例：

別離改月，便慘慘成病，鎮日相思夢難醒。……眠枕未三更，蘭夜如年，奈猶憾亂鴉初影。（《洞仙歌》）

晨紅才射南窗影，屏帷被誰驚起？……昨宵回憶並坐，問何曾酒釅，宿醒如是？橄欖漿酸，蛤蜊湯俊，猶道不消殘醉。曲屏斜倚，看舊掃眉峰，漸低穿翠。半枕鄫騰，到日高翻睡。（《臺城路》）

順治十六年六月，鄭成功從海道進兵，直迫江寧。這是明朝不死的民族魂的臨末一次轟轟烈烈的表現。不過江南也被兵甚苦，竹垞當然也隨伴了小姨並婦家的人們作了又一次的逃難。在這逃難之頃，又不免有許多親近壽貞的機會，他們曾同觀社戲，共棲畫舫，實在過的是十分美滿的生活。《靜志居琴趣》中有一闋詞云：

城頭畫角，報橫江艫舳，催上扁舟五湖曲。怪鶖尼噪罷，嬉子飛來，重攜手，也算天從人慾。　　紅牆開窔奧，轉入迴廊，小小窗紗拓金屋。隨意楚臺雲，抱玉挨香，冰雪淨素肌新浴。便歸觸簾旌侍兒醒，只認是新涼，拂簷蝙蝠。

這後半闋所寫，也可算露骨了。他們的戀愛，都不避忌侍兒，似乎是已經名正言順了的樣子。《風懷》詩寫這一段時期中事道：

> 天定從人慾，兵傳迫海疆。為園依錦里，相宅夾清漳。奪織機中素，看春石上梁。茗爐寒說餅，芋火夜燃糠。唐突邀行酒，勾留信裹糧。比肩吳下陸，偷嫁汝南王。畫舫連晨夕，歌臺雜雨暘。旋娟能妙舞，謇姐本名倡。記曲由來擅，催歸且未遑。

己亥、庚子、辛丑幾年間，竹垞往來於山陰禾中之間，看他的來往之頻，就知道他在禾中有所戀戀，不忍遠離的情景。他有《庚子冬古意二首》，也是詠此時事的。有句云：「涼秋八九月，遊子當遠行。」即指自己在秋天去山陰的事。「嚴冬十二月，飛來雙白鵠。」大概就是指接到伊人由禾中寄書來事。他更有一闋《好事近》：

> 往事記山陰，風雪鏡湖殘臘，燕尾香緘小字。十三行封答。中央四角百回看，三歲袖中納。一自凌波去後，悵神光難合。

這也是敘得她信後事，「置君懷袖中，三歲字不滅。」愛戀之深，似乎兩人間應當無間言了。可是一雙愛偶中，也問或會偶有不和諧的事情出現的。《洞仙歌》云：

> 花糕九日，綴蠻王獅子。圓菊金鈴鬢邊媚。向閒房密約，三五須來，也不用青雀，先期飛至。　　恩深容易怨，釋怨成歡，濃笑懷中露深意。得個五湖船，雉婦漁師，算隨處可稱鄉里。笑恁若將伊借人看，留市上金錢，僅贏家計。

痕跡是很容易泯滅的，而且還更加上了一層熱愛。鄉里是夫婦相呼的古語，這裡竟用了來作比，可見他們的關係，更不是泛泛的了。

同時竹垞更對他的戀人的美麗，倍致揄揚。他說：「笑恁若將伊借入看，留市上金錢，盡贏家計。」把她比作西施，伊人的豐神標格，真可以令人回念不置。這一段詩是：

> 風占花信改，暑待露華滾。蓄意教丸藥，含辛為吮瘡。賦情憐宋玉，經義問毛萇。芍藥將離草，蘼蕪贈遠香。潮平江蘸葦，亭古岸多樟。鏡水明於鏡，湘湖曲似湘。加餐稠疊語，濃墨十三行。約指連環脫，葺綿柏復裝。急如蟲近火，燥甚蟹將糖。

下面的一段詩，在全篇中可稱最難解了。辛丑年詩中紀事過略。伊人嫁後，命運多乖，常回母家。原因不詳，和丈夫的不相投自然是一個原因。她於是只

得常依母家。姚大榮解此段以為伊人嫁後又寡。我想對照詩語,實際不應作如此解。現在先引原詩:

> 理棹回青翰,驂駒驟玉壤。寧期共命鳥,遽化逆毛鶄。寄恨遺卷髮,題緘屬小臧。憤奚殊蔡琰,悔嫁失王昌。作事逢張角,無成種董蓈。流午增祿命,美瘵中膀胱。

王昌一語,是說伊人所適非人。而上句說「憤奚殊蔡琰」,則不能驟解為早寡,因為他說「奚殊」,明明是說雖不是實際上與蔡琰同共命運,然她們的悲憤則相同也。「無成種董蓈」,是說她曾經有子,後來卻死了。所以她家居的情景是非常可憐的。既不得於丈夫,又沒有小孩子的慰藉。

這時她已經是廿七歲。「毛鶄」,「駢字類編」引《韓詩外傳》云:

> 孔子與子夏渡江,見鳥而異之,人莫能名。孔子曰:「鶄。嘗聞河上老人歌曰:『鶄兮鴰兮,逆毛衰兮,一身九尾長兮。』」

這也只能解釋作一對怨偶的象徵。姚氏據「五角六張」之語說伊人嫁後復寡,恐未必然。

關於「寄恨遺卷髮,題緘屬小臧」二語,在《靜志居琴趣》中有一闋《換巢鸞鳳》可供參閱:

> 桐叩亭前,記春花落盡,才返吟鞭。鴨頭凝練浦,鵝眼屑榆錢。蘭期空約月初弦,待來不來,紅橋小船。蓬山盡,又風引翠環不見。飛燕,書乍展。哽咽淚痕,猶自芳箋染。玉鏡妝臺,青蓮硯匣,定自沉吟千遍。解道臨行更開封,背人一縷香雲剪,知他別後,鳳釵攏鬢深淺。

她曾與竹垞有約,終於因事不得至,僅有信一封,淚痕零落,並附有一縷卷髮。推測當時情形,當係夫家對壽貞的歸寧,嘖有煩言。而他們間的事,也已經不能保守秘密了,所以才用這種方式來寄意。如果依姚君之說:

> 據右二詞與詩語合參,似彼姝新寡,即有書緘至竹垞。卻未明言其事,但見箋上淚痕稠疊,惟有卷髮一縷,寄其悲慟之意,其中消息,彼姝既不以告,竹垞歸後始悉。

怨偶的喪亡,在壽貞似乎不必那麼悲哽,只有解釋作在夫家受了種種不方便的監視,不聽歸寧與他相聚,才可以說得過去。姚君泥於「五角六張」的再寡之見,解釋遂不可通。以至底下解釋《如夢令》的「好事已成虛事」作「即謂婿家雖富,至此則其人已死,萬事皆空也」。我想壽貞秉冰雪聰明,絕不會

留戀榮華至此。經師的見解，運用到研究才人的心性上來，每每有這種可笑的地方。

壬寅三月至八月，竹垞家居，伊人又來，共度著一段甜蜜的生活，底下的一段詩，述豔情極明露：

> 手自調羹臃，衣還借裲襠。口脂勻面罷，眉語背人剛。力弱橫
> 陳易，行遲小膽恾。留仙裙盡縐，墮馬鬢交鬤。不寐扉重辟，巡簷
> 戶暗搪。風微翻蝙蝠，燭至歇蛗螢。霧漸迷三里，星仍隔五潢。

《靜志居琴趣》中《減蘭》一闋可參閱：

> 犀梳在手，遍發未撩勻面後。眉諍心知，引過閒房步步隨。頰
> 香暖玉，牽拂腰巾帶重束。一段歸雲，誰驗蛇醫臂上痕。

以下一節，述壬寅秋冬間事。壬寅九月，竹垞去歸安學舍，省其外舅。壽貞也在那裡。重九登高，他倆在閣樓相遇，究竟不是在家裏，以他倆人姊夫小姨的關係，當然沒有多少話說。只好匆匆別去，尤其可惡的是竹垞因家貧之故，不得不遊幕於永嘉，不能伴伊人回裏。《琴趣》中的《婆羅門令》云：

> 渠去日一帆春水，儂到日也一帆秋水。怪道相逢，翻不是相期
> 地。無一語，只當相逢未。　　霜風緊，霜葉脆，上危梯九日層樓
> 倚，樓頭縱得潛攜手，催去也怨鸚鵡紅嘴。別時真惜，住也無計。
> 此恨綿綿詎已？每遇登高會，便灑登高淚。

「一帆春水」，即言伊人歸里之事，竹垞為饑所驅，求食永嘉事在他的《永嘉除日述懷》中說得非常痛切：

> 不作牽裙別，飄然到海隅。謀主真鹵莽，中歲益艱虞。鄉里輕
> 孫楚，衣冠厭魯儒。微命翻詆挫，暇日少歡愉。處賤無奇策，因人
> 遠禍樞。同舟邀楚客，（原注：王明府世顯），聽曲賞巴渝。

這裡的「因人遠禍樞」的一句似乎有些費解。竹垞曾經有山陰結客、反清復明之舉。祁氏事發，宮中追捕甚急，不得不託身王明府以避難永嘉了。詩云：

> 輕帆先下雩，歧路誤投杭。九日登高閣，崇朝捨上庠。者回成
> 偪側，此去太愴惶。亂水逾浮玉，連峰度括蒼。惡溪憎詘屈，盤嶼
> 苦低昂。地軸何能縮，天台詎易望？

癸卯冬竹垞自永嘉歸來，第二年的新年，又與伊人相見了。不過竹垞又定了去雲中的行程。下一段詩中寫竹垞與壽貞雖然有幽媾之事，可是在見面之頃，還互道勝常，有如初會，做作的表示，十分可笑。《洞仙歌》亦正道此事：

明湖碧浪，枉輕帆尋遍，咫尺仙源路非遠。訝杜蘭香去，已隔多時，又誰料佳約三年還踐？　　纖腰無一把，飛入懷中，明月重窺舊時面。歸去怯孤眠，鏡鵲晨開，雲鬢掠小唇徐染。偏走向儂前道勝常，渾不似西窗，夜來曾見。

這兒所提到的「佳約」，即指前引《洞仙歌》中的那一句「蘋洲小棹約，兜娘相共」而言。彼時是壬寅的秋天，踐約卻在甲辰的春天，故云三年也。詩為：

重過花貼勝，相見紡停軒。射雉須登隴，求魚別有枋。笆籬六枳近，練浦一舟蕩。烏桕遮村屋，青萍冒野艎。洛靈潛拾翠，蠶妾未登桑。驟喜佳期定，寧愁下女儻。繁英經夜合，珍木入宵炕。啟牖冰紗綠，開奩粉拂黃。話才分款曲，見乃道勝常。

歡樂究竟不能常駐。死別畢竟也要臨到一對愛侶的頭上來。竹垞與伊人雖相愛甚深，然迫於他們的關係，愛戀只能在暗中表示與進行。更因為竹垞家貧，須旅食四方，會少離多，是十分可憐的事。當時山西的按察副使是曹倦圃，竹垞想去訪他，又曾先往武林一行，才整裝北上，所以有《洞仙歌》中的「行舟已發，又經句調笑」的一句話也。不料此去，即成永別。事後追思，彌增愴痛。故言之亦彌切也。

即事憐聰慧，那教別慨慷？揭來要漢艾，塊獨泛沙棠。送遠歌三疊，銷魂賦一章。兜鞋投暗室，卷箔指昏亢。命續同功繀，杯餘九節菖。截筒包益智，消食飼檳榔。膠合黏鷥鳥，丸堅抱蛄蜣。歡難今夜足，憂且暫時忘。本擬成翁嫗，無端失比伉。睫邊惟有淚，心上豈無盍？緘管徐抽線，鬮灰淺凍帳。毫尖渲畫筆，肘後付香囊。訣絕分溝水，纏綿解佩璜。但思篙櫓析，莫繫驪驄韁。帷帳辭秦淑，音塵感謝莊。豈無同宿雁，終類失群獐。

竹垞既至雲中，久未得歸。丁未得家信，得到伊人因結想成勞遂至不起的消息。她死在康熙六年閏四月。死因除積念遠人外，應當還生過氣憤，而這氣憤又引起於她的姑嫜之間。

衛鬢頻開匡，秦衣忍用樣。炕蒸鄉夢短，雪卷朔風霜。絕塞緣蠻蛐，叢祠弔好妨。刀環歸未得，軌革兆難彰。客乍來金鳳，書猶報白狼。百憂成結轄，一病在膏肓。峽裏瑤姬遠，風前少女俠。款冬殊紫蔓，厄閏等黃楊。定苦遭謠諑，憑誰解送逖？楔先為檟枌，

李果代桃僵。口似銜碑闕，腸同割劍芒。返魂無術士，團土少媧皇。
剪紙招南國，輸錢葬北邙。

等到竹垞歸來以後，伊人則已同宿草。睹今思昔，悵觸無端。蓋距伊之逝，已兩年矣。

春秋鶗蟋換。來往鶯鳩搶。油碧香車路，紅心宿草岡。崔徽風貌在，蘇小墓門荒。側想營齋奠，無聊檢笥筐。方花餘莞蒻，文瓦失香薑。扇憾芳姿遣，環悲奈女亡。玉簫迷處所，錦瑟最淒涼。束竹攢心曲，棲塵迷眼眶。轉添詞悵悵，莫製淚浪浪。幔卷細空疊，鈴淋雨正鋏。情深繁主簿，癡絕顧長康。永逝文淒戾，冥通事渺茫。感甄遺故物，怕見合歡床。

「空梁落燕泥」，這一種空房之怨，寫得盡了，後來乃轉到請方士求冥通，待一旦發覺此事不可能，乃真真無限悲苦，一齊上心，欲解無由矣。

《古今》第十、十一期，署名吳詠

附錄五：孫銀槎《曝書亭集箋注》卷一 及卷七《風懷二百韻》

曝書亭集卷一古今賦

嘉善　孫銀槎　竹尹輯注
臨海　黃河清　潤川較勘

謁孔林賦

《太平寰宇記》：「孔子墓高一丈二尺，在曲阜縣西北三里。弟子及魯人從而家者百有餘室，因命曰孔里。塋中樹以百數，皆異種。傳言弟子異國，人各持其方樹來種之。魯人世世無能名其樹者。今惟有柞樹成林。」《一統志》：「世呼孔林。」

　　粵以屠維作噩之年，我來自東，至於仙源。斯時也，壇杏花繁，庭檜甲坼。元和之犧象畢陳，闕里之榛蕪盡闢。既釋菜於廟堂，旋探書於屋壁。乃有百石卒史，導我周行。牽車魯城之北，䋰馬洙水之陽。即大庭之遺庫，循端木之故場。驕孫祔兮居前，聖子藏兮在左。自黃玉之封緘，閟幽宮而密鎖。隉長鯨兮不驚，懾祖龍兮遠禍。除荊棘之叢生，罕翔禽之飛墮。雨露既濡，遲景東隅。整衣裳之肅肅，正顏色之愉愉。展謁方終，誕尋往蹟。超白兔之深溝，撫青羊之臥石。爰有草也，苞蓍其名。守之以龜，一本百莖。我求其德，洵圓且靈。爰有木也，題之以楷。非柏非樅，靡瘻靡瘣。歷千祀而常新，貫四時而不改。惟先師之遺澤，

道莫著乎六經。配光華於日月，若迭奏之琴箏。降而後儒，各事採獲。
中文古文之書，先天後天之易。目《鄭》、《衛》以淫邪，誣《春秋》以
深刻。藐往哲之嘉謨，恒末師之是則。滔滔天下，後死其悲。安得起素
王於泉壤，操筆削而正之？我思古人，恥同污俗。或六聘而收身，或三
詔而逃祿。或依李充之山，或就張超之谷。潛戶壁於服虔，變姓名於梅
福。入源水兮栽桃，隱丹霞兮種竹。詎如此地，桑海不遷，可遊可息，
有歌有弦。耳不聞僧尼之魚板，目不睹旗鼓之樓船。樂土樂土，速營一
廛。願為林戶，躬耕墓田。庶幾近聖人之居，讀聖人之書，將不得為聖
人之徒也與？

《爾雅》：「歲陽在己曰屠維，歲名在酉曰作噩。」《元豐九域志》：「大中
祥符改曲阜縣為仙源。在兗州東四十里。有防山、曲阜、泗水、洙水、沂水。」
《日知錄》：「今廟庭中有壇，石刻曰杏壇。《闕里志》稱夫子舊居。非也。杏
壇名出自《莊子》，本屬寓言，不必實有其地。今之杏壇，乃宋孫道輔增修祖
廟，移大殿於後，因以講堂舊基甃石為壇，環植以杏，取舊名名之耳。」《檜
碑》：「祖手植之檜，歷周、秦、漢、晉，幾二千年，至晉永嘉三年而枯。隋義
寧元年復生。唐乾封二年再枯。宋康定元年再榮。金貞祐摧於兵火。元至元故
根復發。明洪武乙巳，高三丈，圍四尺，枝葉凌雲，與始無異。」《後漢書》：
「章帝元和二年，祠孔子七十二弟子。」《注》：「《漢晉春秋》曰：『闕里者，
仲尼故宅也，在魯城中。帝升廟，西面，群臣中庭，北面，皆再拜。帝進爵而
後坐。』」《孔叢子》：「孝章皇帝元和二年東巡狩，幸闕里，以大牢祀孔子及七
十二弟子，作六代之樂。會孔氏男子二十以上者六十三人，講論《論語》、《孝
經》。」潘相《適魯錄》：「歷朝留遺，莫古於五尊。陶質而色素曰泰尊，有虞
氏之尊也。銅質犧形曰犧尊。象形曰象尊。皆穴背受酒。刻山形者曰山尊。刻
雷師雲氣曰雷尊。皆元和二年造。」《水經注》：「後漢初，闕里荊棘自闢，從
講堂至九里。鮑永為相，因修享堂，以誅魯賊彭豐等。」《文集·答友人書》：
「闕里謂魯恭王宮有雙闕故名。顧寧人《肇域志》引『煬公築茅闕門』之文，
足下指其悞。然《論語》有『闕黨』，《越絕書》本有『聖人教授魯之闕門』語。
煬公、恭王先後，並有闕門，名里之始則不能臆定。未可因朱子於刪去今本《家
語》闕里字，遂執以論古《家語》無闕里字也。」《山堂考索》：「鄭云：『釋菜
禮輕也。』則釋菜唯釋蘋藻而已，無牲牢幣帛。」《適魯錄》：「詩禮堂後碑曰
魯壁，孔鮒所藏書處也。下有孔子遺井。」《漢·儒林傳》：「元帝令郡國置五

經百石卒史。」《升菴外集》：「《孔廟卒史碑》在曲阜，為魯相乙瑛置。瑛上書請置百石卒史，典主守廟，司徒吳雄、司空趙戒以聞，制從之。」《史記》：「孔子葬魯城北泗水上。」《水經注》：「《孔叢子》曰：『夫子墓方一里，在魯城北六里泗水上，諸孔氏封五十餘所，人名昭穆不可復識。有銘碑三所，獸碣具存。』洙、泗二水交於魯城東北，闕里背洙面泗，北門去洙水百餘步。」《太平寰宇記》：「大庭氏庫高二丈，在曲阜城內縣東一百五十步。《左傳注》：『大庭氏，古國名。』譙周云：『炎帝居大庭。』」《水經注》：「即子貢廬墓處。」《適魯錄》：「聖冢西南為子貢舊場。」《史記注》：「《皇覽》曰：『伯魚冢在孔子冢東，子思冢在孔子冢南，大小相望。』」《水經注》：「孔子卒以所受黃玉葬魯城北。」《論衡》：「孔子遺祕書，云：『後世一男子，自稱秦始皇，上我堂，踞我床，顛倒我衣裳，行至沙邱而亡。』果然。」《漢書注》：「蘇林曰：『』祖，始也。龍，人君象。謂始皇也。」《史記注》：「塋中不生荊棘及刺人草。」《適魯錄》：「上無鳥巢，下無惡草。」摯虞《釋奠頌》：「邑邑其恭，肅肅其皃。」韓文：「褒衣危冠，愉愉如也。」《適魯錄》：「孔林冢壁、白兔溝、丹書坊、五盧墓，今皆不見。」《夢憶》：「曲阜北門外五里許為孔林紫金城，由門樓折而西，有石虎、石羊三四在榛莽中。」《史記》：「蓍滿百莖者，其下必有神龜守之，其上必有青雲覆之。」《爾雅注》：「筮龜常在蓍叢下潛伏。」《文選注》：「劉向曰：『蓍百年而一本生百莖。』」《儀禮疏》：「郭璞云：『上有陰叢蓍，下有千齡蔡。蟲之智，莫善於龜；草之靈，莫善於蓍。』」《適魯錄》：「蓍草既凋復青，莖八稜，象八卦；葉五出，象五行。一叢五十莖者貴。」《淮南子》：「楷木生孔子冢上，其枝條疏而不曲，以質得其直也。」《楷碑》：「樹在聖陵享殿後，高四丈五尺，圍一丈，枯而不朽。挺挺直榦，皮生苔蘚。宛如銅鐵，生意隱然。子貢手植也。」《爾雅》：「樅，松葉柏身」。「瘣木，苻婁」，《注》：「謂木病尪僂瘣，腫無枝條。」《大禹歌》：「日月光華，旦復旦兮。」《抱朴子》：「五典為琴箏，百家為笙簧。」《漢書》：「夏侯建，字長卿。師夏侯勝、歐陽高，左右採獲，牽引以次章句。勝非之曰：『建，章句小儒，破碎大道。』」《後漢書》：「劉陶為《尚書訓詁》，推夏侯勝、夏侯建、歐陽和伯三家《尚書》及古文，是正文字三百餘事，名《中文尚書》。」《尚書疏》：「以孔君從隸古，後人因題曰《古文尚書》，以別伏生所出、大小夏侯及歐陽所傳為《今文》也。」《稗史彙編》：「《周禮》：『太卜掌三易。』干令升注曰：『天地定位，山澤通氣，雷風相薄，水火不相射。此小成之易，伏羲之書也，文王因之。帝出乎震，齊乎巽，相見

乎離，致役乎坤，說言乎兌，戰乎乾，勞乎坎，成言乎艮。此連山之易，列山氏之書也，夏人因之。初乾，初奘，初艮，初兌，初犖，初釐，初震，初巽。此歸藏之易，軒轅氏之書也，商人因之。夏得人統，故建寅而首艮。商得地統，故建丑而首坤。周得天統，故建子而首乾。伏羲之易小成，為先天；神農之易中成，為中天；黃帝之易大成，為後天。』按：邵康節先天後天源出於此，今讀《易》者不知有中天。」《王制疏》：「正義曰：淫聲，鄭、衛之屬。以鄭、衛多淫風，故為淫聲。」《山堂考索》：「《伊川遺書》：『』五經之有《春秋》，猶法律之有斷例也。邵子曰：『《春秋》，孔子之刑書也。』」劉歆書：「是末師而非往古。」《論語摘輔象》：「仲尼為素王，左邱明為素臣。」《史記》：「孔子修《春秋》，筆則筆，削則削，游、夏之徒不能措一辭。」《日下舊聞》：「房山縣六聘山見於《遼史》、《寰宇通志》、《明一統志》。六聘之義未詳，疑即霍原教授之地，舍原之外，無人足以當之矣。」《江南通志》：「後漢焦先隱於焦山，三詔不起，因名三詔洞。」《大唐新話》：「玄〔註 1〕宗徵嵩山隱士盧鴻，三詔乃至。」《洞冥記》：「馮翊李充自言三百歲，少為秦始皇博士，門徒萬人。伏生年十歲，就充石壁中受《尚書》。」《仙傳拾遺》：「張楷字公超，隱華山谷，有玉訣金匱之學、坐在立亡之道，學者填咽如市。」《廣輿記》：「貴戚家起舍巷次，以館過客，號公超市。」《宋史新編》：「陳摶將終，謂弟子賈德昇曰：『可於張超谷鑿石為室，吾將憩焉。』室成，表曰：『臣摶已於某日化形於蓮華峰下張超谷中。』」《世說新語》：「服虔欲注《春秋》，聞崔烈集門生講傳，變姓名，為烈門人，賃作食。每至講時，輒聽戶壁間。」《注》：「虔，字子慎，滎陽人。舉孝廉，為尚書郎、九江太守。」《漢書》：「九江梅福，字子真。少學長安，明《尚書》、《穀梁春秋》，為郡文學，補南昌尉。去官歸，數上書，譏切王氏，不見納。以讀書養性為事。王莽專政，棄妻子，去九江，至今傳以為仙。後人見於會稽，變名姓，為吳市門卒云。」王勃文：「源水桃花，時時迷路。」《溫州府志》：「張文君，名薦，字子雁，永嘉人。隱居樂清縣丹霞山修鍊，嘗乘白鹿，吹玉簫。王羲之慕其名，往訪之。遁之苦竹中，羲之不獲見。其地嘗有白鶴飛翔，故又號白鶴山。」《永嘉郡志》：「一郡號薦為竹中高士。」《神仙傳》：「麻姑謂王方平曰：『自接待以來，見東海三變為桑田。向到蓬萊，水乃淺於往者略半，豈復將為陵陸乎？』方平曰：『東海行復揚塵耳。』」《山堂考索》：「貞觀詔尊孔子為宣父，作廟兗州，給戶二十以奉之。」

〔註 1〕「玄」，底本作「元」。

春蒐賦

《左傳注》：「蒐，索也。蒐索禽獸之不孕者。」《爾雅注》：「蒐者，以其聚人眾也。」《周禮注》：「兵者，守國之備，不可空設，因蒐狩而習之。」

皇帝御宇，十有八年。握金鏡，運玉璿。超百王之聖域，漱六藝之神淵。德無遠而勿屆，聲有濯而彌宣。舞兩階之干羽，靖萬里之戈鋋。雨洗炎洲之瘴，波澄閩海之煙。聿將秩祀衡嶽，底定巴滇。猶克嚴夫武事，洵無逸而有虔。乃命僕臣，乃召司馬。選烝徒以大蒐，諏吉日於小雅。晉鼓則百二咸陳，虞旌則東西來下。車鏤象以編爛，駟飛黃而白赭。風清紫陌之塵，天闊黃圖之野。於是乎駕六駮，從百官；建九斿，總三單；經長楊，陟上蘭；遵路直，從橋安。歷平原之膴膴，瞻秀木之丸丸。雲霏霏兮五色，山磊磊兮層巒。斯時也，穀雨新晴，暮春之序。劍乍捧乎金人，鶴雨浮於鶴羽。亞繁杏兮山郵，舒崇桃於野圃。藥苗則的的依闌，菖葉則青青被渚。粉颺鳳子之衣，綠潤桐孫之乳。雉角角兮晨飛，烏啞啞兮晚翥。兔趯趯兮淺草之叢，鹿呦呦兮平林之塢。爾乃刷霧鬣，騰風髮；擊鷙鳥，搏毅蟲；落驚雌，駭高雄。輕裘兮不禦，暄景兮方融。釋其一面之網，射以九和之弓。三驅兮四牡，一發兮五豵。於焉斂綏章，徹表貙；張幔城，羅藻帟。息蔭乎高林，容與乎秀澤。數獸計鮮，犒勤贊獲。大庖不盈，乾心有懌。用訓儉而昭仁，豈丘崇而山積？調六膳而作甘，飲三漿其如液。則有飛龍之舸，鳴鶴之舟，梁排雁齒，水漲鴨頭。和回波之妙曲，詠在藻於中流。沙停振鷺，棹起眠鷗。白魚湧躍，黃鵠翔留。勝昆明之習戰，與華林之溯遊。於是川後效珍，河宗輸寶。山出醴泉，地生朱草。鐫十鼓於岐陽，列三山於蓬島。天子師湯文之裕，民法軒轅之訪道。省四野之耕農，問百年之耆老。照華薄以春曦，浹恩膏於靈沼。爭擊壤兮康衢，永銷兵兮海表。在昔成王繼序，四徵弗庭；既巡侯甸，萬國咸寧。暨漢文帝，邊宇肅清，猶選良家於六郡，躬戎服而治兵。稽春蒐之盛禮，允治世之大經。豈其賓客是燕，乾豆是營，惟居安而必慮，斯坐致夫太平。敢擬廣成之頌，用垂休美之聲。

《尚書考靈曜》：「蒼代元持金精，握金鏡。」鄭《注》：「金鏡，喻明道也。」《尚書傳》：「璿，美玉。機，衡〔註2〕。玉者正天文之器，可運轉者。」《韻

〔註2〕底本「衡」下有一空格。

會》：「璿通作璿。」《抱朴子》：「五經為道義之淵海。」《七啟》：「觀遊龍之神淵。」《初學記》：「南嶽衡山，禹治水，登而祭之。漢武帝徙其祀於灊。」《尚書疏》：「巴在蜀之東偏。」《史記·西南夷傳》：「其西靡莫之屬以什數，滇最大。」《周禮》：「大司馬：中春教振旅，以旗致民，平列陳，如戰之陳。辨鼓鐸鐃鐲之用。王執路鼓，諸侯執賁鼓，軍將執晉鼓，師帥執提，旅帥執鼙，卒長執鐃，兩司馬執鐸，公司馬執鐲。以教坐作、進退、疾徐、疏數之節。遂以蒐。澤虞：大田獵則萊澤野及弊，田植虞旗以屬禽，以旌為左右和之門。」《注》：「澤虞主澤。鳥之所集，故建析羽之旌。軍門曰和。天子六軍分處東西為左右，各處一門。」《漢書》：「田肯曰：『持戟百萬，秦得百二焉。』」《注》：「蘇林曰：『百二，得百中之二，二萬人也。』」《上林賦》：「乘鏤象。」《注》：「象輅也。以象牙疏鏤其車輅。」《赭白馬賦》：「帝軒陟位，飛黃服皁。」王粲《羽獵賦》：「倚紫陌而並徵。」李商隱文：「未離紫陌之塵，已夢清淮之月。」《西京賦》：「天子乃駕彫軫，六駿駮。」《博雅》：「天子九斿至軫。」《史記注》：「前驅有九斿雲罕。」《山堂考索》：「漢制：九斿車，九乘大駕為先乘。」《玉篇》：「斿，旗之下垂者。」《毛詩傳》：「三單相襲也。」《疏》：「三重為軍，使強壯在外，所以備禦也。」《漢官·闕名》：「長安有長楊宮。」《三輔黃圖》：「上林苑有上蘭宮。」《漢書》：「上欲御樓船，薛廣德曰：『宜從橋。』張猛曰：『乘船危，就橋安。』」董仲舒文：「雲則五色而為慶，三色而成矞。」《九歌》：「石磊磊兮葛蔓蔓。」《孝經緯》：「清明後十五日，斗指辰為穀雨。」《晉書》：「武帝問三日曲水之義。束皙曰：『昔周公成洛邑，因流水以泛觴，故逸詩曰羽觴隨波。秦昭王以三月上巳置酒河曲，見金人自泉而出，捧水心之劍，曰：令君制有西夏。乃霸諸侯。因此立為曲水。二漢相緣，皆為盛集。』」蘇詩：「崇桃兮炫晝。」《古今注》：「蝶大如蝙蝠，或黑色青班，名曰鳳子。」張耒詩：「蝶衣曬粉花枝午。」《海錄碎事》：「空門來鳳，桐乳致巢。」注：「桐子似乳，著葉而生，鳥喜巢其中也。」《韓詩》：「角角雄雉鳴。」《九思》：「烏鵲驚兮啞啞。」《龍城錄》：「明皇六馬，最愛玉面花驄，風鬣霧鬣，信偉如也。」馬融《廣成頌》：「鷙鳥毅蟲，倨牙黔口。」《蜀都賦》：「驚雌落，高雄麗。」《景福殿賦》：「輕裘斯御。」《考工記》：「弓人為弓。材美工巧為之時，謂之參均。角不勝幹，幹不勝筋，謂之參均。量其力有三均，均者三謂之九和。」宋林希逸解：「角、幹、筋三者皆材美工巧，為之得時。有此九者，謂之九和。」《王制疏》：「下綏之綏當為綏旌旗之名，初殺則抗之，獵止則弊下。弊，仆於地也。」《詩疏》：

「交龍之旂，竿上又有大緌以為表章。」《周禮》：「有司表貉，誓民，鼓。遂圍禁，火弊，獻禽以祭社。」《注》：「貉，師祭也。讀為百。」《爾雅疏》「貉」作「貃」，古今字異。《周禮注》：「帟在幕下，若屋中坐上承塵。」《七命》：「虞人數獸，林衡計鮮。」又：「論最犒勤。」唐范慥賦：「有麾竿以讚獲。」《周禮》：「服不氏射則贊張侯以旌，居乏而待獲。」《東京賦》：「不窮樂以訓儉，不殫物以昭仁。」《吳都賦》：「積肴若山邸。」沈佺期詩：「仙人六膳調神鼎。」《周禮》：「王之饋膳用六牲，酒正辨四飲之物，三曰漿。」《注》：「六牲，馬牛羊犬豕雞也。」《初學記》：「晉天泉池有飛龍舟。」《西京雜記》：「太液池有鳴鶴舟。」白居易詩：「鴨頭新綠水，雁齒小紅橋。」《全唐詩話》：「中宗宴侍臣，酒酣，令各為回波辭。」《七啟》：「紹陽阿之妙曲。」《毛詩傳》：「魚藻言魚之依水草，如人之依明王也。」《史記》：「武王師渡河，白魚躍入王舟中。」《後漢書》：「章帝幸岱宗，柴告既畢，有黃鵠三十從西南來，經祠壇上，東北過於宮屋。」《漢書注》：「漢通身毒，為昆明所蔽，欲伐之。昆明有滇池，方三百里。故作昆明池象之，以習水戰。」《文選注》：「華林園在洛陽城內東北隅，魏明帝起，初名芳林。齊王芳改為華林。干寶《晉紀》曰：『泰始二〔註3〕年二月，上幸芳林園，與群臣宴，賦詩觀志。』」《兩都賦》：「岳修貢而川效珍。」《水經注》：「穆王西征，至陽紆之山，河伯馮夷之所居，是為河宗氏。與天子披圖視典，以觀天子之寶器。猶玉果、璿珠、燭銀、金膏等物。」《帝王世紀》：「堯治天下大和，醴泉湧於山，朱草生於郊。」《白虎通》：「朱草，赤草也，可以染絳，別尊卑。醴泉，美泉也。味如醴酒，可以養老。」《鍾鼎款識》：「周宣王內修外攘，明堂受朝，岐邑講蒐，海宇廓清，勒駿功於十鼓，以永鎮於岐州者也。」《神仙傳》：「海上有三神山：蓬萊、方丈、瀛洲，謂之三島。」《列子》：「黃帝登崆峒山，訪廣成子。」《詩疏》：「繼序，繼世在位，得其次序。」《尚書疏》：「四徵，從京師四面徵也。庭，直也。征討諸侯之不直者。」《漢書‧西域傳》：「文帝中年，赫然發憤，遂躬戎服，親御鞍馬，從六郡良家材力之士馳射上林，講習戰陣，聚天下精兵，軍於廣武。」又：「六郡良家，選給羽林、期門，以材力為官，名將多出焉。」《注》：「師古曰：『天水、隴西、安定、北地、上郡、西河，六郡也。』」《王制疏》：「作醢及臡，先乾其肉，以為豆實，上殺者也。二為賓客，中殺者也。三充君之庖，下殺者也。」《後漢書》：「燈騭兄弟輔政，謂文德可興，武功可廢。馬融上《廣成頌》以諷。」

〔註3〕「二」，《文選》卷二十二作「四」。

太極圖賦

原夫黃牙欲發，蒼精未垠。一氣融結，萬象胚渾。馮馮翼翼，煙煙煴煴。睢睢盱盱，綿綿分分。既庬鴻之莫兆，何聲臭之可聞。量則包夫清濁，質斯合乎昭昏。謂虛無而有象，運妙有而無鄰。鴻靈幽紛，泰貞蠢闢。混成天地之先，互藏陰陽之宅。觀動靜兮無端，占回遊兮不隔。譬水車之恒轉，類果核之未坼。爾其理則貫一，象實函三。白麟之書莫吐，赤雀之籙未銜。名雖傳乎十翼，義尚晦乎周聃。啟華山之妙蘊，藉營道之幽探。種穆祕師授之說，朱陸滋異同之談。至希至微，無偏無側。一翕一施，半白半黑。外若離珑，中如含薏。萬物於焉化生，五行之所糾纏。成能設位，圖往鏡來。化一氣，甄三才。天根啟，月窟開。悟儒言於冥賾，允經學之倫魁。乃知聖人能備全體，先知可詔後覺。大道為事物之母，天子有簡能之學。用廣運而不窮，信範圍之非邀。願永繪於丹辰，方金鑑之在握。

《劇秦美新》：「或玄〔註4〕而萌，或黃而芽。」《注》：「天地初開，故玄黃異色而生萌芽也。」《參同契》：「陰陽之始，元含黃芽。」《淮南子注》：「無垠，無形之貌。」孫綽《天台山賦》：「大虛遼廓而無閡，運自然之妙有。融而為川瀆，結而為山阜。」郭璞《江賦》：「類胚渾之未凝，象太極之構天。」《注》：「似胚胎渾沌尚未凝結。」《淮南子》：「天地未形，馮馮翼翼。」班固《典引》：「太極之元，兩儀始分，煙煙煴煴。」《劇秦美新》：「權輿天地未袪，睢睢盱盱。」《道德經》：「玄〔註5〕牝之門，是謂天地根。綿綿存存，用之不勤。」《淮南子注》：「分分，猶紛紛。」《帝王世紀》：「質始萌而未兆謂之庬鴻。」張衡《靈憲》：「太素之前，幽清寂寞，不可為象，惟虛惟無，道之根也。由無生有，太素始萌，萌而示兆，是謂庬鴻，道之幹也。道幹既育，萬物成體，於是剛柔始分，清濁異位。」《晉書》：「顧榮曰：『太極者，混沌之時，曚昧未分，日月含其輝，八卦隱其神，天地混其體，聖人藏其身。然後廓然既變，清濁乃陳，二儀既象，陰陽交泰，萬物始萌，六合閫拓。』」《朱子集》：「無極者著無聲無臭之妙。」《道德經》：「是為無狀之狀，無象之象。」《北堂書鈔》：「玄〔註6〕者，無形之類，自然之根，作於太和，莫與為鄰。」傅毅《舞賦》：「啟泰貞之

〔註4〕「玄」，底本作「元」。下同。
〔註5〕「玄」，底本作「元」。
〔註6〕「玄」，底本作「元」。

否隔兮。」《注》：「泰貞，太極之氣也。否隔，不通也。」《道德經》：「有物混成，天地之先。」《正蒙》：「陰陽之精，互藏其宅。」《程子》：「動靜無端，陰陽無始，天道也。」張華詩：「太儀斡運，天回地遊。」《注》：「太儀，太極也。斡，轉也。」《尚書緯》曰：『地有四遊，冬至地上，北而西三萬里；夏至地下，南而東三萬里。春秋二分其中矣。地動不止，如人在舟，舟行而人不覺。』」《渾天儀》：「天表裏有水，地乘氣而立，載水浮天，如車轂之運。」《漢書》：「太極元氣，函三為一。」《注》：「元氣初為一，後為天地人也。」趙汝楳《易雅》：「太極渾融，道函三才之象。」《拾遺記》：「孔子未生時，有麟吐玉書於闕里。」《尚書中候》：「赤雀銜丹書，入酆，止於昌戶。昌再拜稽首受。勗曰：『姬昌，蒼帝子。』」《索隱》：「述贊：旦開雀錄籙，火降烏流。」《山堂考索》：「孔子作《彖》、《象傳》、《繫辭》、《文言》、《說卦》、《雜卦》、《序卦》，謂之《十翼》。」《史記》：「老子諡曰聃，周守藏室之史也。」宋朱震《進周易表》：「濮上陳摶，以先天圖傳種放，放傳穆修，修傳李之才，之才傳邵雍。放以河圖、洛書傳李溉，溉傳許堅，堅傳范諤昌，諤昌傳劉牧。修以太極圖傳周敦頤，敦頤傳程頤、程顥，是時張載講學於二程、邵雍之間，故雍著《皇極經世》之書，牧陳天地五十有五之數，敦頤作《通書》，程頤述《易傳》，載造《太和》、《參兩》等篇。」《宋史新編》：「陳摶，字圖南，亳州真源人。隱居華山雲臺。太宗賜號希夷先生。周敦頤，字茂叔，道州營道人。」《宋詩紀事》：「種放，字明逸，洛陽人。穆修，字伯修，鄆州人。」趙秉文《滏水集》：「希夷得先天之學，以象授種徵君，以數授李挺之，傳邵康節，著《皇極經世》，周濂溪以為太極圖。」《宋史新編》：「陸子靜與朱子辨無極太極，貽書往復論難，不置。」《升菴外集》：「周子加無極於太極，象山以為贅，與朱子辯論，幾數千言。其言亦不為無見。」《道德經》：「視之不見名曰夷，聽之不聞名曰希，搏之不得名曰微。」又：「知其白，守其黑。」《啟蒙》：「陽一以施，陰兩以承。」《漢書注》：「半環曰玦。」《爾雅疏》：「薏，中心也。」《爾雅翼》：「蓮青皮，裏白，子為的。的中有青心，長三分，如鉤，為薏。」《史記注》：「糾纆，如繩索糾纆相附會也。」潘岳《西征賦》：「寥廓恍惚，化一氣而甄三才。」邵康節詩：「須探月窟方知物，未躡天根豈識人。乾遇姤時觀月窟，地逢雷處有天根。」注：「復與姤相值，可觀月窟之妙。坤與震相值，可見天根之妙。」《甘泉賦》：「冠倫魁能。」陸子靜《辨太極書》：「古人言論，未詳事實，先著所謂先知覺後知、先覺覺後覺者，以其事實覺其事實。」《道德經》：「無名，天地之始；

有名，萬物之母。」《易疏》：「簡能，簡省凝神，不待繁勞以為能。」《唐書》：「李德裕進《丹扆六箴》。張九齡上《千秋金鑑錄》。」

夜明木賦同澤州陳侍郎作

《塞北小抄》：「葉光木生絕塞山間，積歲而朽，月黑有光，遇雨益甚。移植殿上，通體皆明自如，螢火追之，可以燭物。以素瓷貯水投之，水光沈澈。雨露日遠則光漸減。」《感舊集》：「陳廷敬，字子端，號說岩。本名敬，奉旨加廷字。山西澤州人。順治戊戌進士。官至吏部尚書、大學士。有《午亭文編》、《尊聞堂集》。

皇帝避暑於興州，時維昭陽大淵獻之秋。尋捺缽之舊跡，啟帳殿於仙陬。六屯內肅，千廬外周。雲容容兮四合，水決決兮交流。風颭颭兮徐來，雨霏霏兮乍收。爰有物焉，星芒遙逗，明滅露螢之尾，吐吞火雞之味。謂野燒而不延，疑神燈而未輳。乃命俞騎，即而視之。是為庲木，有枿無枝。黝同柸炭，澀若榴皮。如場之轉碌碡，如縴之拽豐碑。載以堅車，駕之健犢。入重關，度平谷。選郢匠以運斤，俾奄人以司局。捨科上槁，存堅多心。近天顏兮咫尺，位秘宇之崇深。鑽不勞兮司燧，燎無灼兮烘煁。等璧夜光，類珠宵映。方角枕而輝盈，比風簾而神定。四照儷若木之華，六宮擬賓連之慶。豈非聖德之咸臨，固無遠而弗鏡。宜坤珍之畢效，雖枯木朽株，亦疇德而瑞聖。

《明一統志》：「興州城在雲川堡北三百五十里，本漢上谷郡女祁縣地。唐為奚地。金為興州。」按：即今熱河。《爾雅》：「歲陽在癸曰昭陽，歲名在亥曰大淵獻。」《昌平山水記》：「元中統三年，割北京興州隸開平。四年，升為上都以避暑。」《文昌雜錄》：「契丹謂住坐處曰捺缽。」庾信賦：「止立行宮，舒裁帳殿。」《舊唐書》：「行幸時，幄帟為殿，如幔城帷宮也。」杜詩：「二毛趨帳殿。」注：「《唐六典》曰：『凡大駕行幸，預設三殿帳幕。』」《西都賦》：「千廬內附，衛尉八屯。」《注》：「衛尉帥吏士周宮外，於四方四角立八屯，士則傳宮外向，為廬舍。晝則巡行非常，夜則警備不虞也。」《九歌》：「雲容容兮而在下。」《山海經》：「龍侯之山，決決之水出焉，東流注於河。」《九歌》：「風颭颭兮木蕭蕭。」韓詩：「露螢不自暖。」《升菴外集》：「火炫螢尾。」《廣東通志》：「火雞出滿剌加山，大如鶴，多紫赤色。能食火，吐氣成煙焰。子如鵞胎，殼厚踰重錢，或斑或白，島彝採為飲盞。」《盤山志》：「山顛每歲除有

神燈之異。」《燕山紀遊》：「燈，出通州孤山塔上，分為數千百，遠遶盤山諸寺，至定光佛塔而止。」《吳都賦》：「俞騎騁路。」《注》：「管子曰：『登山之神有俞兒者，長尺，人物具焉。霸王者興乃見，且走馬前導也。』」《東京賦注》：「斬而復生曰櫱。」白居易詩：「日暮半爐桴炭火。」《老學庵筆記》：「投之水而浮者，今人謂之桴炭。」《本草》：「榴皮味苦澀。」《耒耜經》：「磟碡，觚稜而已，以木為之。」《農政全書》：「磟碡，以輾籽田中塊垡及碾捍場圃間禾麥。」《爾雅注》：「綍，大索也。」《禮記注》：「豐碑，斲大木為之，形如石碑，穿中以綍繞之。」《莊子》：「匠石運斤成風。」杜詩：「操持郢匠斤。」《易疏》：「科上槁木既空心，上必枯槁。堅多心，剛在內也。」《周禮》：「司爟掌火之政令，四時變國火以救時疾。」《毛詩傳》：「烘，燎也。煁、烓，竈也。」《史記》：「夜光之璧。」《搜神記》：「隨侯有珠，盈徑寸，夜有光，可以燭室。」《西京雜記》：「昭陽殿織珠為簾，風至則鳴，如金玉珠璣。」《摭異記》：「張說有雞林郡夜明簾。」《山海經》：「招搖之山有木焉，其華四照。」《淮南子》：「若木在建木西，末有十日，其華照下地。」《孝經援神契》：「日神五色，明照四方。」《白虎通》：「繼嗣平，則賓連生於房戶。賓連，木名，連累相承，故在於房戶，象繼嗣也。」《易注》：「咸，臨感也。」《後漢書注》：「乾符坤珍，謂天地符瑞也。」《赭白馬賦》：「實有騰光吐圖，疇德瑞聖之符焉。」《注》：「黃伯仁《龍馬賦》曰：『或有奇貌絕足。』蓋為聖德而生疇昔也。」

省方賦

歲在甲子，歷應上元。聖化翔洽，東汜西崑。九州之外郡縣，重譯而至橋門。嘉穀駢穗，濁河澄源。於時山祇望幸，臣庶上言，請欽柴以郊望，或奉符而封巒。天子思省方以設教，用求莫而監觀。踐六十四民之遙跡，省七十二后之彌文。吉日既諏，德音斯布。蠲六軍所過之租，減四方惟正之賦。推湛恩於槐宸，霈解澤於棘路。神人交贊，遐邇樂附。願儲祉以慶成，共希光而景騖。乃以九月辛卯，農事備收。七騶始駕，百工方休。扈千官於行所，勒五營於道陬。既伯既禱，爰豫爰遊。承曲瑤之璿蓋，建太常之辰旒。導以金鉦瓊鉞，驂以紫燕玉虯。鳴蕤而雲韶並和，駐罕而星廬外周。黃圖三輔，青壤千里。濟滆津以無波，履平原其如砥。則有單椒秀澤之山，側坎飛輪之水。橋號鵲華，湖名蓮子。踰歷下之舊城，尋介丘之遺趾。美哉！左海山，有岱宗。闔啟仙人之石，

官存大夫之松。天雞鳴而躍日，宸駕至而呼嵩。徹秸席蒲車之制，罷泥金檢玉之封。於焉訪淮土之仙茅，驗吳門之白馬。渡河則神獻其寶，遵海而風不鳴瓦。泛藻舟於中流，息參旗於大野。越南兗與南徐，溯吳下而白下。帝有恩言，宣示函夏。眺勝國之蒿萊，封蔣陵之松檟。德無施而不遍，恩未沾者蓋寡。由是展軨素王之裏，致齋金絲之堂。陳元和之犧象，循闕里之宮牆。懸車在廟，遺硯在床。肅拜杏壇之上，翔步檜庭之旁。洵禮隆乎三古，而事冠乎百王。衡律既同，秩祀有典。振旅則邇，考詳斯遠。覽四瀆而經五州，乍六旬而還輦。兩宮交悅，萬姓齊忭。粵若稽古，時致太平。必命掌故，登封告成。或紀社首繹繹，或禮云云亭亭。石撼石距之狀，金匱玉匱之形。祺安禪安之樂，封壇覲壇之銘。莫不云連帳殿，雷動山庭。未有諮詢疾苦，彰癉濁清。不警不蹕，不震不驚。凡高年之耆老，尺口之童嬰，婦子所集，商旅所經，咸得觀天顏於咫尺，瞻仙仗於郊坰。至若天縱之能，溢於筆墨。月璧星珠，寶題靈式。鸞蹤鳳藻，被物成飾。軼唐帝之八分，陋宋宗之飛白。扁榜峨峨，發抒心畫，蔭之華榱，勒之貞石，誠與日月雲漢共昭垂於無極者也。

　　《香祖筆記》：「康熙甲子九月二十五日，大駕南巡視河工。十一月二十七日，駕回。」《山堂考索》：「唐一行曰：『湯作商歷，以十一月甲子合朔為上元。東晉王朔之作通歷，始以甲子為上元。祖沖之作大明歷，始立論以為作歷，上元必當以甲子。』」沈約詩：「牽拙謬東汜，浮惷反西崑。」《注》：「東汜謂暘谷，日所出也。西崑謂崦嵫，日所入也。」《山堂考索》：「顓頊、帝譽始別九州，統領萬國，北至幽陵，南暨交趾，西導流沙，東極蟠木。至秦併天下，分為郡縣。」《通鑒》：「漢明帝幸辟雍，冠帶搢紳之徒圜橋門而聽者蓋億萬人。」《王制疏》：「越裳氏重九譯而至。」《尚書大傳》：「成王時，有苗異莖而生，同為一穗。周公曰：『天下其和為一乎！』」《水經注》：「黃河兼濁河之名。」《乾鑿度》：「天降嘉應，河水先清。」顏延之詩：「山祇躍嶠路。」《注》：「山祇，山神也。」《封禪文》：「太山、梁父設壇場望幸。」《甘泉賦》：「欽柴宗祈。」《注》：「恭敬燔柴也。」《封禪文》：「修德以錫符，奉符以行事。依類託寓，諭以封巒。」《易疏》：「省視萬方，觀看民之風俗，以設於教。」《詩疏》：「監察天下之眾國，求民之定，謂所歸就也。」賈公彥《禮記疏序》：「天皇、地皇之日，無事安民。降自燧皇。所謂人皇九頭，兄弟九人，別長九州。政教君臣，起自人皇之世，伏羲因之。《春秋緯》云有九頭。紀時有臣，無官位尊卑之別。

燧皇、伏犧既有官，則其間九皇六十四氏有官明矣，但無文字以知其官號也。」
《封禪書》：「古之封太山、禪梁父者，七十有二君。」《甘泉賦》：「豈或帝王
之彌文哉！」《周禮》：「萬二千五百人為軍，王六軍。」又：「左三槐，三公位
焉。」《金匱》：「太公請樹槐於王門。」何晏《景福殿賦》：「槐楓被宸。」李
商隱文：「解澤滂沱。」《易疏》：「過輕則赦，罪重則宥，皆解緩之義。」嵇含
賦：「抗忠貞於棘路。」《封禪文》：「上帝垂恩，儲祉將以慶成。」《注》：「言
垂恩於下，豫積祉福，用慶告成之禮。」陸機《辨亡論》：「志士希光而景騖。」
《月令疏》：「天子馬有六種，種別有騋，又有騋主之，並六騋為七，故曰七騋。」
蔡邕《獨斷》：「天子以四海為家，謂所居為行在所。」《赭白馬賦》：「勒五營
使案部。」《漢官儀》：「大駕鹵補五營校尉在前，曰填衛。」《毛詩傳》：「伯，
馬祖也。將用馬力，先禱其祖。」徐廣《三日》詩：「溫哉令日，爰豫爰遊。」
《西京賦》：「羽蓋威蕤，葩瑤曲莖。」《注》：「瑤與爪同。以金作華形，莖皆
曲。」顏延之詩：「彤雲麗璿蓋。」《東京賦》：「建長旒之太常。」《尚書傳》：
「王之旌旗，畫日月星曰太常。」《籍田賦》：「瓊鈒入蕊。」《廣韻》：「鈒，鋋
也，戟也。」《昭陵六馬贊》：「紫燕超躍。」《升菴外集》：「青虬、紫燕，馬名。」
謝靈運詩：「鳴葭戾朱宮。」《宋史·樂志》：「雲韶部，黃門樂也。開寶中平嶺
表，擇廣州內臣聰警者八十人，令於教坊習藝，賜名簫韶部。雍熙初，改曰雲
韶。」王融《曲水詩序》：「回輿駐罕。」《西京賦》：「徼道外周。」《隋·經籍
志》：「《三輔黃圖》一卷，記三輔宮觀陵廟明堂辟雍郊畤等事。」《漢書》：「右
扶風、左馮翊、京兆尹為三輔。」《太康地記》：「青州，東方少陽，其色青，
故以為名。周之建國，表齊東海，居於青州。」《爾雅注》：「鬲津水多阨狹，
可隔以為津而橫渡。」《疏》：「九河，徒駭最北，鬲津最南。」《太平寰宇記》：
「德州安德縣，漢屬平原郡。鬲津枯河在縣南七十里，至徒駭二百餘里。」《漢·
地理志》：「平原郡，高帝置，屬青州。」《水經注》：「華不注山單椒秀澤，不
連林以自高。虎牙桀立，孤峰特拔以刺天。青崖翠發，望同點黛。」《爾雅》：
「濫泉穴出。穴出，側出也。」《水經注》：「濼水出歷城縣故城西南，泉源上
奮，水湧若輪。水北為大明湖。」《濟南府志》：「鵲華橋在城北，相傳為扁鵲
煉丹之處。」《居易錄》：「明湖，一名濯纓，一名蓮子，今俗稱北湖。曾子固
謂之西湖，以在城中西北隅也。」《太平寰宇記》：「齊州理歷城縣在歷下，賊
對歷山之下。」《初學記》：「太山頂西岩為仙人石閭，東岩為介邱。」《禮記》：

「美天地之左海也。」《尚書傳》:「岱宗,太山,為四嶽所宗。」《封禪書注》:「應劭曰:『石閭在太山下阯,南方士言仙人閭也。』」《初學記》:「始皇上太山,遇風雨,休於樹下。因封樹為五大夫。」注:「五松樹。」《太平寰宇記》:「大夫,始皇避雨處,今猶在。」應劭《漢官儀》:「東山名曰日觀。雞一鳴,見日始出。」《漢書》:「武帝詔曰親登嵩高,聞呼萬歲者三。」《史記》:「秦諸儒封禪議曰:古者封禪為蒲車,惡傷山之土石草木,埽地而祭,席用葅稭。」《注》:「《索隱》曰:『蒲車,蒲裹車輪也。』」應劭曰:『稭,禾藁也,去其皮以為席。』」《白虎通》:「封者金泥銀繩。或曰石泥金繩,封以印璽。」《山堂考索》:「始皇上太山,刻石頌德,有金冊石函、金泥玉檢之事。」《封禪書》:「江淮之間,一茅三脊,所以為藉也。」《論衡》:「俗傳顏淵年十八,升太山,望見吳閶門外有繫白馬。」按:「賨」當作「賣」。顧況詩:「河宮清奉賣。」蘇《颶風賦》:「排戶破牖,隕瓦擗屋。」顏延之詩:「天儀降藻舟。」《注》:「畫舟也。」《隋‧地理志》:「江都郡,梁置南兗州。開皇九年,改為揚州。」《蘇詩補注》:「《元和郡縣志》云:『晉元帝渡江,於京口僑置徐州。』」《太平寰宇記》:『潤州丹陽郡,三國時,吳為重鎮。晉元帝都建業,改為丹陽尹。劉宋時,置南徐州。』二書互異,未詳孰是。」《江南通志》:「鎮江府,孫吳號曰京口,東晉僑置徐、兗二州,號為北府。劉宋以為南徐州,治京口。」《三國志》:「魯肅謂呂蒙曰:『君非復吳下阿蒙。』」《江南通志》:「唐武德初,更金陵曰白下。貞觀初,更白下曰江寧。」《河東賦》:「函夏之大江。」《江南通志》:「明太祖之陵在鍾山之陽。鍾山,一名蔣山。」王勃詩:「西陵松檟冷。」《池北偶譚》:「康熙甲子,大駕幸金陵,謁明孝陵,行三跪九叩禮。詣寶城前,行三獻禮。出入由甬道旁行。諭扈從諸臣於門外下馬。賞守陵內監及林〔註7〕戶人等有差。諭禁採樵。父老數萬人皆感泣下。兩江總督王新命刻石紀事,古今未有之盛事也。」《曲禮疏》:「軾,轅頭。軬車行由軾,故偏視之。」潘相《適魯錄》:「孔子宅詩禮堂,舊藏衣冠車服禮器。」宋真宗駐蹕,後命易鴟吻,為孔氏延賓齋。金人謂之金絲堂。明改今名。」《水經注》:「魯人藏夫子所乘車於廟,即顏路所請者也。夫子床前有石硯一枚,石作甚古樸,蓋夫子生平物也。」《漢‧藝文志》:「世歷三古。」注:「伏羲為上古,文王為中古,孔子為下古。」《池北偶譚》:「甲子,大駕幸闕里,謁至聖廟,門外降輦步行,行三

拜禮，留御前曲柄傘于大成殿，命家祭即陳設之。御書萬世師表四字，懸大成殿。次年，以四字頒行天下學宮。」〔註8〕《爾雅》：「江河淮濟為四瀆。四瀆者，發源注海者也。」《香祖筆記》：「本朝遇內朝行慶賀禮，則上率東宮拜於兩宮之門。」《白虎通》：「天下太平功成，封禪以告太平也。」《封禪文》：「宜命掌故悉奏其儀。」《封禪書》：「無懷氏、慮羲氏、神農氏、炎帝、顓頊、帝倍、堯、舜、禹、湯皆封太山，禪云云。黃帝封太山，禪亭亭。禹封太山，禪會稽。周成王封太山，禪社首。」《白虎通》：「三皇禪於繹繹之山，五帝禪於亭亭之山。」《封禪書注》：「太山上築土為壇，祭天以報天之功，故曰封。太山下小山上，除地以祭地，報地之功，故曰禪。」《山堂考索》：「宋夏侯晟上漢武封禪圖，繢金匱、玉匱、石礙、石距之狀。詔詳定。依故事，山上立封祀壇。朝覲壇在行宮之南。」《後漢書·志》：「光武封禪，刻玉牒書函，藏金匱，印璽封之。」《宋史新編》：「真宗封太山為玉牒，聯以金繩，緘以玉〔註9〕匱，置石礙中，正坐、配坐，用玉冊六。其匱纏以金繩，封以金泥，印以受命之寶。」《山堂考索》：「真宗封太山，登歌《祺安》、《禪安》之章。祥符二年，出御製《太山銘記》示輔臣。」又：「宋祠祀樂章八十九曲，率以安名曲。《西京賦》：「千乘雷動。」岑參詩：「玉階仙仗擁千官。」《爾雅》：「邑外謂之郊。林外謂之坰。」《尚書中候》：「日月如懸璧，五星若編珠。」晉成公綏《隸書體》：「鸞鳳翱翔，矯翼欲去。」《宣和畫譜》：「唐明皇見翰苑書體，狃於舊習，銳意作章草八分書，遂擺脫一切。」《山堂考索》：「宋太宗銳意筆翰，兼通篆、籀、八分、飛白、草書，成三十六卷，示近臣。仁宗賜輔臣御書飛白書各一軸。」張彥遠《法書要錄》：「飛白，蔡邕所作。王隱、王愔並云飛白本楷製。字體輕微不滿，故名飛白。」

湘湖賦

《輿地志》：「湘湖在蕭山縣西，產絲蓴最美。」錢宰《湘陰草堂記》：「湘湖山秀而疏，水澄而深，邑人謂境之勝若瀟湘然，因名。」

〔註8〕按：此則係拼接而成，非全出《池北偶談》。《香祖筆記》卷七：「上東巡幸曲阜，謁至聖廟，廟門外降輦步行，行三拜禮，留御前曲柄傘於大成殿，命家祭即陳設之。」《池北偶談》卷四《御書》：「康熙二十三年，駕幸闕里，御書萬世師表四字，懸大成殿。次年，以四字頒行天下學宮。」

〔註9〕「玉」，底本誤作「王」。

　　歲柔兆困敦兮，是月維陽。辭鑑水之一曲兮，言歸故鄉。遵大路於蕭山兮，猶句踐之舊疆。捨予舟於城闕兮，別問渡於陂塘。踐荒塗之幽僻兮，山是越而湖湘。圍列岫之周遭兮，匯一水於中央。蓴絲荇帶齊消歇兮，澄百頃之波光。相茲湖之寥闊兮，溯蒼蒼之葭葦。漾輕舠而如所如兮，逾五里而十里。鮮澤農之耕作兮，但眾師之棲止。雉角角以飛鳴兮，鷺娟娟而停峙。瞻牛頭與苧蘿兮，信不遠而伊邇。愛山川之清淑兮，斯生長夫西子。洵明豔之絕倫兮，直夫差之一死。以餘暨為諸暨兮，驗往牒之非是。眺越王之故嶠兮，丁國步之迍邅。會稽不可保兮，稱臣妾而播遷。薦臨江而祖道兮，奏哀曲於烏鳶。迨返國而渡三津兮，惟八臣四友謀猷之後先。既十年而生聚兮，更教訓之十年。簡俊士之四萬兮，率君子之六千。誕一舉而沼吳兮，齊衣錦而師旋。讎九世而當復兮，豈身恥辱而忘焉。志既立而轉死為霸兮，胡後之人獨不然。他山難久留兮，問西陵而前路。夕既濟於錢唐兮，尚踟躕而回顧。徒弔古而慨慷兮，惜年歲之遲暮。

　　《爾雅》：「太歲在丙曰柔兆，歲名在子曰困敦。十月曰陽。」《唐書詳節》：「賀知章還鄉，詔賜鏡湖一曲。」《唐·地理志》：「越州會稽郡有蕭山縣。」《越志》：「句踐與夫差戰敗，以餘兵棲會稽，四顧蕭然，故名。一名蕭然山。」董仲舒賦：「懼荒塗之難踐。」《爾雅翼》：「蓴，春夏細長肥滑為絲蓴，至冬短為豬蓴，亦呼龜蓴。荇菜，陂澤多有。葉卷漸開，雖圓而稍羨，皆半〔註10〕浮水上，隨水高低。」杜詩：「水荇牽風翠帶長。」《說文》：「葦，大葭也。」《周禮注》：「三農，平地、山、澤也。」《太平寰宇記》：「牛頭山，又名臨江山，在蕭山縣東南，水陸並行二十里。其山北，江水回流，舟行宿信猶經過。說者云：『牛頭苧蘿，一日三過。』」《會稽志》：「苧蘿山在諸暨縣南。」《輿地志》：「諸暨縣苧蘿山，西施、鄭旦所居。」《十道志》：「句踐索美女以獻吳王，得之苧蘿山賣薪女也。下有西施浣紗石。」《太平寰宇記》：「諸暨縣苧蘿山下，今有西施家、東施家。」太白詩：「西施越溪女，明豔光海雲〔註11〕。」《漢·地理志》會稽郡餘暨縣注：「蕭山，潘水所出。」《後漢·郡國志》：「餘暨縣，《越絕》云西施所出。」《水經注》：「餘暨，餘姚別名。」《太平寰宇記》：「漢分諸暨山陰地為下諸暨，後易名餘暨。王莽改曰餘衍。吳改為永興。隋併入會

〔註10〕「半」，《爾雅翼》卷五《釋草·荇》作「平」。
〔註11〕「海雲」，李白《送祝八之江東賦得浣紗石》作「雲海」。

稽。唐又分置，天寶初改為蕭山縣。」韓詩注：「崢山之切云者。」《吳越春秋》：
「句踐入臣於吳，群臣送至浙江之上。臨水祖道，軍陳固陵。大夫種前為祝，
辭曰：『臣請薦脯，行酒三觴。』句踐舉杯垂涕，曰：『孤遭辱恥，為天下笑。』
群臣莫不感哀。句踐仰天歎曰：『死者，人之所畏。若孤之聞死，其於心胸曾
無怵惕。』遂登船竟去。夫人乃據船哭，顧烏鵲啄江渚之蝦，飛去復來，因哭
而歌曰：『仰飛鳥兮烏鳶，凌元虛兮翩翩。集洲渚兮優游，啄蝦矯翮兮雲間。
妾無罪兮負地，有何辜兮譴天。驪驪獨兮西往，孰知返兮何年。』又哀吟曰：
『彼飛鳥兮鳶烏，已迴翔兮翕蘇。心在專兮素蝦，何居食兮江湖。徊復翔兮遊
颺，去復返兮於乎。願我身兮如烏，身翱翔兮矯翼。去我國兮心搖，情憤惋兮
誰識。』越王聞夫人怨歌，心中內慟。入吳，見夫差，稽首再拜稱臣。夫差令
駕車養馬，祕於石室之中。七年，越王返國，至三津之上，仰天歎曰：『嗟乎！
孤之屯厄，誰念復生渡此津也。』至浙江之上，望見山川重秀，天地再清。歎
曰：『吾已絕望，永辭萬民，豈料再還，重複鄉國。』言竟掩面，涕泣闌干。
想復吳讎，遂師八臣與其四友，時問政焉。」又：「句踐伐吳，發習流二千人，
俊士四萬，君子六千，諸御千人。戰於江，吳師大敗，遂入吳。」太白詩：「越
王句踐破吳歸，戰士還家盡錦衣。」《公羊傳》：「九世猶可以復讎乎？雖百世
可也。」《吳越春秋》：「越已滅吳，乃北渡江淮，與齊、晉諸侯會於徐州。當
是時，越兵橫行於江淮間。自句踐稱霸至親，凡歷八主。」《水經注》：「浙江
又逕固陵城北，昔范蠡築城於浙江之濱，言可以固守，謂之固陵。今之西陵也。」
又：「《錢塘記》曰：『防海大塘在縣東一里許，郡議曹華信家議立此塘，募能
致斛土者，與錢一千。來者雲集。塘未成，詭不復取，皆棄土石而去，塘以之
成，故名。』」

水木明瑟園賦並序

　　僕生平不耐作賦，雖以賦通籍，非稱意之作不存也。康熙甲申八月，
陸上舍貽書相要，過上沙別業，遂汎舟木瀆，取道靈巖以往。抵其閭，
則吳趨數子在焉，愛其水木明瑟，取以名園。上舍延賓治具，飲饌豐潔，
主客醉飽，留七日乃還。念勝引之難再也，成賦一篇。先民有言：人各
有能有不能。賦非僕之所能也。辭曰：

　　《江南通志》：「木瀆鎮在吳縣西南二十七里。靈巖山在吳縣西南三十里，
高三百六十丈，絕頂有琴臺。宋范成大謂『下瞰太湖及洞庭，兩山滴翠，叢壁

在白銀世界中者是也。壁曰佛日巖。平處有靈巖寺。其麓為館娃宮、西施洞、響屧廊、吳王井、浣花池、石鼓諸勝』。」

度十畝之地，葺宅一區。沚有阡而可越，渾分沙而不淤。剪六枳而楗籓，因雙樹而闢閭。嘉水木之明瑟，愛徑畛之盤紆。山有穴而成岫，土戴石而名岨。礐兩判而得路，萼四照兮盈株。園之主人，則陸生積也。匪聲利是趨，惟古訓是茹。鼓枻而吟，帶經以鋤。不隱不仕，無礙無拘。良辰既撰，爰遣莊奴，筆疏告吾：商飆乍肅，赫暑早祛。葵傾芳步，柰秀華芙。桂英粟綻，皂莢條颺。苔縛厥帬，鐮刈其蕪。井汲瓶綆，床轉轆轤。靡塵不滌，靡穢不除。可以談宴，可以歌歈。夫子惠顧，趿屩無虞。於是竹垞一叟，誕發僧廬。遵彼橫塘，津逮岑隅。風搐傘竹，日漏衣袽。亦有同調數子，素心相於。水抽其帆，陸枙其車。不速而集，笑語軒渠。離坐貫坐，或跧或趺。生也敕中廚，刲兩羭，誠食饌之次第，傳方法於腰朐。乃羹乃瀹，間以臑腒。薪則有蒲，鮓則有菹。擘翠房之鮮菂，剝紫茇之員珠。旋棋改令，覆斗傾盂。倒季路之十榼，慕宣尼之百觚。生起避席，顏色敷愉。稱：「園雖小，聊可以娛。夫子賦之，可與否歟？」叟曰：「可哉！吾思魯鈍，毋疾而徐。」

於焉閉關納屨，自晨及晡。拂几案，屏觶觚。挹勺水，注蟾蜍。默聳羸肩，潛捋短鬚。雖有千慮，終成一愚。譬如奏事四足而非馬，書券三紙而無驢爾。乃捨左思之席漏，投鍾繇之筆柎。循蘭陔，踐椒塗。躡聽雨之樓梯，登升月之窗迂。流覽帷林，蕩漾方壺。心傾意寫，志豁神攄。留宿宿兮信信，忽便便兮諸諸。而曰：

猗茲園之怡曠兮，經夫差之故都。駐我馬於高岡兮，想越來之師沼。吳傷西子之不作兮，徒憑弔於交衢。聆寶屧而聲銷兮，剩紅心之草鋪。嗟宮牆流水之入兮，驗妖夢之非誣。既上山而下山兮，復自田而之湖。回瞻巖椒之夕陽兮，掛霄漢之浮圖。逼茶塢之蔥青兮，占稻田之豐腴。耘雖資乎疆以兮，穫免發彼租符。眺松皐之明秀兮，步衡薄而踟躕。辭八門與七堰兮，遠肥腻之姑蘇。望之叢叢翁鬱，即之羅羅清疏。既外隈而內隩，亦前渚而後沮。磴希偪側，丘不崎崛。澗無飲虎，穴少潛狙。石樑緩度，坦坦舒舒。春則桃殷李縞，夏則筍白櫻朱。薔一丈兮爛漫，香五木兮紛敷。架層蘭之曲錄，刺不慮夫牽挐。又有同心宿蕙，並蒂新

藁。未八月而剝棗，先九日而囊荑。野芳斷兮復續，湛露晞兮更濡。訝鷞鵰之撲鹿，縱烏鳥之畢逋。喈喈楚雀，汎汎江鳧。雀則有鷇，鳧則有雛。翠羽定巢而不去，文鱗在藻而忽徂。非無牛宮豚柵，麋罘兔罝，羝藩鹿砦，雉艾雞笯。螃蟹設籪，鱣鮪施罭。寧寬便了之《僮約》，而免責其辛劬。彼玉山之仲瑛，暨光福之良夫。連峰列岫，夾澗通濩。豈若斯之一丘一壑，不見其隘，而祇見其有餘？且客獨不聞茲園經理之初邪？曩有高士，蜚遁山嵎。履穿東郭，面垢左徒。垂蘆簾於紙閣，然箬葉於瓦壚。朋慵迎兮勿送，戶罷闔而不逾。柏雖生兮上槁，桐已副而無膚。斯人去兮猿鶴散，幸茅亭之尚在。對魚幢之咫尺，而轉覺其空虛。生乃取介白之遺字，吾鄉徐高士白舊居於此上舍請崑山徐吉士昂發大書介白之亭扁縣之。縣擘窠之大書，志先民之軌躅，作後學之範模。豈非仁心仁術，視富貴利達買宅者攸殊。今吾與諸子飲食宴樂於此，倡予和女，安知後之遊者覩題壁之作，不曠世而相感，誦清風之穆如？重為告曰：四坐莫諠，吾言不渝。諸君卜築，近在郊郛。吾獨寥寥，棲小長蘆。目極百里，何山可居？相生之宅，其樂只且。兄分布被，母御板輿。婦采蘋而采蘩，子耕菑而耕畬。烹泉則京挺都籃並載，入市則修琴賣藥非迂。郊關一舍而近，津渡扁舟可呼。行不苦於趑趄，策不藉乎翼扶。我舟弗勞，我僕免痡。訪翠墨而椎拓，拓黃卷而流輸。凡靈威所守，唐述之儲，莫不簽題置籯，裝界開圖。《爾雅》釋寓鼊之屬，《離騷》箋草木之疏。僕雖耄矣，耽與道俱。奇文疑義，猶冀相須。友直友諒，為德不孤。思載家具，旁生層櫨。卜鄰晨夕，我與爾夫。

《王制》：「度地以居民。」《漢書》：「揚雄有田一廛，有宅一區。」《爾雅》：「小渚曰沚。」《說文》：「路南北為阡。」陶詩：「越陌度阡。」《爾雅》：「潬沙出。」《注》：「今江東呼水中沙堆曰潬。」馮衍《顯志賦》：「楗六枳以為籬。」《六帖》：「傅大士捨宅，於松下建寺，因雙樹名雙林。」沈約詩：「野徑既盤紆。」《爾雅》：「山有穴為岫，土戴石為岨。」《疏》：「山多磐石者名曰礐。」《楚辭》：「漁父鼓枻而歌滄浪之詩。」《漢書》：「兒寬帶經而鉏，休息即誦讀。」曹大家《東征賦》：「撰良辰而將行。」晁補之詩：「莊奴不入租，報我田久荒。」顏延之贊：「方葵不傾。」楊萬里詩：「寄在枝頭一粟金。」王褒《僮約》：「居當穿臼縛帚。」《楚辭注》：「禾曰穫，草曰刈。」《淮南子》：「後園鑿井銀作床，金瓶素綆汲寒漿。」《名義考》：「轆轤，井上圓轉木收綆者。銀床，轆轤架。」

《類篇》：「跂，舉踵也。」《釋名》：「屬，蹻也。出行著之蹻，蹻輕便，因以為名。」《江南通志》：「石湖東一溪北流，出橫塘，曰越來溪。自此與木瀆水合，出橫塘橋，東入胥門運河，曰胥塘。北流入閶門運河，曰彩雲港。」《說文》：「山小而高曰岑。」《易》王弼注：「衣褕所以塞舟漏也。」《後漢書》：「薊子訓軒渠笑悅，欲往就之。」《樂府》：「左顧敕中廚。」《爾雅注》：「歸藏曰兩壺兩瑜。」《隋·經籍志》：「《　朐法》一卷。《食饌次第法》一卷。」鮑照賦：「乃羹乃瀹，堆鼎盈筐。」《禮記注》：「鱐，乾魚也。腒，乾雉也。」《釋文》：「鱐本作膌。」《毛詩傳》：「菽，菜殽也。蒲，蒲蒻也。」《釋名》：「鮓，滓也，以鹽米釀之，如葅熟而食之。」《香祖筆記》：「趙昌言撰《旋棋格酒令》。」皇甫松《醉鄉日月》：「改令及時而不涉重酒徒也。」《僮約》：「欲飲美酒，唯得沽〔註12〕唇。漬口不得，傾盂覆斗。」《孔叢子》：「諺云：堯舜千鍾，孔子百觚。子路嗑嗑，尚飲十榼。」《淮南子》：「日晨登於扶桑之上，至於悲谷，是謂晡時。」《西京雜記》：「廣川王發晉靈公冢，得玉蟾蜍一枚，大如拳，腹空容五合水，王取以為書滴。」蘇詩：「遙想後身窮賈島，夜寒應聳作詩肩。」盧延遜詩：「吟成一個字，撚斷數莖鬚。」白居易詩：「閒捋白髭鬚。」《史記》：「智者千慮。」《漢書》：「石建為郎中令，奏事下，讀之，驚曰：『書馬者與尾而五，今乃四，不足一，獲譴死矣。』其謹慎如此。」《顏氏家訓》：「鄴下諺云：『博士賣驢，書券三紙，未有驢字。』」《三都賦注》：「左思欲作《三都賦》，構思十年，門庭藩溷皆著紙筆。」《三國志》：「王粲才高，鍾繇、王朗閣筆不敢措手。」束皙《補亡詩》：「循彼南陔，言採其蘭。」《洛神賦》：「踐椒塗之鬱烈。」《廣韻》：「窻迬，床也。」《毛詩傳》：「一宿曰宿，再宿曰信。」《爾雅》：「諸諸，便便，辨也。」《注》：「音辭便給。」《岳陽樓記》：「心曠神怡，其喜洋洋者矣。」《吳江縣志》：「越來溪，越伐吳從此入。」杜詩：「不敢長語臨交衢。」《姑蘇志》：「響屧廊，相傳吳王建廊而虛其下，令西施與宮人步屧。遠之則響，故名。」《博異記》：「太原王炎元和中夢遊吳宮，聞宮中鳴簫擊鼓，言葬西施，應詔作輓歌，云：西望吳王闕，雲書鳳字牌。連江起珠帳，擇地葬金釵。滿路紅心草，三層碧玉階。春風無處所，悽恨不勝懷。」《吳越春秋》：「吳王假寐於姑胥之臺，得夢，以告公孫聖，使占之。曰：『入章明宮者，戰不勝，走僤惶也。明者，去昭昭，就冥冥也。見兩鬵蒸而不炊者，不得火食也。黑犬嗥以南、嗥以北，黑者，陰也，北者，匿也。兩鋘植宮牆者，越軍入吳，

〔註12〕「沽」，《僮約》作「染」。

伐宗廟，掘社稷也。流水湯湯越宮堂者，宮室虛也。後房鼓震篋篋者，坐太息
也。前園橫生梧桐者，梧桐心空不為用器，但為盲僮，與死人俱葬也。』王怒，
殺之。後越敗吳，吳王走山中，曰：『公孫聖所言也。』」《江南通志》：「金山
天平山支壟，初名茶嗚山。」《詩疏》：「其人彊壯，治一夫之田，仍有餘力，
能佐助他事。閒民傭賃，隨主人所東西，故曰以。」《洛神賦》：「步蘅薄而流
芳。」《吳越春秋》：「子胥相土水，象天法地，築造大城，周回四十七里。陸
門八，以象天八風；水門八，以法地八聰。」白居易《蘇郡》詩：「七堰八門
六十坊。」又：「姑蘇肥膩不如君。」《吳郡志》：「隋改吳為蘇州，以姑蘇山為
名。」白居易詩：「閶門四望鬱蒼蒼。」《爾雅》：「厓內為隩，外為隈。水出其
前為渻邱。水出其後為沮邱。」《江南通志》：「洞庭西山相傳無蛇虎雉。」柳
宗元文：「陰妬潛狙。」注：「蛇也。」蘇詩：「積李兮縞夜。」《蜀都賦》：「朱
櫻夏熟。」《秦中歲時記》：「長安四月以後，自堂廚至百司廚，通謂之櫻筍廚。」
李商隱詩：「一丈紅薔擁翠篛。」《樂府》：「氍毹㲪，五木香，迷迭艾納及都梁。」
《太平寰宇記》：「江陵竹林堂中多種薔薇，並以長格支其上，花葉相連。」《說
文》：「木裹水紆直，故木曲直。」彖，刻木彖。彖，象形也。儲光羲《薔薇詩》：
「低邊綠刺已牽衣。」《毛詩傳》：「剝，擊也。」《疏》：「棗須就樹擊之，所以
剝為擊也。」《續齊諧記》：「費長房謂桓景曰：『九月九日，汝家有災，宜令家
人各作絳囊盛茱萸以繫臂，登高飲菊花酒，可消此厄。』」《異物志》：「鳲鶌巢
於高樹，生子未能飛，皆銜母翼以上下。」吳城小女辭：「樸鹿沙鷗驚起。」
《後漢·五行志》：「童謠云：『城上烏，尾畢逋。』」《詩疏》：「黃鳥一名楚雀。」
《楚辭》：「汎汎若水中之鳧。」《爾雅疏》：「鳥生子須母哺曰鷇，謂燕雀之屬。
《史記》趙武靈王探雀鷇是也。生而能自啄食名雛，謂雞鳧之屬。《內則》雛
尾不盈握是也。」馬汝驥詩：「廢井但纍罘。」《爾雅》：「麋罟謂之罞，兔罟謂
之罝。」《易程傳》：「藩所以限隔也。」王維詩：「輞川別業由鹿柴。」注：「同
砦。」《射雉賦》：「擊場拄翳。」《注》：「聞有雉聲，便除地為場，拄翳於草。」
《漢詩音注》：「艾、刈同。芟草也。」《楚辭》：「鳳凰在笯兮，雞鶩為群。」
傅肱《蟹譜》：「捕蟹者於江浦間承峻流，環葦簾而障之，其名曰籪。」《爾雅》：
「魚罟謂之眾。」《僮約》：「蜀郡王子淵，以事到煎，上寡婦楊惠舍。有一奴
名便了，倩行酤酒，便提大杖上冢巔曰：『大夫買便了時，但約守冢，不約為
他家男子酤酒！』子淵怒曰：『奴寧欲賣邪？』惠曰：『奴父許人，人無欲者。』
子即決券賣之。奴復曰：『欲使，皆上券；不上券，不能為也！』子淵曰：『諾！』

券文曰：神爵三年正月十五日，資中男子王子淵從成都安志里女子楊惠，買夫時戶下髯奴便了，決價萬五千。奴從百役使，不得有二言。」又：「奴不聽教，當笞一百。讀券文訖，詞窮詐索，伈伈扣頭，兩手自縛，目淚下鼻涕長一尺：『當如王大夫言，不如早歸黃土陌，蚯蚓鑽額。早知當爾，為王大夫酤酒，不敢作惡。』」《江南通志》：「元崑山顧阿瑛，字仲瑛，輕財結客，豪宕自喜。中年折節讀書，築別業於茜涇。一時名士若張翥、楊維楨、柯九思、李光孝、張伯雨等咸主其家。園池亭榭之盛、圖史之富，甲於東南。」楊維楨《玉山草堂記》：「崑隱君顧仲瑛氏，家在崑山之西界溪上。稍為園池別墅，治屋廬其中，名其前之軒曰桃源，中之室曰芝雲，東曰可詩齋，西曰讀書舍，館曰碧梧、翠竹，亭曰種玉，合而稱之則曰玉山佳處也。」《靜志居詩話》：「吳人徐達左良夫居太湖之濱光福市，闢耕漁軒以延名士，集其詩文為《金蘭集》。其好事亞於顧仲瑛云。」謝靈運詩：「連峰競千仞。」謝惠連詩：「窗中列遠岫。」《爾雅》：「山夾水，澗。陵夾水，澞。」《世說新語》：「謝幼輿曰：『一邱一壑，自謂過之。』」《升菴外集》：「『肥遯。』古文『肥』作『蜚』，或作『蜚』，遂有飛遯之說。《淮南子》云：『遯而能飛，吉孰大焉？』」《史記》：「東郭先生敝履不完。行雪中，履有上無下，足盡踐地。」白居易詩：「來春更葺東廂屋，紙閣蘆簾著孟光。」王維詩：「齲瓜抓棗。」《康熙字典》：「凡物劈使分析曰齲。」《遂初堂集》：「隱君子徐介白先生為吾邑諸生，遭亂，棄儒冠，奉母偕隱上沙村，在靈巖、天平之間。十畝之園，水三之，竹木四之，畦圃二之。老屋數間，在花藥中。年七十餘沒。詩僅百篇，名《竹笑菴集》。」《詩的》：「徐昂發，字大臨，崑山人。康熙庚辰進士，官編修。」《升菴外集》：「《墨池編》論字體有擘窠書，今人不解其義。按：顏真卿集云：『點畫稍細，恐不堪久。臣謹據石擘窠大書。』」《文集·胥山題名》：「嘉禾四望無山。」《後漢書》：「姜肱，字伯淮，與弟仲海、季江以孝友著聞。居貧，作一布被，兄弟共寢。」潘岳《閑居賦》：「太夫人乃御板輿，升輕軒坊。」《注》：「田一歲曰菑，二歲曰畬，三歲曰新田。」宋熊蕃《貢茶錄》：「北苑初造研膏，繼造蠟面，既又制其佳者，號曰京挺。」《茶經》：「茶具有都籃，以悉設諸器而名。」許渾《送宋處士歸山》詩：「賣藥修琴歸去遲。」《左傳注》：「三十里為一舍。」韓文：「足將進而趦趄。」白居易詩：「杖策人扶廢病身。」又：「策杖強行過里巷。」《太平寰宇記》：「包山在吳縣西一百三十里，中有洞庭，深遠世莫能測。吳王使靈威丈人入洞庭穴，十七日不能盡，因得玉葉，上刻《靈寶經》三卷。使問孔子，

云：『禹之書也。』」《水經注》：「河水東北有石室中有積卷，謂之積書岩。有神人往還，俗不悟其仙者，乃謂之神鬼。彼羌目鬼曰唐述，因名山曰唐述山，堂曰唐述窟。道術之士多往棲焉。」周密《思陵畫記》：「印識標題，具有儀式。《唐·藝文志》載四庫裝軸之法，極其瓏緻。崇文館有裝潢匠，即裱匠也。本朝祕府謂之裝界。」《爾雅疏》：「鳥獸多寄寓木上曰寓屬，咽中藏物，復出嚼之曰齸屬。」《隋·經籍志》：「《離騷草木疏》二卷，劉杳撰。」《也是園書目》：「宋吳仁傑《離騷草木疏》四卷。」《說文繫傳》：「櫨象枅，即今之斗栱也。」

檇李賦並序

吳永芳《府志》：「地名檇李，或謂因李而名。近產甚少，淨相寺為最。寺在嘉興縣東南三十六里。古禾福菴基。齊丞相解景榮祈嗣，因改建。梁武帝賜額，為梁福寺。吳越武肅王重修。宋祥符改今名。」《後漢書》：「許慎，字叔重，汝南召陵人。博學經籍，作《說文解字》十四篇。」《隋·經籍志》：「《齊民要術》十卷，賈思勰撰。」陸機《文賦》：「賦體物而瀏亮。」

嘉興，古之檇李也。檇，遵為切，許慎《說文解字》：「從木，有所擣。」賈思勰：「嫁李法：臘月中，以杖微打岐間，正月復打之，足子。」殆擣之義與？府治西南二十里，舊有檇李城，今蕪沒。李惟縣東十里淨相寺有之。近苦官吏需索，寺僧多伐去，將來慮無存矣。考之圖經，俱不載。因體物成篇。辭曰：

植物有李兮，應玉衡之星精。受命南國兮，特以檇名。產維揚吳會之交兮，載於魯春秋之經。既殊河沂之黃建兮，亦不類房陵之縹青。夙傳九標之稱，允宜五沃之土。自空城之蕪沒，遷淨相之梵宇。獲要術於齊民，授靈方於老圃。磚著樹以分岐，犁不耕而用拊。當其溫風始至，法苑徐開，井上勿遺蠐食，林間恰有禽來。價方高乎朱仲，種不讓夫顏回。果熟偏蕃，枝低易拜。漿均玉乳之梨，品勝紅雲之奈。相珍果之離核，縣弱縷而虛中；異懷仁之桃杏，必待嫁而分叢。宜登玉盤，宜沉冰水。雪素藕而並陳，配甘瓜而兩美。傳諸故老，一事矜奇。遇入吳之西子，臙脂之匯舟移。經纖指之一掐，量心賞之在斯。何造物之工巧兮，化千億於來茲。雖彼美之云亡兮，髣髴若或睹之人。情重故鄉兮，雖小物而增慕。矧俊味之得嘗兮，信土產之有素。悵圖經未之及兮，乃宣豪而作賦。

《周禮注》：「植物，根生之屬。」《春秋運斗樞》：「玉衡星散為李。」《楚辭・橘頌》：「受命不遷，生南國兮。」《爾雅翼》：「李，南方之果也。」《春秋注》：「檇李，吳郡嘉興縣南醉李城。」《花史》：「嘉興府城西南地產佳李，因名檇李。」《越絕書》作「就李」。傅玄〔註 13〕《李賦》：「乃有河沂黃建，房陵縹青。」《雲仙雜記：》「蕭瑀、陳叔達於龍昌寺看李花，論李有九標：香、雅、澹、細、潔、密、宜月夜、宜綠鬢、宜從酒。」《管子》：「五沃之土，其果宜梅、宜杏、宜桃、宜李。」《農政全書》：「嫁李法：正月一日或十五日，以磚著樹歧中，令實繁。」《齊民要術》：「李樹下欲鋤去草穢，而不用耕墾。」陸魯望《耒耜經》：「耒耜，民之所用，通謂之犁。」《爾雅翼》：「季夏之果，莫先於李，其華比桃尤繁密。」農政全書：「林檎味甘，能來眾禽於林，故有來禽、林禽之名。」《荊州記》：「房陵縣朱仲家有縹李，代所希有。」《西京雜記》：「上林苑有顏淵李，出魯國。」《爾雅翼》：「李，木之多子者。」《毛詩傳》：「攀下其枝，如人之拜也。」《廣志》：「梨，一名快果，一名蜜父，一名玉乳。」《華夷花木考》：「玉乳梨，隋煬帝時有之。」《清異錄》：「劉鋹每年設紅雲宴，正紅荔子熟時。」《群芳譜》：「柰，一名頻婆。白者為素柰，赤者為丹柰，又名朱柰，青者為綠柰。」《南嶽夫人傳》：「季冬夜半，有真人降夫人靜室，設酒肴，陳元雲紫柰。」《廣志》：「酒泉有赤柰。」《農政全書：》「離核李似柰，有劈裂。」《爾雅翼》：「座接慮李，肉厚而甘，與核相離。」《漢武內傳》：「王母侍女以玉盤盛仙桃七顆，色青。」曹丕書：「浮甘瓜於清泉，沉朱李於寒水。」杜詩：「佳人雪藕絲。」《嘉興府圖記》：「臙脂匯在濮院鎮。」

卷七《風懷二百韻》

樂府傳西曲，佳人自北方。問年愁豕誤，降日葉蛇祥。巧笑元名壽，妍娥合喚嫦。次三蔣侯妹，第一漢宮嬙。鐵撥嫻諸調，雲璈按八琅。琴能師賀若，字解辨凡將。弱絮吟偏敏，蠻箋擘最強。居連朱雀巷，里是碧雞坊。偶作新巢燕，何心敝笱魴。連江馳羽檄，盡室隱村艢。綰髻辭高閣，推篷倚峭檣。蛾眉新出繭，鶯舌漸抽簧。慧比馮雙禮，嬌同左蕙芳。歡悰翻震盪，密坐益徬徨。板屋叢叢樹，溪田稜稜薑。垂簾遮雁戶，下榻礙蜂房。痁鬼同時逐，祆神各自禳。亂離無樂土，漂轉又橫塘。邑散千條莢，紅飄一丈薔。重關於盼盼，虛牖李當當。鳳子裙纖褶，鴉頭

〔註 13〕「玄」，底本作「元」。

襪淺幫。倦猶停午睡，暇便踏春陽。雨濕秋韆索，泥融碌碡場。罥絲捎蠛蠓，拒斧折螳螂。側徑循莎薦，微行避麥麰。浣紗宜在石，挑菜每登畈。蘿蔦情方狎，萑苻勢忽猖。探丸搜保社，結侶竄茅篁。廡改梁鴻賃，機仍織女襄。疏欞安鏡檻，斜桷頓書倉。路豈三橋阻，屏還六扇偒。弓弓聽點屧，了了見縫裳。夙擬韓童配，新來卓女孀。縞衣添綽約，星靨婉清揚。芸帙恒留篋，蘭膏慣射芒。長筵分潑散，覆帳捉迷藏。匳貯芙蓉粉，萁煎豆蔻湯。洧盤潛浴宓，鄰壁暗窺匡。苑里蘬由鹿，藩邊喻觸羊。末因通叩叩，祗自覺倀倀。孟里經三徙，樊樓又一廂。漸於牙尺近，莫避灶觚煬。題筆銀鉤在，當牕繡袂颺。有時還邂逅，何苦太周防。令節矜元夕，珍亭溢看場。鬧蛾爭入市，響屧獨循廊。棖觸釵先溜，簷昏燭未牂。徑思乘窘步，梯已上初桄。《大智度論》:「譬如緣梯，從一初桄而上。」莫綰同心結，停斟冰齒漿。月難中夜墮，羅枉北山張。冰下人能語，雲中雀待翔。青綾催製被，黃竹喚成箱。玉詫何年種，珠看滿斛量。彩幡搖婀娜，漆管韻清鏘。白鵠來簫史，斑騅駕陸郎。徒然隨畫艦，不分上華堂。紫葛牽駝架，青泥濕馬枊。枇杷攢瑣瑣，欅柳蔭牂牂。金屋深如此，璿宮思未央。朝霞凝遠岫，春渚得歸艎。古渡迎桃葉，長堤送窅娘。翠微晴歷歷，綠漲遠汪汪。日影中峰塔，潮音大士洋。尋幽雖約伴，過涉乃須卬。瀋墨衫何薄，輕紈扇屢障。心憐明豔絕，目奈冶遊狂。纜解青絲綷，茵鋪白篾簹。回波吟栲栳，鳴櫓入菰蔣。竹筍重重籜，茶牙段段槍。甘菹翻舊譜，活火試頭綱。榼易傾鸚鵡，裘捹典驌驦。曉酲消芳蔗，寒具析餦餭。已共吳船憑，兼邀漢佩纕。瘦應憐骨出，嫌勿避形相。樓下兜衾臥，闌邊拭淚妝。便思蛩負蟨，竊逆鳳求凰。兩美誠難合，單情不可詳。計程動瘴癘，回首限城隍。紅豆憑誰寄，瑤華暗自傷。家人卜歸妹，行子夢高唐。杜宇催歸數，鴽尼送喜忙。同移三畝宅，並載五湖航。院落虬簷月，階流兔杵霜。池清雕菡萏，垣古繚篔簹。乍執摻摻手，彌回寸寸腸。背人來冉冉，喚坐走佯佯。齧臂盟言覆，搖情漏刻長。已教除寶扣，親為解明璫。領愛蝤蠐滑，肌嫌蜥蜴妨。梅陰雖結子，瓜字尚含瓤。捉搦非無曲，溫柔信有鄉。真成驚蛺蝶，甘作野鴛鴦。暫別猶凝睇，兼旬遽病尪。歷頭逢臘盡，野外祝年穰。忽枉椒花頌，來浮柏子觴。亮因微觸會，肯負好時光。爐亟薰鳧藻，卮須引鶴吭。象梳收剃墮，犀角鎮心恇。滅燄餘殘炧，更衣掛短桁。簪挑金了鳥，臼轉木蒼根。

納履氍毹底，搴幬麗罛旁。綺衾容並覆，皓腕或先攘。暮暮山行雨，朝朝日照梁。含嬌由半醉，喚起或三商。連理緣枝葉，於飛任頡頏。燒燈看傀儡，出隊舞跳踉。但致千金笑，何妨百戲償。偶然閒院落，隨意發緈紲。竹葉符教佩，留藤醬與嘗。硯明鴝鵒眼，香爇鷓鴣肪。日以娑拖永，時乘嬝婉良。本來通碧漢，原不限紅牆。天定從人慾，兵傳迫海疆。為園依錦裏，相宅夾清漳。奪織機中素，看春石上梁。茗爐寒說餅，芋火夜然糠。唐突邀行酒，勾留信裹糧。比肩吳下陸，偷嫁汝南王。畫舫連晨夕，歌臺雜雨暘。旋娟能妙舞，謇姐本名倡。記曲由來擅，催歸且未遑。風占花信改，暑待露華瀼。蓄意教丸藥，含辛為吮瘡。賦情憐宋玉，經義問毛萇。芍藥將離草，蘼蕪贈遠香。潮平江截葦，亭古岸多樟。鏡水明於鏡，湘湖曲似湘。加餐稠疊語，濃墨十三行。約指連環脫，茸綿袷復裝。急如蟲近火，躁甚蟹將糠。理棹回青翰，驂駒驟玉鑲。寧期共命鳥，遽化逆毛鶬。寄恨遺卷髮，題緘屬小臧。憤奚殊蔡琰，悔嫁失王昌。作事逢張角，無成種董郎。流年憎祿命，美疢中膀胱。手自調羹臛，衣還借裲襠。口脂勻面罷，眉語背人剛。力弱橫陳易，行遲小膽怳。留仙裙盡皺，墮馬鬢交鬤。不寐扉重辟，巡簷戶暗搪。風微翻蝙蝠，燭至歇蚊螿。霧漸迷三里，星仍隔五潢。輕帆先下雪，岐路誤投杭。九日登高閣，崇朝捨上庠。者回成逼側，此去太愴惶。亂水逾浮玉，連峰度栝蒼。惡溪憎詘屈，盤嶼苦低昂。地軸何能縮，天台詎易望。重過花貼勝，相見紡停軒。射雉須登隴，求魚別有枋。笆籬六枳近，練浦一舟蕩。烏臼遮村屋，青蘋冒野湟。洛靈潛拾翠，蠶妾未登桑。驟喜佳期定，寧愁下女當。絲英經夜合，珍木入宵炕。《爾雅》：「守宮槐葉晝聶宵炕。」啟牖冰紗綠，開奩粉拂黃。話才分款曲，見乃道勝常。即事憐聰慧，那教別慨慷。竭來要漢艾，塊獨泛沙棠。送遠歌三疊，銷魂賦一章。兜鞋投暗室，卷箔指昏亢。命續同功縷，杯餘九節菖。截筒包益智，消食餉檳榔。膠合黏鸞鳥，丸堅抱蛄蜋。歡難今夜足，憂且暫時忘。本擬成翁嫗，無端失比仉。睫邊惟有淚，心上豈無疺。針管徐抽線，闌灰淺凍幌。毫尖渲畫筆，肘後付香囊。訣絕分溝水，纏綿解佩璜。但思篙櫓折，莫係驪驄韁。帷帳辭秦淑，音塵感謝莊。豈無同宿雁，終類失群獐。衛顗頻開匣，秦衣忍用樣。炕蒸鄉夢短，雪卷朔風雱。絕塞緣蠮螉，叢祠弔虰蛧。刀環歸未得，軌革兆難彰。客乍來金鳳，書猶報白狼。百憂成結

輾，一病在膏肓。峽裏瑤姬遠，風前少女姎。款冬殊紫蔓，厄閏等黃楊。
定苦遭謠諑，憑誰解迭邅。樸先為檀斫，李果代桃僵。口似銜碑闕，腸
同割劍鋩。返魂無術士，團土少媧皇。剪紙招南國，輸錢葬北邙。春秋
鵑蟀換，來往鶯鳩搶。油壁香車路，紅心宿草岡。崔徽風貌在，蘇小墓
門荒。側想營齋奠，無聊檢笥筐。方花餘莞蒻，文瓦失香薑。扇憾芳姿
遣，環悲奈女亡。玉簫迷處所，錦瑟最淒涼。束竹攢心曲，樓塵眯眼眶。
轉添詞悵悵，莫製淚浪浪。幔卷紬空疊，鈴淋雨正鉄。情深繁主簿，癡
絕顧長康。永逝文淒戾，冥通事渺茫。感甄遺故物，怕見合歡床。

　　《漢書》：「武帝立樂府，以李延年為協律都尉。」《家語》：「晉師伐秦，
三豕渡河。子夏曰：非也。己亥也。」張羽詩：「問年書亥字。」《後漢書》：
「梁冀妻孫壽善為妖態，作愁眉，啼妝，墮馬髻，折腰步，齲齒笑。」《方言》：
「秦、晉之間凡輕而好者謂之娥。」陳造詩：「會看邢娥前，妬婦付絕倒。」
《煙花記》：「陳後主呼張麗華為張嫦娥。」《廣博物志》：「廣陵蔣子文為秣陵
尉，死於賊，孫權封中都侯，立廟鍾山。清溪小姑者，蔣侯第三妹云。」楊炯
碑文：「蔣侯三妹，清溪之軌跡可尋。」《西京雜記》：「王嬙貌為漢宮第一。」
《唐書》：「賀申善琵琶，以石為槽，鶤雞筋作絃，用鐵撥彈之。」《漢武內傳》：
「王母命侍女王子登彈八琅之璈，上元夫人自彈雲林之璈。」蘇文：「鼓帝子
之雲璈。」《續湘山野錄》：「太宗作九絃琴、七絃阮，酷愛宮調中十小調子，
乃隋賀若弼所撰。其一最優，古而忘其名，祇命曰賀若。」《漢·藝文志》小
學十家：「司馬相如作《凡將》一篇，無復字。」唐彥謙詩：「聯詩徵弱絮。」
《南史》：「陳後主令婦人擘彩箋，製五言詩。」陸游詩：「笑擘蠻箋落醉題。」
《建康實錄》：「咸康二年，新立朱雀航，對朱雀門，南渡淮水，亦名朱雀橋。
本吳南津大航橋。」《益都記》：「成都之坊，百有二十。第四曰碧雞坊。」《嘉
禾志》：「碧漪坊在嘉興縣西北。舊曰集賢坊。通天心湖，故改是名。」杜詩：
「頻來語燕定新巢。」《史記》：「以羽檄徵天下兵。」吳質牘：「羽檄交馳。」
《左傳》：「盡室以行。」《稗史彙編》：「魏武令宮人梳反綰髻。」《女紅餘志》：
「陳巧笑綰髻，別無首飾。」何遜詩：「聊為出繭眉。」太白詩：「暖入鶯簧舌
漸調。」班婕妤《搗志賦》：「趙女抽簧而絕聲。」《漢武內傳》：「上元夫人馮
雙禮等並降。」左思《嬌女詩》：「其姊字蕙芳，兩目燦如畫。」《楚辭》：「心
休暢而震盪。」傅毅《舞賦》：「娛密坐，接歡悰。」《洛神賦》：「徙倚彷徨。」
陸魯望詩：「我本貧無一稜田。」杜詩注：「京師農人指田遠近曰幾稜。」《貨

殖傳》：「千畦薑韭。」《阿房宮賦》：「蜂房水渦，矗不知其幾千萬落。」《搜神記》：「顓頊氏有子，死居江水為瘧鬼。」《稗史彙編》：「開元中，明皇病痁，居小殿，夢二鬼，一大一小。」《舊唐書》：「太宗詔私家不得輒立祆神，妄設淫祀。」《稗史彙編》：「祆神本出西域，蓋胡神也。京師畏其威靈，甚重之。祆，呼煙切。」《浙江通志》：「自澉湖轉馬王廟而上，南至海鹽，謂之橫塘。」劉長卿詩：「家在橫塘曲。」〔註14〕《酉陽雜俎》：「皁莢生江南水澤中，高二三丈。」曹植詩：「高門結重關。」《花南老屋歲鈔》：「元人尚詞曲，青樓女子得名者，如於盼盼、李當當，皆大都妓，余未能悉數也。」《輟耕錄》：「李當當姿藝超出流輩。忽翻然若有所悟，遂著道士服。」《古今注》：「蛺蝶大者名鳳子。」韋氏子詩：「惆悵泥金蛺蝶裙。」張耒詩：「深堂無人午睡餘。」《博異記》：「邢鳳在長安，見士女於煙毹下踏歌。歌曰：『長安少女踏春陽，何處春陽不斷腸。舞袖弓鞋渾忘卻，蛾眉空帶九秋霜。』」《荊楚歲時記》：「春節懸長繩於高木，女子袨服立其上，推引之，名曰打鞦韆。」《爾雅疏》：「蠛蠓，小蟲，似蚋亂飛者也。」郭象云：「醯雞，甕中蠛蠓是也。」《輶軒絕代語》：「兗、豫間謂螳螂為拒斧。」劉憲詩：「庭莎作薦舞行出。」《毛詩傳》：「微行，牆下徑也。」《晉書》：「皇甫謐曰：『況臣麥麩，糅之雕胡。』」注：「麥麩，麩也。」《秦中記》：「二月二日，曲江挑菜，遊觀甚盛。」《說文》：「趙、魏間謂陌為阡。」《靜志居詩話》：「予避兵練浦。歲己丑，萑苻四起，乃移家梅會里，在大彭、嘉會二都之間，市曰王店。」吳萊詩：「南土何處潛茅篢。」韓詩：「騰身跨汗漫，不著織女襄。」《老學庵筆記》：「秦檜第中牕中作方眼，余作疏櫺，號太師牕。」李義山詩：「鏡檻芙蓉入。」唐張夫人詩：「鸞鏡未安臺。」《正字通》：「屋角斜柱曰桷。」《拾遺記》：「曹曾積石為倉以藏書，故曰曹氏書倉。」《逸史》：「鄭還古夢乘車過三小橋就婚，後果然。」和凝詞：「曲檻小屏山六扇。」唐明皇詞：「窄窄弓弓，手中弄初月。」毛震詩：「裙遮點屐聲。」韓詩：「眼中了了見鄉國。」《搜神記》：「吳王夫差小女紫玉，悅童子韓重，欲嫁之，不得，氣結而死。重知，往弔於墓側。玉形見，顧重而歌。」梁簡文詩：「江妃納重聘，卓女愛將雛。」《列子》：「京城氏之孀妻。」《莊子》：「綽約若處子。」《北戶錄》：「予訪花子事，如面光眉翠，月黃星靨，其來尚矣。」韓文：「焚膏蘭以繼晷。」《雲笈七籤》：「黃臺紫氣，垂鋒射芒。」《稗史彙編》：

〔註14〕按：楊謙注：「《浙江通志》：『自澉湖轉馬王廟而上，南至海鹽，謂之橫塘。劉長卿詩家在橫塘曲是也。』」

「淮人歲暮，家人宴集，曰潑散。」韋蘇州詩：「田婦有佳獻，潑散新歲餘。」《鄴中記》：「石虎冬月用明光錦，以白縑為裏，名復帳。」《致虛雜組》：「明皇與太真恒於月下，以錦帕裹目，在方丈之間，互相戲提，謂之捉迷藏。」《飛燕外傳》：「婕妤浴荳蔻湯。」《楚辭》：「朝濯髮於洧盤兮，看宓妃之所在。」注：「宓妃，神女也。朝沐洧盤之水。」《西京雜記》：「匡衡勤學而無燭，鄰舍有燭，乃穿壁引其光。」呂溫《由鹿賦》：「野人繫鹿而至者。問之，曰：『由鹿也，由此鹿以誘致群鹿也。』」韓偓詩：「風流大抵是倀倀。」《列女傳》：「孟母之母，三徙其居。」劉子翬詩：「夜深燈火上樊樓。」《史記索隱》：「正寢之東西室，皆號曰廂，言似箱篋之形。」盧延詩：「細想儀形執牙尺。」《莊子逸篇》：「仲尼說《春秋》，老聃踞竈觚而聽。」又：「煬者避竈。」王訓詩：「別有當牕豔，時復可憐妝。」徐陵詩：「舞衫回袖勝春風，歌扇當牕似秋月。」杜詩：「周防期稍稍。」宋徽宗詩：「文鴛雙砌接珍亭。」常非月《詠談容娘》詩：「人壓看場圓。」《瓅談》：「燕上元節用烏金紙剪成飛蛾，以豬鬃尖分披片紙貼之，或五或七，下縛一處，以針作柄，婦女戴之，名鬧蛾兒。古之遺俗也。」陸魯望文：「或棖觸之。」《禮記注》：「棖，門兩旁長木。」《摭遺》：「江南李氏宮中詩：『紅錦地衣隨步皺。佳人舞徹金釵溜。』〔註15〕《康熙字典》：「將，古文作牀，增韻。持也。」《楚辭》：「夫惟捷徑以窘步。」梁武帝詩：「織為同心結。」徐寅詩：「莫〔註16〕縮同心帶不長。」包佶詩：「曉漱瓊漿冰齒寒。」《彤管集》：「宋王欲奪韓憑妻何氏。氏作歌曰：『南山有鳥，北山張羅。鳥自高飛，羅當奈何。』」《晉書》：「令狐策夢立冰上，與冰下人語。索紞曰：『冰上為陽，冰下為陰。為陽語陰，媒介事也。君當為人作媒。』」《樂府》：「郎非黃鷦子，那得雲中雀。」《漢官·典職議》：「尚書入直，供青綾被。」《搜神記》：「羊雍伯居無終山。有以石子與之使種，曰：『當生玉。』後得白璧五雙，以聘徐氏女。」《古詩》：「四角龍子幡。婀娜隨風轉。」方岳詩：「初信春風入綵幡。」謝眺《七夕賦》：「亂鳳笄之淒鏘。」王僧孺文：「風度清鏘。」《水經注》：「簫史吹簫，能致白鵠。」《樂府·明下童曲》：「陳孔驕赭白，陸郎乘斑騅。」杜牧詩：「華堂今日綺筵開。」王昌齡詩：「紫葛蔓黃花。」周昂詩：「野葛捎駝架。」蘇詩：「青泥沒馬街生魚。」《三國志》：「縣主簿解綬縛督郵馬棝。」胡曾《贈薛濤》詩：「枇杷花下閉門居。」杜詩：「欅柳枝枝弱。」于鵠詩：「侯

〔註15〕 按：出李煜《浣溪沙》（紅日已高三丈透）。
〔註16〕 按：「莫」，徐夤《剪刀》作「誤」。

門一入深如海。」元萬頃詩：「璿宮早結縭。」王樞詩：「玉貌映朝霞。」謝朓詩：「窗中列遠岫。」《南史·謝朓傳》：「惟待清江可望，候歸艎於春渚。」張憲詩：「青溪古渡橫槎。」白居易詩：「臉波春傍窅娘隄。」《道山新聞》：「李後主宮人窅娘纖而善舞。」蔣竹山詞：「過窈娘隄。」《爾雅》：「山未及上曰翠微。」浩虛舟《盆池賦〔註17〕》：「水汪汪而羅漲。」《一統志》：「浦陀落迦山，有潮音洞，乃觀音大士化現之地。」司空圖《詩品》：「步屧尋幽。」俞紫芝詞：「水輕墨淡寫蓬萊。」元微之詩：「憶得雙文衫子薄。」蕭子野詩：「輕紈雜重錦。」宋錢惟演《宣曲》：「已障紈扇笑。」徐凝詩：「花到薔薇明豔絕。」《子夜歌》：「冶遊步春露。」《方言》：「簝，竹皮也。江淮陳楚之間謂之簝。竹席，南楚之外謂之簝。」《本事詩》：「唐中宗畏韋后，優人唱曰：『迴波爾時栲栳，怕婦也是大好。』」陸魯望《田舍賦》：「江上有田，田中有廬。屋以蒲蔣，扉以籧篨。」陸游詩：「竹筍出林時解籜。」熊蕃《貢茶錄》：「曰中芽，乃一芽帶一葉，號一槍一旗。曰紫芽，一芽帶兩葉，號兩旗一槍。」梁簡文文：「雜金筍之甘菹。」《說文》：「菹，酢菜也。」《全唐詩話》：「李約嗜茶，曰：『須緩火炙，活火煎。』」《貢茶錄》：「歲分十餘綱，不出中春，已至京師，號頭綱。」蘇詩：「來試人間第二泉。」《謝氏詩源》：「金母宴群仙於赤水，有碧金鸚鵡盃、白玉鸕鷀杓。」章孝標詩：「畫樏倒懸鸚鵡嘴。」《西京雜記》：「司馬相如以鷫鸘裘就市貰酒。」成廷珪詩：「公侯滿座即沽酒，典卻篋內青氈裘。」《漢·禮樂志》：「泰尊柘漿析朝酲。」《糖霜譜》：「芳蔗一名蠟蔗，即荻蔗。」《稗史彙編》：「甘蔗可消酒毒。」《續晉陽秋》：「桓玄〔註18〕客客食寒具，油污其畫。」《楚辭》：「粔籹蜜餌，有餦餭些。」王逸《注》：「餦餭，餳也。」《楚辭》：「解佩纕以結言兮。」《注》：「纕，佩帶也。」李義山詩：「不知瘦骨類冰井。」《風俗通》：「啼妝者，薄拭目下，若啼處。」《爾雅》：「比肩獸與卭卭岠虛。比有難，卭卭岠虛負而走，其名蟨。」司馬相如歌：「鳳兮鳳兮歸故鄉，遨遊四方求其凰。」梁宮人《前溪歌》：「憶我懷中儂，單情何時雙。」《南史·任昉傳》：「寄命瘴癘之地。」梁武帝《有所思》：「常恐所思露，瑤華未忍折。」《彥周詩話》：「藏經呼喜鵲為芻尼。」薛能《白野雀》詩：「不愁天路填河遠，為對天顏送喜忙。」王維詩：「五湖三畝宅。」劉孝威詩：「虹簷掛珠箔。」周昂詩：

〔註17〕「盆池賦」，楊注作「池盆賦」。浩虛舟《池盆賦》見李昉《文苑英華》卷三十五。
〔註18〕「玄」，底本作「元」。

－1122－

「免〔註19〕杵正分明。」《吳都賦》：「其竹則篔簹箖箊。」公乘億詩：「斷盡相思寸寸腸。」蔡邕《青衣賦》：「修長冉冉。」梁簡文詩：「冉冉還房櫳。」韓偓詩：「佯佯攏鬢偷回面。」柳宗元文：「齧臂相與盟。」張若虛詩：「落月搖情滿鄉樹。」閻若隱詩：「水箭泠泠刻漏長」裴思謙詩：「銀釭斜背解明璫。」《爾雅疏》：「蝘蜓白而長，故以比婦女之頸。」《詩傳》：「領，頸也。」《爾雅》：「蜥蜴，守宮也。」《漢書注》：「術家云：以丹砂飼蜥蜴，擣治之，以點女人體，終身不滅。有房室之事，即脫，故謂之守宮。」杜牧詩：「綠葉成陰子滿枝。」《談苑》：「俗以破瓜為二八字。」傅奕賦〔註20〕：「多瓢少瓣。」梁樂府有《捉搦歌》四曲。明俞彥《捉搦歌》：「兩人異處問騫修。」《飛燕外傳》：「後進合德，帝大悅，謂為溫柔鄉。」《北史》：「魏收輕薄，人號為『驚蛺蝶』。」杜詩：「使君自有婦，莫作野鴛鴦。」梁簡文詩：「暫別兩成疑。」白居易詩：「含情凝涕謝君王，一別音容兩渺茫。」《左傳注》：「尪者，瘠病之人。」《晉書》：「劉臻妻陳氏正旦獻《椒花頌》。」《風上〔註21〕記》：「元日飲桃湯、柏葉酒。」《詞律》：「《好時光》，調名。」《采蘭雜志》：「馮小憐有足爐曰辟邪，手爐曰鳧藻。」《說略》：「周益公有鶴飛盞，注酒則鶴飛。」高允詩：「倒枕象牙梳。」《詩疏》：「髢，益髮也。髮少則聚他人髮益之。」李賀詩：「犀株防膽怯，銀液鎮心忪。」《本草》：「犀角鎮肝明目，安心定神。」《詩韻》：「忪，怯也。」梁紀少瑜詩：「殘燈猶未滅，將盡更揚輝。惟餘一兩焰，裁得解羅衣。」《樂府》：「還視桁上無懸衣。」《漢·五行志》：「木門蒼琅根。」注：「宮門銅鍰。」師古曰：「門之鋪首及銅鍰也。銅色青，故曰蒼琅。鋪首銜環，故謂之根。」「鍰」，讀與「環」同。《風俗通》：「織毛褥謂之氍毹。」《楚辭》：「搴余幬而請御兮。」《丹鉛錄》：「䍦簁，下垂之貌。又作麗䍥。」謝莊賦：「援綺衾兮坐芳褥。」《洛神賦》：「攘皓腕於神滸兮。」《高唐賦》：「朝為行雲，暮為行雨。朝朝暮暮，陽臺之下。」何遜《看新婚》詩：「霧夕蓮出水，霞朝日照梁。」沈休之詩：「命笑無人笑，含嬌何處嬌。」盧思道詩：「半醉臉逾紅。」韓愈詩：「喚起牕全曙。」《儀禮注》：「日入三商為昏。」《疏》：「商謂商量，是漏刻之名。」蘇武詩：「骨肉緣枝葉。」《稗史彙編》：「傀儡子，起於陳平造木偶人，運機關舞埠上，以解平城之圍。」今元宵舞者，是其遺制。《初學記》：「正月十五。

〔註19〕「免」，楊《注》作「兔」。
〔註20〕楊注作「傅休奕《瓜賦》」。傅玄，字休奕。
〔註21〕「上」，楊注作「土」。

燒燈、望月。」《史記》：「漢祠太一，以昏到明。」今元夕觀燈，是其遺制。劉禹錫詩：「小兒跳踉健兒舞。」庾信詩：「無復千金笑。」唐徐賢妃詩：「千金始一笑，一召拒能來。」《教坊記》：「樓下戲出隊，宜春院人少，則以雲韶增之。」漢元帝《纂要》曰：「百戲起於秦漢。曼衍之戲，後乃有高絙、吞刀、履火、尋橦等。尋橦，都盧山名，其人善緣竿百戲。」柳宗元文：「當具筆劄拂縑緗。」《史記注》：「枸木，其葉作醬醢，美。」《本草》：「枸謂之土蓽茇，其蔓葉名扶留藤。」《文集・說硯》：「石有碧眼，謂之鸜鵒。」《稗史彙編》：「鷓鴣斑香，出海南。色褐黑而有白斑，如鷓鴣臆上毛。」《樂府》：「娑拖何處歸。」蘇武詩：「燕婉及良時。」李義山詩：「本來銀漢是紅牆。」又：「人愁天從竟不疑。」杜詩：「錦裏先生烏角巾，園收芋栗未全貧。」《南史》：「永明末，都下人士皆湊竟陵西邸。劉繪為後進領袖。張融言辭便捷，周顒彌為清綺。時為語曰：『三人共宅夾清漳，張南周北劉中央。』」《古詩》：「故人工織素。」《後漢・五行志》：「桓帝初，京師童謠：『石上慊慊春黃粱。』」皮日休詩：「茗爐盡日燒松子。」吳均《餅說》：「爕爕曉風，淒淒夜冷。臣當此景，惟能說餅。」蘇詩：「芋火照懶殘。」《南史》：「顧懽夕則然松節讀書，或然糠自照。」《世說新語》：「唐突西子。」庾信詩：「定知劉碧玉，偷嫁汝南王。」《阿房宮賦》：「歌臺暖響，春光融融；舞殿冷袖，風雨淒淒。」《拾遺記》：「廣延國獻善舞者二人，一名旋娟。」邊讓賦：「妙舞麗於陽阿。」繁欽牋：「謇姐名倡。」《注》：「謇姐，樂人。」《樂錄》：「唐妓張紅紅，敬宗召入後宮，號記曲娘子。」《東皋雜錄》：「江南自初春至初夏，有二十四番風，始於梅花，終於楝花，謂之花信風。」《晉書》：「陳壽父喪，使婢丸藥，鄉里以為貶議。」《拾遺記》：「孫和傷鄧夫人頰，自舐其瘡。」劉長卿詩：「睡為吮瘡者。」李義山詩：「料得也應憐宋玉。」《後漢書》：「趙人毛萇傳《詩》義，為《毛詩》，未立博士。」《古今注》：「古人相贈以芍藥，以芍藥名將離故也。」吳均詩：「寄君蘼蕪草，插著叢臺邊。」《西湖遊覽志》：「浙江亭，古之樟亭也。」《地理志》：「鏡湖以湖水如鏡明得名。」《水經注》：「湘川七百里中有九向九背，故漁歌曰：『帆隨湘轉，望衡九面。』」《古詩》：「努力加餐飯。」李義山詩：「書被催成墨未濃。」繁欽詩：「約指一雙銀。」《國策》：「秦昭王遺齊君王後玉連環，後引椎破之。」王筠詩：「袙復兩邊作八襏。」《注》：「袙復即裏肚也。」《韻瑞》：「蠶化飛蟲，似蝶而小。又一種拂燈火，曰飛蛾。」《南史》：「何允侈於味，後欲稍去其甚者，猶食白魚、魧脯，糖蟹。嘗食蚶蠣，使門人議之。

學生鍾岏曰：『魟之就脯，驟於屈伸。蠏之將糖，躁擾彌甚。』」謝靈運詩：「理棹變金素。」《新序》：「未有咫角驂駒而能服遠致重者也。」《西京賦》：「鉤膺玉瓖。」《注》：「瓖，馬帶玦，以玉飾也。」《雜寶藏經》：「雪山有鳥，名為共命，一身兩頭。識神各異，同共報命，故曰共命。」《韓詩外傳》：「孔子與子夏渡江，見鳥而異之。孔子曰：『鵁也。嘗聞河上之人公歌曰：鵁兮鵠兮，逆毛襄兮，一身九尾長兮。』」《稗史彙編》：「唐歐陽詹遊樂籍中，有所悅，約至都相迎。經年，妓得疾，危妝引髻，刃而匣之，謂女弟曰：『使至授之。』又遺詩曰：『自從別後減容光，半是思郎半恨郎。欲識舊時雲鬢樣，為奴開取縷金箱。』」永頤詩：「小臧別我去。」《後漢書》：「蔡琰沒於匈奴，曹操以金帛贖之。琰傷亂離，追懷悲憤，作詩二章。」崔顥詩：「十五嫁王昌。」《襄陽耆舊傳》：「王昌，字公伯。婦，任城王曹子文女也。」《說文》：「禾粟之米生而不成者謂之董蓈。」杜詩：「鬱鬱流年度。」禰衡賦：「嗟祿命之衰薄。」《左傳》：「美疢不如惡名。」《周禮疏》：「膀胱為精液之府。」《唐·車服志》：「兩襠之制，一當胸，一當背。」《月令廣義》：「貴妃勻面，口脂在手，偶印於牡丹花上，明皇詔栽於仙春館，名楊家紅。」劉孝威詩：「窗疏眉語度。」沈烱詩：「力弱不扶顛。」韋莊詩：「小膽空房怯。」《說文》：「恾，怯也。」《飛燕外傳》：「遊太液池，後因風颭袂。左右持其裙。風止，裙皺。後宮娥擘裙為縐，號留仙裙。」《爾雅注》：「蝙蝠，齊呼為蟙䘃，或謂之仙鼠。」陶宗儀詩：「秋至響蛩螿。」《史記·天官書》：「西宮咸池，曰天五潢。五潢，五帝車舍。」《思玄〔註22〕賦〉注》：「樂緯曰：『商為五潢。』宋均曰：『五潢，天津之別名也。』」杜詩：「倉惶已就長途往。」《太平寰宇記》：「苕水出浮玉山。雪水一名雪川，霅然有聲，故名。」《升菴外集》：「在歸安者為小浮玉，在孝豐者為大浮玉。」杜詩：「連峰接長陰。」《台州府志》：「括蒼山綿亙三百餘里，殆臺與金、溫、處四郡之嶽。」《溫州府志》：「樂清盤嶼山在樂清縣西五十里，濱海，其下為磐石衛。旁有五小山，正嶼山。又有重石山，俗稱七里山。地軸山在縣南一里，橫鎖水口。」《神仙傳》：「壺公有神術，能縮地，千里聚在目前，放之復如舊。」杜《人日》詩：「勝裏金花巧耐寒。」《廣韻》：「軖，紡車。」《農政全〔註23〕書》：「軖，繰綸也。」《方言》：「蜀人以木偃魚曰枋。」《浙江通志》：「練浦在嘉興府城南，相傳吳王練兵於此。」《天祿識餘》：「《子虛賦》：

〔註22〕「玄」，底本作「元」。
〔註23〕「全」，底本誤作「金」。

『薜莎青薠。』張揖注云：『青薠似莎而大。』今誤作『青蘋』。」梁昭明詩：
「佳期在何許，徒傷心不同。」《楚辭》：「相下女之可詒。」《廣韻》：「儅，
止也。」元稹詩：「繁英盡寥落。」《群芳譜》：「斯遊國有淫樹，晝開夜合，
名曰夜合，亦曰有情樹。若各自種則無花。」劉楨詩：「珍木鬱蒼蒼。」《爾
雅注》：「炕，張也。」《子夜歌》：「頭亂不敢理，粉拂生衣黃〔註24〕。」《後
漢書》：「劉文叔少時謹信，不與人欵曲。」《老學庵筆記》：「王建《宮詞》：
『新睡起來思舊夢，見人忘卻道勝常。』勝常猶今女人言萬福也。」庾肩吾
詩：「漢艾凌波出。」《拾遺記》：「漢成帝與趙飛燕戲太液池，沙棠為舟。」
《西京雜記》：「趙後歌歸風送遠之曲。」《疑雨集》：「兜鞋意緒無人見。」方
干詩：「卷箔群峰暮。」《月令》：「仲夏之月，昏亢中。」《風俗通》：「午日以
五綵絲繫臂，名續命縷。」《荊楚歲時記》：「午日以菖蒲，或鏤或屑，以泛酒。」
《南方草木狀》：「番禺東有澗，中生菖蒲，一寸九節。益智子如筆，毫長七
八分，二月花，著實五六月熟，味辛，出交趾合浦。」《南史》：「劉穆之少貧，
往妻兄江氏乞食。求檳榔，江兄弟戲之曰：『檳榔消食，君何須此？』後為丹
陽尹，以銀盤貯檳榔一斛餉之。」《格物論》：「鸞血作膠，可續琴瑟弓弩之絃。」
《莊子》：「蛣蜣之智，在於轉丸。」《捉搦曲》：「天生男女共一處，願得兩個
成翁媼。」張衡賦：「儔何與於比伉。」《新論》：「孟嘗君承睫涕出，淚下霑
襟。」《說文》：「盇，心上血也。」《禮記》：「右佩箴、管、線、纊。」韓偓
詩：「調琴抽線露尖斜。」繁欽詩：「香囊繫肘後付。」《白頭吟》：「故來相訣
絕。」又：「溝水東西流。」《詩傳》：「雜佩，珩璜之屬。」《那呵灘》：「願得
篙櫓折，交郎到頭還。」《晉書》：「《隴上歌》：『騘驄文馬鐵鍛鞍。』」徐淑書：
「未侍帷帳，則芳香不發也。」蘇詩：「狀如失林麞。」《爾雅翼》：「麞者，
章皇也。性最驚怯，飲水見影，驚奔。」《集韻》：「顪與鬠同。」《左傳注》：
「美髮為顪。」《衛風》：「鬒髮如雲。」《樂府解題》：「《秦王卷衣曲》，言咸
陽春景及宮闕之美，秦王卷衣以贈所歡也。」《方言》：「懸蠶柱，自關而東謂
之槌，齊謂之樣。」《日知錄》：「北人以土為床，而空其下，以發火，謂之炕。
《舊唐書·高麗傳》：『冬月皆作長炕，下然溫火以取煖。』即今之土炕也。」
梁裴子野《雪詩》：「因風卷復斜。」《查浦輯聞》：「蟋蟀塞即居庸。」《文集·
虶蚄廟碑》：「廟去汾州府治一十五里。歲丙午八月，予謁神之宇。」《樂府解
題》：「『何當大刀頭』，大刀有環，環，還也。『破鏡飛上天』，月半缺當還也。」

〔註24〕「衣黃」，楊注、《子夜歌四十二首》其四作「黃衣」。

《博異志》：「成都費孝先取人生年月日時成卦，謂之軌革。」《唐·地理志》：「相州鄴城南有金鳳渠。」沈佺期詩：「白狼河北音書斷。」《襄陽耆舊傳》：「楚襄王遊雲夢，夢一婦人，名姚姬，曰：『我夏帝之少女也。』」《三國志》：「管輅曰：『樹上已有少女微風。』」《升菴外集》：「款冬花即《爾雅》所稱菟葵，顆凍者。紫赤花，生水中，十二月雪中出花。」《本草》：「枇杷一名款冬。」蘇詩：「祇有黃楊厄閏年。」張衡賦：「藐以迭蕩。」《爾雅注》：「樕樸，大木細葉，似檀。齊諺曰：『上山斫檀，樕樸先殫。』」《漢樂府》：「蟲來齧桃根，李樹代桃僵。」柳宗元詩：「海上尖峰似劍鋩，秋來處處斷愁腸。」李義山《李夫人歌》：「柔腸早被秋泮割。」《金樓箱記》：「京兆韋氏子溺一妓。妓卒。嵩山任處士有返魂術，韋求之。須一經身衣。搜衣笥，盡施僧矣。惟餘一金縷裙，以導其魂，招之，果映幬而出。」《風俗通》：「女媧團黃土作人。」杜詩：「剪紙招我魂。」鮑照賦：「南國佳人。」徐陵文：「春鵙始囀，秋蟀載吟。」《莊子》：「蜩與學鳩笑之曰：『我決起而飛，槍榆枋。』」《元稹集》：「河中伎崔徽與裴敬中相從累月。敬中歸，情懷抑怨，乃寫真，奉書託白知退寄敬中，曰：『為妾謂敬中，崔徽一旦不及卷中人，為郎死矣。』」元稹詩：「今日俸錢過十萬，與君營葬復營齋。」李賀詩：「方花古礎排九楹。」張衡《同聲歌》：「思為莞蒻席，在上蔽匡床。」宋徽宗詩：「文瓦雕甍敞殿寬。」《古今樂錄》：「晉王珉捉白團扇與嫂婢謝芳姿有愛，嫂撻婢過苦，王東亭止之。嫂令芳姿歌一曲，當赦之。歌曰：『白團扇，辛苦互流連，是郎眼所見。』珉更問之。即改曰：『憔悴非昔容，羞與郎相見。』」《奈女耆域因緣經》：「萍莎王從伏竇中入，登樓就之。明晨當去，奈女曰：『若其有子，當何所與？』王則脫手金鐶之印，以付奈女。」《雲溪友議》：「韋皋少游江夏，與青衣玉簫有情，約後七年再會，留玉指環與之。八年不至，絕食而殞。後十年，皋鎮蜀，得一歌姬，亦名玉簫。觀之，真如玉簫。中指有肉隱出，如玉環。」李義山詩：「錦瑟無端五十弦。」《誠齋雜記》：「錦瑟，令狐楚家青衣也。」李賀詩：「腸攢非束竹。」《呂子》：「棲一塵於睫，則大如車輪。」《莊子》：「簸穅眯目。」〔註25〕歐公《憎蠅賦》：「或集眉端，或沿眼眶。」《洛神賦》：「淚流襟之浪浪。」柳永《幔卷紬》詞：「紅裀翠被。當時〔註26〕一一堪垂淚。」《太真外傳》：「上至斜谷，屬霖雨彌旬，於棧道中聞鈴聲，隔山相應。作《雨霖鈴曲》

〔註25〕《天運》。
〔註26〕柳永《慢卷紬》「當時」下有「事」字，楊注無。

以寄恨。」潘岳有《哀永逝文》。陶弘〔註27〕景有《周氏冥通記》。《洛〔註28〕神賦》：「曹植求甄逸女，太祖以與丕，後為郭后讒死。植黃初中入朝，文帝以玉鏤金帶枕齎植，植不覺涕泣。還息洛水，思見甄后。遣人獻珠，答以五佩，植悲喜不自勝，作《感甄賦》。後明帝改為《洛神賦》。」關盼盼詩：「樓上殘燈伴曉霜，獨眠人起合歡床。」

〔註27〕「弘」，底本作「宏」。
〔註28〕「洛」，底本作「落」。

附錄六：李富孫《暴書亭詩補注自序》[註1]

　　歲壬寅，先從祖敬堂先生自楚北解組歸，招富孫與從弟遇孫讀書願學齋，始習為韻語。先生授漢魏六朝泊唐宋明本朝諸家詩，鄉先輩竹垞太史集尤愛吟翫。里中楊丈未孩為詩注，富孫涉獵它書，偶有所得，輒補錄於其上。及長，遊四方，未嘗不攜之行篋，萍飄蓬轉，落託無所，遇昔年寓莫釐，輯注太史詞。桐城方勤襄公寄書，謂詩注亦間有扁略舛誤，宜並為補正。近嘉善孫氏復槑注本，富孫因參合兩家，其楊氏所闕而孫氏已補者不復錄。弟太史博極群書，非淺眼所能盡見，仍懼滋疏漏之誚，回憶先從祖闚呫時閱，卅有餘載，自慚殖落，不克成就，而勤襄公亦已離離宿艸。錄竟述數語，蓋不勝西州之慟云。

〔註1〕李富孫《校經廎文稿》卷十二。

後記：寂寞在唱歌

莊子見魯哀公。哀公曰：「魯多儒士，少為先生方者。」莊子曰：「魯少儒。」哀公曰：「舉魯國而儒服，何謂少乎？」莊子曰：「周聞之：儒者冠圜冠者，知天時；履句屨者，知地形；緩佩玦者，事至而斷。君子有其道者，未必為其服也；為其服者，未必知其道也。公固以為不然，何不號於國中曰：『無此道而為此服者，其罪死！』」於是哀公號之五日，而魯國無敢儒服者。獨有一丈夫，儒服而立乎公門。公即召而問以國事，千轉萬變而不窮。莊子曰：「以魯國而儒者一人耳，可謂多乎？」

　　　　　　　　　　　　　　　　——《莊子・田子方第二十一》

長梧封人問子牢曰：「君為政焉勿鹵莽，治民焉勿滅裂。昔予為禾，耕而鹵莽之，則其實亦鹵莽而報予；芸而滅裂之，其實亦滅裂而報予。予來年變齊，深其耕而熟耰之，其禾繁以滋，予終年厭飧。」

　　　　　　　　　　　　　　　　——《莊子・則陽第二十五》

衰草汀煙寂寞秋，忍寒孤立懶盟鷗。

江湖風味駸駸惡，得縮頭時且縮頭。

　　　　　　　　　　　——（南宋）釋紹曇《為友於題水禽》

很多時候我們不知道，卻假裝知道；很多事情我們知道，卻假裝不知道；很多時候我們都假裝自己活的很充實。

　　　　　　　　　　　　　　　　　　　　——《致青春》

一

7月14日將《杜詩闡》一書定稿傳給楊主任，過了兩天，又將《〈曝書亭集詩注〉校證》（附《曝書亭詩錄箋注》）、《陳玉澍詩文集箋證》二書的審稿文件傳了過去。8月24日，楊主任告知審稿已經通過，並約定明年三月交稿。於是這幾天就集中精力做《〈曝書亭集詩注〉校證》的校勘工作。終於趕在今天（8月的最後一天）下午，完成了正文部分。現在只差一個附錄（《風懷詩補注》）的校對、前言和後記了。回首前塵舊事，又不免「感慨繫之矣」。

想想這麼一部書稿的出現，多少是有點出乎意料之外，但又好像盡在情理之中。

對朱彝尊及《曝書亭集》的關注始於何時，現在已經難以做出精準的追溯，發生在碩士階段應該是沒有問題的。那時候雖然是跟隨何新文老師讀先秦文學，但本科階段的管理學專業背景，使得我和科班出身的中文系學生頗有些不同，當然也有個性的原因使然。她（他）們更偏重文學作品，而我則不務正業，游移不定，「飄如陌上塵」。（碩士論文做的《〈左傳〉賢相研究》，博士論文做的《〈全元文〉編纂考索》，即非文學正途。）文學的書買了不少，看的不多，但是關注面很雜，興趣很廣。前些時日因需交出學校的過渡房，在東村清理對象的時候，竟找到了一本讀研時的筆記本，裏面零星記載著那時候的讀書生活片段。從那龐雜的書單，就可以「重現」那幾年的閱讀狀態。其實，這種博涉而不精深的蜻蜓點水式的讀書方式，師友們也曾多有規勸，告知學術需要在某一個領域做深做大，但堅持在一個領域搞幾年，甚或一輩子，這種缺乏新鮮感的研究生活於我而言，實在太難，所以一直以來的讀書方式迄今好像也沒有得到有效的扭轉，——當然，再回首時，我發現好像也沒有扭轉的必要。畢竟讀書圖的就是自己的快樂。讀書而不快樂，毋寧不讀！

由於讀研階段沒有記日記，隨著年歲的侵蝕，過去的很多事情已經模糊或忘卻，但我清楚的記得那時候曾經在國學數典論壇下載過國學整理社1937年版的《曝書亭集》，並關注過《風懷》詩案。起因大概是因為蔡元培的《石頭記索隱》說林黛玉是影射朱彝尊，出於素來對林妹妹的偏愛，所以想知道朱彝尊究竟是何方神聖，其人又有何經歷，到底與林妹妹有何關聯，想藉著做點深層次的瞭解。當然也只是關注而已，不過三分鐘的熱度罷了。《曝書亭集》自然是沒有看的。

　　博士階段由於關注《經義考》，寫了三篇《經義考·通說》的論文；又承蒙楊果霖教授自臺灣寄贈大作《〈經義考〉著錄「春秋類」典籍校訂與補正》、《朱彝尊〈經義考〉研究》；後又因撰寫《〈明人小傳〉辨偽》而關注《明詩綜》；——這才和朱彝尊建立了真實的聯繫。入職鹽城師範學院之後，更是直接以《經義考》申報項目（然而迄今未中，文章倒是發表了十餘篇），聯繫已然非常密切。這在之前的書的後記裏有過相應的梳理，此處無需再贅述。

　　但此前關注朱彝尊，不過是涉及《經義考》、《明詩綜》，與其文學創作（詩古文詞）並無關聯。之所以整理其詩集，則如我在《杜詩闈·後記》裏所言，我曾擬定一本書的後記，題名叫「逼出來的書」（或「都是教學惹的禍」），眼下這本書和這個擬定而未落實的後記主題之間多少有些關聯。

　　何以言之？一個人負責上下五千年的中國古代文學史，這實在有點強人所難，著實讓我左支右絀，顧此失彼，結果就是疲於奔命，心力交瘁，——當然，如果只是應付一下課堂，那倒也不是什麼難事。我曾經有過抱怨。然而抱怨是無效的，畢竟規則是別人定下的。更何況教研室其他的人都能講，為什麼就你不能講？既然規則不可能改變，上課又是本職工作，有道是「山不轉水轉，水不轉人轉」，於是我試著改變我自己。不懂的我就學，學會了不就懂了嘛，懂了不就可以勝任課堂講授了嘛。於是說幹就幹，立馬停下了之前尚未完成的書稿，投入到了新的領域之中。一鼓作氣，於是有了史源考易系列七種（第一種《〈周易玩辭困學記〉校證》已出版）、《待軒詩說》（完成《國風》部分）、《莊子通》（未刊）、《左傳經世鈔》（未完）、《杜詩闈》（即出）、《新刊經進詳注昌黎先生文集》（未完）等的整理。雖然博士論文研究的是《全元文》，自己簡介裏的研究方向填的是元明清文學，但細細想來，古代文學四段裏面，我最陌生的恐怕就是元明清這一段了。畢竟典籍太多，誰也無法遍覽、研究，——更何況駑鈍如我，加之還是半路出家，游擊作戰。簡單說吧，元代講下《西廂記》、明代講下《金瓶梅》、清代講下錢謙益、《紅樓夢》，剩下的大部分東西好像都是沒怎麼讀過的，甚至是完全陌生的，——講課的話，這也就只能是拾人牙慧，草率了事。逼人就範，多少有點逼良為娼的感覺。但人生不就如此嗎？反抗不了，就好好接受吧！於是，這課裏就需要補充新的東西，還非補不可。不補，這課永遠就只停在這層面，無從進步。「以己昏昏，使人昭昭」，又有什麼意思呢？又於心何忍呢？自己不懂，都不好意思講，還能指望學生認真聽？可能嗎？……

　　補充什麼呢？博士階段選的元代，原本就是事出偶然，頗有點「上錯花轎嫁錯郎」的感覺。沒成想，這一誤打誤撞，最後教育部盲評的時候，居然還得了個不多見的三票全優。儘管如此，我卻對元代並無愛意。寫博士論文時，因為發現了一些材料，曾擬編《元代著述考》，後來也被其他的興趣給沖淡了。自博士畢業之後，就徹底了無興趣，不再觸碰。明代的東西，除了高中看過幾本章回小說之外，統共就沒看過幾本書，實在是不大熟悉。思來想去，只有清代勉強可以一試。清人別集，我做過的（劉毓崧集，已出）和在做的（沈欽韓集、秦瀛集、汪之昌集、陳玉澍集、王源集、陸繼輅集、章藻功集等），雖有數種，但這些作者或是囿於學者身份，或是非頂流文人，文學史中對他們並沒有安置的空間，影響力相對較小。這樣一來，便只能向一流文人挺進。

　　其實，古籍整理經過這麼多年的發展，一流文人的別集已經得到了較為充分的整理，剩下的空間不太大。——當然並非沒有遺漏。我最早想做的是顧嗣立的《昌黎先生詩集注》，後改做《新刊經進詳注昌黎先生文集》，便將此書放下了。隨著重心逐步向清代傾斜，我的目光主要聚集在三個人身上：一是吳偉業，一是朱彝尊，一是陳維崧。

　　作為一流文人，他們的別集早有整理本，但都是白文本。而清人的注本，如靳榮藩《吳詩集覽》、程穆衡原箋（楊學沆補注）《吳梅村詩集箋注》〔註1〕、吳翌鳳《吳梅村詩集注》；程師恭《陳檢討四六》、王世樞《陳檢討四六新箋》；范洪鑄《朱竹垞先生曝書亭詩集》、江浩然《曝書亭詩錄箋注》、楊謙《曝書亭集詩注》、孫銀槎《曝書亭集箋注》、李富孫《曝書亭集詞注》；等等；迄今尚無人整理。此外，孫元培《小謨觴館詩文集注》、張嘉祿《小謨觴館文集注》；朱舲《邃懷堂駢文箋注》（整理過一卷，後放棄）；章藻功《思綺堂集》（自注。已整理二十餘萬字）；石韞玉《袁文箋正》；等等；我亦曾有過關注。清人好談學問，且功力深厚，非今日儉腹諸公靠網絡檢索做箋注者可比。既然有現成的清人箋注本，就應該整理出來，以發揮其學術價值。

　　這些書裏最早令我心動的，是靳榮藩的《吳詩集覽》。昔年讀趙翼《甌北詩話》卷九《吳梅村詩》，對此書評價頗高，印象太過深刻，故不避繁瑣，引錄於下：

〔註1〕按：此書已由張耕先生點校，為中華書局《中國古典文學基本叢書》之一，2020年6月出版。

梅村詩從未有注。近時黎城靳榮藩字介人，以十年之功，為之
箋釋，幾於字櫛句梳，無一字無來歷。其於梅村同時在朝、在野往
還贈答之人，亦無不考之史傳；史傳所不載，考之府、縣志；府、
縣志所不載，採之叢編脞說及故老傳聞，一一詳其履歷。其心力可
謂勤矣。昔施元之注東坡詩，任淵注山谷詩，距蘇、黃之歿，僅五
六十年，已為難事。介人注梅村詩，在一百餘年之後，覺更難也。
且梅村身閱興亡，時事多所忌諱，其作詩命題，不敢顯言，但撮數
字為題，使閱者自得之。如《雜感》、《雜詠》、《即事》、《詠史》、
《東萊行》、《雒陽行》、《殿上行》之類，題中初不指明某人某事，
幾於無處捉摸。介人則因詩以考史，援史以證詩，一一疏通證明，
使作者本指顯然呈露。如《臨江參軍》之為楊廷麟參盧象昇軍事也，
《永和宮詞》之為田貴妃薨逝也，《雒陽行》之為福王被難也，《後
東皋草堂歌》之為瞿式耜也，《鴛湖曲》之為吳昌時也，《茸城行》
之為提督馬逢知也，《蕭史青門曲》之為寧德公主也，《田家鐵獅歌》
之為國戚田弘遇也，《松山哀》之為洪承疇也，《殿上行》之為黃道
周也，《臨淮老妓行》之為劉澤清故妓冬兒也，《拙政園山茶》及《贈
遼左故人》之為陳之遴也，《畫蘭曲》之為卞玉京妹卞敏也，《銀泉
山》之為明神宗朝鄭貴妃也，《吾谷行》之為孫暘戍遼左也，《短歌
行》之為王子彥也。又律詩中有一題數首者，亦各首注其所指。如
《即事》十首內第四首「列卿嚴譴赴三韓」，謂指陳之遴；第八首
「無意漫提歐冶劍，有心長放呂嘉船」，謂指耿精忠玩寇自恣；第
九首「老臣裹革平生志，往事傷心尚鐵衣」，謂指洪承疇先為前朝
經略，至本朝又為川、湖、雲、貴經略；第十首「全家故國空從難，
異姓真王獨拜恩」，謂指吳三桂以平西王率師在蜀。又《雜感》內
第四首亦指三桂，第五首指瞿式耜。他如《鴛湖閨詠》之為黃皆令，
《無題四首》之為卞敏，亦皆確切有據。至如《和友人走馬詩》，
因第二首「君是黃驄最少年，驊騮凋喪使人憐。當時指望勳名貴，
後世誰知書畫傳」，始悟其為楊龍友而作。龍友，貴陽人，雖昵於
馬士英，而素工書畫。又因下半首云「十載鹽車悲道路，一朝天馬
蹴風煙」，以證龍友先官江寧令，為御史詹兆恒劾罷，至南渡時起
兵，擢至巡撫。末句云「軍書已報韓擒虎，夜半新林早著鞭」，則

> 乙酉五月，龍友方率兵在京口與我軍相持，而我軍已乘霧潛濟，如韓擒虎之入新林，陳人猶不知也。此等體玩詩詞，推至隱，非好學深思，心知其意，而能若是乎？梅村詩一日不滅，則靳注亦一日並傳無疑也。

梅村曲折的人生歷程，複雜的心境，加之靳注詳備的注釋，一下子吸引了我。摩拳擦掌、躍躍欲試了許久。但終於考慮到我對吳偉業沒有研究，以後從事相關研究的可能性也不大，幾經糾結之後，最終還是選擇了放棄。——但這個放棄應該是暫時的，他日得閒，我還是想把它整理出來。

經過篩選，最合適的，當然非朱彝尊莫屬。

二

最開始計劃做的是李富孫《曝書亭集詞注》，因為數據庫裏面有收錄。但後來在微信公眾號「瑣煙閣」裏看到有人在整理，於是果斷放棄。看來只能整理朱彝尊的詩注了。然而，選定了朱彝尊詩的清人注之後，我卻並沒有立刻付諸實施，而是經歷了一個很長的調適過程。一方面由於手頭有不少未完成的書稿，二則三家注都沒有電子檔，文本錄入的工作量較大，三則這麼有名的書，會不會有人已經在整理，只是尚未出版而已。我在 2019 年就曾和勝朋兄（即老楊）談及此想法，老楊頗為支持，認為搞就要搞名家，名家才有影響力；並建議我暫停手中的工作，先把這個搞出來。

由於心中有著前舉的一些顧慮，故而一直在糾結。直到 2020 年 11 月 16 日，我才真正的開始了這一工作。到了 2021 年 3 月 6 日，已經錄完了一半，於是又開始以此為基礎進行增刪，來整理江浩然的《曝書亭詩錄箋注》。隨後完成了楊注剩下的部分，又以之加以增刪，於 8 月 3 日完成了江注全部的錄入。其中，有一次和張宗友兄的聊天，得知他有一個古委會的項目，大概是關於曝書亭詩集注的，以楊注為主，兼及其他。宗友兄是研究朱彝尊的專家，已出版過《朱彝尊年譜》、《經義考研究》等專著，還主持朱彝尊詩論的國家社科基金項目，整理朱彝尊詩集的工作由他來做，實在是太合適不過了。因此，我把這工作中斷了一些時日，不過後來又覺得我們的整理思路好像並不一樣，那麼工作其實是不衝突的，並非重複勞動。於是便安心的進行下去了。

我最開始的想法，是計劃做三家注的匯注，先列朱彝尊原詩，再分列三家注於下。但後來找不到孫注的電子版，疫情期間又不便出門訪書，只好割捨。

剩下的江注和楊注，因江注係選注而非全注，故計劃以楊注為主，再將江注附於相關條目之下，這樣能夠清晰地看到楊注對江注的援引情況。但後來發現楊注對江注的援引實在太多，這樣編排的話。會有大量的重複，勢必卷帙浩繁。幾經考慮，最後還是各做各的，先完成楊注，再把江注放在書後作為附錄，以便參考。將來有機會再完成孫注，這樣的話，三家注就各自整理出來了，和宗友兄的集注還可互為參考，——我的理解，集注應該是擇善而從，並非照單全收。

我原預估楊注 80 萬字，江注 22 萬字，現在看來，前者比較相近，後者則是嚴重低估，——江注有 32 萬多字。楊主任說作為附錄太大，於是只能獨立成書了。

三

整理的過程其實是很痛苦的，畢竟除了朱彝尊的原詩可以從《四庫全書》數據庫裏面複製外，楊謙、江浩然的注則只能手動錄入。這近一年來，我幾乎每天都在做文字錄入的工作，所以日記裏每天都是「錄楊注」、「校楊注」、「錄江注」、「校江注」。中間好幾次，我都想放棄。終日久坐，肩背酸痛，眼眶乾澀，感覺全身都是毛病，純粹是自討苦吃。加之小地方資源的匱乏，想做點事實在是太難，這也是無可奈何的事。——《鮀兒歌》所引翁方綱《復初齋文集》、《復初齋詩集》中的文字，便是託朋友從中國基本古籍庫裏複製的。（如果有這些資源，真的會節省很多的時間和精力。然而，這一切都只是空想。）但是每次又想到已經付出的時間成本，不做完的話就鐵定是一筆賠本的買賣，又忍不住咬著牙繼續做下去。

謝天謝地，終於完了。8 月 31 日，校完了這百餘萬字的書稿之後，我興奮地發了條朋友圈：「驢子拉磨，螞蟻搬家，終於錄完了，也校完了。」這背後的辛酸和喜悅，不從事古籍整理的人是難以體會的。

另外，特別要感謝的是，附錄部分姚大榮所撰《風懷詩本事表微》一文，共二萬五千餘字，是龔佳培同學代為錄入的；馮登府《風懷詩補注》則是李君妍、楊曉同學代為錄入的。龔同學篤實勤奮，今年考上了江西師範大學的古典文獻學研究生。在那裡，她會接受專業的學術訓練，將來一定會有不錯的成績。李、楊二同學還是大一的學生，已經熟練的掌握了繁體字的識別，她們好學深思，前途必定可觀。附錄中有些民國刊物上的文字，由於學校沒有數據庫，是

託楊素婷同學在江南大學圖書館的晚清與民國期刊全文數據庫裏面下載的。資源匱乏的地方，做點事情真的很難！

四

這一年，又是充滿了苦難的一年。河南遭遇了特大降雨，很多地方淪為澤國。四川、湖北等省亦復如是。前不久，由於南京祿口機場疏於管控，導致了疫情反彈，最後影響到國內多地，特別是揚州。原來一直很安全的江蘇竟變成了疫情重災區。

每天刷抖音，看到民生多艱，會忍不住流淚；相反，看到那一幕幕暖心的舉動，或是一個平凡的人記錄的一次善行，或是一群人發出的壯舉，同樣會忍不住流淚。

回到生活本身吧！平凡的我，既沒有莊忌「哀時命之不及古人兮，夫何予生之不遘時」（《哀時命》）的苦悶，也沒有辛棄疾「不恨古人吾不見，恨古人不見吾狂耳」（《賀新郎》）的疏狂。簡單、平淡、知足、快樂，這便夠了。

每天的生活，除了稍稍帶帶小孩之外，主要就是閉門寫書。一年來，感謝岳母、父親幫忙帶孩子，做飯，打掃衛生，給了我充裕的工作時間。今年四月從國園壹城搬到了翡翠國際，房子大了一些，原來堆積在牆角的圖書終於能夠擺上書架，還佔據了整整一張床。

有不少人很好奇，甚或直接問我：「既沒有項目支持，又沒有經費資助，到底是是什麼力量在支撐你每天從事古籍整理工作？」沒有項目，我恰恰可以隨心所欲，按照自己的興趣來開展工作；沒有經費支持，但我的工作好像就只需買幾本書而已，不需要太大的開銷。支撐我的力量，不過就是我之所愛。

一介書生（也許還不太夠格），好像除了能認識幾個字，也沒啥別的能力；除了教書混口飯吃，好像也做不了別的事情。靠著這份工作，每日清茶一碗，疊字千言，不求人，不害人，感覺貌似也還不錯。

日子嘛，比上固然是不啻霄壤，——畢竟貧窮限制了我的想像；比下雖算不上是綽綽有餘，但相形之下，我已然知足。

我見過在大雨中翻檢垃圾桶被保安怒斥的老奶奶，見過三伏天背著數包水泥趕忙卸貨的大叔，見過和小狗坐在門口孤寂地看著夕陽的老叟，見過在醫院門口給身患絕症的小孩下跪的母親，見過因為論文發表困難、屢次被拒而選擇跳樓的博士，見過暴雨過後在滿是淤泥的田間地頭幫扶一株株垂死的玉米

苗的農民，見過在午夜買醉發出撕心裂肺的痛哭聲的失戀女孩，見過彼此深愛卻不能在一起而在各自的家庭裏痛苦煎熬的情人，見過千里迢迢來到大學卻被女兒認為寒磣而遭到嫌棄的父親，見過隔著手機和在外打工的父母視頻卻強忍著不流眼淚的留守兒童，見過被城管沒收攤車、踩爛水果之後為生活抗爭卻被城管暴揍的擺攤人，見過生養過五個兒子卻無人贍養而選擇仰藥自殺的八十老人，見過在下屬面前頤指氣使而在上級面前卑躬屈膝秒變孫子的行政人員，見過無法忍受出軌和家暴最後殺死丈夫的妻子……還有人世間太多的生老病死、世態炎涼……那又是一種怎樣的辛酸、傷痛和絕望！

知足常樂！感謝上蒼，給予了我這平凡又平淡的生活。

雨後翻開樹葉看到躲在裏面的蝸牛，春天走在河邊瞧見垂柳展露的一抹綠芽，飯後躺在床上逛孔網時偶然淘到一本絕版的老書，漫步在路上不經意間遇到一張熟悉的面龐，還有垂釣時不空軍的喜悅，哪怕只是一條小麥穗魚……人生風景，無處不在，甘於「平凡之路」，生活簡單而快樂。

《莊子・天道》說：「昔者子呼我牛也，而謂之牛，呼我馬也，而謂之馬。」我從小便不喜與人爭辯，頗有此感。後來讀《莊子》、讀佛經，心態愈發的佛系。與此同時，我的性格又是一個矛盾的結合，還有著剛直孤傲的一面，正如俗語所言：茅廁裏的石頭——又臭又硬。得罪人也就在所難免。

這一年來，剛直孤傲的個性自然是沒有什麼變化，但是心境淡定了許多。我不再喜歡和別人吐槽，也不再附和別人的槽點。很多事情聽聽也就完了，懶得去作評論。和某人的友誼小船說翻就翻，來的無聲無息，頗令人莫名其妙，或許原本就是錯的人吧。（網友有云：「成年人結束一段關係的方式，並不是爭吵或者崩潰，而是用一種默不作聲的方式遠離你。」）好像隨著年齡的增長，對之前讀過的先賢雋語有了新的體悟。比如「夫唯不爭，故天下莫能與之爭」（《老子》）、「不怨天，不尤人」（《論語》）、「力能則進，否則退，量力而行」（《左傳・昭公十五年》）、「君子藏器於身，待時而動，何不利之有？」（《周易・繫辭傳下》）等，之前僅限於讀過，現在好像可以付諸實踐了。

前陣子刷抖音，看到一段話：

老鼠不會認為自己吃的東西是偷來的，蒼蠅不覺得自己髒，蝙蝠也不覺得自己有毒，畢竟烏鴉的世界裏，天鵝也有罪。

思想不在一個高度，沒有必要互相征服。

你不信佛，寺廟裏也不缺上香的人。

欲成大樹，莫與草爭，將軍有劍，不斬蒼蠅！

以前遇到有衝突我都會費點精力去爭論，現在要是再遇到，我就跟他說，你是對的。

人到中年，做自己最好！吳嘉紀《采葑行》說：「君食園瓜我食瓠，甘苦分明各自知。」每個人都有自己的選擇，每個人都在走自己的路！或許當你在瞧不起某人的蠅營狗苟時，他卻正在嘲笑你所堅守的底線算個屁！老子陞官發財，還可以管你！孰是？孰非？答曰：無是無非，各自選擇而已。

五

今天錄完了朱育泉的《風懷詩補注》，這本書就只剩下《前言》和國圖藏本尚未錄完的批註了。下面的時間要集中作《陳玉澍集》的附錄，今年完成是沒有問題的。

不經意間，小海豚快三歲了，高了不少，也壯實了不少。電腦中的半成品，還有新計劃的書，也會伴隨著時光逐次展開，連綴起來，那將是一項浩大的工程。而我就隨著這時光漸漸變老……

「彼此當年少，莫負好時光。」美好的時光既要在日常的柴米油鹽中過去，也要和典籍裏的古人一同走過。

另外，檢索詩句的時候，用的比較多的就是搜韻。書稿完成後，我驚奇的發現，作者一欄的下拉框裏有著類似檢索記憶的東西，依次是杜甫、韓愈、蘇軾、李白、白居易、陸游。這應該是楊謙注朱彝尊詩集的高頻引用榜。然而令我慚愧的是，這些人的集子我均已購置多年，除了杜甫有《杜詩闡》（即出）、《闡疆園杜詩注解》（未完），韓愈有一本《新刊經進詳注昌黎先生文集》（未完）之外，其他幾位我涉獵頗淺，而他們都是文學史上的重點人物，古代文學課上需要重點講授的內容。從這個意義上講，我要學的東西實在還有太多……

「莫道桑榆晚，為霞尚滿天。」任重道遠，惟有努力前行！

2021 年 8 月 31 日寫第一節

9 月 1 日寫第二、三節

9 月 4 日寫第四節

9 月 25 日夜間拆分第四節，擴充為第五節

麻城陳開林記於翡翠國際

又 記

　　原本 3 月初可以交掉這部書稿，可心裏一直放不下冒廣生的《風懷詩案》、還有孫銀槎的《曝書亭集箋注》等等計劃納入附件的材料，於是告訴楊主任，此書還想再完善下，等到下一期再交稿。《葉問》電影有一句臺詞，叫「念念不忘，必有迴響」。這不，稍一等待，迴響就來了。

　　3 月 10 日，夜裏失眠，翻看手機，偶見山大圖書館藏有《朱彝尊文獻輯刊》，大喜。11 日便冒昧添加呂冠男兄的 QQ，託其代拍《風懷詩案》，呂兄慷慨應允，並於晚間拍照傳來。

　　孫銀槎《曝書亭集箋注》，孔網僅一家在售，標價萬八千元。電子版多方尋覓未得。3 月 16 日，查得武大圖書館有此書，遂託許虹博士代拍。但館藏規定古籍不允許拍照，未果。又查得華師歷史文化學院有藏，冒昧添加陳冬冬兄的微信，並請其拍照。22 日上午便在微信收到了卷一和卷七《風懷》詩的圖片。窮數日之力，於 27 日錄完，附入書中。中有五字不清晰，28 日蒙許虹博士赴武大館核定。

　　3 月 18 日，張娜娜師妹傳來魯夢宇《清詩清注研究》（西北大學 2021 年博士論文），中有對朱彝尊詩三家注的相關討論。

　　3 月 21 日，瀏覽微信，看到陳燦彬《嘉興後學與朱彝尊詩注的再生產》（《文獻》2022 年第 2 期）一文，指出「清代可考的朱彝尊詩注共有十六種」，所考較我之《凡例》所言更為詳備，錄如下：

　　（一）亡佚詩注考

　　　　據筆者統計，可考的亡佚詩注暫時有八種。

1. 王浤、沈翼注本

　　許燦《梅里詩輯》:「（王浤）早遊朱太史之門，稱高足弟子。晚與藍村子茶畦交最篤，曾同注《曝書亭詩》，惜未流傳。」王浤，字上濤，號抱山，嘉興人，著有《岫雲軒集》《藝萑齋集》。「藍村子茶畦」即沈翼。據朱休度《沈茶畦先生（諱翼）》一詩自注稱:「先竹垞太史公志其墓，稱為獨行君子……先生實太史公高弟，嘗注《曝書亭詩集》，惜未就。」可見，王浤和沈翼都是朱彝尊的高弟，兩人實際是共同注釋朱彝尊詩歌。據江壎《曝書亭詩錄箋注凡例》載:「竹垞太史天資高邁，集中驅使典故，未易窺測。同邑前輩沈茶畦、周文石諸先生，並有注本。」周文石，生平不詳，但其父周篔是朱彝尊的好友，因而與沈翼、王浤是一個輩分的。這三個人都是以小輩身份，與朱彝尊有直接的交往，可以歸為朱彝尊的門生後輩圈。換言之，朱彝尊詩歌的最早注釋者，是以其門生後輩為中心的。

2. 朱方藹注本

　　杭世駿序朱方藹《小長蘆漁唱》曾云:「（朱）春橋睥睨流俗，沉酣墳典，古今來僻書秘笈無不蒐討，閒嘗取竹垞翁《曝書亭集》一一箋釋之，則其才之淹雅可知矣。」朱方藹（1721～1786），字吉人，號春橋，晚號桐溪釣叟，嘉興桐鄉人。

3. 許燦《風懷詩注》一卷，傅增湘藏稿本

　　許燦，字衡紫，號晦堂，嘉興人，諸生。該本今天已不知散於何處。

4. 柯汝鍔《曝書亭詩補注》

　　柯汝鍔，字清士，號北塘，乾隆五十一年（1786）舉人。小傳稱其「補注《曝書亭詩集》，雖臥病猶不釋手」，由此可見其注詩之情狀。

5. 吳修《曝書亭詩集集注》

　　吳修（1765～1827），字子修，號思亭，嘉興海鹽人，監生，候選布政使經歷。據載，《曝書亭詩集集注》是「纂輯諸家舊注，益以所聞見」，又「晚歲居嘉興，日從事此書，哲昆榕園及李金瀾遇孫助之編纂，未及刊而思亭卒」。可見，吳修的注本是匯輯諸家舊注且有

自己的增訂，晚年得到吳應和、李遇孫的協助，但注本沒有刊布就去世。

6. 李富孫《暴書亭詩補注》

今存李氏文集尚有《暴書亭詩補注自序》，可見李富孫曾把補注彙輯成書，但此書今天已經難以見到。幸運的是，李富孫補注的內容仍然保留在國家圖書館所藏楊謙《曝書亭集詩注》中（詳見下文），所以屬於書亡而內容尚在，在這裡姑且歸為亡佚詩注的一種。李富孫（1764～1844），字既方，別字薌沚，號校經叟，浙江嘉興人。嘉慶七年（1802）進士，與伯兄超孫、從弟遇孫並稱「小三李」，著有《校經廎文稿》《曝書亭集詞注》等書。《暴書亭詩補注自序》稱：「歲壬寅，先從祖敬堂先生自楚北解組歸，招富孫與從弟遇孫讀書『願學齋』，始習為韻語。先生授漢魏六朝洎唐宋明本朝諸家詩。鄉先輩《竹垞太史集》，尤愛吟玩。」李富孫與李遇孫早年都受到其從祖李集的詩學啟蒙，而且後來都曾參與、主持朱彝尊文集的注釋。

7. 錢大昕《曝書亭文集注》

《家述》稱錢大昕所著書「未成者……《曝書亭文集注》若干卷」。可見《曝書亭文集注》並未成書。

8. 錢塘《曝書亭集釋注》

《〔光緒〕嘉定縣志》著錄了錢大昕之侄錢塘所著《曝書亭集釋注》。錢塘（1735～1790），字學淵，號溉亭，乾隆四十五年進士。兩人都是嘉定（今上海）人。錢塘或許是推闡錢大昕未竟之意，然而其書已經亡佚，具體情況待考。

以上是現在可考的但已經亡佚的朱彝尊文集注釋，除了錢大昕未成書的《曝書亭文集注》以及錢塘《曝書亭集釋注》不能確定注釋體裁外，其他六種都明確以詩歌為對象。就籍貫而言，這六種詩注的八位注者都是嘉興府人氏。

（二）現存詩注

現存詩注八種，依次列述如下：

1. 朱正蒙《曝書亭集風懷詩注初稿》一卷（稿本）

朱正蒙（1727～1786），字育泉，乾隆三十五年舉人，海鹽人。

是書已收入《清代稿本百種彙刊》第 76 冊影印出版（臺北文海出版社，1974 年）。

2. 俞國琛《風懷鏡》四卷（嘉慶二十二年刻本）

俞國琛，山陰（今浙江紹興）人，號杏林居士。南京圖書館藏是書四卷五冊（索書號 GJ／118928）。俞國琛不僅注釋《風懷詩》，而且還對朱彝尊集中與《風懷詩》相關的詩詞，如《靜志居琴趣》等，進行摘錄注釋。

3. 馮登府《風懷詩補注》一卷（抄本）

馮登府（1783～1841），字雲伯，一字柳東，號勺園、小檇李亭長，嘉興人，嘉慶二十五年進士。馮登府在朱正蒙注《曝書亭集風懷詩注初稿》的稿本前面有題記曰：「《風懷詩》為大令所注，中多夾紙，楊注未及見也。大令少年館曲阜孔府最久，與荭谷訂交，後宰城固，卒於官，遺書多歸其女夫許氏，此本余從娛老軒拾得，他日當視其子孫之賢而與之。道光十有八年五月柳東記於四明窗。」朱正蒙是乾隆年間人，楊謙注釋時並未參考朱注，所以楊注出現不少朱注沒有的錯誤。馮登府《風懷詩補注序》批評楊謙注釋「滲漏謬訛，不可縷數」，因此「暇日偶以《風懷》一首校之已」。根據史詮編《馮柳東先生年譜》，馮登府《風懷詩補注》作於道光六年（1826）20，其抄本今藏國家圖書館（索書號 A03005）。細繹馮注與朱注的內容，可以發現馮登府實際上大量借鑒了朱正蒙的注釋，只不過主要用於糾正楊謙注釋之誤，所謂「補注」是針對楊注而言。需要注意的是，馮登府並沒有在序中或正文提到朱正蒙的注釋初稿。

以上三種是跟《風懷詩》有關的注本。

4. 錢珏《曝書亭詩楷》三卷，嘉慶元年錢廷燭抄本，今藏嘉興市圖書館

錢珏，字玉圃，嘉善人。是書實具簡譜與詩注為一，體例較為特殊。

5. 范洪鑄《曝書亭詩集箋注》二十二卷，稿抄本

前十一卷藏在中山大學圖書館，後十一卷藏在復旦大學圖書館。范洪鑄，原名雲鵬，字凌蒼，號立堂，又號綠君，寶山羅店鎮（今

屬上海）人。廩生。著有《百城樓詩集》《扶廬吟稿》22。范洪鑄是
王鳴盛的門生，王鳴盛選《江左十子詩鈔》《寶山十家詩》均將他列
入其中。王鳴盛曾在乾隆四十年的《吳詩集覽序》提到范洪鑄的朱
彝尊注本：「曩予亡友惠定宇注阮亭詩，久已膾炙人口；今予門人范
生洪鑄注竹垞詩成，亦稱淹雅，正相與商榷開雕。」可知其時注本
已經完稿，正在考慮刊刻，但是最終沒有刊刻，而是以稿抄本的形
式保留至今。

　　以上兩種注本流傳不廣，現存注本以江浩然、楊謙、孫銀槎三
個注本影響最大。

6. 江浩然《曝書亭詩錄箋注》十二卷

　　江浩然（1690～1750），字萬原，號孟亭，嘉興人，諸生。前期
困頓場屋，後期奔走幕府。著有《北田集》《韻府群玉補》《杜詩集
說》《曝書亭詩錄箋注》。江浩然與朱彝尊生活的年代雖有交叉，但
並沒有證據表明兩人有直接的交往。據江塤《北田集跋》言：「丙午
後遂棄舉業，端志詩古，日益工，與同里鈕臞若、武進楊笠乘兩先
生，及朱芷閣姑丈最契。每過從討論不輟，倡和亦多。」雍正四年
（1726）鄉試失敗後，江浩然徹底放棄科考舉業，回到家鄉後與鈕
世楷、朱琪等人談藝論文、詩酒唱和。江塤提到的「朱芷閣姑丈」，
亦即江浩然的姐夫。事實上，朱芷閣是江浩然與朱彝尊隱性關係中
的重要一環。朱琪，字珣叔，一字芷閣，朱彝尊晚年的弟子，以明
經授衢州訓導，循例引見，擢江南水利通判，攝江都令，著有《東
溪詩集》。通過朱琪這個姻親，江浩然與朱彝尊有間接的聯繫，注釋
活動就是在這樣的條件下展開完善的。

7. 楊謙《曝書亭集詩注》二十二卷

　　楊謙，字子讓，一字未孩。諸生。嘉興人。著有《續經義考》
《梅里志》《木山閣詩鈔》《曝書亭詩注》。楊謙祖父楊汝霖在康熙四
十八年曾與朱彝尊一道出錢作粥，救災恤患，一時傳為佳話。值得
一提的是，楊謙是李集的妻弟。李集曾與李稻塍模仿《漁洋精華錄》
之意，擬取朱彝尊和李良年的古今體詩，彙編成《梅會詩選》。與李
集有關係的楊謙、李富孫、李超孫都與朱彝尊的詩注有關聯。

8. 孫銀槎《曝書亭集箋注》二十三卷

孫銀槎，字階青，號竹尹，嘉善人。乾隆三十一年進士。

文章另指出：

上文提到李富孫《暴書亭詩補注》已經亡佚，但是筆者新近發現國家圖書館藏乾隆年間楊氏木山閣本《曝書亭集詩注》保留了李富孫的批註內容。此本是常見的後印本，半葉 11 行 23 字，小字雙行 30 字，白口，左右雙邊，有批註，國圖著錄為「失名批註」。書中沒有留下題跋等副文本，所以難以快速獲取批校者信息。然而尋繹批註內容，可知此本批語出自李富孫。

首先，眉批有「富孫」「富」。卷七《西山書所見》：「莫笑遊人今歲早，馬頭山店已燒春。」眉批有「富孫按」。卷十四《題沈上舍洞庭移居圖六首》其五：「生怕東山鵝鴨鬧，輕帆徑度莫釐峰。」眉批有「富按」。〔註1〕可知應是指李富孫。

其次，批註內容所體現的注釋觀念與李富孫《曝書亭集詞注》相同。卷八《鴛鴦湖棹歌》眉批曰：「集中原注應標明自注二字，方有眉目。《棹歌》百首，自注尤多，有原注撮其大要，楊注復為引申者，若不標清，看去反似復出。」自注應當標明和保存是批註內容的一大重點，這與李富孫《曝書亭集詞注凡例》所言「原集有先生自注並列於前，並標明以別之，其或前有應注，即云見某卷」是相符合的。又如卷四《南鎮春遊詞》眉批曰：「原集係先生晚年手定之本，有以字句未安，復更易者，有以此詩改入他詩，有刪並數詩，止存一二首者，有兩詩復出而或刪或存者……是編附載集外諸詩，殊非先生手定本意，應刪去。類此病者甚多，均宜刪。」批語經常強調尊重朱彝尊手定之本，審慎對待詩文的輯佚。這種態度與李富孫《曝書亭集詞注凡例》所言「原集係先生晚年手定之本，其詞尚有見於《六家詞》《瑤華集》等書，或刪去不存，當非愜意之作。今不敢附入，並有與《六家詞》字名互異，亦為後來竄改，茲不復引」也是相同的。由此不難判定，批註內容出自李富孫之手。

需要注意的是，國圖藏本並非李富孫所評原本。李富孫批閱的是初印本，而國圖藏本已是後印本。這從批語和正文的部分不相稱

〔註1〕我之《凡例》亦引此兩則，引另有金姓批註一條，故未敢遽定為李富孫批語。

可以看出。如卷十七《御茶園歌》眉批曰：「東坡粟粒句見《荔支歎》篇，非茶詩也。」楊謙注已改引《荔支歎》。此種例子甚多，足以說明李富孫的批語是針對初印本，而楊謙後印本已經修訂了某些錯誤，因此，上述批語顯得無的放矢。卷六《風懷二百韻》眉批曰：「是詩只宜箋釋故實，其時地略而不論可也。篇中援證處俱刪。」今天所見後印本的「篇中援證處」也多被抹掉，可是過錄者卻常將這些初印本的注釋補抄上去，這與李富孫所持的觀念相矛盾。由此可見，此書批語是別人過錄而來的。國圖藏本的批語、夾條對於初印本的內容有許多提示，今天雖然難以看到楊注本的初印本，但可從國圖的過錄本中獲得許多初印本的信息，比如改動違礙字眼，保持了《曝書亭集》的原貌；補回挖版的地方，還原了楊謙注釋的原貌。因此，其版本價值很高。

　　李富孫《暴書亭詩補注自序》：「里中楊丈未孩為詩注，富孫涉獵它書，偶有所得，輒補錄於其上……近嘉善孫氏復刊注本，富孫因參合兩家，其楊氏所闕而孫氏已補者不復錄。」李富孫後來參考孫注本，刪掉與孫氏相同的條目，重錄為《暴書亭詩補注》一書。今天所見批語還沒經過這層處理，如上述所引「佳書報謝安」一句出典，孫注本已有正確注釋，但卷四眉批仍云：「此引謝安破苻堅事，無涉。」眉批是正確的，但沒有指明出自孫過庭《書譜》。按照自序所言，這種條目在《補注》中是應該刪除的。可見，此本批語應是從批校原本過錄而來的。無論如何，我們都可以從批語內容看到李富孫的注釋觀念，也能由此把握楊謙注釋的得失。未來編纂新注本不能忽略了國圖過錄本。

　　除《凡例》所言外，我另有《楊謙〈曝書亭集詩注〉國圖藏本批語考論》一文，均稱無名氏批語。今此文考出批語系出自李富孫之手，疑惑頓消，何快如之！

　　近來又陸續補充了一些附錄材料，但囿於見聞，遺漏還有很多。比如新近出版的《清詩話全編》（已至嘉慶卷），我還無緣得見。至於三家注之外的幾種《曝書亭集》的清人注本，由於庋藏在各地圖書館，限於疫情防控，暫時未能出外訪尋，尚待他日。近來上海疫情大爆發，嚴重影響了很多人的生活。上海的居民不用說，鹽城及其他 N 多城市也收到了影響。自 2019 年冬武漢出現疫

情以來，不覺已經過了三年了。又是一年春將盡，該死的病毒是不是也該退場了呢？

2022 年 4 月 20 晨